本书是山东省教育厅重点委托课题 "齐鲁文化与中国当代企业理念" 的结项成果。

九州文库

齐鲁先贤思想与企业文化建设

李　辉　主编

九州出版社
JIUZHOUPRESS

图书在版编目（CIP）数据

齐鲁先贤思想与企业文化建设／李辉主编．－－北京：
九州出版社，2024.9. －－ ISBN 978-7-5225-3403-9

Ⅰ．B1；F279.23

中国国家版本馆 CIP 数据核字第 20243D0G26 号

齐鲁先贤思想与企业文化建设

作　　者	李　辉　主编
责任编辑	沧　桑
出版发行	九州出版社
地　　址	北京市西城区阜外大街甲 35 号 （100037）
发行电话	（010）68992190/3/5/6
网　　址	www.jiuzhoupress.com
印　　刷	唐山才智印刷有限公司
开　　本	710 毫米×1000 毫米　16 开
印　　张	18
字　　数	323 千字
版　　次	2025 年 1 月第 1 版
印　　次	2025 年 1 月第 1 次印刷
书　　号	ISBN 978-7-5225-3403-9
定　　价	98.00 元

序　言

在全球化竞争的大潮中，企业间的角力已不再仅限于产品性能的比拼和技术壁垒的突破，而是愈发凸显出一种更为深层次的竞争——文化软实力的较量。企业文化，犹如企业的血脉和魂魄，是企业区别于竞争对手的独特标识，也是驱动企业战略实施、塑造竞争优势的核心动力源泉。它的存在，决定了企业的气质和风貌，影响着企业内部的运行机制、员工的行为模式以及对外的形象展示。企业文化不仅仅是口号或标语，更是一种深入人心的价值观念和行为准则。它以其特有的方式引导和约束员工行为，确保每个成员都能在统一的价值导向下协同工作，共同为实现企业目标努力奋斗。在企业内部，良好的企业文化可以有效提高团队凝聚力，激发员工的工作热情和创新潜能，促使他们超越自我，达成个体与组织的共同发展。而在外部，鲜明独特的企业文化则成了塑造和传播企业品牌形象的关键载体，通过企业文化所彰显的价值主张和经营理念，赢得社会公众的信任和认可，从而获取市场优势。

在这样的背景下，深度挖掘和精心构建企业文化显得尤为紧迫且重要。一方面，企业应全面审视自身的文化底蕴，提炼出反映企业本质特征和发展愿景的核心价值观，并将这些理念渗透到企业的各个层面，包括战略规划、组织结构、管理制度、人力资源政策等方面，使企业文化真正成为推动企业战略落地的内在驱动力。另一方面，企业还应致力于打造具有自身特色的企业文化活动，通过培训教育、团队建设、社会责任实践等方式，让员工在参与过程中亲身体验和接受企业文化熏陶，从而实现企业文化的有效传播与传承。

"齐鲁大地，人文荟萃"，这句话是对山东地区历史积淀与文化底蕴的高度概括。这片广袤的土地，承载着悠久的历史记忆，是中国古代文明的重要摇篮之一，尤其在春秋战国时期，诸子百家在此争鸣，诞生了一大批对中国乃至世界文明产生深远影响的杰出人物。诸如孔子、孟子、荀子、晏子、墨子、孙子、管子等先贤，他们各自创立学派，提出一系列深邃的哲学思想和伦理道德观念，构成了中华传统文化的主体框架，其影响穿越千年时空，至今仍熠熠生辉。

　　孔子倡导的"仁爱"理念，主张以仁为核心，推己及人，提倡人际间的互敬互爱，这一理念在现代企业文化建设中，可以转化为企业对员工的人文关怀和对社会责任的积极承担。企业应在经营活动中体现仁爱之心，关注员工的成长与发展，营造和谐共生的工作环境，同时也积极参与社会公益活动，以实际行动回馈社会，践行企业的社会责任。孟子提出的性善论，强调人的道德自觉和内在修为，这对企业文化的塑造有着重要意义。企业应鼓励员工秉持诚实守信的原则，崇尚无私奉献的精神，倡导公正公平的价值取向，从而形成积极向上、廉洁自律的企业风尚。荀子倡导礼法并重，主张以礼仪制度规范人的行为，这对于企业来说，意味着在制定规章制度时，既要遵循法律法规，也要注重人性化管理，通过合理有效的制度设计，培育员工遵纪守法、遵守职业规范的良好习惯。晏子的聪明才智和治国理政之道，提醒企业在运营管理中要注重策略和方法，推行科学管理和高效运作，不断提升企业的管理水平和执行效率。墨子提倡的"兼爱非攻"和"尚同"理念，揭示了平等、协作的企业团队精神，企业应当倡导全员参与、集体协作，建立和谐的内部人际关系，共同为实现企业目标而努力。孙子的兵法智慧，虽立足于军事领域，但其战略战术原则同样适用于商业战场，企业应当学习其运筹帷幄、决胜千里的战略思维，增强风险意识，提高应对复杂多变市场环境的能力。管子在经济和政治上的远见卓识，尤其是他提出的富国强兵、顺应民心的治理理念，对于现代企业如何适应市场变化、满足客户需求、实现可持续发展有着重要的借鉴作用。齐鲁大地的先贤们留下的丰富遗产，无论是在个人修身养性、团队协作，还是在企业战略制定、市场应对等方面，都为我们今天的企业文化建设提供了无尽的灵感和深刻的启示。我们要充分挖掘和运用这些宝贵的智慧资源，结合现代企业的实际情况，构建起具有中国特色和时代特征的企业文化体系，从而更好地推动企业的繁荣发展，为中华民族伟大复兴贡献力量。

　　企业文化源自企业管理实践之中。1970年，美国波士顿大学组织行为学教授戴维斯在其著作《比较管理组织文化的展望》中提出了"组织文化"的概念。随后，在1971年，管理学大师德鲁克在其《管理学》一书中引入了"管理文化"的论述。企业文化最初便是以这些概念的形式存在于"组织文化"与"管理文化"之中。直到二十世纪七八十年代，"企业文化"这一术语才开始被西方企业管理界广泛使用，因此，其作为理论体系的发展历史相对较短。推动其发展的重要因素是日本经济的飞速增长，这给美国带来了巨大的压力和威胁。二战结束后，日本仅用了短短十年就从战争的废墟中崛起，经济迅速恢复，企业发展势头强劲。日本企业在世界市场上与美国企业展开了激烈的竞争，其汽车、家用电器等产品不仅占领了欧美传统市场，还大量涌入美国本土市场。这些日本产品以其卓越的品质、合理的价格及独特的设计赢得了美国消费者的喜爱。这些源源不断进入美国市场的日本产品对美国本土产品构成了巨大的威胁，使美国企业界感受到了来自日本的强烈挑战。这一现象引起了美国管理专家和企业家的广泛关注，他们纷纷探寻日本经济崛起的秘密。

因此，20 世纪 80 年代初，日本企业的崛起，催生了美国学术界的企业文化研究。这一理论为企业提供了新的管理视角和方法，帮助企业更好地理解和应对市场竞争，实现可持续发展。

20 世纪 80 年代中期，中国将美国的企业管理理念引入国内，美国却在向日本学习东方管理理论，而日本企业文化与中国传统文化之间存在着深厚的关系。日本文化在历史上深受中国文化的影响，尤其是在汉字、儒家思想、佛教等方面。这种影响也延伸到了日本的企业文化中。日本企业文化强调的团队精神、尊重长辈、注重细节和精益求精等理念，都与中国传统文化中的儒家思想有着密切的关联。儒家思想强调家庭和社会的和谐，尊重长辈和权威，以及个人对社会的责任感。这些思想在日本企业文化中得到了广泛的体现，日本企业中的年功序列制度，体现了对长辈和经验的尊重；而团队合作和集体决策的方式，则体现了儒家思想中的和谐与协作精神。日本企业文化中的"改善"哲学，也与中国传统文化中的"精益求精"思想相呼应。这种哲学强调通过持续的改进和优化，实现更高的效率和质量。这种精神在日本企业中非常普遍，也是日本制造业在全球范围内享有盛誉的重要原因之一。

一、国外企业文化的发展现状

企业文化作为一个外来概念，其在海外的建设与发展状况一直备受业内人士瞩目。越来越多的企业开始认识到，一种恰当且卓越的企业文化对于企业的成长至关重要。无论是企业高层管理者还是学术界专家，都渴望从国外企业文化的革新中汲取更多的有益经验，以促进自身企业的成长、进步和成熟。从横向对比的角度来看，欧美、日韩等地区的企业文化因其独特的特质和发展形态，成为人们关注的重点对象。这些地区的企业文化实践，为我们提供了宝贵的参考和借鉴，有助于我们更好地理解和推动企业文化的建设与发展。

（一）欧洲

从二战结束后欧洲的经济重建，至企业文化快速发展的小半个世纪，尤其是进入 21 世纪以来，全球的经济结构和发展形势发生了巨大的变化，欧共体逐步走向经济与政治的一体化，一个新欧洲的经济联盟出现在世人面前，这也使欧洲的企业开始不断对管理理念做出及时的调整，以适应新的经济格局。

德国慕尼黑大学 E. 海能在《企业文化—理论和实践的展望》中提出，"企业文化是企业价值观念和行为准则的总和"①。欧洲各国虽然各具特色，但因为其市场相连，经济文化交往频繁，形成了共性颇多的同质的欧洲企业文化。欧洲各国在企业发展的过程中得益于较高的科学技术基础和优良的文化传统，其企业文化基于对精神自由与民主精神的追求和对理性与科学的倡导，在宗教情怀和人文主义的交融影响下，具有以下较为突出的特点：

1. 制度行为文化中透出的理性光辉。因受文化传统的影响，欧洲大多国家倾向于理性分析与逻辑推理。以德国为代表的欧洲企业文化中，企业的管理制度和组织结构层次分明，灵活多样，企业的运行机制程序化、制度化程度较高，经营管理严守法律，讲求理性高效。

2. 浓厚的人文主义色彩和民主精神。欧洲的精神信仰以基督教为基础，相信仁慈上帝的存在，倡导仁爱的传递，主张世人间的互重互爱。这种精神文化背景对欧洲企业文化的直接影响便是企业经营管理中饱含浓厚的人文主义色彩，直观体现在企业管理中的人性化倾向，人力资源管理中对员工参与企业管理的重视，劳资关系与福利制度的和谐，对员工个人情感与发展的关注。而欧洲文化中强烈的民主观念和工会等社会团体组织的强大支持，使欧洲企业文化中的民主精神更为突出。

3. 崇尚科技与创新。近代欧洲，科学技术的发展与创新性的开发是其经济发展与对外扩张的直接推动力。在整个欧洲，无论政府还是企业都将科技创新与研究开发作为一项关键战略任务来抓。当下，欧盟国家坚信科技创新是当今知识经济的发动机，并在《里斯本宣言》中明确提出加大科技创新的投入。虽然从全球发展现状来看，欧洲的科技创新力已经走下了近代科技发展的神坛，但是欧洲企业在经营管理中依然重视科技开发与创新，这既表现在对产品与技术更新的重视，又表现在对企业人才的培养开发，注重对员工潜能的挖掘，尊重个人发展，为员工个性张扬提供充分的空间，鼓励精尖人才。

当然，欧洲各国因其文化的差异性也表现出各国企业文化的不同，如英国企业注重社会价值，企业文化表现出墨守成规、欠缺冒险精神等特点；意大利崇尚自由，自我意识强烈，企业组织相对来说较为松散；而因为德国人的严谨和理性使得德国企业管理规范，有条不紊，但也因其浓重的官僚意识，使得德

① 欧绍华. 企业文化理论与实务 [M]. 合肥：合肥工业大学出版社，2011：6.

国企业文化中表现出管理层机构庞大等弊症。

（二）美国

企业文化理念诞生于美国，在发展的过程中，美国的企业文化一直是学者专家和企业人研究的重要领域，美国文化中显著的忧患意识使美国在诸多领域能够提前预见到未来的发展利弊，提前做出应对措施，在企业经营方面亦然。因此美国在企业文化方面的成熟与成功更值得企业研究、甄别、借鉴。

美国斯坦福大学理查德·帕斯卡尔和安东尼·阿索斯认为"企业管理不仅是一门科学，还应是一种文化，即有它自己的价值观、信仰、工具和语言的一种文化"①。美国加利福尼亚大学洛杉矶分校威廉·大内而明确而完整地提出："日本企业成功的关键因素是它们独特的企业文化。""一个公司的文化由其传统和风气所构成。此外，文化还包含一个公司的价值观，如进取性、守势、灵活性——即确定活动、意见和行动模式的价值观。"②

美国哈佛大学的特伦斯·E. 迪尔和美国麦肯锡管理咨询公司的阿伦·A. 肯尼迪在《企业文化——现代企业精神支柱》一书中提出了企业文化的五个构成要素，即"价值观、英雄人物、习俗仪式、文化网络、企业环境"③。美国麻省理工斯隆管理学院教授埃德加·沙恩在出版的《企业文化与领导》一书中阐述："文化就是根本的思维方式——企业在适应外部环境和内部融合过程中独创、发现和发展而来的思维方式，这种思维方式被证明是行之有效的，因而被作为正确的思维方式传输给新的成员，以使其在适应外部环境和内部融合过程中自觉运用这种思维方式去观察问题、思考问题、感受事物。"④ 美国哈佛大学约翰·P. 科特和詹姆斯·L. 赫斯克特在《企业文化与经营业绩》一书中总结认为，"企业文化是指一个企业中各个部门，至少是企业高层管理者们所共同拥有的那些企业价值观念和经营实践……是指企业中一个分部的各个职能部门或地处不同环境的部门所拥有的那种共通的文化现象"⑤。

被称为"企业再造之父"的美国学者迈克尔·哈默在与詹姆斯·钱皮合著出版的《企业再造—企业管理革命的宣言》一书中指出，企业文化就是在企业

---

① ［美］帕斯卡尔，［美］阿索斯. 日本的管理艺术［M］. 张宏，译. 北京：科学技术文献出版社，1987：5.
② ［美］威廉·大内. Z 理论——美国企业界怎样迎接日本的挑战［M］. 孙耀君，王祖融，译. 北京：中国社会科学出版社，1984：110-116.
③ 罗长海. 企业文化学［M］. 北京：中国人民大学出版社，1991：231.
④ 欧绍华. 企业文化理论与实务［M］. 合肥：合肥工业大学出版社，2011：6.
⑤ 欧绍华. 企业文化理论与实务［M］. 合肥：合肥工业大学出版社，2011：6.

发展过程中由人们所创造的精神财富的总和。价值观是企业文化的核心。类似于"为什么我们要做现在正在做的事情"等企业形而上学性的问题恰恰是企业生存的关键。而耶鲁大学迈克尔·茨威尔在《创造基于能力的企业文化》中指出,从经营活动的角度来说,企业文化是组织的生活方式,它由员工"世代"相传①。作者从文化的角度渗入,解读企业文化的内化性与传承性。书中认为,企业文化可以被定义为在组织的各个层次中得到体现和传播,并被传递至下一代员工的组织的运作方式,其中包括组织成员共同拥有的一整套信念、行为方式、价值观、目标、技术和实践。以能力为本的公司文化,是一种鼓励、激励和培育员工,以实现组织的目标,达成组织的目标,并按照组织的价值来合作的组织系统。

美国没有悠久的历史和深厚的文化根基,但其自由开放的风尚成为其迅速发展的巨大筹码。在美国这个由众多移民聚合的国家,来自不同国度的移民带着冒险精神与致富梦想背井离乡,在把握机遇努力创业的同时,更将自身带有的母国民族文化传统和个体特质融入美国社会,形成难以统一的美国文化,呈现出多样文化共存的状态。源于这样的历史文化背景。美国企业文化主要表现出以下特点:

1. 物质追求与实用主义。在美国这个移民国度中,人们最初来到异乡的目的就是为了更好的生活,为了寻求更多的财富,而这种明确地对物质的追求态度也充分体现在美国的企业文化中。美国企业对自身的定义即是独立自主的经济组织,企业的一切活动最终都是指向经济利益,追求利润最大化是美国企业的终极价值目标。企业利润的高低不仅决定企业的发展前途和未来命运,同时也关系到企业的社会地位。因此,大多美国企业都具有非常明确的企业价值观和企业发展方向,这样的企业行事风格也使美国企业在日常经营管理中奉行实用主义,无论是企业制度还是行为,抑或是具体到企业的某某营销方案等,实用与高效就是检验的最好标准。

2. 个人主义与创新意识。与其他国家相比,美国社会十分突出个人的作用,重视个人的能力与表现,强调在个人自由、平等的基础上公平竞争,其文化基础来源于美国是个多民族的移民国家。从个人层面来看,美国人的目的性较强,努力实现自我发展获得成功是其奋斗目标,这使得他们更专注于个人事务;从家庭层面来看,移民美国的大多数人中均从母国剥离,远离家族,在美国社会中与自己具有血缘联系的人并不多,能获得的家庭助力少,自我发展只能依赖

---

① 欧绍华. 企业文化理论与实务 [M]. 合肥:合肥工业大学出版社,2011:6.

个人能力；从社会层面看，因为每个人的文化背景不同，信仰、习惯等都具有差异性，使美国人更多地保持自我个性，通过个人奋斗获取社会地位。因此，美国的企业文化表现出既尊重员工的个人尊严价值，有承认员工的个人努力与成就，在尊重人、重视人的前提下，最大限度地激励员工个人发挥其潜能和创造力，奖励主要针对个人而非集体，这样就在美国企业文化中催生了两种效应：一是英雄崇拜主义，将企业中成就显著、能力卓越的员工推崇为企业的英雄，不仅树立起企业文化的精神支柱，又积极地起到了激励作用；二是冒险创新精神，企业对个人的不断激励促使员工个人更好地发挥其潜能，以不断创新来证明自身能力，获得企业认可。

3. 契约精神与法治意识。美国社会的平等和自由为美国企业继承并大力发展欧洲的契约精神和法治意识提供了肥沃的土壤，美国社会认为法律之下才有正义，因此美国的企业管理经营均以法律为准绳，美国企业与员工之间也是通过契约的形式来确定雇佣关系和利益关系，这也反映出美国企业文化中的重理性轻感情的特点。此外，美国企业中等级森严的人事制度和各种硬性规定，也逐渐使美国企业意识到企业管理刚性过分、柔性不足的弊端，积极将软管理融合到企业文化中来。

（三）日本与韩国

在企业文化方面，日本与韩国同欧美国家相比差别较大，在有些层面甚至是迥然相异，这是因为东洋文化与西洋文化有别，源于地域文化传统的差异性。而中国与日韩两国虽然同属于东亚文化圈，文化传统一脉相承，但因为地理、民族特质与发展进程等方面的不同，使日韩两国的企业文化与中国的企业文化间也呈现出较为显著的差异。

对比日本与韩国两国的企业文化来说，两国之间也有很多不同。日本的企业文化发展较早，并在企业管理中善于运用中国传统的哲学范畴，在实践中形成独具自身特色的企业文化体系；而韩国的企业文化起步较晚，培养的人才大多有留美学习的背景，在摸索与借鉴中发展，近年来在企业文化发展方面成绩突出，拥有很多成功的经验。但两国在企业文化发展方面又具有代表性较强的共同点：

1. 追求经济效益和社会效益的双重价值。同欧美国家相比，就价值目标来说，日韩两国在企业的经营管理中不仅将企业作为一个经济组织，同时也将其作为一个社会组织。首先从客观条件是上来说，日本与韩国国土面积小，资源较少，企业发展遭遇资源短缺时必须依赖国家；其次日本与韩国都是单一民族，文化凝聚力强，面对国土资源紧张的局面，外国人很难移入，这就促使两国形成了较强的国家观念。企业的经营也肩负着社会责任，因此在日韩企业文化中具有浓重的民族自尊意识和民族昌盛愿望，促使企业的价值目标有明显的双重趋向：既要确保企业的盈利，追求经济效益，又要维护国家利益，追求社会效益。

2. 信奉家族主义和集体主义。日韩两国均属民族单一的半岛地区，社会结构稳定而单一，文化传统继承的连续性较强，传统的农耕劳作方式让家人与邻里间的相互协作与帮助增强，这成为日韩企业文化中集体主义存在的根源之一。另外，日韩两国深受儒家思想的影响，看重家的概念，践行家长制，表现在企业管理中即企业领导者往往将企业看作一个家族，将员工看作家庭成员，因此日韩企业文化中的软文化成绩突出，员工往往将个人的与企业看作共同体，故而员工的忠诚度更高。同时，在日韩企业中，集体主义又不完全排斥个人主义，在尊重个人发展的前提下，企业与团体内部倡导员工和谐相处，合作共事，避免与反对内部倾轧和内耗外损。

3. 推行资历制度和工会制度。日韩企业对资历十分看重，论资排辈成为日韩企业文化中一个较为明显的传统特征。在日韩传统文化中，对前辈尊崇的态度多源于以血缘、地缘等为中心的从属关系和家族制的等级观念，但文化传统特征虽然能使企业有条不紊地运转，加强了企业文化的和谐与传承，但也压制了企业中年轻员工的发展，阻碍了企业的创新发展，因此，近几年日韩企业通过与欧美国家的交流，在此方面多有改善。此外，日韩企业中普遍推行工会制度，包括企业工会和行业工会，而更能发挥作用的是企业工会。企业员工自进入企业起就自动加入工会，工会为员工争取更多的利益与福利，组织利于员工的文体等各项活动。但与西方工会不同，日韩企业的工会不会与资方因为员工利益出现冲突，多是与资方协商，工会的最终管理还在资方。

二、国内企业文化的发展现状

中国企业文化的发展是伴随中国的改革开放而逐渐升温的。自企业文化理论被引入中国以来，伴随中国经济的快速发展，企业文化的概念得到越来越多人的关注，企业文化的影响范围也不断扩大，无论是从企业的经营思想、经营行为还是内部人员管理等，企业文化则在时时刻刻发挥其作用。越来越多的企业认识到，企业要长期稳健地发展仅仅依靠卓越的领导者是不够的，依靠机遇也是不确定的，建立并完善适应特质的企业文化势在必行。在这个发展转变的过程中，中国当代企业文化既取得了丰硕的成果在中国经济繁荣强劲发展的大背景下，更多的企业开始意识到企业本身文化的缺失，纷纷投身到企业文化建设的队伍中来。自 20 世纪 80 年代至今，我国的企业文化经历了一个从逐步认知到广泛实践的发展过程。中国的企业文化发展进程迅速，取得的成就显著，无论从理论层面还是实践层面，都有了长足发展。然而，在发展的过程中，暴露出来的诸多问题也令人担忧。在成果与问题并存的发展阶段，能对现状进行更为客观准确地分析将更有利于中国企业文化的健康稳步发展。

（一）中国企业文化发展的成果

在中国经济繁荣强劲发展的大背景下，更多的企业开始意识到企业本身文化的缺失，纷纷投身到企业文化建设的队伍中来。自 20 世纪 80 年代至今，我国的企业文化经历了一个从逐步认知到广泛实践的发展过程。企业文化的理论研究，成果丰硕，共识渐成。

1. 更适应竞争的现代企业制度

中国企业在近半个世纪的发展过程中，在国家宏观调控政策与市场这只"看不见的手"的共同作用下，企业制度几经变迁，形成了更加灵活更能适应国际市场竞争的现代企业制度。从宏观上来说，改革开放促使先前国有制企业经营机制的变革，在市场经济的要求下，产权清晰、权责明确、政企分离、管理科学的现代企业制度逐步建立起来。同时，相关法律和市场规范的不断完善，也为中国现代化企业的发展提供了更适宜成长、成熟的土壤。从微观上来说，自中国加入 WTO 后，更加自由的市场促使各类企业为更好地适应竞争，不断向现代企业制度迈进，无论是学习国企经验还是在外企的冲击下借鉴学习，当下中国企业更为科学与现代化的管理制度成为中国企业文化发展成果的有力证明。

2. 构建企业文化的自觉意识

自企业文化在中国发展以来，尤其是跨入 21 世纪以后，中国企业对企业文化的态度经历了一个从了解认知到认同接纳，再到主动建设、讲求个性的转变过程。企业对企业文化的重视程度逐步提高，一部分企业已经率先建立起比较完善的企业文化体系，而绝大部分企业也已经培养起构建企业文化的自觉意识。在这个转变过程中，一方面，企业人才教育水平的整体提升使企业文化理论更易被理解消化，并在理论与实例的交融影响下是企业意识到优秀的企业文化对企业的生存和可持续发展所产生的积极作用，企业见贤思齐，看到企业文化的潜在价值，乐于投入人力、精力、物力来打造自身的企业文化。另一方面，受社会大环境的影响，在更为自由的市场经济环境中，企业不仅感受到了文化竞争的重要性，也同样意识到个性化发展的重要性，上至老牌大企业，如海尔、联想、青啤等，下至华为、吉利、阿里巴巴、腾讯等后起之秀，甚至连天猫、淘宝上的店铺也都倾力打造能为自己代言的企业文化。企业对企业区分度的重视也促使企业不断挖掘自身特色，建立起更具标签性、可复制度低的企业文化。

3. 走向国际化的中国企业文化

中国在企业文化方面虽然是后来者，但是经过不断地探索、学习与提升，带有中国标签的企业文化案例和企业管理模式开始走上国际经济的大舞台，并逐渐绽放光彩。自改革开放以来，中国企业逐渐由防守战转为攻击战，从与国外品牌争夺本土市场，到主动走出去向海外市场拓展新空间，中国企业在世界经济体中的位置愈加重要。2013 年，中国第一次超越美国成为世界第一贸易大国，同时，在全球 500 强企业中，中国企业所占席位逐年增加。2023 年，美国《财富》杂志发布的世界 500 强名单，我国共有 142 家企业上榜，数量位居全球第一，其中，台湾地区入选企业有 7 家，大陆（包括香港）入选企业有 135 家。中国企业所散发出的勃勃生机和快速稳健的成长不仅向全世界证明了中国企业文化的价值，同时也让发达国家密切关注中国的管理模式，研究并学习中国企业文化中的管理方法与管理思想。

中国的企业文化实践与体系化企业文化理论两者相辅相成，形成良性互动循环。丰富的企业文化实践来源于企业长期发展中的积累和提炼，如华为的"狼性文化"、阿里巴巴的"六脉神剑"等实例，为构建和发展科学严谨的企业文化理论提供了坚实的基础。同时，体系化的企业文化理论则对企业文化实践起到了引导规范作用，明确企业的核心价值观和行为准则，指导企业战略决策与运营行为。这种理论与实践间的密切互动，不仅推动了中国企业文化的持续创新与发展，也助力中国企业不断提升竞争力，实现长远可持续的发展目标。

张德、吴剑平在《企业文化与 CI 策划》中将企业文化的概念概括为"全体员工在长期的创业和发展过程中培养形成并共同遵守的最高目标、价值标准、基本信念及行为规范。它是企业理念形态文化、物质形态文化和制度形态文化的复合体"①。刘光明在《企业文化》一书中对企业文化如此界定，"企业文化是一种从事经济活动的组织之中形成的组织文化。它所包含的价值观念、行为准则等意识形态和物质形态均为该组织成员所共同认可。企业文化有广义和狭义之分，广义的企业文化是指企业物质文化、行为文化、制度文化、精神文化的总和，狭义的企业文化是指以企业价值观为核心的企业意识形态"②。魏杰则认为企业文化就是"企业信奉并付诸实践的价值理念，即企业信奉和倡导，并在实践中真正实行的价值理念。企业文化从形式上看是属于思想范畴的概念；

---

① 张德、吴剑平. 企业文化与 CI 策划 [M]. 北京：清华大学出版社，2008：127.
② 刘光明. 企业文化 [M]. 北京：经济管理出版社，2002：8.

从内容上看是反映企业行为的价值理念；从性质上看是属于付诸实践的价值理念；从属性上看是属于企业性质的价值理念；从作用上看是属于规范企业行为的价值理念"①。陈春花在《企业文化》一书中认为，企业文化就是"企业在实践中创建和发展的用以解决企业外部适应和内部整合问题的一套共同价值观，与价值观一致的行为方式，以及由这些行为所产生的结果与表现形态"②。总而言之，多位专家对企业文化的理解虽各有侧重，但核心内涵具有一致性。企业文化被视为企业在长期实践过程中形成的、全员共同遵守的价值观念、行为规范及目标追求的综合体现。它涵盖了物质形态、制度形态和理念形态等多个层面，既是企业成员共享的精神标识，也是指导企业行为与决策的核心理念。企业文化在本质上是一种付诸实践的价值导向，其功能在于促进企业对外部环境的适应以及内部组织的有效整合，从而塑造企业的独特个性，提升竞争力，保障企业的持续发展与繁荣。

（二）中国企业文化存在的问题

诚然，中国企业文化的飞跃式发展已可圈可点，但相较于企业文化发展较为成熟的国家，我国企业文化整体上还存在以下几点较为突出的问题：

1. 理解片面，存在误区。

虽然企业文化在中国掀起一阵阵热潮，但是客观冷静分析，在热闹的背后是部分企业对企业文化的跟风式建设与盲目发展，其中一些企业对企业文化与企业文化建设存在主观性的片面认识，在一些方面甚至陷入误区。其一，部分企业对企业文化的内涵与内容理解不透彻，了解与掌握止于纸面，工作止于表面，没有联系企业自身实际状况进行有利对接，对最为重要的企业核心价值及精神文化层欠缺深入挖掘与探索，缺乏对企业的发展过程、行业定位与未来规划的调查研究；其二，部分企业将企业文化建设简单地理解为形象建设工程，将企业文化内容等同于形象标识、员工着装、企业标语、宣传口号和一沓厚厚的企业文化手册等，有些企业甚至将企业运动会、集体出游、联欢派对等文体活动作为企业文化建设的主要内容来抓，未能建设其有效的企业文化；其三，企业只重面子不重里子。在进行企业文化建设过程中，一些企业一味注重形象工程，投入大量资金进行企业文化宣传，却忽视了更为重要的企业内部建设。企业内部建设较易忽视但是又十分关键，主要包含两个层面，一是企业内涵的建设，二是企业团队的建设。企业对员工培训提升方面的懈怠，企业多通过招

---

① 魏杰. 企业文化塑造：企业生命常青藤 [M]. 北京：中国发展出版社，2002：12-15.

② 陈春花，等. 企业文化 [M]. 北京：机械工业出版社，2010：62.

聘手段直接进行人才的引入，人才培养意识淡薄，一些企业还未形成企业自身人才的培养体系，简单地"引入"或也成为人才流动性强的一大原因。此外，企业忙于外在形象的宣传却经常忽略在员工心中树立企业的良好形象，给予员工以工作的安全感，这不仅关系到员工对企业文化的认同问题，更涉及员工关心的福利保障、待遇公平、晋升透明等内容。企业只有打造出强大的内在，才能由内而外散发出企业文化的外在魅力。

2. 执行不力，更新频繁。

企业尤其是企业领导者对企业文化理解的片面与不足导致我国企业文化处于建设景色繁荣但效果不佳的尴尬局面。这一点突出表现为企业文化执行力不足，企业文化内容更新频繁等方面。通过企业实地走访和咨询、资料分析等方式，切实感受到企业热热闹闹打造出看似精彩纷呈的企业文化内容，从方案到制度，从理念到行为，在后期实施阶段纷纷暴露出水土不服、贯彻受阻、执行懈怠等状况，这最终导致企业文化成为企业的花架子，被束之高阁，企业客户看不到，企业基层员工不了解，企业管理者不熟悉，企业领导者犯迷糊等问题，企业文化未能如愿达到灵魂化的高度，仅仅化为厚厚的纸张，重金打造的企业文化最终在实践中变得毫无价值。而部分企业在企业文化建设方面泛娱乐化、泛功绩化的嫌疑较重，金玉其外内中空洞，这种企业的浮躁性表现成为企业发展的一大隐忧。

此外，当下我国大部分中小企业还处于领导型企业文化的建设阶段，企业文化的内容或随着企业老板的更替而出现频繁更新，或同期内企业老板屡屡变更企业文化的主体内容，这种使企业文化处于不稳定状态的行为，不仅有损于企业的长远发展，更带来诸多负面影响。从企业整体来看，更新频繁的企业文化使企业在文化建设方面逐渐丧失唯一性，企业文化特性十分重要的"传承性"被切断，这阻碍了企业向长青企业发展的道路。同时特别需要警惕的是领导者企业文化。企业领导者因为其权威性，把握得当往往能在企业文化建设中注入一定的正面力量，但是不以企业主体文化为基础而是根据不同领导者特色而频繁变更的企业文化往往沦为企业领导的功绩牌。其次，从企业内部文化建设来看，更频繁的企业文化削弱了企业员工对企业文化的认同感，使员工认知混乱，不易于凝聚力的形成。

3. 拿来较多，忽视传统。

从中国当代企业文化的发展来看，由于发展起步晚，中国企业大多从引入西方较成熟的企业文化理论入手，开始发展自身的企业文化。在西方强势文化的冲击下，又由于本土企业文化理论的匮乏，致使中国企业拿来较多，对西方先进理论的盲目追捧，缺乏实践契合度的检验，频频出现水土不服等现象。中国企业试图简单地通过借用西方理论、否定传统文化来实现与国际经济的接轨频频受阻。而在此过程中，中国企业不但没有学习到西方企业文化与管理中的精髓，反而抛弃了企业文化中最具根植力的传统文化。随着亚洲四小龙的腾飞掀起的企业文化热潮和企业文化理论界对传统文化的呼吁，中国企业逐步意识到企业文化本土化和凸显自身特色的重要性，开始从照搬西方管理模型，在企业中强制嵌入西方成功的企业文化的歧途中飞、转回对企业自身的观照中。

但从近几年的发展状况分析看来，中国的企业试图通过西方理论与传统文化的结合发展来寻求企业文化的特色化发展道路，但是难以在两者之间找到平衡点和契合点，而在西方经济主导的思想影响下，中国企业在尴尬发展中与传统文化走得愈来愈远。这突出表现在企业无法树立正确的义利观，普遍过分追求经济利益，忽视自身的社会责任；同时，企业核心价值观的模糊与缺失，使部分企业在生产经营过程中深陷诚信危机；对传统文化理论的理解浅薄，使传统文化成为企业文化的"包装纸"，无法渗透到日常行为管理中，"以人为本"等理念成为停留在表面的口号。

4. 企业咨询，鱼龙混杂。

从国内公司实际经营管理状况来看，上至资历深厚的国有企业，下至雨后春笋般刚刚步入市场的中小民营企业，无一不注重自身的企业文化建设，并通过多种途径增强在企业文化建设方面的理论性、实践性和有效性。但由于我国在企业文化方面的专业化发展较晚，企业在实际的企业文化建设方面经验不足，相关人才匮乏，企业通常无法系统性地对自身的企业文化做出准确的总结、分析与判断。尽管许多企业都意识到加强企业文化建设的重要性，但在实际操作中却感到无从下手，缺乏一套系统而有效的指导方法。为此，不少企业选择与专业的企业管理咨询公司携手合作，期望借助这些专业机构的力量，量身打造一套符合企业自身发展需求的企业文化方案。

从企业文化咨询管理行业的发展现状来看，咨询公司的水平参差不齐，其中一些咨询公司缺乏专业的企业文化咨询顾问，而绝大部分的公司则还并未建立起成熟的企业文化咨询系统。在进行服务的过程中，一些企业文化咨询管理公司往往对服务的对象企业考察不足，调研不深入，盲目地生搬硬套企业文化理论，最终导致企业耗费大量资源制作出的企业文化方案仅仅停留在表面，流于形式、流于口号，对企业经营和企业文化的建设缺乏实际效用。更有一些咨询公司为吸引企业，夸大服务效果，进行不实宣传，将引入美国、日本、德国、中国台湾等地的企业文化作为噱头，向企业吹嘘只要引入这些文化必然会令企业经营管理与国际接轨，收效显著。

　　当然，企业文化理论在中国迅速发展的 40 多年，我们也看到了许多成功的案例，海尔、华为、娃哈哈、阿里巴巴、百度、腾讯、字节跳动等都是中国近几年来较为成功的企业，这些企业具有相同的成功标签，却又各具区别度和辨识度较高的企业特质，这与其各自的企业文化具有直接关系。同时，我们必须认识到，尽管企业文化概念源自西方，其内涵却不仅限于单纯的管理工具范畴。从全球管理实践的视野出发，无论是美式、日式还是欧式的管理工具体系，对于我国本土企业均具有相当程度的借鉴价值和移植可能性。这些管理工具并非仅适用于特定地域，而是可以根据不同企业的实际情况和战略需求，经过适当调整与本土化改造后得以有效应用。然而从企业文化的角度也来看，它属于企业管理文化的范畴，其呈现出最大的特点就是差异化。就如同文化辨识度一样，所谓民族的就是世界的，只有保持文化的民族特质，才能在世界文化圈中占有重要席位，由此看来企业文化也不能盲目国际化。构建企业文化的进程无法单纯依赖对外部理念的引入，而应当植根于我国民族文化的特性和底蕴，并深度融合中华优秀传统文化的精髓。依据企业的具体发展历程和现状，从适宜的角度探寻与国际先进的管理工具相融合的可能性，如此方能保障所构建的企业文化方案不只是流于表面的形式，而能在企业的日常经营管理和决策过程中切实发挥作用，进而释放企业文化潜藏的巨大能量，助力企业持续焕发青春活力，保持持久竞争优势。

目 录
CONTENTS

第一章

《论语》与企业文化建设

　　春秋战国时期是一个大变革的时代，社会各个方面发生了深刻变化。经济上，牛耕和铁器的使用促进了经济的发展，各地不断修建水利工程，手工业取得了较大进步，商业日益活跃；政治上，周王室衰微，各诸侯国争霸，不断进行兼并战争，各民族不断融合，新兴的地主阶级的地位不断提高；思想上，私人讲学的风气兴起，社会思想活跃，有识之士纷纷著书立说，建立自己的学派，形成了百家争鸣的局面。就是在这样一个动荡不安、群雄角逐的时代，至圣先师——孔子诞生并创立了儒家学派。

　　《论语》是儒家的经典之作，也是孔子生活及思想等方面的反映。论，是论纂、编纂的意思；语，则指话语、箴言，"论语"即编纂（孔子）的语录，是孔子的弟子及再传弟子对孔子各方面言行的记录，一共20篇，主要记录孔子及其弟子的对话和言论，全面地反映了孔子的思想见解和生活风貌。宋代名臣赵普说，"半部《论语》治天下"，虽有夸张，但是《论语》对于后世确实有很多可取之处。以往大家关注的更多的是《论语》对人们修身立德、为人处世的借鉴意义，但是现在，人们已经从《论语》中发掘出越来越多的商业思想。

第一节　孔子思想概述

　　《论语》通过孔子的生活片段和言语片段反映了孔子的思想见解，其核心内容除了孔子所坚持的"仁"和"礼"，更重要的是一种中庸思想。在《论语·雍也篇》中，孔子说："中庸之为德也，其至矣乎！""中"是折中的意思，即恰到好处，不多也不少；"庸"是平常的意思。中庸指一种调和折中的态度，但不是说两边都不得罪的墙头草，而是通过恰到好处的方式达到和谐的状态，实现"和而不同"。"中庸"思想对企业的发展很有帮助。企业不是某个人或者某一方的事情，而是多方的综合，受到内部和外部多种因素的影响。要获得利益的最大化就必须找到企业经营中各方的平衡点，实现员工、管理者、顾客等多个群体的和谐共生。中庸思想对企业文化建设有着十分重要的借鉴意义，具体来说，在财富观、信用观、领导观、人才观、团队观等方面，《论语》都能给予我们思想上的启迪。

一、研究现状

事实上，学者对于《论语》在企业文化方面的研究由来已久。自企业文化的概念在中国传播以来，国内学者一直希望建立一种体现中国特色的企业文化，特别是近年来"国学热"的出现为我国企业文化的发展指明了一条新道路。从目前的理论和实践来看，我国的企业文化讲求一种"和谐"之态，这正与《论语》中的"和""中庸"等思想相通。因此，《论语》吸引了众多学者来探究它的企业文化价值，学界也出现了大量关于《论语》与企业文化的著作和文章。在著作方面，薛泽通的《论语的领导智慧》从领导者这一角度出发，力求将经典语言转化为简单易懂的通俗语言，具体分析了《论语》在字里行间中所体现出的领导智慧。邵雨的《〈论语〉管理日志》以国学智慧通透管理，以管理思维重读国学，邵雨以中国儒家文化为基石，通过严谨而通俗的方式向中国企业管理者讲述了《论语》中所蕴含的企业管理思想。周新国主编的《儒学与儒商新论》以儒家文化和儒商实践为依托，收录了大量关于儒商文化和儒商经济的会议文稿。钟永森的《半部论语治企业》把《论语》中的优秀价值观和西方管理的精髓结合起来，认为用《论语》治理企业是通过中国式方式来解决中国企业的病症。周建波的《儒墨道法管理智慧》认为儒学是解决人和人之间争夺资源矛盾的管理之学，儒家思想在解决今天的社会问题方面能够给予我们很多启发。白巍的《〈论语〉的公关思想》则指出《论语》表现出了两种公共关系思想，一种是"直接阐述或论及现在人们所认识的一些公关问题"[1]，一种是"对处理某些具体公关事务和问题的准则、规范和方法的说明或强调"[2]。除了上述著作所代表的作品外，还有大量关于《论语》与企业文化研究的论文，1989年，沈星棣发表了《〈论语〉管理思想诸要素》，认为"《论语》管理思想的核心为'寓管于教'，处处不离道德修养，从而使严格的管理工作，披上了一层温

---

① 白巍.《论语》的公关思想 [M]. 北京：中国经济出版社，2012：3.
② 白巍.《论语》的公关思想 [M]. 北京：中国经济出版社，2012：4.

情脉脉的面纱，颇具特色"①。叶士舟在《〈论语〉中的管理思想摭论》中指出，"作为传统文化中的一颗明珠，《论语》为我们今天的管理者提供了丰富的思想"②，他"用管理学的眼光去重读《论语》，通过对其管理目标、管理的理论基础、管理的内容和手段、管理中的用人艺术等几个方面进行新的阐述"③。刘富书和李善之认为，"孔子论语中蕴涵着丰富的管理思想，'仁爱''德教''礼治'是孔子论语中管理思想的精华"④。刘西西认为，"《论语》中所蕴含的管理智慧以及管理哲学，将为现代企业管理者进行有效的经营管理提供宝贵的经验"⑤，特别是从善于用人是企业成功的根本；以人为本，构建和谐管理；时刻保持忧患意识；认识到诚信的重要性这四点具体阐述。在具体层面上，国内学者也进行了许多研究。如田辉鹏和阎世平在《浅析〈论语〉人本管理思想在团队建设中的应用》中指出，"儒学作为中国统治者的管理工具，其精华足以建设好一个团队"⑥，在文章中，二人具体分析了《论语》在团队建设中的人本管理思想。而田辉鹏等又在《〈论语〉制度管理思想在团队建设中的应用》一文中从制度管理的角度出发，提出了团队在执行制度时应遵循简洁原则、平等原则、施之以德、例外原则、无为的授权原则等。

二、孔子的生平与主要思想

孔子年幼丧父，早年生活十分艰苦，由于生活在礼乐之邦的鲁国，孔子自幼就受到了周文化的熏陶。孔子自成年后便对政治十分热衷，关注国家大事，希望凭借自身力量改变这个礼崩乐坏的社会，并由此提出了以"仁"和"礼"为核心的一系列学说。到而立之年，孔子已经在鲁国小有名气，并且开始收徒讲学。孔子也曾经担任过一些官职，但不断受到排挤，他的政见也没有得到统治者的重视。在多次失败之后，孔子弃官离开，带领一众弟子周游列国，一面宣传自己的思想学说，一面招收弟子，教书育人。孔子晚年回到鲁国，集中精力从事教育事业及文献整理的工作，先后删《诗》《书》，订《礼》《乐》，修

① 沈星棣.《论语》管理思想诸要素［J］. 南昌大学学报（人文社会科学版），1989（3）.

② 叶士舟.《论语》中的管理思想摭论［J］. 成都教育学校学报，2004（12）.

③ 叶士舟.《论语》中的管理思想摭论［J］. 成都教育学校学报，2004（12）.

④ 刘富书、李善之. 孔子《论语》中的管理思想及其现代意义［J］. 浙江万里学院学报，2004（6）.

⑤ 刘西西. 浅谈《论语》中的管理思想［J］. 科技与企业，2013（14）.

⑥ 田辉鹏、阎世平. 浅析《论语》人本管理思想在团队建设中的应用［J］. 学术论坛，2010（5）.

《春秋》，对中国古代文献进行了全面的整理。

孔子一生致力于改变春秋末期以来混乱的社会局面，在继承周文化的基础上形成了以"仁"为中心内容，以"礼"为表现形式，推崇"中庸"精神，重视学习教育的思想体系。孔子是一个乐于学习、乐于思考的人，他一生为了自己的理想而不懈努力，在各个领域都提出了自己的独特见解，特别是他在政治、教育、经济方面的思想对后世有很重要的借鉴意义。孔子的政治、教育思想在《论语》中得到了明确的体现，同时，他虽未明确提出具体的经济思想，但是在孔子及其弟子的对话中，我们可以感受到他在商业管理上也有着敏锐的嗅觉和独到的见解。而且孔子在政治和教育上的思维方式和处事原则对于现代商业行为也有着重要的借鉴意义，他提出的许多主张与现代企业文化的思想有着异曲同工之妙。因此，他的思想可以不断地被引用到现代企业之中。

（一）"仁"与"礼"

"仁"与"礼"是孔子政治思想的核心内容。孔子虽未对"仁"进行过明确的、正面的阐释，但是在《论语》中涉及"仁"的问题达到了100多次，可见孔子对"仁"的重视程度。孔子认为"仁者爱人"（《论语·颜渊篇》），即"仁"的基本含义是"爱人"，认为我们在处理与他人的关系时应保持仁爱之心，做到"泛爱众，而亲仁"（《论语·学而篇》）。为了实现"仁"，必须做到忠恕之道，"忠"就是"己欲立而立人，己欲达而达人"（《论语·雍也篇》），"恕"就是"己所不欲，勿施于人"（《论语·颜渊篇》），忠恕是"仁"的具体表现，一个做到忠恕之道的人也就是一个做到"仁"的人。"仁"不仅是个人道德修养的最高境界，也是治理国家的道德准则，孔子主张"为政以德"，以仁爱治理国家，实际上就是对人本身的关注，体现了孔子的人道精神。但他的"仁"不是一视同仁，而是有等级差别的"仁"，是在"君君、臣臣、父父、子子"（《论语·颜渊篇》）的严格体系下的"仁"，是属于贵族之间的"仁"。为了实现这种"仁"，就必须依靠"礼"的制约和维护，"克己复礼为仁"（《论语·颜渊篇》），约束控制自己言行，讲究礼貌也就是做到"仁"了。由此可见，孔子是一个非常注重礼仪的人，他指出"非礼勿视，非礼勿听，非礼勿言，非礼勿动"（《论语·颜渊篇》），教导人们说话做事要懂礼貌。"礼"不仅仅是指礼仪规范，而是在这种规范下所体现的周朝的等级制度和统治秩序。孔子"礼"的思想正是源于氏族公社后期的宗法制，可以说，孔子所有的政治主张都是在为恢复周朝秩序做努力。总体来看，孔子的政治主张是以"仁"为内核，以"礼"为形式，通过道德和教化来治理国家，这一点与我们现代企业中所追求的人本思想和制度化管理其实是殊途同归。"仁"是现代企业管理者应当具备的基本道德素养，具体而言，"恭、宽、信、敏、惠。恭则不侮，宽则得众，信则人任焉，敏则有功，惠则足以使人"（《论语·阳货篇》），作为企业的管理者，秉持并践行仁德仁义的道德原则对于有效管理企业至关重要。

首先，"行仁德"意味着管理者要以人为本，尊重并关怀每一位员工，关注他们的个人成长与福祉。在实际管理中，这意味着提供公正、公平的工作环境，充分考虑和满足员工合理需求，通过建立完善的激励机制和职业发展通道，激发员工潜能，提升员工满意度与忠诚度。其次，"施仁义"则是要求管理者在决策过程中体现人文关怀和社会责任，以诚信、宽容和互助的态度处理内部关系及对外交往。对内，要善于倾听员工意见，协调解决矛盾冲突，鼓励团队协作，形成和谐融洽的企业氛围；对外，要遵守商业伦理，诚信经营，积极履行社会责任，树立良好的企业形象。再者，仁德仁义的管理方式有助于构建健康稳定的企业文化，企业文化是企业的灵魂，它能引导和规范员工行为，增强企业的凝聚力和向心力。当管理者以身作则，将仁德仁义融入企业管理各个环节时，能够潜移默化地影响和塑造员工的价值观，从而提高整体团队的执行力和创新能力。总之，作为企业的管理者，坚持行仁德施仁义的原则，不仅是个人道德修养的体现，更是推动企业发展、提升核心竞争力的战略选择。只有真正做到了这一点，才能实现人尽其才、物尽其用，使企业在市场竞争中立于不败之地，并持续、健康发展。而只有以科学合理的制度作为规范，才能保证企业的仁德思想能够充分贯彻下去。

（二）"有教无类"与"因材施教"

孔子一生致力于教育事业，门下弟子无数，其中成就突出的有颜回、冉求、仲由、宰我、曾参、子路、子贡等72人，特别是子贡善于经商之道，善于雄辩、办事通达，是中华儒商的鼻祖。孔子能够培养出这么多优秀弟子得益于他独树一帜的教育思想。首先，孔子的教育思想最突出的一个特点是"一同一异"："同"是指孔子提倡"有教无类"，他开办私学，广收弟子，把受教育的范围扩大到了平民，打破了贵族对教育的垄断；一"异"是指孔子在教育弟子的时候注意"因材施教"，对于不同性格特点的学生采用不同的教育方式，使他们的特性得到了最大程度的发挥。这一点正是体现了孔子"仁者爱人"（《论语·颜渊篇》）的思想，在孔子之前，只有贵族子弟才能接受教育，而孔子提出的"有教无类"的主张给予所有有心向学的人接受教育的机会，对于提高全体社会成员的素质起到了积极的推动作用，在教育史上具有划时代的意义。"因材施教"更是充分反映了孔子的"爱人"是具体到每一个人的，他关注每一个人的个性发展。其次，孔子十分注重学生的全方位发展，礼、乐、射、御、书、数都是儒家教育的重要内容，孔子门下众弟子虽然各有所长，但都是在各科广泛学习的基础上继续发展自己的优势学科。孔子全面学习的思想与我们现在主张的教育改革思想不谋而合，早在两千多年前，他就提出了素质教育的主张。再次，孔子非常注重启发式教学，孔子在传授知识时并非"填鸭式"地向学生灌输，而是讲究"不愤不启，不悱不发，举一隅不以三隅反，则不复也"（《论语·述而篇》），即等到学生实在无法想明白的时候再去开导他，等到学生心里明白但不知道怎样表达的时候再去开导他，主张培养学生举一反三的能力，让学生在自我实践中自己感悟、升华。正是由于孔子在教育方面做出的独特贡献，在中华民族两千多年的发展中，孔子一直被尊奉为"万世师表"。我们现在对企业员工的培养和孔子对学生的教育其实并无二致，都是要吸纳更多的人才并采用多种方式发挥出员工的最大水平。人才是企业制胜的利器，员工的培养是企业文化的重要组成部分，企业要想形成一支高素质的人才队伍，必须在提高员工整体水平的基础上有针对性地培养优秀员工，发挥每一位员工的最大优势，这与孔子"因材施教"和"有教无类"的教育思想是相通的。

第二节　《论语》的财富观：富贵人所欲

孔子以大思想家、大教育家闻名于世，他在政治和教育方面的思想一直为后人称颂，同时，孔子在经济方面也提出了明确的财富观。中国古代讲究"士、农、工、商"，追逐金钱利益的商人一直为社会所不齿，但作为封建社会推崇的"圣人"——孔子在对待财富上却是肯定甚至可以说是支持的。孔子的财富观主要包括两方面的内容：一是人是否应该追求财富，二是人应该如何追求财富。对待财富的态度决定了一个企业的发展道路，是企业确立价值观的基础。以下将结合案例分析一下孔子的财富观对现代企业的借鉴。

一、富与贵，是人之所欲也——肯定人们对财富的追求

在人们的传统观点中，儒家只是追求"仁"，追求"义"，并不追求"利"，但经过对《论语》的深入解读，我们发现儒家虽然重仁义，但并不反对追求"利"。《论语·里仁篇》里讲到"富与贵，是人之所欲也"（《论语·里仁篇》），可见孔夫子认为追求财富是人的本性，无可厚非。这也道出了企业成立的动机，富贵是人的欲求，企业是企业家所创立的，所以富贵也是企业的欲求，没有哪一家企业是不以营利为目的的。财富是企业成立的基础，运行的资本，

发展的助力。没有雄厚的财力就不会有企业坚固的基石。所以企业追求盈利是理所当然的，企业的一切活动要以最终的盈利为目标，这是企业生存下去的基础和动力。财富不仅对企业的发展有着重要意义，在激励员工方面也有着不可忽视的作用。物质奖励是鼓励员工积极工作的最直接的方式，孔子很早便认识到了这一点，指出要"因民之所利而利之"（《论语·尧曰篇》），通过给予员工一定的经济利益来促使员工更加努力地工作，因为喜富贵，轻贫贱是人之本性。

正是由于孔子对于财富的正视与肯定，所以他的弟子——子贡能够在商界取得如此大的成就。中国古代的商人经常说自己从事的是"陶朱事业，端木生涯"，其中的"陶朱"指春秋时期帮助勾践卧薪尝胆、大败吴国的功臣范蠡，而"端木"则是指孔子的得意门生子贡。子贡在商业上取得成功，依靠的不仅是能言善辩、预测准确，更重要的一点是他高尚的道德追求。子贡曾问自己的老师："贫而无谄，富而无骄，何如？"（《论语·学而篇》）孔子答曰："可也，未若贫而乐，富而好礼者也。"（《论语·学而篇》）子贡善于理财，积累了一定的财富，并且能做到富而无骄，但是孔子认为这还不够好，因此子贡遵循老师的教诲，并没有被财富蒙蔽自己的心，而是继续向"富而好礼"的更高境界努力。子贡财货显赫，却不只是满足自己的腰包，而是慷慨解囊，"博施于民而能济众"（《论语·雍也篇》），做到兼济天下。孔子能够带领一众弟子周游列国多年，与子贡雄厚的财力支持是分不开的。"从某种意义上说，是子贡凭借着自己的经济实力，使孔子之'道'广播天下。"① 也许正是因为这样的经历，使得孔子认识到了钱财的重要性，从而能够正视人们对于财富的追求。"经济是基础，这样一个极富哲学意味的命题，两千多年前就由子贡的生活实践验证了。"② 子贡被认为是儒商的鼻祖，受到后世的尊崇。这不仅是因为他以一介文人的身份从商并取得了显著成就，更因为他奠定了后世儒商的精神——以义制利、正直诚信、通权达变、以人为本、以和为贵、心系天下。可以说，这是儒商的精神追求，也是《论语》教给我们的企业价值观。

二、不义而富且贵，于我如浮云——君子爱财取之以道

孔夫子肯定了人们对于财富的追求，支持人们追求财富。孔子说："富而可求也，虽执鞭之士，吾亦为之。"（《论语·述而篇》）这说明他自己也是向往

① 杞子兰．中华儒商第一人 子贡［J］．躬耕，2008（1）．
② 杞子兰．中华儒商第一人 子贡［J］．躬耕，2008（1）．

富贵的，但是这种追求不能是"不择手段"的，财富必须取之有道。因此孔子又提出了"不义而富且贵，于我如浮云"（《论语·述而》）的观点。在孔子看来，"义"比"利"更重要，人们在经济领域的活动应当"见利思义"（《论语·宪问篇》），在利益的诱惑面前，人们首先做的应该是思考其是否符合"义"的标准，做到"义然后取"（《论语·宪问篇》）。追求利益是商人的天性，这不能磨灭，如果无利可图就会走向破产，到时连商人都不是了。但是一个真正优秀的企业家绝对不会重利轻义，而是坚持利义统一、以义制利，或者至少能做到利义并重。换句话说，就是君子爱财，取之有道。这在企业的价值观中应该明确体现出来。孔子之所以愿意做一个"执鞭之士"，做这样下贱的活计，是因为他所得的钱财是通过自己切实劳动得到的，所以受之无愧。在当今社会，市场经济鼓励人们想方设法来发家致富，但是正如孔子所说，要以其道得之，这个"道"就是诚实劳动和合法经营。企业要做大做强，必须采取正当方式，在道德规范的框架内追求利益，不违反道德和法律是最起码的底线。通过歪门邪道、投机取巧获得的只能是一时的利益，长远来看，这样的行为只能是自掘坟墓，最终会断送自己企业的前程。

一个企业如果在言行上打破了道德的标尺，就意味着它失去了顾客的信任，这样的打击是毁灭性的。"毒奶粉"事件就是企业因违背商业道德而失败的一个典型案例。河北石家庄三鹿集团所产的三鹿奶粉人为地大量添加三聚氰胺以提高蛋白质检测含量，结果导致国内部分婴儿患有"肾结石"甚至死亡。这一事件在全国引起了轰动，三鹿集团的失败包含了多方面的因素——企业道德准则的丧失、内部管理结构的漏洞、政府监管职能的缺失、相关法律制度的不完善等等。但是最致命的一点无疑是企业道德的缺失，或者说是企业确立的错误价值观——急功近利、不择手段。"三鹿"的案例给中国企业上了生动而深刻的一课，企业必须确立自己正确的价值观，即通过正当方式盈利。价值观的缺陷绝对是企业的致命伤，因为再高明的营销手段也换不回顾客的信任。

企业是营利性的组织，追求利益的同时必须遵守经济领域的游戏规则，《论语》中体现的财富观，即孔子所提倡的义利观，对企业价值观的确立有着长远意义。中国的企业作为社会主义市场经济中的重要组成部分，应该坚持义利统一的价值观，自觉遵守社会道德规范和法律条例，坚持诚信经营，努力在创造利益的同时也能够为社会做出有益贡献。日本知名企业家松下幸之助曾经指出，利润虽然是企业发展不可欠缺的工具，但绝不是最终目的，企业的根本使命应该是谋求人类生活品质的提高。松下的成功正说明了义利统一的价值观对企业的经营有着深远的意义。

第三节 《论语》的信用观：无信不立

作为一个古老而现实的问题，诚信在我国社会主义市场经济的发展中越来越受到人们的重视。千百年来，诚信就是儒家伦理道德的重要内容，短短的一部《论语》中，"信"字就出现了38次。孔子及其弟子多次提到诚信的重要性，无论是立身处世，还是齐家治国，诚实守信都是我们应该时刻谨记的。孔子明确地表示"人而无信，不知其可也"（《论语·为政篇》），丢掉了诚信，便连一个人都算不上了，又如何能开创一番光辉前景。自我修养、与人交往、治国安邦都离不开一个"信"字。在《论语》中，孔子的诚信思想包含了多个方面。首先在个人修养方面，"信"是个人为人处世必备的品德，一个人如果失去了"信"，就如同"大车无輗，小车无軏"（《论语·为政篇》），将会寸步难行，毫无立足之地。其次，在朋友交往方面，"信"是朋友间相处的重要原则。孔子在与学生的谈话中提出了自己的三个志向——"老者安之，朋友信之，少者怀之"（《论语·公冶长篇》），其中得到朋友的信任是孔子追求的三个志向之一，可见孔子十分注重取信于友。最后，在治国安邦方面，"信"是治理国家的根本和关键。孔子说"道千乘之国，敬事而信，节用而爱人，使民以时"（《论语·学而篇》），"宽则得众，信则民任焉"（《论语·尧曰篇》），只有取信于民，才能使人民信服，国家安定。由此可见，孔子的诚信有着丰富的思想内涵。而对于企业来说，"信"主要包含了两方面的要求。首先，企业中的人必须是诚实可信的，一个阴险狡诈的人来创办企业，他必然会寻求歪门邪道，容易走向歧路。其次，建立企业之后，这个企业的企业文化中一定要包含诚信意识，"信"字当头，处处规范自己的行为，通过时刻敲打自己保证自己始终走在诚信的道路上而没有出轨。

一、企业家的诚信

孔子是一个"主忠信"（《论语·学而篇》）的人，也要求别人做到"谨而信"（《论语·学而篇》）。"信"是人们进行自我道德修养的一项基本准则。现在我们也经常宣扬诚信的重要性，呼吁人们诚信做人、诚信做事。但是诚信不是做给别人看的，而是发自内心的，是需要人们用一辈子去践行的。一个成功的企业家往往就是从诚信开始，逐步建立了自己的商业帝国。

浙江宁波的叶澄衷是儒商的代表人物之一，也是宁波商团的先驱和领袖。

叶澄衷的创业经历富有传奇色彩，正是他诚信宽厚的性格帮助他在困顿之中获得机缘，成长为一代民族商业的巨子。叶澄衷出身贫苦，17 岁的他在黄浦江上划舢板谋生。有一次，一位名叫哈利的英国洋行经理搭乘叶澄衷的舢板过江，离开时却将公文包遗忘在了船上。包内除了重要的生意单据，还有数千现金。这对当时的叶澄衷来说无疑是一笔巨额财富，但是他并没有被钱财打动，而是耐心地等待了一下午，把包还给了失主，并拒绝了哈利的巨额酬谢。叶澄衷放弃了这笔意外之财，却获得了他人生发展的一个重要契机。哈利被叶澄衷的诚信所感动，决定帮助他开设五金店并提供借款和货源。叶澄衷的生意由此起步，此后，他在各地开设五金店、钱庄、火柴厂、缫丝厂，在商界闯出了自己的一片天地。叶澄衷的成功源于他诚信可靠的品质，在后来的发展中他也一直坚守自己的原则，诚信经商。宁波商帮中一直流传着"做人当如叶澄衷"的话，可见，他的诚信已经与他融为一体，成为他本人和他的企业的金字招牌。

叶澄衷代表了一大批中国企业家的典型特点，中国自古就具有诚信为本的优良传统，所以中国的百年老店也都是视诚信为生命，如扬州的谢馥春、苏州的孙春阳，都是以"货真价实、童叟无欺"著称的百年老字号，他们一代代传承着诚信经营的理念。一个企业要想获得长足的发展，诚信是必不可少的。作为企业的开创者和带头人，必须本身就具有诚信意识，并把自己的诚信意识贯穿到企业的发展之中，使之成为企业的信仰，终身践行，乃至代代传承。诚信是一辈子的事情，一时的诚信不难做到，但要能够经受住时间的风吹雨打和利益的引诱蛊惑却不是一件容易的事，所以企业的领头人必须有从一而终的勇气和毅力。也就涉及了"信"的第二个层次——企业的诚信。

二、企业的诚信

要治理好一个拥有千乘兵马的国家，孔子认为应该做到"敬事而信，节用而爱人，使民以时"（《论语·学而篇》），"信"便是其中非常重要的一点。要治理好一个企业，"信"也同等重要。"在社会主义市场经济条件下，诚实信用是企业的生存之本，是创造基业长青、建立百年老店的基础。"① 企业必须将诚信放在企业文化的首位，但是现在"毒奶粉""染色馒头""瘦肉精""红心鸭蛋""地沟油"等一系列假冒伪劣产品一直充斥在中国市场上，严重损害了中国人的健康，也损害了中国在国际经济社会上的形象。有的人认为诚信缺失是发展中国家在发展中不可避免的一个阶段，是投机者利用政策、法律的漏洞投机

---

① 钟永森. 半部论语治企业［M］. 南京：凤凰出版社，2010：174.

取巧的结果，但归根结底还是企业的诚信文化做得不到位。如果不能将诚信真正地坚持下去，一时的投机取巧早晚会被拆穿。即使是在发达国家，诚信危机也是屡见不鲜。

美国最大的能源交易公司——安然公司，曾是世界上最大的电力、天然气及电信公司之一，位居世界 500 强前列，营业规模超过千亿美元。就是这样一个举世瞩目的能源巨人，却因为做假账而轰然倒塌了。2001 年年初，安然公司的盈利模式遭到了人们的质疑，随着人们对安然公司的怀疑越来越多，"安然"的股票不断下跌，安然公司不得不承认多年来一直虚报巨额利润，最终走上了破产的道路。安然公司的破产确实引发了美国乃至全球金融市场的巨大震动，其中揭露了与其关系密切的审计机构安达信会计师事务所在审计过程中的严重失职和造假行为，这不仅导致安达信在全球范围内的声誉急剧下滑，更令整个会计行业面临严重的信任危机和监管强化。在此背景下，余波未息，全球五大审计机构之一的安永会计师事务所亦陷入法律纠纷，遭到起诉，进一步暴露了审计行业中可能存在的一系列问题。与此同时，美国重量级投资银行美林公司也被指控涉及财务报表作假，这揭示了金融市场内部分主要金融机构存在的诚信缺失现象。此外，全球第三大制药企业默克公司也不得不承认其过去存在高达上百亿美元的财务造假行为，这一系列事件共同构成了 21 世纪初全球企业及金融服务领域一系列深远影响的信任危机事件链。

一幕幕丑闻被接二连三地曝出，诚信危机迅速地席卷全球，使美国的金融界遭受了沉重打击。与此同时，日本的情况也不容乐观，日本著名的肉制品公司、电力公司、物产公司、投资公司接连被揭发出经济丑闻，引发了消费者和投资者对日本企业的信任危机。

这些国际巨头的失败充分反映了诚信危机所产生的可怕后果，特别是在发达的资本主义国家，它们的危机损害的不仅是自身，更会波及全球，影响整个世界的经济发展。经济的全球化衍生出了危机的全球化，危机与资源、资本一起走出了国门。世界在发生翻天覆地的变化，但唯有诚信二字是经久不变的，诚信经营的企业不分国度、不分时代，而能在地球村通行无阻。

清代茶叶大亨朱文炽曾贩新茶到珠江，但由于路途遥远，难以控制时间，他所带的新茶到达时错过了最佳交易时间，已经不新了。朱文炽不顾劝阻，在出售的茶叶上写上"陈茶"两个字。朱文炽的这一行为造成了一大笔损失，但是赢得了顾客的口碑，在商界树立了极高的信誉。朱文炽毕生坚守诚信，或许因为他的固执坚持而有过暂时的损失，但是长远看来，诚信带给他的是永恒的财富和无尽的商机。有些企业在诚信上做得不够好，很大一部分原因是欲望在作祟，舍不得眼前的蝇头小利。中国人常说"舍得"，有舍才有得，但是比起眼前立刻就能得到的利益，长远的好处显得太过虚无缥缈而容易被人们忽视。所以企业常常为了抓住眼前即将到手的"芝麻"而丢了诚信的"西瓜"。良好的信誉需要几十年甚至上百年来积累，失去却往往只在一瞬间。

《论语·颜渊篇》记载了孔子与子贡的一段对话，"子贡问政。子曰：'足食，足兵，民信之矣。'子贡曰：'必不得已而去，于斯三者何先?'曰：'去兵'子贡曰：'必不得已而去，于斯二者何先?'曰：'去食。自古皆有死，民无信不立。'"（《论语·颜渊篇》）在这里，孔子把"信"提升到了生死的高度。治国与管理企业是相通的，"兵"与"食"在不得已的情况下可以舍弃，但是精神层次的"信"是万万丢不得的，必须牢牢镶嵌在企业文化之中，世代坚守。

第四节 《论语》的领导观：身正爱人

孔子一生奔波于各诸侯国之间，四处游说，希望推行自己的政治主张。其实，孔子的主张主要是教人如何做一个合格的君主或者官员，能治理一方百姓。他的这些思想转化到现代企业思想中就是教人如何在企业中做一个优秀的领导者。虽然孔子自己没有创办过企业，但是《论语》中蕴含的领导智慧却至今仍有借鉴意义。《论语·子路篇》记载：仲弓为季氏宰，问政。子曰："先有司，赦小过，举贤才。""先有司，赦小过，举贤才"，孔子用简单的九个字就指出了一个成功的企业领导人应该做到的三个方面。这句话中包含的内容非常丰富，除了在本章的论述的人才问题和团队分工问题之外，单从企业领导者自身的修养问题方面看也极具启示意义。

一、子帅以正——领导人的带头示范作用

企业家是一个企业的最高领导者。企业家的性格和办事风格往往决定了整个企业的风格。一个思想保守的领导者所带领的企业往往更倾向于稳定的发展，固守原有的发展模式而难以有所创新。一个富于创新意识的领导者所带领的企业则往往是紧跟时代潮流，不断吸收新养分，创新发展模式的。领导人是企业的旗帜，是员工的榜样，领导人希望自己的企业达到什么样的标准，自己就要先达到那个标准。只有这样，领导在企业中才有足够的发言权，建立自己的威信。

《论语·子路篇》说："其身正，不令而行；其身不正，虽令不从。"（《论语·子路篇》）这句话也许能够解释为什么有一些领导者在安排员工工作的时候常常会觉得压力很大，抱怨员工的执行力不强或者素质不高。这样的领导人一般有一个共同特点：只知道下达任务、监督员工，却不知道带头行动。现代企业的领导人可以分为两类：一类是技术型领导，这样的领导人本身就是技术人员出身，在生产方面十分在行；另一类是单纯的管理型领导。这样的领导对企业产品的具体生产并不了解，只是从管理的角度经营公司。前者容易自视甚高而轻视员工的能力，后者则容易脱离实际而不能体谅员工。无论哪一种领导者，在指责下属的时候都应该在心中问一下自己："我对员工提出的要求我自己做到了吗？"

一个真正优秀的领导人不仅自身具备高洁的品性，而且能够把个人魅力融入企业发展，真正起到引领示范的作用。清朝道光年间，扬州谢馥春香粉铺开张，以诚实守信、货真价实、改革创新、童叟无欺的经营理念拔得扬州香粉行业的头筹。"谢馥春"的创始人幼年熟读诗书，以重礼守信为做人准则。在经商的过程中便把重礼守信融入了自己的店铺。"店主常在作坊、店堂监督，如发现短斤少两、以次充好、配方不严、亏待顾客等损害利益的行为，轻则训斥，重则解雇，以维护店家的信誉。"① 正是领导人对自己的严格要求使得"顾客至上、服务周到的观念，在店员中深深扎根"②。"谢馥春"创始人的影响不仅是一时一地，而是通过代代传承引领谢馥春成长为一个百年老店、中华老字号。"谢馥春"创始人和张瑞敏用坚定的理念和切实的行动抒写了创业传奇，然而领导人的作用不仅是员工的榜样，还可以成为企业的标志，像商标一样象征整个企业，如乔布斯对于"苹果"的意义。

一个成功的企业身后一定是有一个优秀的企业家来领导。在罗宾斯的组织文化理论中，他认为"文化的最初来源通常反映了组织创建者的愿景"③，我们所讲的企业文化很大程度上也是企业家精神的延伸，是将企业创建者的哲学通过企业经营、员工甄选等环节灌输到企业所有员工之中。《论语·颜渊》中的"子帅以正，孰敢不正"（《论语·颜渊篇》）讲述的正是这个道理，领导者摆正自己的文化信仰，企业文化的建立和推行也会容易很多。

---

① 周新国. 儒学与儒商新论［M］. 北京：社会科学文献出版社，2010：219.
② 周新国. 儒学与儒商新论［M］. 北京：社会科学文献出版社，2010：219.
③ ［美］斯蒂芬·P. 罗宾斯，［美］玛丽·库尔特. 管理学［M］. 李原，等译. 北京：中国人民大学出版社，2012：51.

二、仁者爱人——体现人文关怀

"子帅以正"讲的是领导人对于企业的意义和作用，那么如何成为一个合格的领导人呢？这也是孔子研究的一个重要课题。在这个课题中，孔子提出的核心理念是"仁"。《论语》中反复多次提及"仁"，当樊迟问仁时，孔子只回答了两个字——"爱人"（《论语·颜渊篇》）。《论语·乡党》中记载了孔子的一个小故事："厩焚。子退朝，曰：'伤人乎？'不问马。"（《论语·乡党篇》）这个细节就充分反映了孔子"爱人"的一种价值取向。这体现在现代企业中就是人文关怀。"其积极因素主要在于它倡导了一种关爱他人、帮助他人、尊重他人的道德精神。孔子提倡'仁者爱人'，爱人是'仁'的基本主旨。"① 在现代企业的激励机制中，仅靠物质的奖励是远远不够的，员工更注重的是精神、情感上的肯定和鼓舞。特别是在中国这样一个重情重义的国家，单凭一纸契约是行不通的，领导人必须真正地关心员工，以"仁"来管理企业。

2008 年由美国次贷危机引发的金融危机席卷了全球，在巨大的压力面前，很多企业为了缩减开支而选择了裁员的方式。短期来看，裁员确实在一定程度上缓解了企业的压力，但长远来看产生了恶劣影响。被裁掉的员工失去了经济来源，生活同样陷入了危机。没有被裁掉的员工也会人人自危，担心会不会在下一次风暴袭来时被抛弃。一个真正以"仁"管理企业的领导人会努力在企业中营造一种家庭般的亲情氛围，而不是在面对危机的时候抛弃曾经与自己共同奋斗的战友。裁员缓解了眼前的危机，却失去了人心，损害了企业形象，可以说是得不偿失。危机还会有下一次，裁员是治标不治本的方法，睿智的领导人明白员工是资本而不是成本，他们会利用危机凝聚人心、鼓舞士气，使自己的团队更加团结，提高应对危机的能力。

不仅在危机时期，即使是在和平时期，给予员工人文关怀也是很必要的。华为的企业文化曾经备受人们批判，"华为奉行的企业文化叫'狼性文化'，推崇野性的拼搏精神：野、残、贪、暴"②。在这样的文化指导下，华为的领导人在企业中推行一种被称作"床垫文化"的加班文化，"华为员工的办公室桌下大多放着床垫被褥，如果加班太晚，大多数人都选择在办公室过夜"③。正是在这样的环境中，华为不断出现员工因为过度劳累而病死或坠楼的事例。这种文化

---

① 周新国. 儒学与儒商新论［M］. 北京：社会科学文献出版社，2010：178.
② 周新国. 儒学与儒商新论［M］. 北京：社会科学文献出版社，2010：140.
③ 周新国. 儒学与儒商新论［M］. 北京：社会科学文献出版社，2010：140.

的形成无疑是领导人缺乏对员工的人文关怀所造成的结果。儒学教领导者以"仁"管理企业，就是要关心和爱护员工，维护他们的利益，帮助和促进他们进步，这是提高企业的凝聚力和战斗力的根本方法。企业的领导人应该明确，当员工的幸福感增强的时候，企业的利润也在上升。

第五节　《论语》的人才观：成人之美

不管是经营企业，还是治理国家，人才都是至关重要的一环，他们能够决定事业的成败、国家的兴盛。孔子对这一点有着清楚的认识。《论语·宪问篇》中记载了孔子与季康子的一段对话："子言卫灵公之无道也，康子曰：'夫如是，奚而不丧？'孔子曰：'仲叔圉治宾客，祝鮀治宗庙，王孙贾治军旅。夫如是，奚其丧？'"（《论语·宪问篇》）卫灵公治理国家存在不妥之处，但是他能够任用贤才，所以他的国家没有败亡。历史上这样的例子不在少数，刘备并无雄才大略，但他有诸葛亮、关羽、张飞，这就足以使他在三分天下中争得一席之地。刘邦只是一个地痞流氓般的人物，却在萧何、韩信等人的帮助下建立了大汉天下。这些充分证明人才具有举足轻重的地位，对国家如此，对企业更是如此。特别是在科技网络、文化产业迅速发展的今天，一个没有人才的公司注定是没有生命力、没有前途的。但是到底何为人才，怎么样才能成为人才，企业又该如何选择和留住人才，这些都不是简单的问题，需要我们反复斟酌，因此，聪明如孔子也发出了"才难，不其然乎"（《论语·泰伯篇》）的感叹。

一、今之成人者何必然——合适的就是人才

子曰："圣人，吾不得而见之矣；得见君子者，斯可矣。"子曰："善人，吾不得而见之矣；得见有恒者，斯可矣。亡而为有，虚而为盈，约而为泰，难乎有恒矣。"（《论语·述而篇》）这段话不仅说明人才的难得，即使是孔子也不得见，也反映了孔子对于人才的划分。依照孔子的标准，人才可以分为四类：圣人、君子、善人、有恒者。其中圣人和善人的境界更高，在现实社会中难以见到，属于理想中的人才，而君子和有恒者是能在现实中得到的人才。在孔子看来，圣人和善人固然很好，他们是各方面都很完美的人，是人才的最高境界，但难以得见。所以当子路问孔子如何做完美之人时，孔子回答说："若臧武仲之知，公绰之不欲，卞庄子之勇，冉求之艺，文之以礼乐，亦可以为成人矣。"（《论语·宪问篇》）之后又说："今之成人者何必然。见利思义，见危授命，

久要不忘平生之言，亦可以为成人矣。"（《论语·宪问篇》）可见孔子非常清楚要达到理想中的成人的标准是很难的，所以不得不对现实中的人降低了要求。现代社会中的人才也是如此，没有人能真正成为"成人"，只能通过不断努力去接近"成人"的标准。

对于企业而言，人才在企业的发展中扮演着相当重要的角色，随着现代企业的不断发展和成熟，对人才的培育、拥有和运用已经成为企业的第一资本。人才固然重要，但是企业不必追求十全十美的"成人"，因为人才是一个内涵极为丰富的概念，在不同的行业、不同的时代，甚至在同一公司的不同岗位上，人们对人才的理解和要求都可能存在着天壤之别。每个企业都有自己特点，每个岗位也都有自己的特殊性，没有哪个人才可以适用于所有的行业、所有的岗位。因为人的时间和精力毕竟是有限的，而且性格和爱好上也存在差，世界上不存在真正的"成人"。而企业需要的也并非理想化"成人"，而是在真实地存在并为企业效力的人，是适合企业特点、符合企业需要的人。

孔子门下弟子众多，孔子不仅在教学时注意因材施教，而且按照学生的特长将自己的得意弟子分为德行、言语、政事、文学四类，让他们凭借自己的专长参与到社会的各个领域中，为现实社会服务。企业需要的也是有切实特长的人，有的企业需要的是沉着稳重的成熟型人才，有的企业需要的是八面玲珑的交际型人才，还有的公司需要的是富有活力、思维活跃的创新型人才。可以说，企业需要的人才首先要具备一技之长，但不是随随便便的"一技"，而必须是符合企业的发展，与企业特色相辅相成的。此外，我们曾经对小微文化企业进行调研，在调研过程中企业的负责人大都表示，人才虽然可贵，但是只有与企业意气相投，能够忠于企业的才是他们所需要的人才。这也就说明，"合适"不仅是指满足企业需要，适应企业发展，还有很重要的一点就是对企业的忠心。对于君臣之间的关系，孔子认为应该是"君使臣以礼，臣事君以忠"（《论语·八佾篇》），这与现代企业管理者和员工之间的关系是同样的道理。"任何一个企业都需要忠诚于企业的员工，因为每个老板都明白，只有忠诚的员工才能尽心尽力、尽职尽责，才能急企业所急，忧企业所忧，才敢于承担一切。"[1] 一个人能够进入企业，其凭借的可能是超凡的能力，但要在企业长久生存下去，更为关键的则是忠诚，更大一点说是品德。在我们的调研中，有的企业负责人表示，公司有的员工业务上并不出众，但是已经跟随公司十余年了，在公司的成长中不离不弃，对于这样的人，领导更加信任，也更愿意对他们委以重任。那些虽

---

① 钟永森. 半部论语治企业 [M]. 南京：凤凰出版社，2010：53.

有能力却不安分的员工即使容易跳槽，也不值得企业留恋，因为他们不可能真正与企业唇齿相依、荣辱与共。对于企业来说，忠心的价值更甚于智慧。

由此可知，企业所需要的未必是最优秀的人，而是最适合的人，即能够与企业趣味相投、并肩作战、相辅相成之人。"在这种意义上，合适比优秀更重要。"① 人才的选择上曾有过一段经典论断：有德有才是精品，有德无才是次品，无德无才是废品，有才无德是危险品。这段话是告诫企业要用有德有才之人，但是"合适"并不是简单的德才兼备就能做到。人才珍贵，合适的人才更加珍贵，企业在招聘时必须擦亮眼睛，仔细辨别。因此，为了得到合适的人才，各个企业可谓是各出奇招、花样不断。在招聘的测试中，企业对应聘者进行全方位的观察评判，甚至是从他们是否捡起地上的废纸，是否将座椅归位这样的细节中进行判断，而不仅仅是像过去那样让应聘者"纸上谈兵"。企业之所以愿意耗费精力在招聘上，就是为了选出合适的人才。《论语》中提到"舜有臣五人而天下治"（《论语·泰伯篇》），舜有五位人才相辅就能成就圣名，对于一个企业而言，合适的人才哪怕一个也是弥足珍贵的。

然而，这只是我们对企业人才的一个大致界定，具体来说，一千个企业就有一千个对人才的定义，这种特殊性也就体现为一个企业的人才观。人才观是企业文化的重要内容之一，体现了企业对人才的总体态度和要求。企业要想获得长足发展，就必须提出自己明确的、科学的、合理的人才观。那些著名的成功企业，无一不是如此。日本松下电器公司是一大电器巨头，它提出了"选择70分员工，注重人才修养"的人才理念。松下公司在招聘时仅考虑适用的人才，对于那些过于优秀的人，松下认为他们容易骄傲自满，自视过高，反而不会对公司怀有感恩之心。海尔公司坚持"好用的就是人才"，海信公司秉承"胜任本职工作就是人才，创新开拓就是优秀人才"的人才观念，家乐福则提出自由、责任、分享、尊重、正直、团结、进步的人才要求。可以说，每一个公司的人才观都是不同的，即使是同一集团下的不同分公司也有着自己特殊的人才理念。但条条大路通罗马，所有的人才观最终都指向一点——合适。所以说，合适的就是人才。

二、博学于文，约之以礼——恰当地管理人才

一个企业的人才观不仅包括企业对人才的期待和要求，更包括企业对待人才的方式。企业要想得到合适的人才需要敏锐的洞察力和理智的判断力，还要

---

① 钟永森. 半部论语治企业［M］. 南京：凤凰出版社，2010：93.

有足够的实力来吸引人才，但得到并非拥有，如何发挥出人才最大的价值并且长久地留住人才更是一门大学问。因此，每个企业都必须制定完善的人力制度，现在，很多企业缺失的并不是人才，而是管理人才的制度。对此，孔子明确地提出了"博学于文，约之以礼"（《论语·雍也篇》）的人才管理方式。一方面，企业需要为员工提供进修的机会和条件。孔子认为"以不教民战，是谓弃之"（《论语·子路篇》），企业如果忽视员工的学习，就等于放弃了已经得到的人才。人才是动态变化的，企业要想从他们身上不断地获得收益，就必须帮助他们不断学习，从而更好地适应飞速发展的工作环境。这种学习不仅包括实践技能的培训，也包括文化素养的提升，即孔子所说的"博学"。只有通过文化和实践上的不断学习，提高员工的个人素质，才能使企业的人才管理更加快捷有效。现在有很多企业组织员工参加各类学习活动，甚至给予员工带薪进修的机会，这是因为培训的最终目的是通过帮助员工进步以提升企业的经济效益，实质上是企业人才管理成本的节约。孔子是一个爱学习并且乐于学习的人，企业也应当学习他好学的精神，因为"学习是最大的生产力，一个人因善于学习而进步，一个企业因懂得学习而壮大，学习是进步之源"①。另一方面，企业必须对人才进行全方位的评估，公平地对待每一位员工，建立科学合理的员工考核制度。人才制度的完善也就是孔子强调的"约之以礼"（《论语·雍也篇》），公正合理的人才管理制度不仅是对员工行为的约束，也是一种规范，是确保公平的保障。在招聘之时企业就已经对人才进行了多方面的考察，但毕竟时间有限，在具体的工作中还要对他们进行定期考评。而考评最重要的就是公正，必须依靠明确的制度，不能因为别人的评价或者眼前所见而片面地评断。聪慧如孔子，也曾犯过这种错误。孔子一度认为颜回愚笨，因为他整天听课却从不提出反对意见或疑问，但孔子"退而省其私"（《论语·为政篇》），却发现颜回"亦足以发"（《论语·为政篇》）。孔子仅凭颜回在课堂上的表现就草草下了结论，显然是不公平的，但幸好及时改正，重新认清了颜回。在企业中，这种错误很有可能让企业蒙受巨大的损失。企业人才流失出现的重要原因之一就是员工认为遭受了不公平待遇。而人才的流失往往还会引起一系列的连锁反应，导致企业的经营危机、信誉危机、信息危机等，这对企业造成的打击是严重的甚至是毁灭性的。要解决这类问题，就不能仅靠当权者的喜好评价员工，而要依靠具体的规章制度。企业应当制定科学合理的绩效考核制度和薪酬管理制度，力求公平公正，既不会伤害员工的感情，又能激发员工的积极性，使之自觉为

---

① 钟永森.半部论语治企业［M］.南京：凤凰出版社，2010：154.

企业做出更多贡献。

与此同时，无论是何种制度，都必须体现企业对员工的人文关怀。与仁爱思想一脉相承，孔子及其门下弟子在对待人才上也是发扬了"仁"的精神。孔子的弟子子夏曾说："大德不逾闲，小德出入可也。"（《论语·子张篇》）认为只要是重大节操上不逾越界线，在小节上可以稍微放松一点。这与我们前面提到的人才与"成人"相呼应，金无足赤，人无完人，一个人不管多么优秀，都难免存在缺点和错误。企业需要的不是一个完美的神，而是能踏踏实实做事的人，只要这个人是真正适合公司的，并且能够以认真、负责的态度对待工作，有一些缺点也无妨。很多时候，宽容往往比严厉更能收买人心，对员工而言，宽容是一种更为有效的激励。上文中我们举过孔子在马厩失火后问人不问马的例子，其实也是体现了对人才的关怀。财物是死的，人却是活的，是有思想有感情的，一言一行都会受到七情六欲的支配。因此在人才管理中企业必须学会动之以情，很多时候，情感和精神激励的效果比物质激励来得更为明显，宽容能够激发出员工的主观能动性，促使他们更加努力地工作。

此外，我们需要特别注意的是人才是最灵活多变的资源，所以除了制度和情感，对待人才最恰当的方式便是随机应变，顺势而为。孔子在教育上主张"因材施教"，根据每个人的不同特点变换教育方式，管理者在对待人才时也应坚持这种精神，对待不同的人才要采取不同的方式。福特公司的马达损坏，公司所有技术人员都束手无策，福特几经转折找到了一位叫坦因曼斯的技工，坦因曼斯很快就修好了马达。福特对他十分赞赏，便邀请他来福特公司工作。但坦因曼斯认为现在的公司对他很好，他不愿忘恩负义，于是拒绝了福特。由此我们可以看到人才对公司的情感羁绊足以战胜高官厚禄。但故事还没有结束，福特对坦因曼斯说："我把你供职的公司买下来，你就可以来工作了。"为了一个人而买下一个公司，福特的行为充分说明了对待人才的灵活性，也再一次证明了人才的重要性。柳传志手下有两位虎将——杨元庆和郭为。杨元庆和郭为在联想的功绩可以说是势均力敌，但二人又矛盾重重，让柳传志大伤脑筋。最终柳传志将联想一分为二，让杨元庆负责联想，郭为负责神州数码，避免二人的争斗对企业造成的伤害。不管是福特公司还是联想集团，他们都不局限于定式，勇于在人才观上探索新的方法，用最灵活的手段解决最灵活的问题，这才是最恰当的方式。

第六节 《论语》的团队观：同道谋政

孔子是一个富有团队意识的人，他周游列国的时候便带着自己的一干弟子，浩浩荡荡地向着自己的"道"行进。企业本质上也是一个团队，只是人员多少的区别，如何最大限度地增加自己团队的战斗力是取得成功的关键。孔子是世代公认的贤人和智者，但他非常清楚，凭一己之力是很难在乱世中立足的，因此，他广收门徒，建立起了自己的团队，合众人之力共同宣扬他的思想。如果没有他那一众弟子，或许孔子在一开始周游列国之时就客死异乡了。虽然孔子的团队与我们现在的企业有着天壤之别，但他组建团队的经验对当今企业的建设还是有许多借鉴意义，值得我们深思。

一、道不同，不相为谋——寻找志同道合的队友

团队建设在企业的发展中有着举足轻重的作用，一个高绩效的团队是企业在激烈的市场竞争中脱颖而出的有力武器。那么，如何组建高效的团队呢？最基本的一点便是寻找志同道合的队友。罗宾斯曾指出，"有效团队的一项特征就是成员之间的高度信任。也就是说，成员相信彼此的能力和品行"①。要实现这种相互信任，就必须在一开始便寻找志同道合的队友。孔子明确提出，"道不同，不相为谋"（《论语·卫灵公篇》），在他的团队中，每一个学生都各具特色，如颜回守信，子贡聪颖，子路勇敢，子张严谨，但他们都奉行孔子的儒学思想，都致力于宣扬儒家文化，因此，他们能够紧密地团结在一起。没有共同的志趣就很难相互信任，也就无法形成富有凝聚力的团队。志同道合，这是选择队友的基本原则，现代企业仍是如此。如果团队成员不能认同公司的价值观和使命，企业就无法形成强大的凝聚力，无法齐心协力渡过困难。上文人才观一节中提到的合适的人才其实也就是志同道合之人。微软公司是一个创造财富的神话，是一个时代的标志。微软公司让数以万计的员工都成了百万富翁，但是他们获得财富后并没有步入安逸富足的生活，而是选择继续留在微软工作，这种行为让很多人不解。究其原因，对于微软的员工来说，财富并不是他们追求的终极目标，他们继续工作是为了实现团队共同的奋斗目标。微软是一个富

---

① ［美］斯蒂芬·P. 罗宾斯，［美］玛丽·库尔特. 管理学 ［M］. 李原，等译. 北京：中国人民大学出版社，2012：355.

有激情和创造力的团队，因为他们在组建团队之时所聘用的都是有活力，具有创新精神的顶尖人才，这一共同性就保证了他们团队的纯洁性，他们总是不断创新、不断前进，而不会因为物质的丰裕停下追梦的脚步。比尔·盖茨强调，他所倡导的团队精神成功营造了一种独特的工作环境，在这种环境中，每位员工不仅能够充分利用整个公司的全部资源，而且还能在一个高效且紧密协作的小型团队或部门中施展才华，扮演重要角色。每个个体都具备独特的见解和主张，而微软作为一个整体，恰好为实现这些创新观念提供了平台与支持。正因如此，这样的氛围持续激发了突破性的思维活动，使得员工的潜能得以最大限度地开发与释放。微软公司的员工并非完全一样，他们各有自己的个性，但都敢于创新、乐于创新，这就保证了微软团队能够永不止步。当个人的志趣与一个团队融合在了一起，会变得更加崇高，更有意义，能够激发个人更大更持久的工作热情。这种充满活力的团队精神归根结底是来自成员的共同目标，那些中途退场的人往往就是坚持不住共同目标的人。现在，很多企业在招聘员工时都强调一种心灵上的契合，就是希望能够与志同道合的人相互扶持，走得更远。

因此，企业要想在内部形成强大的团队，必须在筛选团队成员之时求同存异，保证队员在目标上有着基本的一致性，只有这样才能保证企业的凝聚力和亲和力，在企业的发展中，员工才能始终以团队的利益为重，全心全意投入工作之中。

二、不在其位，不谋其政——每个人专心于自己的工作

《韩非子·二柄第七》中记载了这样一个故事："昔者韩昭侯醉而寝，典冠者见君之寒也，故加衣于君之上，觉寝而说，问左右曰：'谁加衣者？'左右对曰：'典冠。'君因兼罪典衣与典冠。其罪典衣、以为失其事也，其罪典冠、以为越其职也。非不恶寒也，以为侵官之害甚于寒。"（《韩非子·二柄第七》）故事中的典冠明明是一番好意，做了一件好事，却遭受了责罚。我们姑且不管韩昭侯对典冠的惩罚是否过重，只是客观地来看典冠的行为，典冠所犯的错误正是等级森严的古代社会最不能容忍的僭越。用孔子的话来说，就是"不在其位，不谋其政"（《论语·泰伯篇》）。周代的礼仪是孔子维护的对象，他的一言一行都谨遵等级规范，曾子也指出"君子思不出其位"（《论语·宪问篇》）。在他们看来，安守本分才是君子所为。现在企业的结构与古代社会有很相像的一点——明确的分工。只是古代社会是地位的明确分工，现在企业是职责的明确分工。这是典冠受罚的原因，也是现代企业中经常出现的一类现象。

孔子告诫我们"在其位，谋其政；不在其位，不谋其政"（《论语·泰伯

篇》），指的就是将时间和精力用在做好分内之事上，不要去管不该管的事情。做得到未必就是做得好，一个团队需要的是成员各司其职，而不是一个可以完成全部工作的全才。如果真有能够搞定一切的全才，那么团队也就没有存在的必要了。团队本身就说明团队中的成员都存在某一方面的欠缺，需要从团队中得到弥补，他们最适合的只是团队中的某一个职位，不可能是全部。中国很多中小企业的领导人在企业刚刚起步的时候都是身兼数职，以弥补人数的不足。随着企业规模的扩大，公司的各类工作都有了专人负责，但是有的领导人还是认为自己无所不能，认为员工做得不如自己好，事事都要插手，导致员工无法安心正常工作。虽然领导人在整个团队中具有极为重要的作用，能够总领全局，但是这并不表示他要事事亲力亲为。既然在团队中的角色是领导，就应该集中全部精力做好领导的工作。而员工之间也应以高效高质量地完成自己的工作为目标。乐于助人是中华民族的传统美德，团队少不了成员之间的彼此扶持，但是，这种帮助应该有两个前提：一是帮助者已经有质量地提前完成了自己的工作；二是受助者确实需要帮助并且乐于得到帮助。企业团队既是融合的结果，也是专业化分工的结果，团队中的每一个点环环相扣，连成一条链子。如果缺少第一个前提，说明这条链子中的某个点出现了问题甚至断裂了，不管受到帮助的那个点完成得多么完美，这条链子的整体都受到了影响。如果缺少第二个前提，那么将会影响队员之间的亲密关系，造成误会和隔阂，长此以往必然也会影响企业的健康发展。由此可见，团队成员必须首先将全部精力投入自己的本职工作中，做到在其位，谋其政。

此外，团队并不局限于企业内部，企业与企业之间也可以形成高效的团队，这种情况在民办小企业中尤为普遍。江浙地区的乡镇企业已构建起若干小型企业集群模式，它们仿照团队运作机制，将生产任务精细化并分配至各个关联企业中，从而实现了生产流程的高效协同与快速完成。每个公司只负责生产链上的一部分，当这个区域的团队运营起来就能够大大加快生产的速度，并降低单个企业承担的成本。对于刚刚起步或者实力不强的小企业来说，这种抱团经营的方式是一种更加便捷有效的选择。这也是团队，是以企业为单位的团队，公司不必投入全部过程，只是负责自己分内的工作就可以。

不管是企业内部的团队，还是企业之间的团队，要形成良好的团队秩序必须依靠成员对本职工作的保质保量地完成。"不在其位，不谋其政"（《论语·泰伯篇》）强调的就是团队成员集中精力完成自己的环节，以保证生产链的顺畅。

三、礼之用，和为贵——通过规章制度形成和谐的团队关系

孔子的核心思想除了"仁"，便是"礼"。孔子是一个非常重视礼仪制度的人，认为"不知礼，无以立也"（《论语·尧曰篇》）。在企业的团队中，"礼"就是规章制度，这对形成和谐的团队关系至关重要，"如果团队没有统一的制度管理规范，团队成员也不知道哪些有益行为会受到鼓励，哪些不利行为应该规避"①。科学有效的制度对员工的具体行为做了明确说明，能够减少工作中容易出现的混乱，是保障团队成员各司其职的基本条件，推动团队各项工作井然有序地进行。团队的工作千头万绪，要保证各个环节有序进行，除了成员要及时完成自己的工作，还要有严格的制度保障。中国企业从萌发开始就有着浓厚的家族色彩，家族管理有着强大的凝聚力，同时也存在很多缺点。团队比之家族式经营的一大优点就是明确的制度化管理，减少了人情因素的牵扯，对每个人的责任和工作做了清楚的规定，这就使得工作环境更加纯洁。作为企业赖以生存的基础，企业的制度"是企业行为准则和有序化运行的体制框架，是企业员工的行为规范和企业高效发展的活力源泉"②，合适的制度给企业带来的效益虽然不是显而易见的，但却是不可估量的。

同时，制度反映的不仅是对员工的要求，还有对员工权利的保障。规定下来的制度让每一个成员都清晰地知道自己的付出将会获得何种回报，这本身就是一种激励。古人说没有规矩不成方圆，要组建高效和谐的团队，"规矩"尤为重要，企业必须制定出一套完善的制度。现代企业的发展已经步入制度化、规范化的轨道，规范意识是企业文化必须考虑的重要内容。

第七节　《论语》的忧患意识：远虑

孔子的智慧不仅在于他对现实的独特认识，还体现在他对未来有着清楚的忧患意识。孔子不仅关注当下，也关注未来，为此，他提出了"人无远虑，必有近忧"（《论语·卫灵公篇》）的思想。人生不如意十之八九，挫折和打击随时可能到来，如果不能时刻保持忧患意识，早做准备，危机到来时就会手足无

---

① 田辉鹏、张合振、蒋玉娟.《论语》制度管理思想在团队建设中的应用［J］. 企业活力，2008（5）.
② 钟永森. 半部论语治企业［M］. 南京：凤凰出版社，2010：171.

措。《论语正义》将孔子的这句话引解为"虑之不远，其忧即至，故曰近忧"（《论语正义》）。可见，祸事并非不可避免，很多时候烦恼事是因为提前考虑的事情不够充分而产生的。

对于企业来说，要想获得长足发展，必须时刻具备忧患意识，它能让企业保持清醒的头脑和进步的动力。商场如战场，在残酷的商业竞争中，悔恨毫无作用，遗憾也是一文不值，只有时刻保持忧患意识才能防微杜渐，避免后悔。不论企业当下的规模多大，实力多强，如果放松警惕，为当前取得的成果而沾沾自喜，就很容易被同行业的竞争对手赶超。山东三联家电的大小店铺曾经遍布山东各个城市、村镇，连续多年稳居山东省商界首位，是山东人购买家电的首选。近几年来，就是这样一个名副其实的家电"老大"却日渐衰微。三联家电曾经提出"领先半步"的发展策略，而这一策略不仅推动了"三联"的辉煌，也为"三联"的衰败埋下了伏笔。三联家电主张"领先半步，进入无竞争领域"，强调做事要把握好"度"，这在家电行业发展的初期具有积极意义。那时的家电企业并不多，实力强大的企业更加少，三联家电"领先半步"的思想不仅表现出了创新和竞争的意识，而且留有余地，不至于过分激进。因此，三联家电连续多年霸占家电市场。但是商场如战场，永远不会存在真正的无竞争领域。随着家电行业的兴盛，大大小小的家电企业如雨后春笋般崛起，利用网络传媒等现代工具迅速发展，竞争异常激烈。"三联"有着雄厚的实力，本可以在这场赛事中继续保持领先地位，但它坚持"领先半步"的策略，固守山东市场，既没有创新经营方式，也没有开拓新的市场。"三联"认为领先半步就能够牢牢掌握住山东这块大蛋糕，殊不知当全国市场已经被新兴企业瓜分完毕后，山东也将不攻自破。可以说，"三联"是成也半步，败也半步。企业只有在竞争中才能不断成长、不断壮大，没有哪个企业能够真正成为常胜将军。在市场竞争如此激烈的今天，领先十步都有可能被瞬间赶超，何况是领先半步，三联家电进入一种无竞争领域的理想是不可能实现的。"三联"沉浸在领先半步的理念之中，没有察觉到危险的逼近，这是它衰败的一个重要原因。

古人说"生于忧患，死于安乐"，对于企业来说也是如此。忧患意识是企业的一剂预防针，也是一支清醒剂。只有在平时做到"战战兢兢，如临深渊，如履薄冰"（《诗经·小雅·小旻》），才能"而今而后，吾知免夫"（《论语·泰伯篇》）。企业必须时刻保持忧患意识，真正认识到企业在经营过程中的危机和困难，只有这样，才能在危险来临之际不至于慌乱无措。企业要具备忧患意识就是要有所准备，其中最重要的一点就是增强创新意识，不断强化企业改革。现代企业只有不断创新，才能适应不断变化的环境，在竞争中处于主动地位。

创新意味着企业在对未来可能的危机和困难做准备，是忧患意识的转化。不管是产品设计、组织制度还是营销策划，企业的各个环节都需要创新，创新是企业应对未知危险的最好准备。

诺基亚是一家以保守闻名的公司，诺基亚手机以其出色的质量保证而受到消费者的欢迎，曾一度成为手机行业的霸主。但是随着智能手机的出现，老式手机逐渐被市场淘汰。在各个手机企业争先恐后地研发更大更薄更时尚的智能手机的时候，诺基亚仍然坚持老式手机，虽然在质量上无可挑剔，但是面对变化了的市场需要，诺基亚并没有意识到危机的到来。目前及以后的很长一段时间内，不断创新的智能手机无疑是手机市场的主流，如果无法在智能手机上有所突破，只能被市场淘汰。2013年，诺基亚被微软收购。众所周知，微软是一家极为重视创新的公司，甚至可以说，微软视创新为生命，也正是不断地创新使得微软一直保持在领先地位。微软的创新与诺基亚的保守形成激烈的矛盾，在这个创新的世界，保守的诺基亚根本没有生存的可能，2014年4月，诺基亚宣布正式退出手机市场。很多公司像诺基亚一样，固守原有的发展而忽略创新，它们没有认识到潜伏在四周的危机，迷失在自己的领土中止步不前。在兵不血刃的商场之战中，企业如逆水行舟般不进则退。如果不能根据市场变化及时调整、不断创新，只能被淹没在洪流之中。

走一步算一步或者小富即安的思想在企业的发展中是致命的，只能导致企业战斗力的丧失。只有思想上高度警觉，行动上坚持创新，企业在面临危机时才能从容不迫。在企业发展史上，因为缺乏忧患意识、不懂创新而失败的案例有很多，它们都是现代企业发展的前车之鉴，孔子说"告诸往而知来者"（《论语·学而篇》），也希望企业在今后的发展中能从中吸取教训，时常对自己敲响警钟。

小结

在风云变幻的当今世界，企业如同航行在汹涌澎湃的大海上的巨轮，面临着来自四面八方的挑战与机遇。想要在这复杂多变的环境中屹立不倒，除了坚固的船体，更需要强大的动力系统——适用而高效的企业文化。汲取了千年智慧的《论语》，便如同一盏明灯，照亮企业文化建设的道路。

《论语》不仅是儒家伦理道德的集大成之作，更是一部跨越时空的智慧宝典。其内含的仁爱、诚信、礼义和中庸之道等核心理念，宛如一股清泉，为现代企业文化建设注入源源不断的活力。这些理念，不仅深刻，而且全面，它们相互交织，共同构成了一幅宏伟的企业文化蓝图。

"仁者爱人"，这一思想在企业文化建设中熠熠生辉。它告诉我们，企业管理者应以人为本，将员工视为企业最宝贵的财富。尊重与关爱并重，才能营造出充满人文关怀的工作环境。在这样的环境中，员工的心灵得到滋养，团队的凝聚力和创新能力也随之提升。企业不再是一个冰冷的机器，而是一个充满温暖和活力的大家庭。

"言必信，行必果"，诚信是企业经营的基石。在商业的大潮中，诚信如同稀有的珍珠，熠熠生辉。企业只有坚守信用底线，通过透明公正的行为赢得客户的信任和社会的认可，才能塑造出可信赖的品牌形象和社会声誉。诚信不仅是企业的一张名片，更是企业的一种精神，它贯穿于企业经营的每一个环节，成为企业不断前行的动力。

而《论语》所倡导的礼仪制度及中庸智慧，更是为企业管理提供了独特的视角。礼仪制度使企业的组织结构更加和谐有序，员工之间的关系更加融洽。中庸智慧则教导企业在决策和管理时要遵循适度与平衡的原则，既要追求经济效益，又要注重社会效益，实现企业的稳健发展和长远规划。这种智慧不仅体现了企业的远见卓识，更展现了企业的社会责任感和使命感。

《论语》以其深厚的人文精神底蕴，为现代企业文化建设提供了独特的价值导向和行为规范。它鼓励企业在追求经济效益的同时，更要注重弘扬中华优秀传统文化，强化社会责任感。只有这样，企业才能创建出既富有时代特色又根植于民族文化底蕴的企业文化体系。这样的企业文化不仅能够引领企业走向成功，更能为社会的发展贡献自己的力量。

在这个日新月异的时代，我们需要铭记《论语》的智慧，以仁爱之心关爱员工，以诚信之本立足市场，以礼仪之规构建和谐，以中庸之道谋求发展。让企业文化成为企业最坚实的后盾，助力企业在波诡云谲的世界局势中乘风破浪、勇往直前。

第二章

《孟子》与企业文化建设

在中国优秀传统文化和儒家学说的发展过程中，孟子有着特殊的作用和地位。他继承和发展了孔子的思想，建立起了一个新的学说体系，使得孔子的思想和儒家学说成为具有生存价值的一种思想和信念。他认为人性本善，君主应当以不忍人之心行不忍人之政，即仁政。仁君要爱民如子、与民同乐、为政以德、尊贤使能。同时他认为君子应当善养浩然之气，在面对贫贱、富贵、威逼时能够保持自己的气节，达则兼济天下，穷则独善其身。在面对道德与利益的取舍时，要先义后利、义利合一，乃至于舍生取义。孟子的思想影响到中国社会的各个阶层，孟子中所包涵和体现的人文精神浇灌和滋养了我们的民族，在2000多年的历史长河中时时处处牵引者人民，直至今天。

作为中国的现代企业的管理者，应当了解根植在中国人心灵深处的这些管理理念。研究、解读、挖掘孟子思想中所蕴含的精神和原动力，然后把孟子思想中的优秀文化与现代企业管理有机结合，实现对企业的有效管理。

第一节 孟子思想概述

孟子，大约晚于孔子百年之后。孟子与孔子的孙子子思有着较深的渊源，荀子在《非十二子》中把孟轲和子思列为一派，后来司马迁在《史记·孟子荀卿列传》中说他受业子思之门人，赵岐则直接认为孟子的老师是子思。可见，孟子的学说一定与子思有某种联系。孟子博学多闻，通五经，尤长于《诗》《书》，后授徒讲学，带领学生相继游说齐、宋、鲁、滕、梁等多个诸侯国，并曾在一段时间内担任齐宣王客卿，力主正人心而存仁义，法先王而行王道，但终因其言"迂远而阔于事情"（《史记·孟子荀卿列传》）不为统治者所用，后回到邹国，"退而与万章之徒序《诗》《书》，述仲尼之意，作《孟子》七篇"（《史记·孟子荀卿列传》）。

孟子是孔子之后儒家最主要的思想家，但曾在相当长的时间内，地位不算高。直到唐韩愈《原道》中提出，"尧以是传之舜，舜以是传之禹，禹以是传之汤，汤以是传之文、武、周公传之孔子，孔子传之孟轲，轲之死，不得其传焉"的说法，把孟子视为先秦儒家中唯一继承孔子道统的人物。孟子其人其书的地位方才缓慢上升。北宋1071年，《孟子》被纳入科举考试范围；1083年，孟子被追封为"邹国公"，次年获准配享孔庙，孟子日渐尊贵。《孟子》亦升为儒家经典，南宋朱熹又把《孟子》与《大学》《中庸》《论语》合为"四书"，元朝1333年，孟子被加封为"亚圣公"，以后就称为"亚圣"，地位仅次于孔子。

一、孟子的哲学思想——性善论

孟子认为人性本善，"今人乍见孺子将入于井，皆有怵惕恻隐之心"（《孟子·公孙丑上》）。即一个无知的小孩，将要掉到水井里去，不论什么人看到了，都会产生"怵惕恻隐"之心，它完全是出于人的天性，没有其他任何因素掺杂在内，即所谓的"不忍人之心"（《孟子·公孙丑上》）。在此基础上，孟子又进一步指出，人与生俱有"四心"："恻隐之心""羞恶之心""辞让之心"和"是非之心"（《孟子·公孙丑上》）。在这四种美好的心理感情基础之上，产生仁、义、礼、智等道德意识的萌芽，即为"四端"。但"四端"仅为人们提供向善的可能性，需要不断扩充、培养这些善端，才能成为具有仁、义、礼、智、信等道德意识的完人。同时，孟子认为"尽其心者，知其性也。知其性，则知天矣。存其心，养其性，所以事天也"（《孟子·尽心上》）。人只有通过不断培养、扩充善心，方才把握自己的善性，进而了解天命，达到道德修养的最高境界。否则，就会失去善心，因此要"反求诸己"（《孟子·离娄上》）"求其放心"（《孟子·告子上》），寻求在各种诱惑中失去的善心。总之，孟子赋予了人性先天的道德内容，认为人性是善的，但由于后天的环境影响，人们渐渐失去了善心，所以人们要不断地加强修养的学习，找回失去的良知。

有学者提出，孟子的性善论拓深了"中国文化人的生命的深度，使中国人在现实生活中能够反求诸己，使每个人在理论上都可以经由自己的修养功夫而成为一个自主性的德性群体，不但在外可以傲公卿，鄙王侯，而且在内则可以建立自己内心的宁静海"[①]。

徐复观对孟子提出的性善学说给予了极高的评价："孟子的行善直说，是人对自身惊天动地的伟大发现，有了此一位大发现后，每一个人的自身，即是一

---

① 黄俊杰. 孟子 [M]. 北京：生活·读书·新知三联书店，2013：224.

个宇宙，即是一个普遍，即是一个永恒。可以透过一个人的性，一个人的心，看出人类的命运，掌握人类的命运。每一个人即在他的性、心的自觉中，得到无待于外的圆满的自足的安顿，更不用像夸父追日似的在物质生活中，在精神陶醉中安顿。"①

总之，孟子的性善理论是基于特定历史社会背景孕育而成的哲学观点，虽受限于时代局限，但仍深刻揭示了跨越时空、普遍存在于全人类本性中"善"的本质。在当前以追求财富与效率为导向的市场经济环境下，借鉴和吸收孟子性善论中的合理内核，对于弘扬人文关怀的精神，约束和引导市场参与者的道德行为，培养现代公民品格，以及构建和谐的社会主义社会具有显著的时代价值和现实意义。

二、孟子的政治思想——仁政

孟子首先提出民贵君轻的口号，主张"民为贵，社稷次之，君为轻"（《孟子·尽心下》）。一个国家组成的要素，最重要的莫过于人民，有人民才有国家，有人民才有社稷，有人民才有国君，所以人民最为尊贵。身为国君，最重要的是要爱护人民，使人民过着安居乐业的生活。在治国方面，孟子主张法先王，效法古代圣王的治国经验。孟子说："为高必因丘陵，为下必因川泽，为政不因先王之道，可谓智乎？"（《孟子·离娄上》）要想堆得高，就得顺着既有的丘陵再堆上去，要想挖得深，就得顺着原有的川泽再挖下去。另起炉灶，是非常不明智的。而历代圣王所实施的典章制度，是其经世济民政治经验的结晶，顺之而行，自然能达到完美的境界，人民才能蒙受其恩泽。他提出"制民之产"（《孟子·梁惠王上》）的经济政策，即实行井田制，使农民有一定的土地和财产，解决他们的温饱问题。他说："民之为道也，有恒产者有恒心，无恒产者无恒心。苟无恒心，放辟邪侈，无不为也。"（《孟子·滕文公上》）以此来说明制民之产的重要性。同时减轻人民的赋税和商人的关税，促进农业生产和商业贸易。人们有了恒产，生活安定，还要进一步教育之。所谓"谨庠序之教，申之以孝悌之义"（《孟子·梁惠王上》）。教育使人民能明人伦，知礼让，使父子有亲，君臣有义，夫妇有别，长幼有序，朋友有信。同时孟子还主张要尊贤使能。孟子说："徒善不足以为政，徒法不能以自行。"（《孟子·离娄上》）法制能够使政治措施有准绳，但是如果没有贤能之士的辅佐，再好的法制也无法予以推展，所以孟子强调"惟仁者宜在高位"（《孟子·离娄上》）。他认为要

① 徐复观. 中国人性论史·先秦篇［M］. 北京：九州出版社，2021：140.

招揽贤能之士，国君首先要忘掉自己的权势，而且必须对贤能之士致敬尽礼，还要优遇重用之。如此，贤能之士才会为其所用，甘愿为臣。

最后，孟子主张非战，反对暴力战争。为政者要想赢得天下，靠的是民心的支持拥戴，而非兵革之利。倘若昏庸无道，众叛亲离，即使兵革再坚利也是无用。以天下人都归顺的王者之师，去攻击那些亲戚都叛离的无道之君，不战则已，战必胜。

总之，孟子所坚持的以民众为主体的仁政思想有较强的人性化色彩，在以君主为主体的中国政治体制下，始终没有获得全面实践的机会。但是他的这一套政治思想一直成为中国文化中最充实而有光辉的瑰宝。尤其是在政治相对民主，民众主体地位得到高扬的当今社会，仍然焕发出勃勃生机。

三、孟子的教育思想——养浩然之气

孟子的教育思想是继承孔子的教育思想而加以发展的。他把教育人作为君子的"三乐"之一，"父母俱存，兄弟无故，一乐也；仰不愧于天，俯不怍于人，二乐也；得天下英才而教育之，三乐也"（《孟子·尽心上》）。他提出教育的目的是培养"明人伦"（《孟子·滕文公上》）的君子和大丈夫："富贵不能淫，贫贱不能移，威武不能屈，此之谓大丈夫。"《孟子·滕文公下》他主张通过教育使人人都能相亲相爱，没有犯上作乱的行为。教育应该造就圣仁俊杰的统治者。

孟子也强调教育的作用。他强调内心的道德修养，但他同时也并不否认后天环境对人性的影响。他认为，后天的环境可以改变先天的心性和后天的恶习。教育对人的培养与发展，对国家和社会都有重要作用。他认为，"人之有道也，饱食、暖衣、逸居而无教，则近于禽兽"（《孟子·滕文公上》）。"善政，不如善教之得民也。善政民畏之，善教民爱之；善政得民财，善教得民心。"（《孟子·尽心上》）他重视道德教育的培养和道德意志的锻炼。孟子提出个人内在修养的核心在于"养心"，即不断提升自身道德品质，他认为内心修养的至高境界就是达到对正义的深切感知与践行，由此产生出一种坚定坦荡、充满正气的"浩然之气"。他主张在面对利益与道义的选择时，应坚持重义轻利的原则，倡导节制私欲，追求真理，树立高尚的道德情操。这种推崇道义、抑制私欲的价值观，已成为中华民族传统美德的重要组成部分。他还认为，一个人要成就大器，必须严格地艰苦锻炼。"天将降大任于是人也，必先苦其心志，劳其筋骨，饿其体肤，空乏其身，行拂乱其所为，所以动心忍性，曾益其所不能。"（《孟子·告子下》）

在教学方法上，孟子认为教育是一种自觉自得之学，旨在唤醒受教育者的主体性，是心灵的人文活动。孟子说："君子深造之以道，欲其自得之也。自得之，则居之安；居之安，则资之深；资之深，则取之左右逢其原。故君子欲其自得之也。"（《孟子·离娄下》）换言之，深化与提升自我修养的关键在于个体自身的勤奋钻研、独立思辨、与积极求索。唯有通过这种方式获取的知识，才能够真正意义上融会于心，使人处事泰然，运用自如，仿佛拥有源源不断的智慧源泉，达到无论何时何地都能灵活应对各种情况的境界。孟子还进一步指出，"求则得之，舍则失之"（《孟子·尽心上》）。即只要不懈的探求，就能获得真知，半途而废，浅尝辄止，必然毫无所获。所以孟子主张为学要专心致志，持之以恒。他说："虽有天下易生之物也，一日暴之，十日寒之，未有能生者也。"（《孟子·告子上》）孟子认为，为学若不专心有恒，则必不能有所成就。其次要因材施教。孟子主张受教者必须因受教对象的不同而采取不同的方法，弹性教学。这和孔子的教育思想是一脉相承的。另外孟子认为，真正的教育并非仅仅是刻板的知识灌输，它更是一种由教育者身体力行、树立榜样，并由受教育者怀揣真诚之心去学习和仿效这一榜样的过程。

总之，孟子认为教育的本质是一种内心的修炼与觉醒过程。他坚信每个人都天生具备良知与良能。然而，这种内在的善端可能会因缺乏恰当的滋养和维护而迷失。在他看来，求学问道的过程，实质上是为了重新发现并唤醒那颗失落的初心，进而重塑和巩固个体主体性。这种心的锻炼，并不是诉诸静坐冥契的方式，而是在具体的历史情境中历练考验。而这种内心锻炼的自我教育过程就是"养吾浩然之气"的功夫。

第二节 《孟子》与企业哲学：仁政

企业哲学是"企业领导者为实现企业目标而在整个生产经营管理活动中的基本信念，是企业的领导者对企业长远发展目标、生产经营方针、发展战略和策略的哲学思考"[①]。企业哲学，是一个含义高深而又抽象的概念，而企业哲学思维对企业管理者来说，则是一个基本要求。任何一个企业管理者都必须回答企业与社会、企业与员工、企业与顾客的社会关系问题，要正确回答这些问题，就必须应用企业哲学来思考。而孟子所倡导的仁政诸如民贵君轻、制民之产等

---

① 陈亭楠. 现代企业文化［M］. 北京：企业管理出版社，2003：241—242.

理念对于今天的企业管理者来说仍然具有哲学层面的指导意义，依然焕发出强大的生命力。

一、民贵君轻

仁，是儒家思想的核心，孔子说："己所不欲，勿施于人。"（《论语·卫灵公》）孟子认为，"仁也者，人也。合而言之，道也"（《孟子·尽心下》）。即仁就是人，仁和人合起来说，就是道。他又进一步解释，"仁，人心也，义，人路也。舍其路而弗由，放其心而不知求，哀哉"（《孟子·告子上》）。在孟子看来仁是人的心，义是人的路。舍弃正路不走，丢失了善心，也不知道寻找，是可悲的。所以为政者要以爱人之心行爱人之政，"所欲与之聚之，所恶勿施"（《孟子·离娄上》）。人们所得到的，替他们积聚起来，人们所厌恶的，决不要做。只有这样才能得到人们真心诚意的拥护。

在古代，君主治理国家要把民众摆在十分重要的位置，要赢得民心才能维护国家的长治久安。在今天，物质文明高度发展，个人的主体地位得到高扬，个人自觉意识已经觉醒。所以人的管理，人心的统一，比以往历史上任何一个时期更为复杂和困难。对于以生产盈利为目的，兼具社会责任，同时又要面对激烈的社会竞争的企业而言更是难上加难。

孟子说："天时不如地利，地利不如人和。"（《孟子·公孙丑下》）天时、地利非人力所能掌控，唯有人和尚可努力求之。《大学》中讲，"心诚求之，虽不中，则不远矣"（《大学》）。都旨在强调以真诚之心去求取，做到努力营造有人情味的生活工作环境，这对于今天的企业和企业者应是极为重要的。

所谓千里之行，始于足下，许多企业正在努力的征途中，已经取得了丰硕的成果。下面以日本企业为例，我们或许能从中取得"真经"，以备后用。

日本松下电器公司在全球享有盛誉，其企业领导人松下幸之助更是被称为日本的"经营之神"。他说"事业的成败取决于人"，"没有人就没有企业"①。一个企业，如果仅仅把员工作为可以榨取剩余价值的劳动力，员工就可能消极怠工，只想着如何把钱混到手；如果把员工作为企业的主人翁，员工就会拼体力、用智力。倾其全力为企业发挥出巨大力量。所以松下公司用实际行动践行以人为本的管理理念。企业应依靠全体员工共同经营，积极倡导所有职员参与企业的决策与管理，为他们提供在生产、经济和社会各方面展示才能的平台，使他们能够真正成为企业的主人翁。集合众智，无往不利。其次是在企业遇到

---

① 石磊.企业文化案例精选评析［M］.北京：企业管理出版社，2010：135.

经济困境之时，绝不抛弃员工，裁减人员。再次企业领导者时刻保持一种谦和、感激的态度对待员工。最后就是对员工坦诚相待，把企业的长远计划告诉全体员工，准备与员工共进退、同甘共苦。

松下公司把员工放在第一位。企业、企业领导人、员工这三者的关系已经不仅仅是单纯的制度规范下冰冷的合同关系，而升华为一种温暖的、充满人情味的、没有血缘维系的家庭关系。这种关系的建立，对于企业而言是极为可贵的，也是企业能够永葆生机的法宝。

企业经营者要充分关注和重视员工的感受，应建立良好的沟通机制，倾听并回应员工反馈。同时，关注员工福利和职业发展，营造积极的企业文化，确保决策过程的透明和公平。定期评估员工满意度并进行改进，庆祝员工和团队的成功，以展现对员工感受的真诚关怀。这些措施有助于增强员工的归属感和工作动力，促进企业的整体发展。尤其是很多企业在创立之初，在一无资金、二无技术的情况下，企业唯一具备的也就只能是企业员工的心态和理念。如果企业的经营者无法珍惜重视员工的个人感情，那么也就无法将企业的所有成员团结到一起，产生凝聚力。企业的成长、壮大也就无从谈起。

同样，联想集团的杨元庆曾提出了"平等、信任、欣赏、亲情"的亲情文化。娃哈哈的宗庆后每年都要走访各个分公司与留守员工一起过节，并且将奖金亲自送到员工手中，令员工倍感温暖。而"塑料大王""经营之神"王永庆更是在80岁高龄坚持参加公司组织的运动会。几十年如一日，和众多年轻人一起进行长跑比赛。这种积极向上、活泼年轻的状态，一直感动着公司员工，尤其是给年轻人树立了榜样。

更有许多公司安排专门负责人员，将所有员工的出生日期记录在案，每月定期为员工举行生日会，赠送卡片与小礼物。对公司来说这只是一件微不足道的小事情，但对每一个员工来说，收获了一份尊重，找到了一种归属感。公司不单在生活上给予关心，而且也给予一定的物质奖励。尤其是对为公司已经服务一定时间的老员工更是给予了肯定。并且根据员工工作年限的长短设置了各种奖项。孟子说："乐民之乐者，民亦乐其乐；忧民之忧者，民亦忧其忧。"（《孟子·梁惠王下》）总之，企业的爱人之举，自然能引发员工的真情回馈。上下一心，其利断金。

二、制民之产

孟子说："无恒产而有恒心者，惟士为能。若民，则无恒产，因无恒心。苟无恒心，放辟邪侈，无不为已。"（《孟子·梁惠王上》）这句话的意思是说，没有固定产业而有坚定的信念,只有士能够做到。像百姓,没有一定的产业,因而没有坚定的信念。没有坚定的信念,就会胡作非为,为所欲为。孟子认为,民众拥有稳定的产业能确保其安心守法;否则,将会民心浮动,甚至不惜冒险违法,对封建统治构成挑战。而在历史上,很多农民揭竿而起,反对统治者的暴政,也多因为最基本的衣食住行难以得到满足。古人常讲"以史为镜"来判断自己的得失,作为企业,要想让员工安心工作,务必满足其基本的生活需要,解决其后顾之忧。否则人心不稳,危机随时都可能发生,而一旦发生,其损失是惨重的。

首先是物质方面的需求。作为领导者,要先替员工考虑到他们的这些物质方面的需求。要为大家树立一种观念,企业不仅仅是领导人自己的,也是所有员工赖以生存的地方,是所有员工共同的利益所在。

微软公司作为业界典范,展现了深厚的人文关怀。它实施了员工全员持股计划,让每一位员工都成为公司的小股东,共享公司的发展成果。此外,微软还为员工提供美国顶级的医疗保险方案,这份全面的保障不仅惠及员工自身,还贴心地覆盖了员工的配偶,确保他们在面临各类健康问题时都能得到充分的保障。更值得一提的是,公司内部设施一应俱全,免费的全方位服务设施与健身设备如网球场、设备齐全的健身房等,为员工提供了工作之余放松身心的好去处。而且,公司还供应多种免费饮品、文具及办公用品,品类之丰富,几乎满足了员工在工作与生活中的所有需求。这样的微软,无疑是一个令人向往的工作场所。此外,公司还为员工及其家庭成员购买了当地各大艺术馆、音乐厅、博物馆、科技馆及水族馆等文化场所的年票,员工可随时免费参观游览。每月,公司还会组织员工在工作时间内集体观看一部电影。不仅如此,员工还有权以远低于市场价格的优惠购得微软出品的所有软件产品,通常只需支付市价10%至20%的费用即可。微软对员工的各种福利涉及生活的各个方面,以润物细无声的行动,给公司员工一种安全感与优越感。这种情感本身便是一种无形的力量与资产。当个人把自己的生活与工作都与公司融汇到一起,不分彼此时,是会自觉产生一种责任,这种责任往往是积极向上的、负载着一种神圣的光环,也更能激发个人潜力。

当然,企业经营并非一帆风顺,常常伴随着各种危机。危机之时,薪酬、福利等各种待遇可能都会比正常情况下降低。而员工面对个人利益受损,也往往会产生不满情绪,甚至是转而投靠其他公司。作为企业者应当明白"人心善变"的道理。正如稻盛和夫所说:"人心虽然善变,但是如果一旦能够与他人在心灵上结下牢固的纽带，那么就没有再比这种纽带还要牢不可破的关系。"① 这种关系的建立很大程度上依赖于企业者的经营，而在精神层面的认同则是关键。

随着时代的发展进步，员工的需求不只停留在物质的角度，员工希望得到尊重认可的欲望越来越强烈。马斯洛的需求层次理论指出，个体的需求结构涵盖了多个维度和层级，既包括基本的生理和安全需求，也涵盖高层次的情感归属、尊重和自我实现需求。在企业管理实践中，这意味着企业不仅要确保提供充足的物质待遇作为基础，例如合理的薪资福利，以满足员工的基本生存和安全保障；同时，企业还必须关注并致力于满足员工的心理和精神需求，如提供富有挑战性的工作以增强员工的工作胜任感和成就感，营造公正透明的工作环境以增进员工的公平感，推动职业发展和持续学习以促进个人成长，以及赋予员工参与重要项目的机会以实现他们的个人价值和对组织有意义的贡献。只有当企业在满足员工多层面需求方面做出充分的努力，员工才会在物质和精神两方面皆得到充足激励，从而更加自愿、积极、投入和满意地为企业效力，达成组织和个人目标的共赢局面。

企业应当采取多样化的精神激励手段。注重沟通激励是比较普遍的方法。首先要积极营造一个鼓励沟通的氛围。员工可以通过各种正式的和非正式的渠道交流看法。企业可以针对不同年龄、不同层次、不同工作岗位的员工需求建立各种兴趣小组或俱乐部，员工可以根据自己的兴趣从中选择，并组织大家定期举行活动。当然，公司应当对这些活动给予一定的经费支持。此外，企业通过精心组织部门间的郊游、聚餐等团队活动，不仅为员工创造了一个轻松愉悦的氛围，有效促进了团队成员间的深入沟通与交流，进而增进了彼此的了解与信任。同时，这些活动也是激发员工工作积极性、提振团队士气的重要手段，能够让员工在忙碌的工作之余得到放松，从而以更加饱满的热情投入后续的工作中。此外，通过组织这些富有意义的团队活动，企业还能够显著提升员工的满意度与归属感，进而增强团队的凝聚力与战斗力。最终，这些活动成为打造团队精神、塑造健康积极团队文化不可或缺的有效途径，为企业的长远发展奠定了坚实的基础。

三、谨庠序之教，申之以孝悌之义

孟子说："善政，不如善教之得民也。善政民畏之，善教民爱之；善政得民财，善教得民心。"（《孟子·尽心上》）这句话意思是，统治者要想夺取天下、

① ［日］稻盛和夫. 创造高收益贰［M］. 喻海翔，译. 北京：东方出版社，2010：34.

巩固政权，必须首先得到人民的拥护，而要得到人民的拥护，仅靠良好的行政措施是远远不够的，必须实行良好的教育才能达到目的。行政措施只能使人民心生畏惧，良好的教育才能使人民心悦诚服。

对企业而言，对员工进行教育培训是一项至关重要的任务。通过系统性的培训，企业能够将自身的核心价值观和行为规范有效地传达给员工，促使员工在日常工作中自发遵循既定规程，从而营造出和谐、融洽的工作环境。从某种程度上讲，此类教育与培训举措有助于增强员工对组织的归属感，增进员工之间以及员工与管理层之间的凝聚力和团队协作精神。尤其是对刚刚入职的新员工来说，关于企业概况与价值观的培训尤为重要。有效的培训，能够使员工对公司获得一种极好的感性认识，留下深刻的印象，产生想要参与其中的好奇与激情。

而当员工真正地融入其中时，对于员工的培训与教育更不能松懈，只能加强。当然更加侧重岗位规范、专业知识和专业能力的培训。尤其是一些对技术要求高、产业更新比较快、管理要求高的岗位，对于追求职业成长和提升个人能力的员工来说，积极参与更高层次的技术升级和职务晋升等方面的培训是至关重要的。这样的培训不仅能够使员工的专业知识和技术能力得到全面提升，达到甚至超越岗位规范所要求的高一层标准，还能够为他们在日益竞争激烈的职场中脱颖而出提供有力支持。通过系统的学习和实践，员工可以不断拓展自己的知识边界，掌握最新的行业动态和技术趋势，从而在工作中展现出更高的专业素养和解决问题的能力。因此，参加这类培训不仅是对个人职业发展的投资，也是提升企业整体竞争力和实现可持续发展的关键举措。

事实上，许多企业每年都定期选拔一些业绩突出的员工去参观先进的企业，学习成功的经验。对于员工来说，这既是对工作上的一种肯定，是一种荣誉，更为重要的是能够借以提升自身的业务水平，开阔眼界，让员工从中看到一个发展中、前进中的自己，以更加饱满的状态投入今后工作中。对于企业而言，实施这种持续性、启发性的员工培养策略，能够迅速助力员工能力提升与全面发展，并确保他们能将所学知识技能熟练运用于实际工作场景中。通过在人才培养上实行开发—应用—再开发—再应用的循环模式，企业有效地消解了人才供需之间的矛盾，从而实现了人才资源的可持续发展与优化配置，形成了人才发展的良性循环。

另外，在整个培养培育的过程中，一定不可忽视领导者的率先垂范作用。孟子说："身不行道，不行于妻子；使人不以道，不能行于妻子。"《孟子·尽心下》如果本身没有好的德行，连妻子儿女都不会听他的话，更不用说教育别人了。《大学》中也讲："上老老而民兴孝，上长长而民兴弟，上恤孤而民不倍，是以君子有絜矩之道也。"意思是说，如果上面的领导能够尊重老人，那么下面的民众就会效仿，兴起孝敬父母的风气；如果领导能够尊重长辈，那么下面的民众就会跟着尊重自己的兄长；如果领导能够体恤孤儿，那么下面的民众也会同样去关爱他们，不会背离这种美德。因此，高尚的人总是能够以身作则，用自己的行为去影响和引导别人，这就是所谓的"絜矩之道"。领导怎么做，民众就会跟着怎么做。所以，作为一个领导者或者公众人物，必须要有高尚的品德和行为，才能够引导社会风气向着更好的方向发展。这种"絜矩之道"也是一种社会责任和担当，需要我们每个人都去践行和传承。作为企业的经营者，要对自己的角色有充分的认识，在工作中做出表率，同时在生活中与员工开展亲密的交流。在德行和个人才能上都要给员工树立榜样，传递一种正面能量，让员工由衷的敬佩和跟从。

内部联谊聚餐会应当是沟通心灵的最佳方式。在这种私人场合下，大家没有压力，更能畅所欲言，表达心声。而企业家也可以借此机会把自己心中对公司的梦想和目标告诉员工。让员工明白自己今日所作的一切都是为了让公司盈利，变得更加坚实可靠，从而让所有员工都能够安心托付自身命运。所以，为了实现这个目标，将带头努力工作，和员工一起努力拼搏。这样的肺腑之言，定能获得公司员工的认同，激发他们真心追随你的激情。这种教育方式，显然比任何的冷冰冰的规范和制度更加充满人情味，也更能加深企业领导人和员工的感情，获得手下员工的拥戴。

所以，企业经理管理者，尤其是一些中小企业经营者应该认识到，提高企业员工的凝聚力往往正是企业获得成功的关键所在。因为作为中小企业，真正能够吸收到的人才是有限的，而唯一能够确保的资源只有现有的企业员工。只有最大限度地发挥现有员工的潜力，在工作中取得成绩，企业才可能得到真正的成长和发展。事实上，很多实例也表明，大多企业在创业之初，并非人才济济，大家聚到一起，只是凭借着一番热情和对事业的执着，一步步携手走过来。在这个披荆斩棘的过程中，随着企业逐渐壮大，每一个人也都慢慢地成长、成熟，而成为能够独当一面的人才。而在共同奋斗的过程中，所建立起来的信任和感情更是一笔宝贵的财富。所以作为企业的经营者，不管在业务上，还是人格上，都必须努力赢得企业员工的信赖和尊敬，让员工觉得自己是企业成长中的一分子，是可以贡献力量的。如果一个企业，即便是从事最普通工种的员工，都有一种良好的心态，都有一种油然而生的骄傲，那么，这个企业的前途是不可估量的。这个企业的领导者才是真正意义上的大企业家。

第三节　《孟子》与企业精神：浩然之气

　　企业精神是指企业职工在经营管理实践中，逐步形成和优化出来的精神风貌，是长期的发展观念、行为方式中沉淀下来的积极因素的总结而形成的群体意识。企业精神不可能在短期内形成，它是企业长期发展的产物。企业精神作为一种意识形态对企业的发展起着极大的促进作用，是企业文化的核心和灵魂。一个企业是否成功塑造了自身独特的企业文化，关键在于其内部是否孕育并提炼出了具有标识性和指导意义的企业精神。换言之，企业文化的形成和完善，往往以其拥有独立且鲜明的精神内涵作为衡量的重要标准和显著标志。

　　孟子主张人应当善养浩然之气，企业亦然，企业家亦然。只有如此，企业才能在当代的经济大潮中，乘风破浪，披荆斩棘，立于不败之地，从而为国家经济的发展、民众的生活做出应有的贡献。企业家才能抵挡住来自各个方面的压力和诱惑，以其高尚的人格魅力和道德情操赢得员工的信任与支持。

一、至大至刚，配义与道

　　孟子说："我知言，我善养吾浩然之气。"（《孟子·公孙丑上》）他说自己能够分析别人的言辞，并且善于培养自己的浩然之气。所谓浩然之气，孟子是这样阐释的："其为气也，至大至刚，以直养而无害，则塞于天地之间。其为气也，配义与道；无是，馁也。是集义所生者，非义袭而取之也。行有不慊于心，则馁矣。"（《孟子·公孙丑上》）这句话的意思是：作为气，最广大最刚强，用正直来培养它而不加伤害，就会充满在天地之间。这种气，与义和道相配合，没有它，就没有力量。它是正义在心中积累而产生的，并不是偶然形成的。如果行为使心里产生了愧疚之感，就没有力量了。

　　企业精神是企业员工共享的核心价值观念、深层心理动力和共同目标愿景的体现。它反映了企业内部形成的独特精神风貌和文化氛围，是企业发展中不可或缺的内在动力，引导员工积极向上、团结奋斗，推动企业不断前行与发展。企业精神不仅展现了企业的个性特色，也是企业与外部环境相互作用中所展现出的独特气质和力量的象征。尽管每一家企业都有自己独特的企业精神，但通常都会采用精炼且富含哲理的语言对其进行提炼概括，并通过诸如厂歌、厂训、厂规以及厂徽等各种载体，以直观且具有象征意义的方式来展现和传播这一核心精神。但是，这些企业的精神无不表现出一种浩然之气，以一种强大的精神力量引导众人去努力践行，而成就行业内的传奇。美国IBM公司的"IBM就是服务"；泰国正大集团的"正大无私的爱"；波音公司的"我们每一个人都代表公司"；惠普的"尊重个人价值的精神"；三星的"人才第一的精神"以及松下公司的七精神：产业报国精神、光明正大精神、友好一致精神，奋斗向上精神、礼节谦让精神、适应同化精神、感激精神①等等。

当然，企业精神和理念并不是在企业创立之初就已经存在的，它是在漫长的生产、生活和商业竞争中逐渐形成的。这种形成的因素是多方面的。既有企业者和企业员工等人为的主观因素，更有社会环境与企业自身的特点等客观因素。更为重要的是在这些言简意赅的精神背后，则是自上到下，长久以来不懈的努力和行动。

企业精神这种概念性的东西，是需要在日常的具体工作中一点一滴地建立和强化的，而且关键是要得到员工的认同，并进而指导其行为。而如何让员工认同这种精神，则是企业者应当要考虑的事情。事实上，很所企业都将企业的精神贯注到具体的工作中，让员工亲自感受到这种精神的力量。如惠普公司高度重视员工的个人价值，并通过多种方式予以体现。首先，公司实行弹性工作制，赋予员工充分的自由度，让他们能够按照自己认为最高效的时间和方式来完成工作，从而更好地实现公司的总体目标。其次，惠普公司内部倡导平等、亲切的交流氛围，员工之间不拘泥于繁文缛节，可以直接称呼彼此的名字，无须添加任何头衔。此外，公司还采用走动式经营的方式，鼓励管理层深入基层，与员工面对面交流，了解他们的需求和想法。惠普公司还实行终身雇用制度，体现了对员工长期承诺和稳定的职业发展环境的重视。最后，公司的"开放实验室备用品库制度"也是尊重员工创新精神和实践能力的一种体现，为员工提供了广阔的探索空间和资源支持。这些举措共同构成了惠普公司尊重个人价值的企业精神。公司宗旨清楚写着：组织之成就乃系每位同仁共同努力之结果②。只有如此，员工才能超越只停留在头脑中的概念，真正体会到企业精神是什么。

当然，作为企业的领导者，也应当成为企业精神的最佳宣传者，给员工注入新鲜的血液，活的生命力。他应具备为员工勾勒美好愿景的能力，为他们点亮希望之光，从而激发出员工内心深处对于未来无限渴望和积极迎接新一天的动力。通过这样的引领，员工将满怀信心和热情地投入工作中，为实现共同梦想而不懈努力。

---

① 石磊. 企业文化案例精选评析［M］. 北京：企业管理出版社，2010：33.
② 石磊. 企业文化案例精选评析［M］. 北京：企业管理出版社，2010：30.

每天平凡而又乏味的工作，常常令人感受到梦想和现实之间的巨大差异，并进而产生焦虑之感。无论是企业者还是普通员工这种感觉都会存在。而在这时，大家更是需要一种精神的慰藉。所以企业者要肩负起这种责任，点亮员工的心灵，鼓励企业的所有员工只要能够瞄准共同的目标，全力以赴地投入工作，坚持不懈的保持踏实肯干的姿态。人们只有在树立了崇高的目标，并坚定不移地克服各种挑战与困难的过程中，才能真正体会到工作的成就感与深层意义，从而感受到由衷的喜悦和满足。随着时间的推移，企业精神逐渐渗透并内化为企业成员的一种集体心理定势。它既能以清晰的意识引导员工的行为举止，又能通过无形的文化熏陶驱动员工行动。这种深入人心的企业精神极大地提升了员工主动承担责任的自觉性，促使他们在日常工作中主动调整和规范个人行为，积极关注企业形象，致力于维护企业的名誉，从而全身心地投入为企业贡献力量的各项活动中。总之，企业作为由无数个体组成的集合，要想在激烈的竞争中，占据优势，要想令每个员工都能够自觉自愿的跟随、奉献，需要这种至大至刚的精神，这应当就是企业真正的精神。有了这种精神的存在，企业的意义便超越了本身的物质性，达到一种社会超越。而企业员工也会从这种精神中得到力量和鼓舞，能够将自己的才华毫无保留的奉献出来，因为他们相信今日的付出，并不会因为生命的消亡而白费，会因企业的存在，而获得一种永生。或许正是这种精神背后的巨大召唤力量，才令企业精神显示出其重要性。这就好比宗教一般，倘若让人民信服和跟从，首先他必须让人们在精神上得到满足和升华，否则是很难持久的存在的。

但是，任何一种精神的养成都要经过一番艰难而漫长的实践。因为只有在实践中，切实认识到这种精神所发挥的作用，我们才可能反过来去认真深入的思考这种精神的价值，并将它上升为一种理论，被更多的人所信奉并运用。实践是检验真理的唯一标准，任何一种精神和真理的东西，倘若没有实际的效用，只是花拳绣腿，算不得真功夫。

二、道义先行，气有浩然

所谓的大丈夫是怎样一种形象？孟子告诉我们无论处于人生何种境地，都要保持自己的气节，"富贵不能淫，贫贱不能移，威武不能屈"（《孟子·滕文公下》），都要有一种高远的志气和情怀：穷则独善其身，达则兼济天下。无论做何种事情，都要道义先行，仁和在前。非如此，难能彰显人之浩然之气，非如此，难能成大事业，真君子。

孟子的这一思想对于企业家是完全适用的。众多杰出的企业家，诸如松下幸之助、王永庆等，在创业的征途上都曾饱尝失败与挫折的滋味。然而，正是他们凭借着坚韧不拔的意志和百折不挠的精神，最终攀上了成功的巅峰，将曾经的失败与苦难熔铸成了生命中最为耀眼的辉煌。领导者唯有具备令人敬仰的品德，才能自然而然地树立起其应有的权威，进而凝聚起各种力量。

怎样是真正的企业家呢？就如同孟子所说，他首先应当是这样一个顶天立地，有浩然之气的大丈夫形象。生意人为钱，无所不为；商人牟利，有所为有所不为；而企业家则为国、为民、为人，一切皆可为，为必有道。

从某种意义上这接近于中国传统的士大夫精神。事实上，中国早期的企业家，尤其是民初的企业家张謇、卢作孚等大多是饱读诗书的士人，儒家的传统思想必然深深的影响他们，而孟子的思想更是鼓舞着他们，随时为国家兴亡贡献此身。尽管每位企业家的经历与背景各不相同，但他们最终选择投身商海，共同坚守着一个核心理念——实业救国。他们深知，唯有通过发展经济，才能为教育注入活力，推动国民素质的提升，进而实现社会的全面进步。这种理念不仅展现了民国企业家们崇高的爱国情怀，更凸显了他们坚定的富国强民愿景和深沉的社会担当精神。他们以企业为平台，以实际行动诠释着对国家的热爱和对社会的责任，为国家的繁荣富强和社会的进步发展贡献着自己的力量。而这种精神，正是中华民族企业家精神的生动体现。

卢作孚说："大至一个民族要有民族魂，小至一个公司要有公司魂，一桩事业要有事业精神。要做到这些，必须每个人都要有一种精神，一种气魄。只要每个人都具有这种精神，那公司、事业、民族也就具有这种精神。"[1]

所谓听其言，观其行。卢作孚不单在言语上体现出了民国时期企业家的家国情怀，而在行动上更是不遗余力。他开公司、办教育、搞乡村建设，在抗日战争时期，积极参与到救援行动中。无论到何时，只有这样的人，才是真正有志气的大丈夫，是民族的脊梁。

当代不少企业家秉承了这种可贵的精神。比如王永庆，他在写给儿女的一封信中说，人生的价值在于："能够对于社会作出实质贡献，为人群创造更为美好的发展前景，同时唯有建立这样的观念和人生目标，才能在漫长一生当中持续不断自我期许勉励，永不懈怠，并且凭以缔造若干贡献与成就，而不虚此生。"[2] 同样，柳传志说："作为一个企业家，我希望中国社会稳定进步，希望

---

[1] 卢作孚. 论中国战后建设［A］//凌耀伦，熊甫. 卢作孚文集［M］. 北京：北京出版社，1999：598.

[2] 严夏. 王永庆写给儿女的一封信［J］. 炎黄纵横，2010（9）.

联想做好，让我们联想的同事过上好日子，也希望我们上交的税收能为中国更多的老百姓过上好日子贡献力量，为中国的繁荣富强贡献力量。不管我们的力量多微小，但千条江河汇成大海，只要中国企业家、全体中国人民一起努力，我们共同的中国梦就一定会实现！"①

在这些企业家身上，我们重又领略了一种高尚的情怀。虽然时代在变化，但永远都有这样一批人，他们仍然恪守中国最传统的道德，永远不失一股浩然之气。

当然他们这种情怀并非天生便有的，而是在漫长的人生历程当中，逐渐生发出来的。正如孟子所说，这种浩然情怀是用道义经年培养的。一旦形成，便会有着无穷的力量，吸引着众多的人来跟从。这便是企业家个人独特的魅力所在，但凡亲近者，必将为之倾倒，心向往之而努力求之。

自改革开放以来，各种企业如雨后春笋般成长起来，与之伴随成长的还有一大批企业家。在整个国家人民平均生活质量相对较低的情况下，他们率先享受了改革的成果，在相当长的一段时期内，成为民众所争相效仿和羡慕的对象。但是进入新的时期以来，随着新生企业的崛起，一部分企业却在历史的变革中昙花一现，不能紧跟时代步伐，而被无情地抛弃。在经济利益的驱动出现各种失德行为：从最初的缺斤短两、偷税漏税、浪费资源、污染环境、虚假广告到现在的权力性腐败、产品的质量与安全、天价医疗费、商业贿赂等等。在社会上造成了极恶的影响。

之所以出现这些行为，归根结底是部分企业家在商业大潮中，在巨大的利益诱惑面前，丧失了自身精神的独立性与道德底线，随波逐流迷失了方向。短短几年的功夫，便把个人数十年的辛苦努力白白断送，而成千上万员工的生计也遭遇危机。牵一发而动全身，一个企业的成败已经关乎太对人的利益，作为一个企业者，怎能不心生畏惧，怎能不深思熟虑？一个人的价值判断，其实正是这个人内在人格和心性的投影。每个人的价值判断，都受制于自身的人性特征。但是又是可以改变的。为了做出正确的经营判断，经营者必须让自身在内在心性上得到完善。通过修身养性，学习正确的做人方式，提高自身心性，最终必定能够实现自我人格境界的升华。而有了这种精神哲学为行为准则，自然不会走错方向，只会越走越远，越走越快。假以时日，一定能够成就一番伟业。

---

① 魏和平. 柳传志的联想梦：没有家族的家族企业 [N]. 中国青年报，2013 - 10 - 28（10）.

第四节 《孟子》与企业的价值观：先义后利义利合一

企业的价值观是企业及其员工共同认同并追求的核心价值理念，它指引着企业在经营发展过程中所坚守的基本原则、所追求的长远目标，以及所崇尚的精神风貌。义利关系，即关于道义与利益之间孰轻孰重的抉择，无疑是价值观的核心议题。它涉及人们在面对道德准则与物质利益时的权衡与抉择，是塑造个体品格、引导社会风尚的关键所在。IBM 总裁托马斯沃森说："一个伟大的组织能够长久生存下来，最主要的条件并非结构条件和管理技能，而是我们称之为信念的那种精神力量，以及这种信念对于组织全体成员所具有的感召力——这是一切经营政策和行为的前提。"① 企业在追求经济效益、获取利润的过程中，如何妥善处理好"义"与"利"的关系，或者说如何平衡社会公共利益与企业自身利益的问题，往往会因价值观的不同而出现差异。孟子在这个问题上，基本上秉承了孔子以道义制约利益的理念，但他又有所拓展和发展。孟子将孔子原先局限于个人道德修养领域的义利观，延伸至国家和社会治理层面，提出了更为普适的义利关系处理原则，即主张先履行道义责任，而后追求经济利益。通过这种"先义后利"的价值观，孟子强调在追求企业利润的同时，不应忽视社会责任和道德规范的重要性。这种价值观在今天仍然被大多数企业所信奉，尤其是一些成功的大企业，更是把先义后利作为企业最为重要的信念。

一、义与利

所谓义，一般是指与礼制紧密相关的封建道德规范。所谓利，泛指利益，主要是指人民的物质利益。义利问题就是指人的道德与物质利益之间的关系问题。在义利问题上，孟子认为应当怀义去利，先义后利，把义摆在首要地位。

当梁惠王接见他时，问："叟不远千里而来，亦将有以利吾国乎？"孟子对曰："王何必曰利？亦有仁义而已矣。"（《孟子·梁惠王上》）这和孔子的义利观是一脉相承的。孔子也说："饭疏食饮水，曲肱而枕之，乐亦在其中矣。不义而富且贵，于我如浮云。"（《论语·述而》）孔子认为，即使生活清贫简单，只要内心有真正的乐趣，人也可以感到满足和幸福。而如果他通过不正义、不

---

① ［美］托马斯·彼得斯，［美］罗伯特·沃特曼．寻求优势：美国最成功公司的经验［M］．管维立，译．北京：中国财政经济出版社，1985：139.

道德的方式获得财富和地位，这些对他来说并没有真正的价值，就像是虚幻的浮云一样，无法带来真正的满足和快乐。这反映了孔子重视内在的道德和精神追求，而非外在的物质财富和社会地位。他们同时也认为，对物质的追求是人之常情，不足为怪。孔子说"富与贵是人之所欲也……贫与贱是人之所恶也"（《论语·里仁》），他甚至大方地说："富而可求也，虽执鞭之士，吾亦为之。"（《论语·述而》）如果有机会求得富贵，就是拿着鞭子开路，我也可以这样做。嫌贫爱富之心，圣人亦如此，何况寻常人。孟子如实说："欲贵者，人之同心也。"（《孟子·告子上》）他甚至主张君主应当"制民之产"，使百姓生活富足。只有如此才能安抚民心，"仓廪实而知礼节，衣食足而知荣辱"（《管子·牧民》），这句话深刻地揭示了物质文明与精神文明之间的紧密联系。它告诉我们，只有当人们的物质生活得到基本保障，不再为基本生存需求而挣扎时，他们才有可能去追求更高层次的精神满足，如遵守礼节、明辨荣辱。这句话不仅反映了人类社会发展的一般规律，即物质文明为精神文明提供坚实基础，同时也强调了两者之间的相互促进和协调发展。在现代社会中，我们既要努力提升物质生活水平，确保人们的衣食住行等基本需求得到满足，又要注重精神文明建设，通过教育、文化、法律等手段提升人们的道德素养和文化水平。只有这样，我们才能共同创造一个物质富裕、精神充实、和谐美好的社会。

与孔子不同的是，孟子在义利的选择上有更深层次的内涵。他认为在义利发生冲突时，应保持人格尊严，必要时舍生取义。他说："生，亦我所欲也；义，亦我所欲也，二者不可得兼，舍生而取义者也。"（《孟子·告子上》）他把道义提高到很重要的地位，甚至把人的道义看得比生命还重要，而当生命和道德发生矛盾时，人不应该苟且偷生。但是，孟子的"舍生取义"观念，并不是要求人们在所有情况下都牺牲生命去追求"义"。这一观念的核心在于，当生命与"义"之间发生无法调和的冲突时，人们应该做出符合"义"的选择。这里的"义"，在更深层面上，不仅仅是一种用来调节物质利益冲突的手段，它更是一种精神层面的价值追求。它赋予现实的物质生活以更高层次的精神意义和价值，展现了人类作为高尚生物的本质。因此，孟子的"舍生取义"并非简单的生死抉择，而是一种在生命与道义之间寻求平衡的智慧，体现了人类对于精神价值的追求和尊崇。

当个体丧失了道德追求，很容易沦为金钱的附庸；同样，当社会整体道德水准滑坡时，民众亦易于受金钱欲望所驱使。这就是在市场经济环境下，许多人趋向于见利忘义，甚至不惜触犯法律以追逐利益的根本思想诱因。孟子所倡导的先义后利，义利合一的价值观应当能够给我们一些启迪。而无数先人舍生取义的大无畏的奉献精神更是鼓舞着我们，在新的时代以新的方式去传承与高扬。

二、义利合一

荀子说："先义而后利者荣，先利后义者辱，荣者常通，辱者常穷，通者常制人，穷者常制于人。"（《荀子·荣辱篇》）这句话的意思是说，以道义为先而后才言利就是荣誉，以求利为先而后讲道义就是耻辱。能得到荣誉的人常通达，干耻辱之事的人常困窘。通达的人常管理别人，困窘的人常被人管理。尽管古训"多行不义必自毙"① 人人都知道，但是在面对巨大的利益诱惑时，先利后义者多，先义后利者少，舍生取义者更是少之又少。

企业，作为以盈利为目的，同时又兼具社会责任和大众利益的商业组织，时刻都处在道德与利益的纷争中。如何处理好盈利与社会发展、商业伙伴、顾客利益、保护自然的关系，决定着一个企业能否生存下去，并得到长久的发展。

企业的利益源泉和赖以生存、发展的基石是其所处的社会环境，社会环境的状态直接影响着企业能否健康存续和持续发展。究其根本，一个企业能否实现长远发展与规模壮大，并非仅仅取决于其资本实力的雄厚与否，或是短期内能否获取巨额利润，关键在于企业是否置身于一个繁荣稳定、秩序井然的社会环境中。事实上，我们今天的许多企业能够得到发展和壮大，甚至走出国门，和来自全世界的企业一较高下，是因为赶上了改革开放的好形势，是因为我们的国家强大了。没有这样一个前提和大背景，我们可以想象中国企业的前景，中国企业家的未来。民国时期以张謇为首的第一代民营企业家，论志向眼界，论财力物力、论德行与才能，论社会影响，都是现代企业家难相比较的，但是空有一腔热情，仍然以失败而告终。所以，今天企业与企业家的成功是并不仅仅是单个人或少数人努力的结果，而是天时、地利、人和诸多原因共同促成的。对此，企业家应当有清醒的认识，应当以一颗感恩之心回馈社会。事实上，许多企业家在获得巨额财富后，都热心公益和教育事业，是仁义之举，是真正有大丈夫品格的人。

霍英东先生是一位一生挚爱祖国、慷慨捐赠的慈善大家。几十年来，他累计向慈善事业捐出超过 150 亿港元巨资，广泛惠及教育、医疗卫生、体育发展、贫困山区扶贫以及干部培训等多个领域。由其名字命名的"霍英东基金会"始终秉承捐献和非营利投资原则，策划并实施了众多公益项目。霍英东先生对体

---

① （清）吴楚材，吴调侯. 古文观止 ［M］. 北京：中华书局，1993：2.

育运动抱有深厚的感情，不仅大力推动了香港地区体育事业的发展，同时也对内地体育特别是足球项目的进步作出了卓越贡献。在其晚年，他倾注大量精力和财力开发珠江口西岸的南沙港区，这一项目对连接香港与内地，支持珠三角乃至广东省的经济发展起到了至关重要的作用，尤其促进了珠三角西部地区的繁荣振兴。南沙项目的成功实施，成了霍英东先生对国家和社会的又一大贡献。在采访中，他谦虚地说，他的捐款，就好比大海里的一滴水。他说："今天虽然事业薄有所成，也懂得财富是来自社会，也应该回报于社会。社会的进步发展，是一代人一代人奋斗积累的结果，从个人来说也希望为桑梓造福，为子孙积德，历史长河就是这样延续发展向前的。"①

日本松下电器工地董事长松下幸之助说过："我认为利润确实是推行健全事业所不可欠缺的工具，但绝不是最终的目的。因为企业的根本使命在于谋求人类生活品质的提高，也唯有努力达成根本使命时，利润才会变得更重要……一个负有提高社会生活品质使命的企业，应该是社会的公器皿。"② 韩国三星公司的企业价值观是"事业报国"。这意味着，三星公司不仅致力于创造经济价值，更将其业务范围与发展同国家的繁荣与进步紧密相连。在三星看来，企业的成功不仅仅体现在利润增长上，更重要的是通过其事业活动对国家的贡献。这种价值观引导三星公司在决策和行动中始终考虑国家利益，确保其业务发展与国家战略目标相一致，从而为国家的经济、科技和社会发展做出积极贡献。这体现了三星公司的社会责任感和长远的企业愿景。其创始人李秉哲说："我的抱负是为国家和社会做贡献，在适合自己的领域开展事业，不断研究和开拓事业，不断创建和经营新的企业。"③

相反，内地的企业家在这方面还有许多不足，缺乏这种大情怀与大境界。单就慈善来说，内地企业家显有慷慨之举。在中国内地，由于慈善文化尚未充分发育，慈善机构尚处于发展阶段，加之相关法律法规和配套制度不够健全，导致庞大的富豪群体并未普遍形成通过最具社会效益的方式回馈社会的慈善观念。大部分内地富豪倾向于通过家族内部的财富代际传递来维系财富积累，而在缺乏遗产税等财富调节机制的情况下，他们较少受到压力去考虑将财富以慈善捐赠方式回馈社会，而是更多地选择将财富直接留给下一代享用。因此，慈善捐赠在富豪阶层中并未形成主流的财富流动和处置方式。更有不少企业，在

---

①　柳嘉．霍英东：从红色资本家到红色慈善家 [N]. 公益时报，2009-10-20.

②　刘洁，巢昱．松下管理格言 [M]. 北京：改革出版社，1996：225.

③　吴唐青．总裁的权杖 [M]. 北京：当代世界出版社，2000：434.

获得巨额利润后，选择将财产大量转移到国外，甚至是改变国籍，以规避风险，寻求安全。如果把一些客观因素暂且忽略，站在社会历史发展的角度，以及道德的立场来说，这种行为是短视的，缺乏道义的。所以他不会产生任何正面的力量，相反却有着极为消极的影响。长久下去，企业就会丧失生存的根基，失却市场和人心，很难走得长久。现在，很多企业，每年花大量资金投入到公益慈善事业中去，使很多普通民众从中受惠的同时，也是为企业积攒人气，小义成就大利，义利合一，这才是正确的盈利之道只有如此才有千金散尽还复来。

其次，在商业竞争中，企业应当严格遵循市场竞争法规与道德规范，不应被短期利益诱惑而采取不正当竞争手段，如通过侵害其他厂商合法权益或损害消费者利益的方式谋求非法收益。一旦企业陷入这种恶性竞争，市场上伪劣产品将会泛滥，商业欺诈行为也将猖獗。在这样的环境下，即使原本坚守正道经营的企业也可能被迫在无利可图的压力下采取不正当经营策略，从而形成劣币驱逐良币、人人自危的局面，企业自身的合法权益也无法得到有效保障。长期下来，这种恶性竞争必将导致市场秩序混乱不堪，行业风气严重恶化，并进一步加剧社会不良风气的滋生与社会道德水平的下滑。如前几年市场上出现的"假奶粉"事件，在行业内和民众间受到极大的谴责。这种为逐利而不顾消费者身心健康的行为，是极为恶劣的。现在媒体如此发达，一经曝光后，几乎是一夜之间，曾经在国内奶粉市场上独占鳌头的企业一下子跌入低谷，更为严重的是其经营者，曾经的全国劳动模范陷入牢狱之灾。这种结局是谁也想象不到的，企业者不得不引以为戒，惴惴小心。企业的盈利建立在稳固的市场份额和一定规模的消费需求之上。没有消费者的支持，企业的经济效益将无法实现。因此，企业必须坚持以诚信为核心，秉持道义优先的原则，坚决避免任何欺骗消费者的行径，真正做到从消费者角度出发，视消费者需求为企业经营活动的起点。唯有如此，企业要想在市场竞争中稳固地位并实现持续盈利，就必须在产品设计、定价策略、品质保证、外观创新和售后服务等各个环节都赢得消费者的认可与信赖。只有这样，企业才能建立起坚实的品牌形象，获得消费者的忠诚支持，从而在激烈的市场竞争中脱颖而出，实现真正意义上的长久成功和稳定收益。

正如李嘉诚所强调的那样，在商业合作中，务必兼顾合作伙伴的利益，不可只着眼于自身的利益。他指出，双方的利益是相互依存、互为补充的。若能主动让利于合作伙伴，使其得益，那么最终反而有可能为自己带来更大的利益回报。这是一种双赢的战略思维，旨在通过共享利益、互助互利来实现共同发展。总之，在处理双方关系或权衡利弊有所取舍选择时能够做到无我，或者较少的有我。站在对方的角度去做事情，惠泽别人的同时也惠及自身。这是便是古人所说的以义生利用。

商场上的很多实例，已经向我们表明，不义之举，最终会被人见弃。而以正当、合乎道德的手段来盈利，是国家所提倡的，民众所支持的。而但凡这样的企业和企业家往往走得比较长远。正如日本著名企业管理思想家伊藤肇也认为，经营者万万不能只以追求利润为至高的目标。固然，企业为了维持运营与发展，获取利润是必不可少的，然而过度沉迷于追求利润，极易导致判断力受阻，进而可能被社会大众所诟病乃至抛弃。因此，企业在追求经济效益的同时，必须审慎行事，确保商业行为符合社会伦理和公众期待，以免因过分逐利而损害自身长远发展。不单在国内，在国外也是同样的道理。日本著名企业家吉田忠雄曾提出一种独特的利润分配理念，即将企业的总利润划分为三个等份。第一部分利润，企业通过提供高品质但价格亲民的产品，直接回馈给消费者，这体现了企业对消费者权益的重视和对市场需求的敏锐洞察。第二部分利润则分配给经销商与代理商，作为对他们推广和销售产品的回报，这有助于巩固销售渠道，建立稳固的商业伙伴关系。最后一部分利润，企业则用于自身的再投资和发展，如工厂建设、设备更新、技术研发等，这确保了企业持续的创新能力和竞争力。这种三分法的利润分配策略不仅体现了吉田忠雄对商业模式的深刻理解，也展示了其对企业社会责任和可持续发展的高度关注。吉田把自己的做法称之为"善的循环"。

孟子曾引用孔子的弟子曾子的话："戒之戒之！出乎尔者，反乎尔者也。"（《孟子·梁惠王下》）意思是说，要提高警惕啊！你的所作作为将会回报到你自身。企业与企业之间，企业与社会和消费者之间是一种共生的关系，只有互惠互利，企业才能最终获益。

因此，企业家们必须具备前瞻视野和高尚的道德品质，理解企业自身的经济利益和社会整体利益本质上是相统一的。他们应意识到企业不仅是一个经济实体，也是一个社会实体，其经营目标不仅在于盈利，还承担着为社会创造财富、提升人们生活水平的重任。因此，企业领导者必须树立起崇高的经营哲学，并将其贯彻到实际行动中，始终保持对社会、人民负责任的态度，自觉遵守市场规则和国家法律法规，通过合乎道德的商业行为来积极推动构建公正合理的市场环境和稳健、道德的社会环境。这样，才是真正将孟子的义利观在现代社会中予以有效实践和推广。

第五节 《孟子》与企业的人才观：尊贤使能

任何一个企业倘若失去了人才，也就丧失了市场竞争力。一个没有人才的企业，就只剩下了没有灵魂的肉体，一副躯壳而已。近代企业家卢作孚宣称，"人是事物的原动力，有了人，企业便会不断发展"①，孟子则说一个国家倘若要强盛，一定要重视人才，"尊贤使能，俊杰在位"（《孟子·公孙丑上》）。同时孟子又强调选才的标准为"仁且智"，即所谓的德才兼备。在孟子看来，人才与出身并没有直接的联系，他们大都经历一番艰难困苦与磨砺的。当然，最为关键的是其才华能够为人所赏识。姜子牙得遇文王，八十为相。诸葛亮南阳耕读，倘若不是刘备三顾茅庐，也只能独善其身，一腔才华付流水，焉有后来一代贤相之名。

一、不拘一格降人才

在选拔人才方面，他主张把地位低而有才能的提拔上来，"使卑逾尊，疏逾戚"（《孟子·梁惠王下》），使地位低的超过地位高的，使疏远的越过亲近的。不问出身，破格提拔，唯才是举。

"舜发于畎亩之中，傅说举于版筑之间，胶鬲举于鱼盐之中，管夷吾举于士，孙叔敖举于海，百里奚举于市。"（《孟子·告子下》）以上六个人都是以贫贱之身而最终荣享高位的贤能之士。这一方面得益于个人本身出色的才能，更重要的是能够遇到不拘一格的识才之人，遇到伯乐。韩愈在《马说》中说："千里马常有，而伯乐不常有。"这其实也是在强调识人之人之少有，而能识人之人难得。在今天的社会，仅仅靠领导或是个别人来选拔人才，是很难满足企业发展的需要的，这就要建立一种合理而有效的人才选拔机制，以便在有限的范围内，尽可能地搜寻人才，尽量做到人尽其才，各尽其职。

美国通用公司主张从企业内部培养和提拔人才，并且制定了相关的标准。并通过这种人才机制来培养一个领导梯队。而通用的六位总裁也是从企业内部成长起来的。韩国三星公司的选拔方式更为开放、活泼。在韩国第一个用公开考试来甄选人才。同时也是第一个设有全面员工训练中心的企业。其衡量人才的标准也注意多样化，另外还十分重视吸收社会上各方面的有用人才。与国外

---

① 陈春花，等. 企业文化 [M]. 北京：机械工业出版社，2010：239.

相反，香港的李嘉诚长江不择细流的人才观，更有独到之处，更显儒者风范。所谓的长江不择细流是说在选拔人才时，应当有长江容纳细流的博大胸襟，有容乃大。只有如此，才能网罗各方面的人才，为己所用。而在具体体现在用人实践上体现为，他"三个结合"：一是"新老结合"，即在组织架构中合理配置经验丰富的老臣与潜力无限的新锐人才，确保企业传承与创新并重；二是"中西结合"，在参与国际竞争时，积极引进具备国际背景和专业素养的高端人才，以适应全球化的市场需求；三是"内外结合"，不仅注重内部人力资源的发掘与培养，还善于利用外部专家和顾问资源，引入外部智慧充实企业决策。他说："决定大事的时候，我就算百分之一百清楚，我也一样召集一些人，汇合各人的意见一起研究。因为始终应该集思广益，排除百密一疏的可能。这样，当我得到他们的意见后，看错的机会就微乎其微。这样，当个人意见都差不多的时候，那就绝少有出错的可能了。"①

从以上实例中，我们可以看出，选拔人才的渠道可以是多方位的，不要拘泥于形式。贵在不拘一格降人才，但凡是有可取可用之人，皆收入帐下。不论国别、年龄、出身，只要对公司的长远发展有利，以海纳百川之心，一视同仁。在这一点上，国内很多企业的门槛过高，或是过于注重亲疏关心，过度看重学历或经验。在设定各种规则和规矩的同时，也将人才阻挡门外，限制了人员来源的多元化，长久下去，将不利于人才结构的优化。当然，事实上，企业完全可以降低门槛，做一些适当的、灵活的改变。尤其在商业领域，瞬息万变，翻云覆雨，只有聚集各方面各层次的人才才能时刻占据有利地位。水泊梁山，一百单八将，各有不同，才能风风火火闯九州。"金无足赤，人无完人"，用其长处，放在合适的位置之上，人人是人才，否则只是误人子弟，祸害大家。同一个张良和韩信，在霸王项羽眼中皆为不齿之人，可在汉王刘邦帐下，却封侯拜相。领导者的选人才能不可不重视。

孟子还提出了多种人才观察法。孟子说："入则孝，出则悌，守先王之道，以待后之学者，而不得食于子。子何尊梓匠轮舆而轻为仁义者哉？"（《孟子·滕文公下》）这段话是孟子在强调仁义的价值和重要性。他认为，孝顺父母、尊敬兄长以及恪守古代圣王的仁义之道，这些都是人们应该积极追求和实践的美德。然而，现实中存在一种现象，即那些真正践行这些美德的人，往往并不能得到应有的尊重和待遇，反而被轻视和忽视。与此同时，那些从事手工艺等职业的人，却能够得到人们的尊重和优厚待遇。孟子对这种现象提出了质疑和批

---

① 石磊. 企业文化案例精选评析［M］. 北京：企业管理出版社，2010：128.

评，他认为社会应该更加重视和尊重那些践行仁义道德的人，因为他们的行为对于社会的和谐稳定和进步发展具有积极的意义。相反，如果社会只看重物质利益和手艺技能，而忽视道德和精神层面的追求，那么这样的社会是难以持久和健康的。因此，孟子呼吁人们要重新审视自己的价值观，尊重并重视那些真正践行仁义道德的人。孟子还认为，可以通过观察众人的评价来了解一个人的德才，这是一种便捷而又可靠的观察人才的方法。他说："一乡之善士，斯友一乡之善士；一国之善士，斯友一国之善士；天下之善士，斯友天下之善士。以友天下之善士为未足，又尚论古之人。颂其诗，读其书，不知其人，可乎？是以论其世也。是尚友也。"（《孟子·万章下》）孟子甚至还通过观察一个人的眼睛来认识人。他说："存乎人者，莫良于眸子。眸子不能掩其恶。"（《孟子·离娄上》）但是，通过上述种种人才观察法，并非一定就能达到真正的贤能之士，所以孟子又一再告诫人们，要百倍警惕那些诸如狂士和乡原之类的假贤者。因为这些人不是志大才疏，言行不符、成事不足败事有余的人，就是同流合污、貌似忠信、行似廉洁、自以为是的人。孟子这宗识别真伪人才的独特思想，对后世的人才思想产生了深远的影响，就是在今天，也有一定的现实意义。

二、仁且智

孟子将仁且智作为选拔人才的一个最为基本的标准。在孟子看来，对人才的认定和选拔要将仁放在首位。只有具有仁爱之心的人，才能真正体现自身价值，为社会、为民众做出重要的贡献。孔子也说："一匹马的可贵之处在于它的德性，而不在于它的力量。"[1] 可见德行对于选拔人才的重要性。孟子在评判人才时，特别强调"仁且智"的双重标准。这里的"智"既包含了对道德伦理的认知与领悟，是对"仁"这一核心品质的补充和完善，同时也涵盖了对技艺、技术的实际掌握与运用。孟子提出这一标准，突显了他对人才品德修养的高度要求，同时亦表明他对人才技能素质的同等重视，认为人才应兼具高尚的道德品质与出色的实践技能，两者缺一不可。通过"仁且智"的人才观，孟子期望选拔出既有良好道德修养，又具备实用才能的综合型人才。

其次，孟子还认为人才应当顺应民意。得到大众的支持和认可，并且要经受大众的考验。他说："左右皆曰贤，未可也；诸大夫皆曰贤，未可也；国人皆曰贤，然后察之，见贤焉，然后用之。"（《孟子·梁惠王下》）孟子认为，在选拔人才时，不能仅仅听信身边近臣或大夫的推荐，因为这些人的意见可能受

---

[1] 钟永森．半部论语治企业［M］．南京：凤凰出版社，2010：96．

到各种因素的影响，不一定客观公正。因此，必须广泛听取人民的意见，经过深入考察和验证后，才能确定某人是否真正贤能，进而决定是否任用他。孟子的这一观点体现了民主、公正和科学的选拔原则。在现代社会，只有建立公正透明的人才选拔机制，广泛听取各方面的意见和建议，确保选拔出的人才真正具备所需的素质和能力，才能为企业的发展做出积极贡献。同时，这也提醒我们在日常生活中要保持客观公正的态度，不轻易被片面之词所左右，以免做出错误的判断和决策。当然人才本身也需要经历艰苦地磨炼。孟子深信外界环境对个体的塑造有着深远的影响。他认为，人不能仅仅在舒适和顺遂的环境中成长，而应该勇敢地投身于艰难与挑战并存的环境中去历练。唯有经历无数艰辛和磨难的洗礼，才能雕琢出真正坚韧不拔、才华横溢的人才。"天将降大任于是人也，必先苦其心志，劳其筋骨，饿其体肤，空乏其身，行拂乱其所为，所以动心忍性，曾益其所不能。"（《孟子·告子下》）上天要把重大的责任交给某人，就一定先使他经受内心痛苦，筋骨劳累，经受饥饿以致体肤消瘦，让他做事受到阻挠干扰，用这些来锻炼他的意志，使他心灵受到震撼，使他的性格坚忍不拔，这样增长他。人往往在经历逆境与困苦时，最容易触发深刻的自我反思，并勇于改正自身的缺陷和不足，这是一个锤炼和提升自我的过程。身处困境时，人们能激发出强烈的求知欲和进取心，从而不断取得进步和成就。人的能力并非固定不变，它会随着外部环境的挑战而不断变化和提升，只有持续不断地学习，才能在考验面前坚韧不拔，勇往直前。因此，学习不仅是应对各种外部挑战的最佳策略，更是实现个人成长与有所作为的关键路径。

　　孟子的这个选拔人才的标准在现代的企业管理中仍然具有借鉴意义。公司在建立选拔机制时，要尽可能地将这两者囊括其中，不可偏废。员工需着重体现对岗位职责的忠诚坚守，怀抱对工作的热爱，同时展现出卓越的职业素养和职业道德，确保为组织发展竭尽所能，借此实现个人价值的彰显。但是也不要忽视智的重要性。毕竟一个企业，单纯依靠道德和情感的力量，是很难屹立不倒的，还是需要有杰出才干的人，给企业注入鲜活的生命力，从根本上提升整个公司的竞争力。事实上，我们今天的企业往往侧重于后者，忽略了前者。这也是为何许多大公司的高层管理人员变动如此频繁的原因。当初选择时过于强调才干，而忽略了品行，才导致后来因人才出走而使公司的经营陷入动荡之中。作为公司的领导者，在选拔人才时，一定要深思熟虑，经过长期考察，有德无才者，可用，但不可大用。有才无德者，可用，但不可长用。把握好这个度，真正让人才为企业的发展做出切实的贡献。

三、尊贤使能

选人的最终目的，是用人，是留人，让人才发挥应有的才能，做出应有的贡献。孟子告诉我们要"尊贤使能，俊杰在位"（《孟子·公孙丑上》）。"尊"字强调了用人者人用人时应当持有的一种态度，即必须给予尊重，礼贤下士，而非高高在上，颐指气使。只有如此，贤能之士，才能够甘心为之所用。而后一句内涵则更为极为丰富。如何使贤人在位已经是个大问题，而同一个人，在不同的阶段，应当如何任用，更是一个问题。因此，人才选用是一项复杂而关键的任务，并非仅停留在辨别谁是人才、谁不是人才的浅表层面。正确的用人之道在于从细微之处洞察宏观方向，从短暂的行为表现预测长远的工作表现，从而制定出科学、精准的用人策略。

周亚夫，作为汉景帝时期的重要辅臣，因在七国之乱的平定中展现出卓越的军事才能和战绩而声名显赫。他一路高升，最终荣任丞相之职，不仅为汉景帝提供了宝贵的政治建议，更以其深厚的忠诚和无私的奉献赢得了皇帝的深厚信赖。"景帝居禁中，召条侯，赐食。独置大胾，无切肉，又不置箸。条侯心不平，顾谓尚席取箸。景帝视而笑曰：'此不足君所乎？'条侯免冠谢。上起，条侯因趋出。景帝以目送之，曰：'此怏怏者非少主臣也！'"（《史记·绛侯周勃世家》）这段描述的是汉景帝与条侯周亚夫之间的一次宫廷互动，其中透露出了君臣关系的微妙变化。景帝在宫中召见条侯，并赐给他食物。然而，桌上只放了一大块肉，没有切碎，也没有放筷子。这种安排显然是对条侯的一种试探或戏弄。条侯对此感到不满，向尚席要筷子。景帝看着他笑了笑，问道："这还不能满足你吗？"条侯摘下帽子谢罪。随后，景帝站起身，条侯也趁机快步退出。景帝目送他离去，并评论说："这个心怀不满的人不适合做年少君主的臣子！"这段记载揭示了汉景帝对周亚夫的忌惮和不满，以及周亚夫在宫廷斗争中的失势和无奈。通过食物和筷子的细节安排，景帝试图挫挫条侯的锐气，测试他的忠诚和忍耐力。而条侯的反应则暴露了他的不满和倔强，进一步加深了景帝对他的疑忌。最终，这次不愉快的宫廷会面成了周亚夫政治生涯衰落的一个标志。

而具体讲到尊贤使能，如何用人，一部《三国演义》俨然是圣经、宝典。曹操、刘备、孙权等无不是人中龙凤，用人高手。而这其中，刘备更是深得用人之精髓：以情动人，以人留人。桃园三结义，让其得到义薄云天的关、张兄弟，并从此为其鞍前马后、肝脑涂地在所不辞。关羽败走麦城，被吕蒙所杀。刘备忧伤过度，几日几夜不吃不喝，最后挥师攻吴，结果被陆逊火烧连营八百里，自己落得白帝城托孤，蜀国从此江河日下，元气大伤。皆是因为兄弟情深，报仇心切。三顾茅庐访孔明更是家喻户晓。让诸葛亮大有遇伯乐之感。白帝城托孤，情深意切：如果你看阿斗是个当皇帝的料子，你就辅佐他，如果他不是个当皇帝的料子，你就把他废黜了，你自己当皇帝吧！更是让聪明绝顶的诸葛亮誓死效忠而无怨言。更为出名的是刘曹大战长坂坡，赵子龙为救阿斗三进三出，置个人安危之不顾。而刘备愤摔阿斗，让其不再有二心。总之，作为一个领导者，刘备将情感文化运用到极致。今天的领导者应该加以重视。以德服人，人敬之，以情动人，人从之，以势压人，人远之。大凡有才能之士，都是桀骜不驯之人，倘若高高在上，以权力逼迫，只会引起反感，很难赢得人心。只有礼贤下士，以礼相待，才能最终得到跟随。

如果把企业看作一座城，企业内的人则是城墙上的石头，贤能之士自然是能够筑城的大石头，但是仅仅依靠大石头是无法筑出城墙的，只有很多填补大石之间缝隙的小石子结合在一起时，牢固的城墙才能成形，然后才能支撑整座城池。在一个公司当中，出类拔萃者毕竟是少数，大部分人都是能力不大的寻常人。而这当中，总会有些人品优秀美好的人。一个眼光短浅者，会认为这些人工作没有效率，缺乏担当大任的才能，派不上用场，不放在心上。相反，一心只想到处挖掘有才能之人，认为只有他们才是公司成长的脊梁。这显然是一个极为错误的观点。事实上，大至一个国家、公司，小到一个家庭、个人，在其漫长的成长、发展过程中，始终如一的忠诚都是最可贵的财富，是任何才能都无法比拟的。忠心耿耿、诚心诚意，没有比这样一颗心更能够爆发无穷的力量。而事实上，拥有出色才华的人，常常自视甚高，很难终生共事。尤其在现代化经济环境下，人人之间的道德意识逐渐淡薄，已经很难与古人朴素、崇高的道德境界相比。所以，作为企业者应当有客观清醒的认识，在日常的经营过程中，不断纠正自己的用人理念，用好人，用对人。唯才是举固然不错，但也不要忽略了人品优秀之人，虽然能力有所欠缺，但能够尽心尽力为公司努力工作，就应当以情为重，充分发挥这个人的作用。当然，也要注意应当分配与其能力相匹配的任务和工作。

企业的长久发展离不开人才，只有取之不竭，用之不尽的人才，企业才能长盛不衰。而拥有人才的最根本的途径是培养属于自己的人才。对于企业来说，其内部能否成功培养出优秀的管理人才，乃是关乎企业能否实现长远稳健发展的关键因素。

孟子视能够吸引并培养天下英才为己任，他深信这是人生中极具意义和乐趣的重要事务。基于这一理念，孟子提出了一系列独到而深刻的见解，旨在为优秀人才的培养贡献智慧和力量。其中有借鉴意义的莫过于为人才的培养提高良好的环境，同时注重员工的道德素质的提高，和精神世界的磨炼。

日本京瓷公司领导人稻盛和夫努力营造了一种"阿米巴经营"的企业经营模式。所谓这种经营模式，就是将整个企业划分成被称作阿米巴的小规模集体，挑选经验并不丰富，但认真踏实，具有培养前途的企业员工为负责人，允许这些集体通过独立的核算制度进行经营。并配属一定人数的下属，负责人在得到选拔、担任领导工作后，立场、角色自然发生变化，不得不制定相应的工作计划，并全力以赴将其实现。并且在实现的过程当中，负责人还需要在精神上想方设法鼓舞部下士气，并给予必要的指导。因此负责人的领导能力，在各方面会得到长足的进步。当然在整个的培养过程中，企业领导者和都会一路保驾护航。这样，企业后备人才必然能够与企业领导者之间产生骨肉相连的认同感，培养出志同道合的共同意识。

另外，一些自改革开放成长至今的企业，大多开始面临接班的问题。尤其是一些属意自己的子女继承企业管理事业的领导人，更应当尽早在培养继承人方面花费心力。他们大多都接受过良好的海外教育，学习过管理或与企业经营相关的专业知识，视野比较开阔，适应能力比较强，比父辈有得天独厚的优势。但是，也有短板，缺乏长期在基层工作的经验和经历。要想使他们能够顺利接班，接受一定时间的基层锻炼是必不可少的。在这一点上，很多企业家都有这种共识。

必须让继承人像一个普通员工一样在生产一线身先士卒，努力工作，忍受必要的锻炼和内心煎熬，只有在这样的一个成长的过程当中，才会逐渐意识到父辈创业的艰辛，以及自己身上所肩负的责任和使命感。并在和不同层次员工的亲密接触中，逐渐生发一种朴素的爱人之心，把为员工谋求身心幸福作为自己分内之事，从而完成自己精神上的一次蜕变。当然，要想成为一个合格的接班人，还有很长的路要走。

总之，人是企业的主体，作为企业者，如何选人、用人、育人都是分内之事，不可偏废。只有这些工作做好了，做顺了，才会为企业的长久发展奠定坚实基础。

小结

《孟子》这部儒家经典巨著，如同一座巍峨的精神殿堂，其深沉博大的哲学智慧和崇高的道德伦理体系，对于企业经营管理与文化建设具有举足轻重的导航价值。在"仁政"这一核心理念的照耀下，《孟子》倡导企业应致力于实行"仁爱管理"，将人本精神渗透于企业管理的各个层面，尊重并维护员工的合法权益，营造公正、和谐、包容的工作环境，关爱员工的全面成长与发展，将人文关怀深深嵌入企业制度与实践活动的肌理，从而构筑起企业牢不可破的文化基石，形成强烈的凝聚力与旺盛的生命力。

《孟子》中提出的"浩然之气"这一哲学概念，为企业的精神风貌塑造提供了丰富的启示。企业应在追求内在品德的高尚纯洁与外在行为的果断勇毅之间找到平衡，培育出一种刚柔并济、内外兼修的企业精神。这种精神犹如企业的灵魂支柱，激励企业坚守正义，勇猛精进，积极开拓创新，敢于承担责任，始终保持昂扬向上的斗志和百折不挠的毅力品质。

《孟子》主张的"义利合一"原则，为企业在追求经济效益的道路上设置了明晰的道德准绳。企业在追求利润最大化的同时，必须铭记并践行社会道义，承担起相应的社会责任，实现经济价值与社会效益的和谐共生。这一原则为企业在激烈的市场竞争中赢得了稳定的立足之地，积累了良好的社会声誉，成为企业永续发展的稳固基石。

此外，《孟子》推崇的"尊贤使能"的人才观，为企业在选贤任能方面指明了方向。企业在选拔和使用人才的过程中，不仅要考量其专业技能，更要注重其品德修养和人格魅力，力求做到德才兼备，使人尽其才，物尽其用，最大限度地发掘和利用人力资源，促进企业人才队伍的整体素质提升和持续发展。

综上所述，《孟子》的深邃思想如同一座璀璨夺目的灯塔，以其明亮的光芒照亮了企业文化建设的漫长旅程，引导企业在实践仁政之路上，铸就磅礴大气的企业精神，坚守义利合一的价值追求，贯彻尊贤使能的人才策略。在复杂多变的时代背景下，企业唯有沐浴在《孟子》思想的光辉中，才能在历久弥新的文化滋养中砥砺前行，实现稳健、健康的发展，铸就辉煌的未来，书写一段段传世佳话，成就卓越非凡的伟业。

第三章

《荀子》与企业文化建设

随着我国对外开放的不断深入，我国的民族企业不仅面临着国内企业之间的竞争，同时与国际跨国公司之间的竞争也日益加剧。中国企业急需拥有属于中国特色的企业文化，而建设中国特色的企业文化，最重要的便是从中国传统文化中汲取营养，《荀子》一书作为我国古代旷世大儒荀子思想的结晶，其对于我国建设具有中国特色的企业文化具有不可忽视的作用。它不仅能为中国企业文化提供丰厚的思想土壤，还将深刻影响到中国企业文化的未来走向，为中国企业文化的正规化、民族化、世界化贡献力量。另外，中国企业文化的发展壮大也必将有利于荀子思想的传播，推动荀子走出国门，走向世界。

荀子思想对管理领域产生了深远的影响。作为古代儒家思想的重要代表，荀子的智慧结晶在《荀子》一书中得到了充分体现。随着国学热的兴起和市场经济的发展，荀子思想与企业文化的关系受到了广泛关注。荀子强调组织和协调的重要性，与韦伯的"理想行政组织"观念相契合，同时他倡导的分工和合作的思想也与法约尔的"社会有机体组织"观点相呼应。这些思想为现代组织管理提供了重要的参考。此外，荀子提出的"义"的哲学观念对现代组织管理中构建紧密的人际关系具有深刻的启示意义。他的经济管理思想以富国富民为核心，通过"制礼导欲，物欲平衡""明分有别，赏贤富能"等原则揭示了分配消费管理的目标和方针。在管理目标、管理依据、管理战略、管理方法和管理修养等方面，荀子的思想也进行了深入探讨，为现代管理理论提供了丰富的资源。特别是他的人性论依据和组织管理思想，代表了战国时期儒家组织管理理论的最高水平。荀子的思想体系中还蕴含着人本管理思想，强调人的价值和作用，与现代管理理论的核心思想相契合。此外，他的"性恶论"和"化性起伪"思想也具有一定的现实性和科学性，对现代企业管理具有指导意义。因此，借鉴荀子的管理思想，有助于更好地理解组织的本质和运作机制，提高组织的效率和竞争力，推动企业文化的建设和发展。

众所周知，荀子是一位百科全书式的学者，他的思想涉及政治、经济、军事、教育、哲学等众多领域，博大精深。其思想为中国建设企业文化提供了丰富的食粮，具有不可替代的作用，中国的企业文化建设需要荀子思想的启迪。一方面，我们要继续维护目前国内外企业文化的优秀部分；另一方面，我们则需要把我们好的传统文化继承下来，取其精华，去其糟粕，在融合中不断创新。接下来，我们不妨追随着荀子的脚步，走进企业文化，共同探讨荀子思想对企业文化的重要借鉴意义。

第一节　荀子及其思想

荀子，是我国著名的思想家、教育家，儒家代表人物之一。郭沫若认为："荀子是先秦诸子中最后一位大师，他不仅集了儒家的大成，而且可以说是集了百家的大成的。汉人所传的《诗》《书》《易》《礼》以及《春秋》的传授系统，无论直接或间接，差不多都和荀卿有关，虽不必都是事实，但也并不是全无可能。因为他既是一位儒家的大师，而他为学的程序又是'始乎诵经，终乎读礼'，六艺之传自然有他的影响在里面了。但公正地说来，他实在可以称为杂家的祖宗，他是把百家的学说差不多都融会贯通了。"①

荀子思想的形成，有其特殊的成因。首先是时代条件。从时代背景上来看，荀子生活在秦始皇统一中国的前夕，这个时候的中国，礼乐制度崩塌，井田制度作废，新兴地主阶级崛起，整个社会呈现出大改组的局面，建立大一统的封建国家成为社会主流趋势；从社会生产力来看，战国时期的生产力水平显著提高，人们对物质世界的认识明显提高，这影响到荀子的唯物主义思想；从思想领域来看，战国时期正受到"百家争鸣"的影响，各种思想异常活跃与繁荣，这种独特的思想环境也为荀子哲学提供了充分的思想条件。其次，荀子思想的形成与荀子个人的身世有很大的联系。荀子是战国时期赵国人，"荀"姓曾是晋国的望族，后在赵、荀、范三个姓氏家族的混战之中败亡。从此，荀姓不再是身份显赫的标志，而成为一种耻辱。荀子就在这样的环境中长大，过着一种寄人篱下、穷困潦倒的日子。荀子的身世背景，使得荀子的思想有着和普通老百姓不同的视野，他关心国家民族的前途，他渴望改变诸侯分裂的局面，建立大一统的国家。最后，荀子思想的形成受当时赵国文化的影响。荀子出生在赵国都城邯郸，当时赵国的国君赵武灵王即是一位富有创新精神的君主，他为了抵

① 郭沫若. 十批判书·荀子的批判 [M]. 北京：东方出版社，1996：218.

御北方胡人的侵略，不顾群臣反对，坚决实行"胡服骑射"的军事改革，使得赵国从衰落走向了强盛。也正是在这位君主的影响之下，赵国形成了开放、包容、进取的精神。荀子深受这种精神的影响，他向社会开放儒学，面对困难时主张锲而不舍，对诸子百家学说采取包容态度，从而最终使自己成为战国时代诸子百家学说的集大成者。正是荀子思想的成因造就了荀子思想的博大精深。

与孔子、孟子等其他儒家学者的思想相比，荀子的思想可谓是异类，其见解独特，自成一说。其思想总体倾向于经验与人事两个层面，他强调社会秩序、反对神秘主义，重视人的努力。他推崇孔子的思想，但不盲从，通过对各家学说的批评与吸纳，发展出自己独具特色的"化性起伪"道德观，"明分使群"的组织观，"学而止"的知行观，"隆礼重法"的礼义观，"法后王"的历史观，"尚贤使能"的人才观。而这些思想无一不是建构当下中国企业文化的思想源泉。

一、"化性起伪"的道德观

荀子"化性起伪"的道德观主要建立在"性恶论"的基础之上，荀子认为："人之性恶，其善者伪也。今人之性，生而有好利焉。"（《荀子·性恶》）同时，荀子又认为："凡人之性者，尧、舜之与桀、跖，其性一也；君子之与小人，其性一也。"（《荀子·性恶》）换言之，人的本性是恶的，人不能顺从自己天然性情的发展，如果顺应天性的发展，将会造成人与人之间的争斗和杀戮，从而造成社会的混乱。但后天的环境和经验对人性的改造却具有"化性起伪"的重要作用。荀子"化性起伪"的道德观强调了人们加强道德修养的重要性，体现了儒家学者一直秉持的道德与政治应相互统一的基本观点。

二、"明分使群"的组织理论观

荀子在其著作中多次阐明"明分使群"的思想，如"人何以能群？曰：分"（《荀子·王制》），"农农、士士、工工、商商"（《荀子·王制》）等均为荀子"明分使群"观点的体现。荀子认为，人类的生存离不开对自然的征服。为了实现这一目标，人们必须团结起来，形成社会。而社会得以形成和维系的关键在于"分"，即建立起明确的社会等级和分工制度。这样的制度使得社会成员能够各司其职、协同合作，从而构成一个高效有序的社会整体。因此，在荀子看来，"群"与"分"是人类生存和社会发展的基石。因此，"分"与"群"，荀子更强调"分"，认为"分"是组织社会的根本法则。即"人之生，不能无群，群而无分则争，争则乱，乱则穷矣。故无分者，人之大害也；有分者，天下之本利也"（《荀子·富国》）。因此，只有"明分使群"，才可使事情各得其宜。

三、"学至于行之而止"的知行观

在知行观上，荀子认为认知的落脚点在于"行"，在这里的"行"是指人的道德行为。荀子提出的"学至于行之而止"（《荀子·儒效》），即"学至于礼"，即让主观的道德行为符合现实的社会道德规范，最终达到"德之极"（《荀子·劝学》）。荀子认为，"行"才是为学的出发点和归宿，"行"才是学习的最终目的，因此他提出："不闻不若闻之，闻之不若见之，见之不若知之，知之不若行之。学至于行之而止矣。"（《荀子·儒效》）"不登高山，不知天之高也；不临深溪，不知地之厚也。"（《荀子·劝学》）"行之，明也。"（《荀子·儒效》）荀子认为知和行是相辅相成的，只有将知和行结合起来，才能"知明而行无过矣"（《荀子·劝学》）。

四、"隆礼重法"的礼义观

针对礼法、王霸之争，荀子提出了"隆礼尊贤而王，重法爱民而霸"（《荀子·大略》）。它的内涵包括两个方面：一是指礼法并举、王霸统一，二者可以相互为用；二是指礼高于法，礼为法之大本。倘若只讲法治，而不讲礼治，百姓并非会心服口服，一有机会便会作乱。因此，在荀子看来，礼义才是礼法的精神。在回答何为礼时，荀子曰："礼者，治辨之极也，强国之本也，威行之道也。"（《荀子·议兵》）在回答何为法时，荀子曰："法者，治之端也。"（《荀子·君道》）荀子主张，礼是规范社会行为的重要准则，而法则是治理国家的起点。法律的制定应以礼为依据，旨在维护礼的秩序。在荀子看来，礼与法共享一个核心理念和基本原则，即确立并维护社会的等级秩序，确保贵贱上下的分明。简而言之，荀子认为礼和法都是维护社会稳定和等级秩序的重要手段①。

五、既"法前王"又"法后王"的历史观

荀子所谓的"法后王"不同于其所谓的"先王"。荀子的"先王"观念以历史人物为摹本，凝聚了历史人物的一切智慧和才能，是在理想层次上进行的。

---

① 冯友兰. 中国哲学史新编（上）[M]. 北京：人民出版社，1998：686—687.

荀子对于"后王"的概念是对人君理想化的描述，即一位完美的统治者。他所提倡的"法先王"概念则是针对反法古观点而提出的。他主张效仿"先王之道，仁义之统"，而不是简单地奉行某一具体制度。荀子的"法后王"是指要效法夏、商、周三代的制度，特别是周代的政治制度。在对待如何效法前代制度的问题上，荀子不仅主张"法先王"，还主张"法后王"。他批判以复古倒退为目的的"先王"观点，并提倡实行"法后王"之制。一方面看到了人类社会历史的延续性，另一方面，则顺应了社会形势的发展，提出了义利并重，王霸兼施，礼法兼尊等一系列主张。

六、"尚贤使能"的人才观

"尚贤使能"是荀子人才观的核心与本质所在。荀子"尚贤使能"的人才观不仅点出人才的重要性，而且对如何选拔人才、如何运用人才、如何考核人才也提出了自己的观点。荀子认为人才是立国强国之本，"尊圣者王，贵贤者霸，敬贤者存，慢贤者亡，古今一也"（《荀子·君子》）。国家的繁荣昌盛，离不开优秀的人才，选人与用人对一个国家的治乱兴衰有至关重要的作用。在选拔人才上，荀子提出要"尚德推贤不失序，外不避仇，内不阿亲，贤者予"（《荀子·成相》），"贤能不待次而举，罢不能不待须而废"（《荀子·王制》）。在用人方法上，则要采取"论德而定次，量能而授官"（《荀子·君道》）的方法。而考核人才则要从言论行动等方面进行考察，要"校之以礼，而观其能安敬也"（《荀子·君道》），即要用礼制来考核人才。

第二节 《荀子》与企业诚信观：致诚

诚信思想是荀子思想的重要内容，荀子诚信思想的产生有其特殊的语境。战国后期，各国兼并战争不断，为了取得胜利，各国所用的手段、阴谋可谓花样百出，无利而不为。于是，诚信失去了其生存的土壤，欺诈之风猖獗。荀子针对社会上的这种现象，深刻分析了诚信缺失的危害，指出了诚信的重要性。

荀子诚信思想的主要范畴由"诚""信""诚信"三者构成。"诚"在荀子思想中具体说来有三种解释：第一，"诚"侧重指真诚的态度，荀子说"君子养心莫善于诚，致诚则无它事矣"（《荀子·不苟》），意思是君子修养身心，没有比诚笃不欺更好的办法了，这里的"诚"字便是真诚的意思。第二，"诚"有表示真实判断的意思，在《荀子·荣辱》中，荀子说："己诚是也，人诚非也，则是己君子而人小人也。"这句话传达了一个深刻的道德理念：在真诚面对自己和他人的行为时，若能明辨是非，坚守正道，便展现了君子的风范；反之，若他人无法正视自身错误，执迷不悟，则显露小人的行径。然而，要做出这样的判断，并非易事。它要求我们不仅具备坚定的道德立场，还需拥有足够的智慧和经验，以准确分辨纷繁复杂的是非善恶。因此，在追求成为君子的道路上，我们应不断修炼自身，提升道德境界，以期在每一次抉择中都能秉持正义，彰显君子之风。第三，"诚"指行为忠诚，如"知者明于事，达于数，不可以不诚事也"（《荀子·大略》），其意思是明智的人对事情十分清楚，对事理十分精通，我们不可以不忠诚地去侍奉明智的人。这里的"诚"即表示一种忠诚的行为。与"诚"相呼应，"信"在荀子这里则侧重指"讲信用"，如"信而不见敬者，好剸行也"（《荀子·荣辱》），意思是说，当一个人虽然表现出诚信，但却未能获得他人的敬重时，这往往是因为他倾向于独断专行。诚信无疑是赢得他人尊重的基石，然而，如果一个人在交往中过于坚持己见、拒绝倾听他人的声音，那么即便他再讲诚信，也难以获得周围人的真正敬重。这是因为独断专行者常常只关注自我和私利，忽略了对他人的关怀与理解，从而容易引发人际关系的紧张。因此，在与人打交道时，我们不仅要坚守诚信的原则，更要学会尊重他人、虚心听取不同的意见和建议，通过协商与合作来共同解决问题。只有这样，我们才能真正赢得他人的尊重与信任，进而建立起和谐稳固的人际关系。在《荀子》里，"诚"和"信"两字也会连起来用，如"公生明，偏生暗；端悫生通，诈伪生塞；诚信生神，夸诞生惑"（《荀子·不苟》），其意思是公正产生光明，偏私产生黑暗，诚恳谨慎产生通达，欺诈作假产生阻塞，诚实忠信产生神奇，虚夸妄诞产生惑乱。在这里，"诚信"是诚实忠信的意思。

荀子的诚信思想对我国建设中国特色的企业文化具有深远的现实意义。放眼当今中国的市场经济，企业蔑视大众智商，制售假冒伪劣商品、偷税漏税等行为可谓屡禁不止，仿佛每几天就会有企业因不讲诚信、不遵守市场秩序而被社会所唾弃。三鹿奶粉事件、苏丹红事件、瘦肉精事件、毒大米事件、三株口服液事件等等，给我国企业敲响了警钟。道德问题，特别是诚信问题作为一项重要的衡量指标被异常突出地彰显了出来。

当下中国的企业环境，急需诚信来加以规范。商品经济在一定程度上也可以说是一种"信用经济"，没有诚信，企业就不可能在市场竞争中获得胜利。市场呼唤诚信，一个没有诚信的市场，企业在其中只能被动地既承担破坏者的角色，又免不了成为其受害者。倘若一个企业被坑害或因不正当竞争而利益受到了损失，那么它便有可能为了使本企业免受损失或少受损失而转嫁危机，用同样的办法去损害另一个企业，而另一个企业发现自己成为受害者时，它也可能会用同样的方法转嫁给第三个企业……如此一层一层地传播下去，不可避免地会造成全社会的企业信誉滑坡，这种现象不得不引起我们的高度警惕。我们必须要在全社会强化信用意识，只有这样，我国的市场秩序才能够井然有序，我国的商业活动才能健康地进行。管理学家沃尔顿说："企业经理人应该用一种全局观念来看待企业的责任，因为在这种观点之下，企业被看成是讲信用、讲商誉、讲道德的组织，而不是赚钱的机器。"① 亚当·斯密更是在《道德情操论》一书中提及："与其说仁慈是社会存在的基础，还不如说信用、诚信、正义是这种基础，不义的行为（偷盗、欺诈、杀人、限制他人自由）的盛行，必然会摧毁这个社会的基础。仁慈犹如美化建筑物的装饰品，而不是支撑建筑物的地基，而信用、诚信、正义则犹如支撑整个大厦的主要支柱，如果这根支柱松动的话，那么人类社会这个大厦就会顷刻之间土崩瓦解。"② 这正如荀子所说，公正产生光明，偏私产生黑暗，诚恳谨慎产生通达，欺诈作假产生阻塞，诚实忠信产生神奇，虚夸妄诞产生惑乱。

荀子认为，坚守诚信需要做到"欲利而不为所非"（《荀子·不苟》）。1993 年，一个雄心勃勃的年轻人与朋友一起合租了一个小门面攒机子。当时，他们手头只有 3000 块钱的资金。有一天，一个东北人来到北京，寻求合作。他们询问了年轻人的报价，惊讶地发现价格要比同类产品低得多。东北人对此感到满意，立即与年轻人签了 20 万元的合同。然而，当年轻人充满期待地签完合同后，却发现自己错误地报了价。这意味着如果他继续交易，不仅不会盈利，还会亏损 1 万多元。年轻人陷入了犹豫之中，他不知道该选择哪条路：是继续经商，坚守信誉和诚信？是向对方解释原因，要求补偿差价？还是推脱责任，假装无法完成交易？经过几天艰难的思想斗争，这名年轻人最终做出了选择：走第一条路，守信誉，讲诚信，哪怕赔掉脑袋！然而，塞翁失马，焉知非福。这件事的真相最终被东北人得知，他感动不已，并立即将价值 100 万元的合同按市场报价交给了年轻人。不久之后，中关村电脑配件价格普遍下调，可见这位年轻人用诚挚赢得的，绝不仅仅是几十万元的交易。这位年轻人正是黄斌，黄斌以这笔资金成功地开创了市场，最终成为 IT 行业的杰出人物，如今担任北大天正总裁。他的成功不仅在于不为追求短期利益而做不应该做的事情，更是

① 刘光明. 企业文化·前言［M］. 北京：经济管理出版社，2006：3.
② 马兰. 产品质量与企业伦理——三鹿奶粉事件引发的思考［J］. 经济研究导刊，2009（15）：80-81.

因为他坚守诚信的原则。曾有人戏称向黄斌打听，问他初次交易挣了多少钱，而他总是回答说："我并没有挣，反而亏了 1 万元多。但我淘到了一桶品质卓越的黄金，那就是诚信。"企业也是如此，一个企业若想保持长久持续的发展，就必须重视诚信的作用，恪守道德准则。

第三节　《荀子》与企业领导观：君正

何为领导者？领导者即是那些能够影响他人并拥有职权的人。何为领导？领导则是指领导者所从事的活动，更具体地说，它是一种影响群体以实现共同目标的过程。荀子曰："人之生，不能无群。"（《荀子·富国》）他意识到人不同于动物且优于动物的地方便在于人能"群"，而当人们开始以群体的方式组合起来共同实现目标时，领导就成为一个非常值得玩味的领域。

首先，企业领导者要言行统一。企业领导人对企业文化的影响是不可忽视的，因为一个企业的高层管理人员往往便是该企业企业文化和企业风气的开创者。他们的言行举止在一定程度上则直接影响了企业的发展方向。《荀子·不苟》中有言："君子洁其辩而同焉者合矣，善其言而类焉者应矣。故马鸣而马应之，非知也，其势然也。"（《荀子·不苟》）意思是说君子使自身廉洁，与他志同道合的人就会同他相应和。君子使自身言辞美好，与他同类的人就会同他相回应，所以，马嘶鸣就会有马回应，牛鸣叫就会有牛回应。与此同时，荀子在《荀子·君道》中也说："君者，仪也；仪正而景正。君者，槃也；槃圆而水圆。君者，盂也；盂方而水方。君射则臣决。楚庄王好细腰，故朝有饿人。"（《荀子·君道》）深刻揭示了领导者在管理学中的核心角色。领导者的行为端正与否直接影响到团队的风气与成员的行为，如同标杆之影随形。领导者的决策与偏好不仅塑造组织的文化，更在无形中引导着团队成员的选择与行为。正如槃之形状决定水之形态，领导者的管理方式和期望往往成为团队成员行为的导向。因此，在管理实践中，领导者必须以身作则，明智决策，并明确传达合理期望，以营造一个健康、积极的工作环境，促进团队的整体发展与成功。所谓"君者，民之原也；原清则流清，原浊则流浊"（《荀子·君道》），说得正是这个道理。作为企业的决策者，绝不能承诺自己无法实现的事情。同时，要保持言行一致，对所采取的每一个行动和所做出的每一个决定负责到底。时刻以自己的实践带动下属，培养下属的责任感。王永庆曾不止一次地强调企业家言行一致的重要性，他认为当企业发展至一定规模时，若领导层因为有所成就而趋于安逸，那么就会影响底层员工，大家一起放松；若领导层心不在焉，那么下面的员工在工作上也不会尽心尽力，企业就会因此垮掉。而更值得注意的是，企业家言行不一致不仅会对企业内部产生不良影响，而且也将会影响外界对该企业的不满。

其次，企业领导者要有十足的能力。中国古语有云：人往高处走，水往低处流。人们自古便有崇尚强者的情结，并希望自己能够作为一名强者立足于世。所以，一个企业如若想要得到发展，其企业领导者就必须有能够使众人服气的领袖魅力。"知夫为人主上者，不美不饰之不足以一民也，不富不厚之不足以管下也，不威不强之不足以禁暴胜悍也……使天下生民之属皆知，己之所愿欲之举在是于也，故其赏行；皆知己之所畏恐之举在是于也，故其罚威。"（《荀子·富国》）这段话深入探讨了作为领导者所必备的素质和行为准则。领导者必须明白，缺乏美好品德和修饰将难以统一民众的心志；没有足够的财富和实力，将无法有效地管理和庇护下属；没有威严和力量，就难以遏制暴力和战胜强敌。领导者必须具备良好的品德和形象，才能赢得团队成员的尊重和信任。同时，领导者还需具备雄厚的资源和能力，以确保组织的稳定和持续发展。此外，领导者的权威和决策力是维护组织秩序、应对挑战和引领变革的关键。因此，从这段话中我们可以深刻体会到，作为领导者，在管理实践中应注重塑造个人品质、增强组织实力以及树立威严形象，从而有效推动组织的成长和进步。这也正是管理学所强调的核心要素，为现代领导者提供了宝贵的指导与借鉴。"君子之所谓知者，非能遍知人之所知之谓也；君子之所谓辩者，非能遍辩人之所辩之谓也；君子之所谓察者，非能遍察人之所察之谓也；有所正矣。"（《荀子·儒效》）即是说君子所说的明智，并不是完全能知道别人所知道的一切；君子所说的分辨，并不是说能够完全分辨别人所能分辨的事物；君子所说的详察，并不是完全能够详察别人所详察的意思。君子的才能与知识是有限度的。六是指企业领导者需要对有关企业、行业和技术的知识十分熟悉，即需要有广博的知识帮助其能作出睿智的决策。七是指企业领导者要善于交际。荀子对《诗经》中"普天之下，莫非王土；率土之滨，莫非王臣"非常认可。他认为作为领导者，树立其权威、展现其魅力具有极为重要的意义。在此，不妨以戴尔的成功为例。一定程度上讲，迈克尔·戴尔的成功正是他个人执行力的充分体现。他早早意识到互联网将彻底改变人们的生活和工作方式，并将其视为直销的一种利器。为了推动互联网的深度应用和普及，迈克尔·戴尔积极地在公司内部宣传互联网的重要性，他甚至在海报上用大字写道："MICHAEL WANTS YOU TO KNOW THE NET!"以引起员工的关注。除此之外，他还在多个公开场合充满热情地表达了自己对互联网的独到见解。这些努力最终为戴尔电脑带来了巨大的商业成功，其中70%的营业额都通过网络订单实现，同时，公司的大部分管理制度和工具也已经实现了线上化，使得公司运营更加高效便捷。

再次，企业领导者要诚实正直。"人君者，隆礼尊贤而王，重法爱民而霸，好利多诈而危，权谋倾覆，幽险而亡。"（《荀子·强国》）意思是，如果君主推崇礼义，尊重贤人，就能称王天下；如果注重法制，爱护人民，就能称霸诸侯；如果贪图私利，诡诈多端，就会危险；玩弄权术、阴暗狡诈，施行颠覆、阴谋，就会遭到灭亡。作为企业的领导者，诚实正直是其最基本的品质。所谓"上梁不正下梁歪"，企业领导者只有"德操然后能定，能定然后能应，能定能应，夫是之谓成人"（《荀子·劝学》）。相信熟悉我国保健品市场的人都知道，我国的保健品市场可以说是鱼龙混杂，"太阳神""三株口服液""脑白金"等等一系列保健品无不曾一度成为包治百病的神药，它们的企业领导人为了追求高利润，大肆在报纸、电视台等媒体上投放丝毫不讲求诚信的广告，缺乏诚实正直品质的他们，最终也随着他们企业的产品出现质量等问题而没落或破产；与他们相反，那些讲诚信的企业家所带领的企业却得到长远发展。如长江实业集团在李嘉诚的带领下立足诚信资本成为香港一流企业；小米科技在雷军的带领下专门投资有信誉的创业者，而这也为小米科技公司带来丰厚的回报。诚实正直是一种品行，更是一种责任。人无信而不立，企业无信则不达。企业家只有将诚实正直放在重要位置，才能真正赢得下属员工的尊重，进而带动整个企业的文化氛围，帮助企业获取最大利益。

最后，企业领导者要遵纪守法。《荀子·君道》中有这样一句话，"法者，治之端也；君子者，法之原也。"荀子认为，法，是治理国家的根本；君子，则是法的根本。这句话在当前看来也是有其积极意义的。企业领导者必须要遵纪守法。所谓"家有家规，国有国规"，企业自然也有其规则。企业的领导者不仅要遵从自己企业的制度规则，也应遵守国家的制度规则。"无规矩不成方圆"一个企业的正常运行需要制度规则的约束。看一个企业的规章制度是否能够被企业员工所认可，在很大程度上则要看其领导者的表现。企业领导者遵纪守法的首要表现即是要处事公正，不得任人唯亲；其次企业领导者对企业员工的奖罚要适当，以制度规则为准绳，不得擅自凭借自己喜好而私自处理。"公平者，职之衡也；中和者，听之绳也。其有法者以法行，无法者以类举，听之尽也。偏党而无经，听之辟也。"（《荀子·王制》）讲得便是，公平，是处理政事的准则；适当，是处理政事的标准；有法令规定的依法执行，没有法令规定的以类相推，这时处理政事的最好办法；偏私而不讲原则，是处理政事中的歪风邪气。

当且仅当领导者遵纪守法，下属员工才会上行下效，才能使得整个企业"万物得其宜，事变得其应"（《荀子·富国》）。

第四节　《荀子》与企业人才观：德才兼备 尚贤使能

企业人才观是指企业对于人才的本质及其发展成长规律的基本观点。"造父者，天下之善御者也，无舆马则无所见其能；羿者，天下之善射者也，无弓矢则无所见其巧。"（《荀子·儒效》）造父，是天下最善于驾驶车马的人，没有车马，就显现不出他的才能。羿，是天下最善射箭的人，没有弓箭，就显现不出他的技巧。同理，一个企业即使是天下最有发展潜力的企业，没有人才，也就显现不出它的优势——企业需要人才的支撑。

一、选拔人才：品行为要，德才兼备

随着经济全球化的发展，人才已成为竞争取胜的关键性因素。"招募人才"已经成为企业发展的第一要务。那么应该如何选取人才呢？荀子对此做了较多阐述。荀子认为人才应该是"知而不仁不可，仁而不知不可，既知且仁，是人主之宝也，而王霸之佐也"（《荀子·君道》）。这句话强调了知识与仁德在领导者身上的双重重要性。一个优秀的领导者不能仅有知识而缺乏仁德，因为这样的领导可能过于冷漠，无法赢得团队的真心拥护；同样，仅有仁德而无知识也不足为凭，因为缺乏专业能力和实践智慧的领导者难以引领团队应对复杂挑战。唯有当知识与仁德在领导者身上完美融合时，才能成为组织的真正瑰宝，助力团队实现卓越成就。因此，追求知识与仁德的平衡发展，是每位领导者在管理学上的必修课。简单来说，即人才一定要德才兼备。何为"德"？"忠信而不谀，谏争而不谄，挢然刚折，端志而无倾侧之心，是案曰是，非案曰非，是事中君之义也。"（《荀子·臣道》）意思是忠诚守信而不阿谀，劝谏苦净而不谄媚，强硬地坚决挫败君主，思想端正而没有偏斜不正的念头，对的就说对，错的就说错，这是侍奉一般君主的合宜原则。何为"才"？"愿悫拘录，计数纤啬而无敢遗丧，是官人使吏之材也。修饬端正，尊法敬分而无倾侧之心；守职循业，不敢损益，可传世也，而不可使侵夺，是士大夫官师之材也。知隆礼义之为尊君也，知好士之为美名也，知爱民之为安国也，知有常法之为一俗也，知尚贤使能之为长功也，知务本禁末之为多材也，知无与下争小利之为便于事也，知明制度、权物称用之为不泥也，是卿相辅佐之材也，未及君道也。能论

官此三材者而无失其次，是谓人主之道也。"（《荀子·君道》）从管理学的角度来看，荀子在《君道》中所描述的三种人才类型及其特征，为现代组织提供了重要的管理启示。首先，"官人使吏之材"强调的是基层管理者应具备的特质：他们必须细致入微、勤勉务实，能够精确执行上级的命令，确保组织的日常运作顺畅无阻。这类人才是组织稳定运行的基石。其次，"士大夫官师之材"描述的是中层管理者的理想形象：他们应该恪守职责、尊重法规，并且能够以身作则，为团队树立榜样。他们在维护组织传统和价值观方面发挥着关键作用，确保组织的长期稳定发展。最后，"卿相辅佐之材"则是对高层领导者的要求：他们不仅要有深远的战略眼光和卓越的领导能力，更要明白礼义、尊重人才、爱护民众、坚持法治等原则对于组织成功的重要性。这类领导者能够引领组织适应复杂多变的环境，实现持续创新和发展。而君主或现代组织中的最高领导者，则需要具备识别和运用这三种人才的能力，确保他们在各自的位置上发挥最大的作用，共同推动组织的繁荣与进步。这既是领导者的艺术，也是管理学的精髓所在。

既然已经知道我们所需要人才的标准，那么应该如何选拔人才呢？对此，荀子提出要"尚得推贤不失序。外不避仇，内不阿亲，贤者予"（《荀子·成相》），"贤能不待次而举，罢不能不待须而废"（《荀子·王制》），只要有能力，不管什么阶层的人，都要加以委任，对方没有能力，哪怕出身再高，关系再近也不能用。荀子坚持德才兼备的人才标准，认为德行是评价人才的首要原则。荀子的思想对于当今我们选拔人才的标准的重要的意义已逐步显现出来。

二、培养人才：隆礼敬士，尚贤使能

荀子说："欲荣则莫若隆礼敬士矣；欲立功名，则莫若尚贤使能矣。"（《荀子·王制》）意思是说，若欲得到荣耀，则最佳途径在于尊重礼仪，敬重有才德的人士；若欲建立功业声名，则最佳途径在于推崇贤能，善加运用有才干之人。一个企业要想长期发展，培养人才是十分必需的。亚伯拉罕·马洛斯的需求层次理论将人的需求划分为五个层次：生理需求、安全需求、社交需求、尊重需求和自我实现需求。这一理论认为，人们必须首先满足某一层次的基本需求，然后才会追求更高层次的需求。同时，当一个层次的需求得到满足之后，它就不再成为激励因素，人们会转而追求更高一级的需求。简而言之，马洛斯的需求层次理论揭示了人类需求的逐层递进和满足的动态过程。

对于一个企业而言，人才是其最重要的资产。一家企业的好坏，很大程度上取决于该企业中的人。于是，企业需尽自己最大努力来满足自己企业员工各

个层次上的需要。在这方面，由松下幸之助夫妇与其妹夫井植岁男创建的松下公司可谓业界典范。自创立之初，松下公司便将培养人才置于重要位置，强调将普通员工培养成具有才能的人才。基于这一远见卓识，该企业于1964年在大阪建立了占地14.2万平方米的大型培训中心，一年的升支相当于销售总额的10%。正是通过这种大规模的员工培训，松下电器不断地推出新产品，源源不断地走向世界。由此可见，一个企业需要有属于自己的人才，只有培养自己的人才，企业才会兴旺发达，为社会做出贡献。

如何培养人才？经营者首先应确立正确的经营理念和使命观，并将其作为公司内部判断是非曲直的准则。只有利用一切机会反复向员工进行企业理念的教育，使企业文化渗透进每一个员工的血肉里，放手让自己的员工在其责任和权限范围内独立自主地开展工作，才能将企业的员工培育成拥有主观能动性、既有技术又有高尚道德情操的人。

相比国内其他公司，华为算是国内企业中企业文化做的很不错的公司。在经营管理模式上，华为始终坚持客户化导向，把为客户提供完善和及时的服务作为公司存在的唯一价值和理由。与此同时，华为在培训员工方面也非常舍得投入钱财，华为总裁任正非曾明确指出，培训工作是贯彻华为公司战略意图，推动管理进步和培养干部的重要手段。一方面，在华为公司，培训工作被作为考核各级干部的重要指标之一，每个干部都负有培训下级的责任；另一方面，华为各部门的培训工作各具特色且形式多样。另外，为了引导华为干部员工不断进步，华为公司还成立了华为大学，亲自进行教材编写，形成一种以自学为主的教育引导体系，以提高全体员工的素质水平。而华为对员工的培训也为培养员工对企业自身的认同感，激励华为员工为企业贡献自己青春奠定了坚实的基础。可以说，如果华为没有确立"以客户为中心，以奋斗者为本"的企业文化，没有在培养人才上尽心尽力，那么华为就不会慢慢走出20多年来的困境，如凤凰涅槃一般浴火重生。

再次，管理任用人才要方法得当。荀子曰："彼持国者，必不可以独也。然则强固、荣辱在于取相矣。"（《荀子·王霸》）意思是掌握国家政权的人，必定不能独自一个人去治理国家。这样，国家的强弱荣辱关键就在于选取辅佐的人。一个企业拥有人才只是迈向成功的第一步，如何有效地管理任用人才，使人才的作用充分发挥才是重中之重。"此亦荣辱、安危、存亡之衢已，此其为可哀甚于衢涂！"（《荀子·王霸》）意思是任用人也是荣辱、安危、存亡的十字路口，在这件事上的可悲，比在十字路口走错路的悲哀更沉重。管理任用人才首先要"论德而定次，量能而授官，皆使其人载其事而各得其所宜"（《荀子·

君道》)。在管理和任用人才时，首要原则是根据品德的优劣来确定其地位，根据能力的大小来授予职责，确保每个人都能胜任其任务，达到各尽其能的目标。其次，要"凝士以礼，凝民以政。礼修而士服，政平而民安。士服民安，夫是之谓大凝"（《荀子·议兵》）。即强调管理任用人才要靠礼义，要任人唯贤，不可任人唯亲，要对人才充分尊重，使他们能够各尽其能。最后，要善于对人才进行激励，这种激励不单单是物质的，更应在精神上予以充实。"赠人以言，重于金石珠玉；观人以言，美于黼黻文章，听人以言，乐于钟鼓琴瑟。"（《荀子·非相》）用美好的语言赠送人，比用金石珠玉更贵重；用美好的语言勉励人，比赠送艳丽的服饰更美好；让人听到美好的语言，比让人听鼓乐琴瑟更欢乐。有时候一句美好的激励人的言语便可胜过金银财宝的力量。管理任用人才是一门学问，其方法得当，对企业的发展则必然有积极的作用，反之，则会阻碍企业的健康发展。企业中的管理人必须懂得人才的重要，必须尊重人才，善于选取任用人才。要量才任职，不必求全，用人不疑，疑人不用。

公主岭市苇子沟植物油厂，是一家职工不足 500 人的地地道道的村办企业，面对现在市场上大豆货源紧张的状况，多数粮油加工企业都避免不了因大豆存量不足而效益下滑，而这家工厂的库存却足足还有 8000 吨大豆。很快，其优势促使其在市场上脱颖而出，很多人不能理解：是什么使得这小小的村办企业击败比其规模大的同类企业，且在同类企业普遍效益不好的情况下依然保持盈利势头呢？原来是该厂厂长董洪发搜罗了一批能人，并能将其安排在合适的职位上。董洪发刚来到苇子沟植物油厂时，厂里人才缺得厉害，不仅没有一个大中专毕业生，技术人员更是仅有两名，且其中一位已经 75 岁。董洪发对此心里很是着急。他首先聘用了精通技术的万金山，让其担任生产总监，而这一任用的结果就是工厂的设备能够及时得到维修，保证了工厂的正常生产。其次，董洪发偶然听说原乾安县粮食局副局长季连福对粮食加工很有研究，目前正退休在家，他马上找到季连福，请他做工厂的"总工"，这使得工厂的生产竟然有序，且保质保量；最后，董洪发还放弃成见，大胆启用学习企业管理的女大学实习毕业生，虽然该女大学生只是抱着试试看的态度来工厂实习，但董洪发依然敞开心扉，开诚布公地对待她，而这一举措则使得工厂的管理制度得到进一步完善，以前没有发现的问题得以及时解决。然而，董洪发不但对任用人才得心应手，对管理人才也有自己的一套方法，他认为治理工厂关键在于思想管理，他总是会在固定时间在厂里下发关于员工对工厂工作改进建议的意见卡，每次回收意见卡后，董洪发都十分认真地对待，在其当职的这些年，董洪发采纳了不少厂内员工的意见，并为了激发员工提建议的积极性，还专门规定意见被采纳者，将发给被采纳者奖金，张榜表扬，而这不仅培养了员工的主人翁意识，更促进了工厂的良好运行。由此可见，人才笼住了，利益也就伴随而来，企业管理者只有掌握了任用人才的方法，做到让员工人人有所作为，各尽其能，企业才能得到长远发展。

最后，考核人才要有制可依。无论是古代的中国还是现今的中国，考核始终被视为激励人才的重要环节。其存在至关重要，因为没有严谨公正的考核体系，就无法准确区分人才的能力高低和品德优劣，更无法公平合理地执行奖惩措施。荀子主张对人才进行考核时应重点考察其言行举止等方面的表现。一个企业对待人才，"其取人有道，其用人有法。取人之道，参之以礼；用人之法，禁之以等。行义动静，度之以礼；知虑取舍，稽之以成；日月积久，校之以功。故卑不得以临尊，轻不得以县重，愚不得以谋知，是以万举不过也。故校之以礼，而观其能安敬也；与之举措迁移，而观其能应变也；与之安燕，而观其能无流慆也；接之以声色、权利、忿怒、患险，而观其能无离守也。彼诚有之者与诚无之者，若白黑然，可诎邪哉"（《荀子·君道》），才可谓"明王之道也"（《荀子·君道》）。意思是说，考核人才时应以礼法来评判其品质，看他是否真诚地遵循；应改变环境条件来观察其作风，查验其是否松懈；让其接触诱惑，以考察其是否遵守规章，从而衡量其思想修养。同时荀子还特别重视要结合实践中的成效进行考核，认为"知虑取舍，稽之以成；日月积久，校之以功"（《荀子·君道》），意思是智慧与判断取舍的能力，都用成效来考察；日积月累，用功绩来验证他们。一个企业，应建立起自己完善的员工奖惩考核机制。一个人生活在社会中，其不仅有经济上的追求，还有人生价值的追求，政治上的热切向往。只有建立起有效的奖惩考核机制，才能使人才"德必称位，位必称禄，禄必称用"（《荀子·富国》）。对人才施之以礼，才能使人才在得到充分礼遇的同时，不会为所欲为，走上邪路；才能充分调动起积极性，为社会做出更大贡献。以索尼公司为例，过去索尼这个品牌如同钻石一样璀璨，而今却满身污垢、暗淡无光。这不得不让人深思：是什么造成索尼的衰败呢？在众多原因中，员工考核可谓压倒索尼的一根稻草。对于索尼这种需要激情精神、挑战精神、团队精神支撑的公司，如何有效地激起员工内在的动力、让员工有自发的工作动机才是其考核人才机制最需要考虑的。然而，后来索尼实行了绩效主义，即将业务成果与金钱报酬直接挂钩，这便使得原为追求工作乐趣而埋头苦干的员工开始失去工作的热情。为了评估业绩，首先需要将各项工作要素量化。然而，工作往往是难以简单量化的，尤其对于像索尼这样的高科技企业而言。因此，索尼在后期为了统计业绩，不得不耗费大量的精力和时间，在真正的工作上敷衍了事，本末倒置。更严重的是，索尼公司不仅对员工个人进行考核，还对每个业务部门进行经济考核，并由此决定各个业务部门的报酬，这一系列不科学行为最终导致的是，业务部门相互拆台，公司激情精神、挑战精神、团队精神丧失，于是索尼公司的整个文化氛围也从自由、豁达、愉快转为沉闷、无趣、斤斤计较。由此可见，企业考核人才需要有制可依，而采取合理科学完善的员工奖惩考核机制才是企业长久生存之道。

第五节 《荀子》与企业制度观：明礼　严法

荀子思想中包含着丰富的组织管理思想，在荀子这里，"人性恶"是其组织理论思想的依据，"礼"是其组织理论思想的标准，相对稳定的等级制度和管理人员队伍是其组织理论思想的保证。

荀子认为，"人之性恶，其善者伪也。——今人之性，生而有好利焉"，"生而有疾恶焉"，"生而有耳目之欲，有好声色焉"（《荀子·性恶》）。即人的本性是恶的。荀子主张，人自出生便带有自私自利的倾向，而善良之举往往是通过后天的努力与教化所形成的。在追逐个人利益的过程中，人们容易陷入争夺与竞争，从而忽略了谦让等崇高的道德品质。此外，人类天生便可能带有嫉妒与仇恨的情感，这些本性有可能对善良与忠诚的行为造成伤害，进而削弱了这些品质原本应有的价值。同时，人们生来便对声色享乐有着本能的追求，这种追求若不加节制，便可能引发淫乱之行，从而使得礼仪与道德规范失去了它们原有的约束与指导意义。基于此，"古者圣王以人之性恶，以为偏险而不正，悖乱而不治，是以为之起礼义，制法度；以矫饰人之情性而正之，以扰化人之情性而导之也"（《荀子·性恶》），即古代的圣人认为人的本性是恶的，认为偏邪险恶不端正，违背社会秩序而不安定。因此建立君主的权势来统治人民，通过彰明礼义来教化人民，设立法度来管理人民，加重刑罚来制止人民违法乱纪的行为，以达到使天下安定有序，合乎善良的目的。其次，荀子认为礼是对人性恶的约束，"制礼义以分之"的目的是"使欲必不穷乎物，物必不屈于欲。两者相持而长"（《荀子·礼论》），即礼从起源上讲就有使物质和欲望相互制约并能长久保持协调的作用。礼具有"如权衡之于轻重也，如绳墨之于曲直也"（《荀子·大略》）的作用，礼对于整饬国家，就像秤对于轻重一样，就像墨线对于曲直一样。礼指导并控制、约束人的行为。最后，组织管理的最终目标在于规范和政策的执行。荀子认为，一个相对稳定的组织机构需要有一个相对稳定的等级结构，要贵贱有等，如果名位、名分不分，就无法合理地管理控制。同时，荀子还推崇"尚贤使能"，他认为"有良法而乱者有之矣；有君子而乱者，自古及今，未尝闻也"（《荀子·致士》），这句话，意味着在组织或国家的管理中，单纯的规章制度虽然重要，但并不足以保证秩序和稳定。有时即便存在完善的法规，也可能因为缺乏合适的人去执行或人们缺乏对其的尊重而陷入混乱。然而，当有品德高尚、能力出众的管理者存在时，他们能够通过自身的榜样作用、智慧和领导力来引导团队或社会走向有序和繁荣。这样的领导者在维护组织或社会稳定、推动发展方面发挥着不可替代的作用。因此，在管理实践中，选拔和培养具备"君子"特质的各级管理者至关重要。

借鉴荀子的组织管理思想，我们可以对企业制度文化，尤其是企业的组织机构进行深入的研究。企业组织机构是为了实现企业的各项目标而经过精心策划设立的内部组成单元及其相互关系网络。如果我们将企业类比为一个生机勃勃的生命体，那么组织机构便相当于支撑这个生命体的骨骼系统。从这个角度来看，不同企业的文化会催生出不同的组织机构形态。因此，一家优秀的企业应当精通如何高效地组织和管理其员工，使整个组织架构既能适应企业文化，又能服务于企业战略目标的实现。

首先，企业内部要有一定的法度。《荀子·修身》中提到，"人无礼则不生，事无礼则不成，国家无礼则不宁"，意思是做人不讲礼义就不能生存；做事不讲礼义，就不会有成就；国家不讲礼义，就不会安宁。这便是启迪企业要重视"礼"的作用。然而《荀子·修身》中又不忘提到，"人无法，则伥伥然；有法而无志其义，则渠渠然；依乎法而又深其类，然后温温然"。即人无法度就会不知所措，无所适从；有法度而不懂它的意义，就会窘迫不安；遵循法度并能依法类推，掌握各类事物，这样就能轻松自如，得心应手。这启迪企业要切实履行管理的规章制度，将规章制度付之于实践。规章制度决定员工的做事方法和规范，于是企业要"凝士以礼，凝民以政"（《荀子·议兵》）。百时美施贵宝有限公司是一家享有全球声誉的跨国企业，其取得的成功离不开其卓越的内部管理体系。公司在创立之初就始终致力于不断完善内部控制机制。如今，公司已建立起一套完善而严密的内部控制制度，以确保会计信息的可靠性和生产经营活动的有序进行。这一制度的建立旨在保障资产安全、准确反映企业财务状况、确保遵守政策法规，并提升管理效率。百时美施贵宝有限公司遵循适当的职责分离、合理的授权制度、适当的信息记录、可靠的资产安全、健全的内部审计等原则，实现了公司收入、生产、付款、信息管理等方面的有序循环。今天百时美施贵宝有限公司的内部管理制度已经成为一种典范被广泛宣传，而其之所以能够得到重视与认可与其具有可实施性、有效性密切相关。企业内部要有一定的法度，只有法度切实可行，企业才可上下一心、秩序井然、繁荣昌盛。

其次，企业内部要有合理的层级制度。《荀子·王制》中说："分均则不偏，势齐则不壹，众齐则不使。有天有地而上下有差，明王始立而处国有制。夫两贵之不能相事，两贱之不能相使，是天数也。势位齐而欲恶同，物不能澹则必争，争则必乱，乱则穷矣。先王恶其乱也，故制礼义以分之，使有贫富贵贱之等，足以相兼临者，是养天下之本也。"即当名分相等时，则无法统属；权势相等时，则不能统一集中；众人地位齐平时，则谁也不能役使谁。有天有地，故上下有差别。明智的君主一开始治理国家，便确立了一定的等级制度。两人同样尊贵，就无法相互侍奉；两人同样卑贱，就无法互相役使。这是自然法则。当权势、地位相等时，欲望与厌恶也同等。物质无法满足便必然发生争斗，而争斗必然导致混乱，混乱则将使社会陷入困境。古代君主厌恶这种混乱，因此制定了礼义来区分人们，使他们在贫富贵贱之间有所差别，从而能够相互督促。这正是古代君王治理天下的根本原则。因此，在一个企业组织机构中，各个组织部门如若名分相等就无法统属，权势相等就不能统一集中，地位齐平就谁也不能役使谁。所以一定要制定合理的规章制度来区分它们，使它们完全能够相互督促。企业内部层级制度固然重要，然而不合理的层级制度则会对企业乃至企业员工自身造成不良影响。富士康科技集团是中国台湾鸿海精密集团的高新科技企业，1974年成立于中国台湾省台北市，总裁郭台铭。富士康是全球最大的电子专业制造商，拥有120余万员工及全球顶尖客户群。它在中国大陆以及中国台湾、日本、东南亚及美洲、欧洲等地拥有上百家子公司和派驻机构。其主营业务是制造和代工，苹果的手机和电脑、诺基亚的手机、戴尔的电脑、惠普的电脑、各种电脑零部件等都是由富士康生产的。除了代工，富士康旗下也有自己的品牌，比如富士康电脑等。1988年，富士康在深圳地区投资建厂，之后逐渐从珠三角到长三角到环渤海、从西南到中南到东北建立了30余个科技工业园区。这些园区不仅为当地带来了大量的就业机会，也推动了相关产业链的发展。然而，富士康也曾因为一些负面事件而受到关注，比如员工自杀事件、劳工权益问题等。这些问题也引发了社会对于富士康企业文化和管理模式的讨论和反思。郭台铭曾对民主表示出自己的鄙夷，他认为民主是无效率的，因此富士康形成了其严格的层级制度，强调员工的纪律性和高度服从。富士康公司人力资源结构呈典型的金字塔状，居于"塔尖"的高管层负责制定公司战略，中层负责分派和监督，底层员工面临的则是高度分解的、专业化的、重复性很强的高强度劳动任务。也就是说，从富士康管理角度看，员工只是为了求取劳动报酬，而无需对劳动者人格尊重。而这样做的后果便是，企业内部上下级沟通渠道不畅，员工焦虑、压力等情绪不能得到很多的排遣。因此，企业内部需要层级制度来保证企业自身的生产效率、进行科学管理，但层级制度的建构需要加入更多的人文因素，以人为本，只顾经济利益而忽略对员工的尊重只会使企业最终走向灭亡。只有将员工遵守纪律和员工获得尊重等量齐观的制度，才可称之为合理的层级制度。

再次，一个企业应"分"与"群"结合。企业组织机构是企业文化的载体，其是否适应生产经营与管理的需要，直接影响了企业管理的成效。我们在探讨企业的组织结构和企业的组织文化的时候，我们发现，企业的组织文化并不是完全孤立的，它与民族文化传统有着千丝万缕的联系。按照中国传统的组织文化，组织模式一般为树状模式：决策层和管理层在树的根部，树冠部分为执行层。树根必须非常稳固，树冠部分才可能以茂密的枝叶去迎接各种事务。这是一种很典型的直线式职能机构，这种组织模式优点在于其可以使领导层摆脱琐碎繁杂事物，成为强有力的决策部门，使各部门自成系统，工作主动灵活。但其缺点也很明显，易存在组织部门层级过多，沟通不畅等问题。因此，企业家不但应注意到"分"的重要性，而且还要重视"群"的作用。《荀子·王制》中说："人生不能无群，群而无分则争，争则乱，乱则离，离则弱，弱则不能胜物。故宫室不可得而居也，不可少顷舍礼义之谓也。"人在生活中不能不组织起来，组织起来没有等级名分就会发生争端，争端就会导致混乱，混乱就会导致离散，离散就会导致衰弱，衰弱就不能战胜万物。广州一家香精香料公司不仅自身拥有一支富有国际经验的知名调香师团队，而且还具有国际先进科技设备的支持，但该公司长时间面临生产部门组织绩效不高的问题，这严重制约了公司业务的发展和提升。经过调查后发现，该公司存在三大问题：第一，该公司无人负责部门间的工作交叉项；第二，各部门之间没有明确的部门分工；第三，各部门之间并没有建立有效的信息沟通平台。这三大问题集中体现了该香精香料公司在组织结构上并未很好地结合"分"与"群"思想，妥善处理好两者之间关系，以至于造成公司生产拖沓、效率低下。另外，在一个企业之中，"分"与"群"思想的运用还应体现在企业的正式组织和非正式组织之间。人在本质上是一种群居动物，在一个企业之中，尽管员工会因自己所长被分配到各个部门，但这阻挡不了企业内部员工基于共同兴趣、爱好、信仰等自发形成的非正式组织的团体。而这种非正式组织恰恰具有较强的隐蔽性，在企业发展过程的关键时刻发挥重要作用，因此，群分意识应在企业管理活动中得到应有的重视。

一般来说，群分意识主要是指同类相吸、相惜、相聚的意识，以中国古语"物以类聚，人以群分"来加以概括最为合适。企业的非正式组织在员工关系管理、企业文化塑造以及组织效率提升等方面发挥着重要作用。这些组织为员工提供了一个自由交流、分享经验和情感的平台，有助于满足员工在社交、兴趣爱好和情感交流等方面的需求，从而增强员工的归属感和工作满意度。同时，非正式组织也是企业文化传播的重要渠道，能够推动形成积极健康的工作氛围。此外，通过加强与非正式组织的沟通与合作，企业可以更全面地了解员工的真实想法和意见，为管理决策提供有力支持，进而提升组织的整体效率和竞争力。

企业的非正式组织虽然在一定程度上能满足员工的多元需求并促进企业文化发展，但其负面作用也不容忽视。这些组织可能会形成小团体主义，导致信息传播失真、谣言流传，甚至抵制企业变革，影响组织目标的实现。为避免这些负面作用，企业应建立明确的行为规范和价值观，加强与非正式组织的沟通，及时了解并引导其发展方向。同时，通过培训和教育提升员工的职业素养，使其能明辨是非，避免被不实信息误导。此外，企业还应建立公平公正的激励机制，减少非正式组织产生的土壤，从而确保企业的健康发展。由此可见，一个企业若想获得好的发展，应注重对"群""分"思想的合理运用。

最后，企业管理制度在制定时，还应体现出人文关怀，充分尊重人才。《荀子·王制》中说："水火有气而无生，草木有生而无知，禽兽有知而无义；人有气、有生、有知，亦且有义，故最为天下贵也。"即荀子认为水和火虽然具有气，但缺乏生命；草木虽有生命，却缺乏知觉；禽兽虽有知觉，但不讲究道义。而人类不仅具有气、生命和知觉，还讲究道义，因此在天下众生中最为贵重。与此同时，荀子还说："君人者欲安，则莫若平政爱民矣，欲荣则莫若隆礼敬士矣，欲立功名，则莫若尚贤使能矣，是君人者之大节也。"（《荀子·王制》）意思是统治人民的人若欲求安定，最好的办法是平定政局，关爱百姓；若欲求荣耀，最佳方式是尊崇礼仪，尊重有才华的人士；若欲建立功名，最佳途径是尊崇贤良，善用有才能的人。这是统治者应当遵循的大节。由此可见，荀子的组织管理思想彰显了人的主体作用，体现了人本管理思想。飞索半导体的独资子公司飞索中国有限公司是全球最大的闪存产品和服务供应商。这个总部设在苏州的企业目前拥有上千员工，但其公司的人员流动率只有整个电子行业的人员流动率的一半，这确实是飞索中国有限公司非常值得骄傲之处。飞梭中国在内部沟通管理方面始终秉持开放、透明和高效的原则。为确保信息在各部门和员工之间流通畅通，公司内部建立了完善的沟通机制，旨在加强层级沟通、倡导多元化沟通方式、强化沟通文化氛围，并注重沟通效果的评估和反馈。员工被鼓励与上下级及同级之间进行频繁互动，以便解决工作难题并促进相互了解。公司不仅利用传统的面对面会议和电话沟通，还积极采纳电子邮件、企业社交网络和在线协作工具等现代通信技术，提升沟通的便捷性和可追溯性。此外，飞梭中国强调开放的沟通氛围，鼓励员工表达意见并纳入决策过程，从而激发创造力和创新精神。为持续优化内部沟通，公司定期评估沟通效果，并根据员工反馈进行相应调整。这一综合的内部沟通体系不仅提升了工作效率，还增强了企业凝聚力，为飞梭中国的稳健发展奠定了坚实基础。

第六节　《荀子》与企业形象观：美饰

中国战国时期，人们犹且明白，"为人主上者，不美不饰之不足以一民也"（《荀子·富国》）的道理（即作为百姓的君主，不使自己华美，不修饰自己，不足以统一百姓），当下的企业更不可忽视"美饰"的重要意义。"美饰"并不是让企业去欺诈世人，这里的"美饰"是指企业应注重企业形象的塑造。企业文化与企业形象是两个相互包含的概念和范畴，两者可谓是你中有我，我中有你，共同构成了企业的精神内涵。那么什么是企业形象呢？所谓企业形象，则主要包括企业理念、企业行为和企业视觉识别系统三大部分，它们分别代表了理念识别、行为识别和视觉识别。一个优秀的企业必定拥有一个良好的塑造企业形象。

首先，企业理念的塑造。企业理念可以为企业的行为提供导向作用。《荀子·解蔽》中提到，人在认识上最大的隐患就在于"蔽于一曲而暗于大理"，人总是被事物的某一个局部所蒙蔽而不顾及全局，因此人们要在认识中排除干扰、精力专一、发挥思维的主动性。企业理念必须是稳定的、明确的。在如今白热化的市场竞争中，一个企业若想脱颖而出并取得长足发展，就必须建立一个清晰、统一的自上而下的目标体系。这种目标的明确性不仅关乎企业战略定位，更是员工凝聚力的源泉。唯有当企业确立了统一的核心理念，员工们才能深感自己是企业的一份子，进而将自己的事业抱负与追求成功的热情，转化为切实可行的工作目标、坚守的信条和日常行为的准则。这样的企业文化，就如同航海家的指南针，特别是在企业面临挑战与困惑之际，它能够给予员工方向上的指引，带来心灵上的慰藉，激励团队共克时艰。美国著名的 IBM 公司一直以来都以"为顾客提供世界上最优秀的服务"为该公司的企业理念，在这一理念的引导下，全体员工不仅为客户提供各种机器租赁，而且还提供各种机械服务，并在 24 小时内对任何一个顾客的意见和要求做出满意的答复，这一理念不仅为 IBM 赢得了外部声誉，更重要的是它使得企业内部的全体员工对其企业形象产生了强烈的认同感，自觉地将自己的工作与自己人生价值的实现关联起来。因此，企业应实施各种方法加强企业理念的渗透。日本的松下公司常常规定新职工每天一次、老职工每周一次朗读其公司宣传企业理念的小册子，并由主管在全体员工面前摘录一段企业理念朗诵，并夹杂着有关亲身经历进行 5 分钟左右的讲演；在宏基公司，其为了实施企业理念，使主管以身作则，员工竞相效仿，便在内部树立起英雄典范，向其员工昭示：企业内的人只要努力，就有像眼前看得见的那个人一样好的希望。可见，企业理念的塑造，其功用"微而明，短而长，狭而广。神明博大以至约"（《荀子·王制》），企业理念的功用既是细微的又是显著的，既是短暂的又是深长的，既是狭小的又是广大的，它达到最高智慧，既博大而又极其简约。

其次，企业行为的塑造。企业行为不仅是企业内部活动的体现，更是其核心理念的动态演绎。企业行为识别系统作为一个跨学科的融合体，涵盖了广告、公关、市场营销、传播学以及管理学等众多领域的专业知识。这一综合系统的目标是通过多样化的、能够被社会公众和消费者所认知和辨识的特色活动，来刻画出一个鲜活的企业形象。它与理念识别、视觉识别紧密相连，三者相辅相成，共同构建起企业在市场和社会中的立体、全面且深入人心的整体形象。"财物货宝以大为重，政教功名反是，能积微者速成"（《荀子·强国》），而"积微"则"月不胜日，时不胜月，岁不胜时"（《荀子·强国》）。意思是说，财物珍宝以大为珍贵，政治、教化、功名却与此相反，真正能够快速成功的，是那些能够积累微小但持久的人。而积累微小事情的功效，每个月积累则不如一天天积累，每个季度积累则不如一月月积累，每年积累则不如一个季度一个季度地积累。构建企业行为识别系统是一项长期而艰巨的任务，它需要经过周密的规划，并且依赖于全体企业员工的齐心协力与持续付出。这不是一项可以迅速取得立竿见影效果的短期工作，而是一项需要深耕细作、持续发展的长期工程。只有通过长期的坚持与努力，企业行为识别系统才能在企业内部生根发芽，并在日益激烈的市场竞争中发挥出其应有的作用。

建立企业行为识别系统的根本目的在于树立企业形象，提高企业知名度。企业可以抓住与名人建立联系的机会，将企业的产品提供给他们使用，利用名人在社会各方面的重大影响为企业作"活动"；企业可以利用赞助，最好是独家赞助大规模的体育比赛、博览会、旅游活动和产品展评活动，进行社会公益活动，扩大宣传；企业可以借助重大历史事件，利用重要人物的活动和新闻媒体进行传播活动；企业可以设法争取国内外名牌厂家的加工业务，提升企业产品的质量和档次；企业还可以利用古代文化、古诗词、古代名人等进行商标注册、进行产品宣传。以韩国化妆品 Whoo 后为例，该化妆品属于 LG 生活健康的著名化妆品牌，其在面世时就定位为韩国古代珍贵秘丹、韩国顶级宫廷护肤名品。品牌名"Whoo 后"即可译为皇后的秘诀，该品牌在进行宣传时为进一步彰显该产品的高贵，还特意选择曾饰演"大长今"的李英爱做代言，更绝妙得是，该产品还充分利用其背后的历史渊源进行营销，相传曾经一度繁荣的朝鲜王国，后宫嫔妃为了君王的宠爱及自身的利益地位，用尽了手段来让自己变得更加美丽动人，而这其中便有四大秘丹，且这四大秘丹一度成为朝鲜后宫争斗的焦点。很显然，彼时的秘丹即今日的"Whoo 后"。"Whoo 后"的成功在给 LG 生活健康带来巨大收益的同时，也在不自觉中提升了 LG 生活健康的层次和知名度，可谓一举两得。

最后，企业视觉识别系统的塑造。企业的视觉识别与企业文化密切相连。企业视觉识别，作为展示企业形象的一种静态标识，采用具体且可视化的传达手段。它借助视觉传播的力量，将抽象的企业文化、价值观和行为准则等深层次内涵，转化为一套易于识别和记忆的视觉系统。这套系统不仅用于企业的视觉展示，更渗透到企业的日常行为表达中，有效地增强了企业文化的实际落地和广泛共鸣。企业醒目而清晰的视觉呈现、企业品牌、标志、标准色、宣传口号、标语、建筑外观、员工服装等，都承载着企业物质文化和精神文化的表达。亚里士多德曾经在《形而上学》开篇中有这样几句极其著名的言论，"求知是人类的本性。我们乐于使用我们的感觉就是一个说明；即使并无实用，人们总爱好感觉，而在诸感觉中，尤重视觉……理由是：能使我们认知事物，并显明事物之间的许多差别，此于五官之中，以得于视觉者为多"①。当今世界可以说已进入到图像时代，企业目前所需要做的已不能只是独善其身心，还应该珍惜与每一位消费者每一次接触的机会。因此，如何能使自己的企业形象以最快、最鲜明的速度引入消费者的脑海里，成为企业提高竞争力的一个重要途径。

在 20 世纪 70 年代，美国可口可乐公司开始革新可口可乐在全球范围内的标志，引入了统一的识别系统，其标志采用红白相间的波纹设计，通过红白两色的鲜明对比，使得可口可乐的形象深入人心，家喻户晓；快餐行业的麦当劳，凭借其独具特色的金黄色 M 字符号，在 1992 年进军中国市场时大获成功；日本的富士公司则因其名字"富士"能和富士山、蓝天白雪等美好的事物联系起来，

---

① ［古希腊］亚里士多德. 形而上学［M］. 吴寿彭，译. 北京：商务印书馆，1959：1.

打败了名字中含有"桃色""模糊"等印象的樱花公司。以上这些都是企业为提高自己的视觉识别系统而做的努力,而这些努力终究产生了回报,它们成就了企业的声誉,使得近处的人都歌颂它喜欢它,远方的人都千辛万苦来投奔它,造成了"近者歌讴而乐之,远者竭蹶而趋之"(《荀子·儒效》)的效果。

小结

在全球化的大潮中,塑造独具本国民族特色且独一无二的企业文化,无疑是提升企业核心竞争力的一项战略性任务。为此,我们绝不可忽略荀子思想的智慧光芒。荀子思想犹如一片肥沃的土壤,滋养着企业文化建设的方方面面。

在企业诚信观的构建上,荀子思想昭示我们,企业应如金石般坚守诚信原则,深谙诚信是企业立足的基石,是推动企业进步的源头活水,做到在追求利益的同时,绝不涉足违背道义的行为。

在企业领导观的理解上,荀子智慧启示我们,企业文化的塑造主要依托于领导者的手笔。企业领导者应以身作则,言行一致,才能服众;他们应具备与职位相符的才干与品质,秉持诚实正直,严格遵守法律法则,从而引领企业航船稳健前行。

谈及企业人才观,荀子思想强调人才是企业之根本,对人才的选用育留均有严谨周详的见解。企业选拔人才应遵循明确的标准,培养人才需投入真情实意,管理与任用人才讲究恰当的方法,考核人才应有严格的制度保障。唯有如此,人才方能各展所能,为企业添砖加瓦。

在企业制度观方面,荀子警示我们,唯有建立健全合理的规章制度,企业才能秩序井然,稳健发展。企业内部应确立清晰的法度,构造科学的层级管理体系,巧妙地将"分"与"群"有机结合,同时在制定管理制度时,务必怀揣人文关怀,尊重每一位人才的权益,让制度充满人性化的温度。

而在企业形象观上,荀子思想呼吁企业重视理念塑造、行为塑造以及视觉识别系统的设计。企业形象所传达的企业理念和价值观,就好比企业的灵魂与精神支柱,它们不仅是企业内在气质的外在展示,更是企业赢得公众信任和社会认可的关键。

综上所述,荀子思想对于当代中国企业锻造独特企业文化,使中国企业文化在全球舞台上卓尔不群,发挥着无可替代的作用。中国企业在构建当代企业文化的过程中，急需汲取荀子思想这片智慧土壤的营养，让其精髓深入企业肌理，孕育出既富含中华文化底蕴，又契合现代企业发展规律的独特企业文化，从而使企业在全球竞争中傲然挺立，焕发勃勃生机。

第四章

《晏子春秋》与企业文化建设

《晏子春秋》是中国古代一部思想巨著，我们将其引入到对企业文化的研究之中，首先源于近年来企业对于自身文化的深入探索和不懈追求，其次借力于企业管理者逐渐从效仿西方中抽身出来，开始从中国先人的思想中汲取精华，寻求适合自身的发展之道。于是，《论语》《孙子兵法》《墨子》等先秦著作逐渐被挖掘出来，在企业文化的探索中发挥了重要作用。《晏子春秋》也确实应当在这种思潮之中脱颖而出，继续散发智慧的霞光。《晏子春秋》中所展现的人才观、赏罚观、进谏艺术等与企业文化有着密切联系，其展现的和谐的君臣关系更是现代企业所追求的主雇关系。我们结合企业文化的构建要素，将《晏子春秋》与企业文化的相关内容结合出来，探索主雇关系、企业制度以及企业教育三方面内容，为企业内部和谐关系的塑造、合理有序的企业制度的构建以及行之有效的教育教化的实施提供指导。

第一节　晏子与《晏子春秋》

晏子是春秋时期著名的政治家、思想家、外交家。晏子一生为齐国效忠，共辅佐齐灵公、齐庄公、齐景公三代君主，辅政长达 50 余年。任职期间，他忧国忧民、敢于直言、节俭廉洁、坚守原则，在春秋末期社会矛盾尖锐、大夫专权盛行的动荡时局中，发挥了极为重要的作用。晏子以高深的治国之道、巧妙的进谏艺术、高尚的人格修养、简朴的生活作风著称于世，在春秋各诸侯国中享誉盛名。孔子称"救民之姓而不夸，行补三君而不有，晏子果君子也"（《晏子春秋·外篇第七·第二十七》）。孟子称赞他"管仲以其君霸，晏子以其君显"（《孟子·公孙丑上》），司马迁更以"假令晏子而在，余虽为之执鞭，所忻慕焉"（《史记·管婴列传》）表达了对晏子的崇敬和赞赏。晏子的生平故事主要被记录于《晏子春秋》一书中，《论语》《孟子》《左传》《吕氏春秋》中也有对他的相关记载。晏子的思想因未形成体系，而在先秦诸家中并不起眼，不像儒、墨、道、法那样受人关注，然而如果我们能够深入阅读这位先秦智者的故事，便能够看到先秦时代闪耀着霞光的率真和智慧。

《晏子春秋》是中国第一部短篇故事集，成书于战国时期，是记录齐国良相晏子思想德行的一部著作。这部书并非晏子本人所著，而是由齐人或者居于齐地的人所编著。全书共计八卷215篇，其中《内篇》包括《谏上》《谏下》《问上》《问下》《杂上》《杂下》六卷，《外篇》分为上、下两卷，本书以故事的形式记录了晏子的生平故事。其中，《谏上》《谏下》两部分中记录了晏子向君主谏言的故事，其中主要是对齐景公的谏言故事，唯有一篇是描写晏子对齐庄公的进谏；《问上》《问下》以问答的方式记录了晏子的答疑过程，《问上》中主要是为君王答疑，对象仍然以齐景公为主，《问下》中涉及的对象则更加广泛，除了齐景公之外，还有与吴王、鲁昭公、晋平公、叔向、曾子等的论辩答疑；《杂上》《杂下》则记录了晏子日常生活和出使各国时的故事，是对晏子言行的全面展现；《外篇》中含纳的故事较为繁杂，与前六卷有颇多相通之处。整部书主要描写了晏子的生平经历，通过对晏子与齐景公君臣关系的描写、晏子与春秋诸贤的论辩以及晏子出使时的气节，全面展现了晏子的治国、爱民、守道等思想，也让我们更加全面地了解到晏子的君臣观、人才观、制度观、教育观等智慧之见。晏子为我们营造的和谐的君臣关系和为政氛围，对当下社会的政治、经济、文化实践有着深刻地指导意义。

对《晏子春秋》一书的记述，最早出现于《史记·管晏列传》："吾读管氏《牧民》《山高》《乘马》《轻重》《九府》及《晏子春秋》，详哉其言之也。既见其著书，欲观其行事，故次其传。"（《史记·管晏列传》）对《晏子春秋》的传统研究主要包括作者、成书年代、学派归属、篇目数量、译注以及真伪等方面的研究，这一部分研究自《晏子春秋》成书以来一直延续至今，从《史记》《汉书·艺文志》到柳宗元、孙星衍、刘师培再到现当代的诸多学者，跨时较长，对于《晏子春秋》传统研究中的诸多问题，至今仍未有定论，如其学派归属的问题，儒家、墨家、道家之说均有，也有学者认为其自成一派，可见此书为思想之集大成者。20世纪以来，对《晏子春秋》的研究视域逐渐拓宽，主要包括对《晏子春秋》中的词汇研究、辞格研究、文体辨析等文学方面的审视与考察，如唐德正《〈晏子春秋〉词汇研究》、姚振武《〈晏子春秋〉的助动词系统》等；对《晏子春秋》研究现状的研究与分析，如袁青的《〈晏子春秋〉研究综述——兼论〈晏子春秋〉今后的研究出路》、刘文斌《20世纪〈晏子春秋〉研究综述》等；对《晏子春秋》中政治思想、哲学思想、文化思想的研究，逐渐成为《晏子春秋》研究的主流方向，在这部分研究中，又可以细分为《晏子春秋》中的生死观、赏罚观、民本观、君臣观、财富观、"和""同"观和论辩艺术等，如贾海鹏的《"君令臣忠"：〈晏子春秋〉君臣思想述论》、董业明的《晏子说辩的逻辑艺术》、方铭《晏子文化价值的现代意义》等，为《晏子春秋》与当下现实的结合提供了可能。

第二节　企业的领导观（一）：塑造领袖风采

企业是由人构成的，不论是企业领导者还是企业员工，都是企业的有机组成部分，是企业文化的践行主体，是推动企业运转的强大动力。建立和谐共融的主雇关系，是企业文化的核心要素。只有人与人之间和谐相处，才能够推动和谐企业文化的建设。因此，主雇关系的构建非常重要。

如若说《晏子春秋》一书是智慧的凝集，那么其中景公与晏子的和谐融洽的君臣关系的确令人叹为观止。作为一代君王，景公有向善之心又能广纳善言，作为一代臣子，晏子忠诚于国、充满智慧，成为景公有力的臂膀，君臣的共同协作造就了和谐融洽的氛围。如此看来，君主明晓为君之道，臣子坚守为臣之道，和谐氛围的创建自然就会水到渠成。在现代企业当中，只有领导者拥有领袖风范，员工知晓如何作为，才能形成和谐共融的主雇关系，从而推动和谐的企业文化的形成。

企业领导者是企业文化的倡导者和构建者，领导者的个人风格对企业文化的塑造具有重要的影响。塑造领导者的个人形象是展现企业文化的重要途径，也是构建和谐主雇关系的重要组成部分。企业领导者的精神建设，其实也就是所谓的企业家精神。企业家精神会渗透、延伸到企业的各个领域之中，最终成为企业的整体文化。企业家应该将个人的优秀精神融入企业文化之中，以此使企业永葆青春活力。企业家精神的建设对企业文化的建设尤为重要。

一、遵循道义，体恤员工

"企业获得成功的主要原因，是吸引企业员工，建立共同的目标和价值观念。"[1] 企业领导者与企业员工同心同德，共同维护企业发展，是建立和谐企业文化的重要前提。建立和谐共融的主雇关系，首先就要明确企业的奋斗目标和

---

[1]　刘光明.企业文化世界名著解读［M］.广州：广东经济出版社，2003：69.

价值观念。每个企业的奋斗目标各不相同，同一企业不同时期的目标也不尽相同，然而企业的价值观念和行事准则却可以相互贯通、相互融合，企业的领导者所要遵循的道德准则是一致的，就是要坚持"善""义"的标准。

结合中华传统，古人对于礼义的执着坚守对现代企业价值观的建立具有重要意义。《晏子春秋》中多次提到"礼义"，晏子对君主的进言中更是无时无刻地强调遵循礼义、讲求道义的重要性。《礼记·冠义》中提到，"凡人之所以为人者，礼义也"，由此可知，礼义于每个人至关重要。所谓"礼义"，即指礼法道义，是古代君臣必须遵循的准则。对古代帝王而言，遵循礼义就是要顺民心、合民意，实施仁政，遵循道德和法令制度。用之于现代企业，就要求企业领导者具有较高的道德素养，自觉承担社会责任，使自己的决策符合企业员工以及消费者的利益和需求，符合社会的整体发展要求。

（一）坚守道义

企业领导者是企业发展的主导力量，是企业文化的构建者和推行者，企业领导者的行为不但展现着企业的形象，也对企业员工起着重要的引导作用。《晏子春秋》开篇便谈及君主的"行义"对于国家（组织）发展的重大影响。"庄公奋乎勇力，不顾于行义。勇力之士，无忌于国，贵戚不荐善，逼迩不引过。"（《内篇谏上·第一》）也就是说，齐庄公崇尚武力而忽视遵循道义，导致勇猛的人横行不法，贤能之士不进忠言。见此情形，晏子决定觐见庄公。庄公问晏子："古者亦有徒以勇力立于世者乎？"（《内篇谏上·第一》）意思是古代是否也有凭借勇力而称雄世上的人呢？晏子回答说："轻死以行礼谓之勇，诛暴不避强谓之力。故勇力之立也，以行其礼义也。"晏子认为，为了维护礼义而不惜牺牲的叫作勇，诛伐暴虐不怕强梁的叫作力，所以有勇力的人能立于世间，是因为他们的行为时合乎礼义。晏子接着指出："崇尚勇力，不顾义理，是以桀纣已灭，殷夏以衰。"（《内篇谏上·第一》）晏子将桀纣的灭亡和夏商的衰败归因于仅凭勇力而企图横行于世。可以看出，晏子认为礼义比勇力更能推动国家的兴盛。他进而提出"安仁义而乐利世者，能服天下"（《内篇谏上·第一》），提倡领导者维护礼义，注重自身品行。

齐景公曾问晏子："古之圣王，其行若何？"（《内篇问上·第五》）晏子回答："其行公正而无邪，故馋人不得入；不阿党，不私色，故群徒之卒不得容；薄身厚民，故聚敛之人不得行……德行教训加于诸侯，慈爱恩泽驾驭百姓，故海内归之若流水。"（《内篇问上·第五》）晏子谈到，古代君王行事公正，所以善进谗言的人无法进入朝廷，他们不迎合私党，不贪女色，因此结党营私之徒不能被朝廷所容，对己节俭，对民丰厚，所以聚敛钱财的人不可行……他们用自己的德行感染诸侯，把慈爱和恩惠施予百姓，于是四海之内的人如同流水一般归附于他。景公听从晏子的建议，得到了其他诸侯国的亲附。对于治国之道，晏子道出了真谛，即"讲求道义"，然而，何为"道义"？墨子提出："道在为人，而失为己。为人者重，自为者轻。"（《内篇问上·第五》）也就是说，道义在于为他人着想，而并非为己牟利。晏子也提到"谋度于义者必得，事因于民者必成"（《内篇问上·第十一》），谋划时符合道义就一定能实现，做事顺应民心就一定能成功。晏子借用《诗经》中"高山仰止，景行行止"（《内篇问下·第六》）的诗句，他推崇德如高山人景仰，行如大道人遵循的君王之道，主张君主应当追求道义。晏子还认为，夏、商、周三代的兴盛，均是因为行为符合道义、顺应民心，此三代的消亡也正是因为违反道义、失去民心。在此基础上，晏子提出"故度义因民，谋事之术也"（《内篇问上·第十二》），意指符合道义、顺应民心是做事的法则。

晏子将君主分为三个层次，"上君全善，其次出入焉，其次结邪而羞问"（《内篇问上·第十二》），上等的君主应当尽善尽美。作为企业的管理者，使自己具有君子的品行，是引导企业向善的首要力量。美国前国务卿鲍威尔在2008年的博鳌亚洲论坛上曾谈到，伟大的领导力不在于发号施令，而在于使人主动跟随，这来源于领导者的远见卓识和社会责任感，当今社会呼唤道义上的领导者。比尔·盖茨、巴菲特基金会中的"非国家参与者"就是重要的例证，因其强大的慈善能量而正在成为世界的"一级"，超越其机构本身而影响着世界人类。晏子直言，齐景公的作为"足以没身，不足以及子孙矣"（《内篇问下·第十五》），齐景公虽然使自己终生安享无忧，却不能够使子孙得到庇荫。我们当然希望企业领导者能够引领企业走上长远的发展道路，这就要求领导者以更高的"善""义"标准要求自己，在追求经济利益的同时注重履行社会责任，推动社会发展。

（二）与民同忧

晏子认为领导者必须体恤民情、与民同忧。一年，齐国大旱，过了雨季仍未下雨，景公打算征收赋税用以祭祀灵山、河伯。晏子制止景公，提议景公离开宫殿，到野外露宿，体察灾情。景公听从了晏子的建议，三日之后果真天降大雨，百姓得以及时播种。早在春秋时期，晏子就认识到体恤民情比祭祀祷告更能为百姓带来福利，确实非常难得。"君国者不乐民之哀。"（《内篇谏下·第十一》）"明君不屈民财者，不得其利；不穷民力者，不得其乐。"（《内篇谏下·第七》）"其取财也，权有无，均贫富，不以养嗜欲。"（《内篇问上·第十一》）晏子认为领导者不应以耗尽百姓财力来满足自己的欲望，应当切身体恤百姓疾苦，为百姓谋福。在现代企业中，体恤民情包括两个方面：对内要体恤自己的员工，合理安排员工的工作时长和工作量，切实了解员工的需求，及时关切员工的工作、生活，向需要帮助的员工及时伸出援助之手；对外要了解消费者需求，以满足消费者利益作为出发点，将企业发展与消费者利益紧密联系在一起。企业领导者也应体恤关怀社会上需要帮助的人群，积极加入社会慈善事业当中，尽己所能为社会贡献力量。

　　体恤民情、为民谋福还需要领导者清廉节俭，将财力用到百姓身上。晏子一生效力齐国，为齐国三代君主提供了许多治国良策，对维护齐国的统治发挥了不可替代的作用，然而这位成绩显赫的齐国良相一生淡泊清廉，多次拒绝景公的封赏，在家境清贫的情况下不忘帮助生活贫困的百姓。晏子提出，"廉者，政之本也"（《内篇杂下·第十四》），"节欲则民富"（《内篇问下·第七》），认为"为君节养其余以顾民，则君尊而民安"（《内篇问上·第十四》），晏子对齐景公大肆修建宫殿、安于享乐以及朝廷中生活糜烂、奢侈浪费的现象极为反对，并劝谏景公"政必合乎民""节宫室""节饮食"（《内篇问上·第十》）。在《晏子春秋》一书中，晏子对"吝、啬、爱"进行了区分。他指出："称才多寡而节用之，富无金藏，贫不假贷，谓之啬。"（《内篇问下·第二十三》）也就是说，衡量钱财的多少而节约使用，富裕的时候不私藏起来而分与贫困的人，贫困时不向人借贷，这叫作啬。而所谓的吝是指集聚大量钱财而自己独享。爱即是爱财，是指拥有财富，既不帮助他人，也不舍得用于自己。晏子认为啬是君子之道，而吝和爱是小人之行。此段论述中，晏子不仅强调了节约的重要性，也为我们指明了富裕之时应如何使用钱财，引导人们将多余的财富分享给需要帮助的人。企业领导者应当坚持廉洁节俭，建立企业廉洁文化。把廉洁的思想注入企业生产、管理等各个环节，保证企业诚信经营、依法经营，促进企业的健康发展。在企业廉洁文化的创建过程中，领导干部要发挥典范作用，成为廉洁文化的倡导者和践行者。

二、选贤任能，知人善任

　　中国历史上不乏爱才惜才的统治者，齐桓公、刘备、汉高祖、唐太宗都因吸纳贤才在历史上留下了美誉。伯乐相马、三顾茅庐、萧何月下追韩信的故事也让我们体悟到领导者对于人才的迫切需求。在人工智能时代，人才在企业发展中的作用越来越重要，成为企业的核心竞争力。比尔·盖茨在谈及人才重要性时提道："如果把公司最优秀的20个人才拿走，微软就会变成一个不足轻重的公司。"① 广泛地吸纳人才，有利于增强企业的竞争力，促进企业的长远发展，推动企业在激烈的市场竞争中夺得一席之地。

对于人才的重要性，晏子提出，"有贤不用，安得不亡"（《内篇谏上·第二十一》）的论断，他深刻地认识到人才的使用与否关系到国家的兴衰成败。在春秋诸侯之中，齐景公并非才能出众的统治者，齐国之所以能屹立于诸国之中，晏子起到了非常重要的作用。群雄争霸，齐国因为晏子的贤能而得以保全自身，并得到其他诸侯国的敬仰。晏子对于齐桓公的任人之道非常认同，当齐景公问及齐桓公何以成为一代霸主时，晏子向景公讲述了桓公不计前嫌任用管仲，路遇贤才宁戚便举其为官的故事，提出："先君见贤不留，使能不怠，是以内政则民怀之，征伐则诸侯畏之。"（《内篇问下·第二》）意思是说桓公从不疏漏一个贤能之士，对贤才恭敬信赖、毫不怠慢，因此对内使人们拥护，对外令诸侯敬畏。可见，人才对于国家兴亡具有重要意义。有一次，齐景公问晏子："昔吾先君桓公，从车三百乘，九合诸侯，一匡天下。今吾从车千乘，可以逮先君桓公之后乎？"（《内篇问下·第三》）齐景公认为，先君桓公以三百辆战车就能九次盟会诸侯，如今他已拥有千余辆战车，应该能够承桓公伟业了晏子却不以为然，他回应景公说，齐桓公之所以能够称霸天下，是因为"左有鲍叔，右有仲父"（《内篇问下·第三》），现如今君主虽有千余辆战车，却"左为倡，右为优，谗人在前，诀人在后"（《内篇问下·第三》），贤才不能得到重用，小人却非常猖狂，这样如何能够成就霸业呢？在晏子认为统治者应当注重对人才的挖掘和重用。

领导者不仅要重视人才，还要广纳人才。"大山之高，非一石也，累卑然后高。夫治天下者，非用一士之言也。"（《内篇问上·第十七》）巍峨的高山是由无数石头累积而成的，国家的治理也需要人才智慧的集聚。对于广纳人才的重要意义，晏子提出"以人之长续其短，以人之厚补其薄"（《内篇问上·第六》），也就是取长补短。人不是万能的，一个人往往只具有一个或几个方面的突出才能，面面俱到是很难做到的。因此，企业需要广泛地吸纳人才，以集中智慧、取长补短。在这一点上，孔子做到了极致。晏子谈到，当孔子心生倦怠、行为不够端正时，就有季次、原宪陪伴身旁；气结成疾、思想不畅时，仲由、卜商就会陪在身旁；品德不够高尚，行为不够敦厚时，有颜回、闵子骞、冉雍陪在身旁，因而孔子得以扬名。企业的发展需要举众人之力，优秀的企业一定

---

① 马树林，钟晓光. 企业文化中国化：中国特色企业文化理论与实践［M］. 北京：中国经济出版社，2010：252.

是人才的集聚地。企业的岗位设置复杂多样，因而企业对人才的需求也具有多样性。销售部门需要长于销售的人才，人力资源管理部门则需要长于管理、善于用人的人才，只有各部门员工各得其所、各司其职，才能带动企业的整体运转。

人才观包括三个方面：发现人才、使用人才、爱护人才，三者相互依存、密不可分。

（一）发现人才

如何辨别人才，晏子提出了几点标准。第一，"能谕"（《内篇问上·第二十七》）。晏子所谓的"能谕"，就是知晓治国的方法，用于企业当中，就是指其应具有企业所要求的工作能力，能够处理企业的相关事务；第二，"为禄仕者，不能正其君"（《内篇杂上·第二十八》）。意思是为了获取俸禄而任职的人，不能匡正他的君主。企业在吸纳人才时应注重其就职动机，动机决定手段。仅以获得收益为目的的应聘者，在得到目标的过程中可能会不择手段。只有将职业作为人生价值实现途径的人，才能将自我发展与企业发展紧密联系在一起。第三，"举之以语，考之以事"（《内篇问上·第二十七》）。对于人才的辨别，不仅要通过他的语言，还要考察他所做的事情，即在选用人才时要注意言行并重。在对语言的辨认中，晏子还强调不要通过他人之口对一个人进行判断，也就是要求领导者要通过自己的实际考察，并结合被考察者的行动进行辨别。第四，"通则视其所举，穷则视其所不为，富则视其所分，贫则视其所不取"（《内篇问上·第十三》）。在行为的判断上，要关注他在顺境中所兴办的事业，看他在困境中不做哪些事情，也就是坚持了怎样的原则，在富裕时如何分配钱财，在贫穷时保持了怎样的品行。通过对其行为的探寻，领导者才能够深入的认识应聘者，从深层判断其是否为贤能之士。在晏子对贤能之士的评价标准中，我们不难看出，晏子对于"贤"的重视程度要远远高于"能"。企业在人才选择过程中也要注重人才的道德素养，而不应仅仅依照工作能力和技术水平选拔人才。但在现实的人才招聘过程中，企业往往通过笔试和面试选拔人才，笔试侧重于对业务能力、工作常识的考察，面试虽有利于增进对应聘者的了解，然而受时长所限也无法对应聘者进行深入的、全面的认识。路遥知马力，日久见人心，对人才的判定应当是一个长期的过程。领导者应在日常工作中加强对员工的考察，这不仅有利于企业挖掘新的人才，也有利于企业淘汰道德品质败坏的任职者，从而促进企业人才资源的更新和升级。

（二）任用人才

对于如何任用人才，晏子提出了"因地制宜"的任用方法。当景公问及古代君王如何用人时，晏子解释说："地不同生，而任之以一种，责其俱生不可得；人不同能，而任之以一事，不可责遍成。"（《内篇问上·第二十四》）土地有不同的性质，要求它什么作物都能生长是不可能的，人们的才能不同，要求他什么都能胜任也是不可能的。在此基础上，晏子提出："责焉无已，智者有不能给；求焉无餍，天地有不能赡也。"（《内篇问上·第二十四》）如若要求人才面面俱到，就算最有才智的人也不能达到领导者的要求。因而，对于人才的使用，就应当"任人之长，不强其短；任人之工，不强其拙"（《内篇问上·第二十四》）。也就是说，要任用人的长处，不勉强使用他的短处；任用他所精通的能力，而不勉强他做不擅长的事。细查齐桓公身边的贤士，我们不难看出，隰朋、宁戚、弦宁、管仲等贤臣均以自己的专长辅佐君王，当齐桓公身体疲倦、无暇应酬时，就有隰朋辅佐；近臣存在过失，审判不当时，就有弦宁纠正；田野整治不好，人民不得安宁时，就有宁戚出谋划策；将领懈怠、士兵散漫时，就有王子成甫在身边辅佐；当君主安于享乐、歌舞升平、近臣畏惧时，就有东郭牙及时提醒；当品行不符合道义、信誉逐渐衰败时，就有管仲协助扶正，齐桓公因此而称霸诸侯。如此看来，对于人才的任用是一门高深的艺术，领导者不仅要认识到此人为可用之才，还要对其进行深入了解，发现其真正擅长的领域。在现代企业当中，领导者可以通过轮岗制度发现人才的潜在能力，结合员工特点及其自身意愿为员工合理分配工作岗位。

（三）爱护人才

吸纳人才之后，如何爱护就成为领导者的重要任务。对此，晏子向齐景公提到了如下建议。第一，"尚而亲之"（《内篇问上·第二十七》）。即要求领导者尊重人才、亲近人才，晏子以自身实际为我们言明了尊重人才的重要性。晏子出使晋国时路遇奴仆越石父，通过一番交流，晏子认定越石父为君子，于是将其赎回并与他一同回到客舍。到达客舍门口，晏子未打招呼就走了进去，越石父非常生气，请求与晏子断绝关系。晏子立即认识到自己对越石父有失尊重，急忙向越石父道歉，最终取得了对方的原谅。企业招纳人才，是为了发挥其才智，带动企业的发展。如若领导者不尊重人才，则会使人才丧失工作积极性，最终导致人才的流失。这就要求领导者保持谦逊的姿态，对人才采取恭敬的态度。第二，明辨善恶。君子与小人不能并存，在晏子对齐景公的进言中，常常提及近贤士、远佞臣的重要性。晏子提到"左右善，则百僚各得其所宜，而善恶分"（《内篇问上·第三十》），也就是说，当领导者身边均为贤臣时，善恶就很容易分辨了。对于晏子的这番言论，孔子表示非常认同，"此言也信矣！善进，则不善无由入矣！不善进，则善无由入矣"（《内篇问上·第三十》）。当坚持善行的人得到重用，小人就无法入朝做官，当没有善行的人受到重用，那么贤才志士也就无法为君效力了。领导者一定要明辨善恶，这样真正贤德的人才就能够无所顾忌的为企业服务，而阿谀奉承的人也就无法在企业中生存了。

晏子的人才观不仅对齐国的统治起到了重要作用，也为当今企业的人才录用提供了指南。其"有贤不用，安得不亡"（《内篇谏上·第二十一》）的论断、"举之以语，考之以事"（《内篇问上·第二十七》）的选拔标准、因地制宜的任用方法和明辨善恶的护才法则为齐国吸纳了诸多优秀人才。在群雄争霸的春秋时期，晏子知人善任的人才观不仅为齐景公所采纳，也得到了其他诸侯国的认可。当今企业的生存环境与春秋时期非常相似，各个企业都处于激烈的竞争环境之中。人才作为企业竞争的重要力量，推动企业在竞争中取得胜利。领悟晏子的用人智慧，对企业人才的挖掘和任用具有深远意义。

第三节　企业领导观（二）：激发员工潜能

员工是企业的有机组成部分，在企业发展中发挥着重要的能动作用。调动员工的积极性、激发员工的潜能，能够为企业发展带来惊人的成效。员工的价值不仅体现在他们所拥有的劳动力上，更体现在他们能够产生富有创造性的思想和观点①。作为企业发展的主要力量，员工应当发挥自身的能动性，为和谐主雇关系和与谐企业文化的创建贡献力量。

一、忠诚于企业

"员工忠诚是反映员工与组织之间关系的一个重要指标，是预测员工工作参与、工作投入、工作绩效、缺勤与离职倾向的一个重要变量。"②员工的忠诚度对企业具有重要影响，员工对企业忠诚，意味着员工愿意尽心尽力为企业工作，愿意积极为企业的长远发展建言献策，能够将自己人生价值的实现与企业紧紧联系在一起。员工的忠诚度受多重因素的影响，包括企业制度、企业环境以及领导者作风等等，然而忠诚度在很大程度上来源于员工自身。员工应当发挥主

---

① 李锐，凌文栓. 上司支持感对员工工作态度和沉默行为的影响［J］. 商业经济与管理，2010（5）.
② 王春秀. 企业员工忠诚形成机理及培育与发展［J］. 技术经济与管理研究，2011（11）.

观能动性，树立忠诚意识，将自己的工作视为实现自身价值的有效途径，对企业保持忠诚的态度和忠诚的行为，尽己所能为企业效力，这不仅对企业发展具有推动作用，对员工自身潜能的挖掘也具有重要意义。

在中国传统观念中，"忠诚"一词具有崇高的内涵，它意味着对国家、人民事业、领导、家人、朋友一心一意、忠心耿耿。"人生自古谁无死，留取丹心照汗青"（文天祥《过零丁洋》）、"苟利国家生死以，岂因祸福避趋之"（林则徐《赴戍登程口占示家人二首》）是对国家的忠诚，"士为知己者死"是对朋友的忠诚，在战乱纷繁的年代里，"忠诚"一词总是带有些许壮烈的色彩。在当今社会，忠诚亦是国家倡导的品行，忠于国家是每个国民应当遵循的社会准则。在人员流动性较强的企业之中，树立忠诚意识就显得更加重要。"现代企业员工忠诚应是一种平等自由交换下的契约性忠诚，它是指置身于以信用和自由为特征的市场经济中的企业员工对自主选择的企业的认可和尽心尽力的态度和行为。"① 这种自由、平等的忠诚在《晏子春秋》中得到了充分的展现。

晏子一生忠诚于齐国，即便到齐国政治衰退、道德败落之时，晏子依然坚守在齐国，为君主效力。当叔向问晏子为何坚守齐国时，晏子说："君子之事君也，进不失忠，退不失行。"晏子认为，在其位谋其职，身在齐国就要忠于自己的君主，即便离开岗位也要保持高尚德行。有一次，梁丘据问晏子："子事三君，君心不同，而子俱顺焉，仁人固多心乎？"（《内篇问下·第二十九》）意思是您先后侍奉了齐国的三代君主，每位君主的政见各不相同，但您都顺应了他们的要求，仁德的人本来就有很多种心吗？晏子回答："一心可以事百君，三心不可以事一君。"（《内篇问下·第二十九》）晏子秉承着"忠诚"二字，为齐国的三代君主效力，得到了各诸侯国的盛誉，可见忠诚之于国家的重要性。对于何为忠诚，晏子提出："事君之道，导亲于父兄，有利于群君，有惠于百姓，有信于诸侯，谓之忠。"（《内篇谏下·第二十二》）

一次，景公问晏子："忠臣之事君也若何？"晏子回答："有难不死，出亡不送。"（《内篇问上·第十九》）意为君主有难不为他殉死，君主逃亡不为他送行。景公非常生气，晏子解答道："言而见用，终身无难，臣奚死焉；谋而见从，终身不出，臣奚送焉。若言不用，有难而死之，是妄死也；谋而不从，出亡而送之，是诈伪也。"（《内篇问上·第十九》）也就是说，如果君主能够采纳臣子的善言，听从臣子的计谋，那么君主怎会深陷灾难之中，又怎么会弃国

---

① 王春秀. 企业员工忠诚形成机理及培育与发展［J］. 技术经济与管理研究，2011
（11）.

而逃呢？如果君主不能够听从臣子的善言和计谋，那就是白白送死。继而晏子提出："故忠臣者也，能纳善于君，不能与君陷于难。"（《内篇问上·第十九》）忠臣能够让君主采纳自己的善言，而不让君主陷于危难。因此，对国君忠诚，就要善于向国君进言，即提供治国、救国的良方，使国君做出正确的决策，使国民免于危机。作为忠诚的员工，也应当充分发挥自己的才智，向领导提供有利于企业发展的良计，协助领导者推动企业的发展。

对于忠臣的行为，晏子做了全面的阐释：

第一，"不掩君过，谏乎前，不华乎外"（《内篇问上·第二十》）。意为不掩饰君主的过失，当面劝谏君主，而不在外宣扬君主的过失。关于臣子应当劝谏君主，上一则故事已经做了详细的说明。而晏子还强调"不华于外"，对于现代企业员工而言，这是非常重要的一点启示。由于现代传播媒介的广泛应用，企业内部的消息很容易传到企业之外，企业的竞争对手以及消费者很可能通过这些途径得知企业存在的问题，这将导致企业竞争者乘虚而入，也将致使消费者丧失对企业的信任，因而对企业产生致命的打击。对于企业领导者的失误，企业员工一定要发挥自身智慧劝导领导者及时改正，并使问题首先在企业内部得到解决。

第二，"选贤进能，不私乎内"（《内篇问上·第二十》）。意为选拔贤能之士，不偏于私情。对于企业各层级的管理人员以及人力资源管理部门的人员而言，在人才的选拔上一定要坚持公平公正的原则，将贤能人才纳入企业当中，并将其安排至合理的岗位上，不能因为自己的私情而违反企业的相关规定，而导致人才流失。

第三，"称身就位，计能定禄"（《内篇问上·第二十》）。意为权衡自己的实际情况接受适当的岗位，根据自己的能力接受适当的俸禄。"睹贤不居其上，受禄不过其量。"（《内篇问上·第二十》）晏子认为，职务不位于贤能的人之上，接受的俸禄也不应超过贤能之士。晏子作为齐国良相，为齐国三代君主建言献策，然而对于君王的赏赐，他却一再拒绝。晏子认为自己仅仅做到了不让君王犯错，并没有进一步的才能，因而辞谢了景公一次次的嘉赏。晏子认为，为君主效力就应"尽礼行忠，不正爵禄"（《内篇问下·第十九》），也就是尽心尽责，不为谋取高官俸禄。作为企业的一员，每个人都应当具有谦逊的态度，正确地看待利禄，清醒的认识自己的缺点和不足，找准自己的位置。

第四，"不权居以为行，不称位以为忠"（《内篇问上·第二十》）。意为要根据自己所处的位置行事，要根据自己的职位尽忠。企业员工应当各司其职，明确自己的工作内容，做好自己分内之事，做到"在其位，谋其职"。员工越俎代庖、擅作主张会导致企业管理的混乱，容易造成重大的企业事故。因此，每位员工应当紧紧围绕自己负责的工作，发挥智慧做好自己应做的每一件事情。每位员工能够做好自己分内之事，企业的各个组织部分就能够有效运转，企业的发展也就得到了保障。

第五，"不掩贤以隐长，不刻下以谀上"（《内篇问上·第二十》）。意为不压制贤能之士而隐瞒他们的长处，不苛责下属而谄媚于君主。贤能之士与小人不可并存，如果小人得势，那么贤能之士往往会受到压制。晏子非常憎恶谄媚于君主之人，认为小人得志，就会混淆君主的视听。因而各个部门的管理者，应当以君子的行为要求自己，坚持"善""义"的品行，一方面要诚恳的为企业效力，不对上司阿谀奉承，一方面要发挥部门内人才的力量，为所有的员工提供尽情施展才智的广阔平台。

第六，"国危不交诸侯"（《内篇问上·第二十》）。意为国家危机时不与其他诸侯交好。企业发展是一个波浪式的前进过程，在这个过程中，企业不可避免地遇到各种风险和危机。在企业危急之时，企业员工的积极作为能够引领企业绝地反击、重整旗鼓。如果员工都选择放弃企业另谋出路，那么企业就成了空架子，也就失去了任何战斗力。在国家危亡之时不肯离去的人被称为"忠义之士"，他们能够坚持自己的原则，与国家共存亡。企业员工也应当成为捍卫企业的"忠义之士"，将企业的命运与自己的成长紧密相连。

第七，"顺则进，否则退，不与君行邪"（《内篇问上·第二十》）。意为能够顺利实现自己的目标和愿望就继续前行，不能实现自己的愿望就离开，不与君主一同做违反道义的事情。企业员工的忠诚原则包括很多方面，他首先强调要有高尚的道德品质，要能够为社会之正义献身；其次讲求主雇双方在道义上的平等，不偏袒于某一方。此外，双方都具有主动、自主、理性选择的权利。由此看来，在对忠诚度的把握上，员工具有很大的主动性和选择权。企业呼吁员工的忠诚，然而这种忠诚不应是盲目的。如果企业的行为符合社会的要求，能够遵循社会的道德准则，并为社会发展提供正能量，那么企业就是值得员工付诸忠诚。如果企业行为违反了国家法律法规，企业领导者不能引领企业步入正轨，那么员工有权利选择离开。员工应坚持自己的气节，发挥主人翁的精神，为企业树立"善""义"的道德风尚，对企业领导者进行监督和警示，以规范企业行为，推动企业发展。

二、掌握进谏的艺术

在对君臣和谐关系的认识中，晏子提到了"和而不同"的观点。晏子充分认识到"和"与"同"的差异，认为"和如羹焉，水、火、醯、醢、盐、梅，以烹鱼肉，燀之以薪，宰夫和之，齐之以味，济其不及，以泄其过"，"所谓和者，君甘则臣酸，君淡则臣咸"（《外篇第七·第五》）。君臣之间的关系正是如此，相互补充才能够形成和谐的关系。因此，企业职员应当充分发挥调和的作用，当领导者的行为过于偏颇时，应当选择进谏的方式与领导者进行沟通。

进谏是忠臣的标志，纵观中国历史，无数贤良之士以巧言善谏协助君王成就了一番霸业。魏征一生向唐太宗进言 200 余次，唐太宗在其病逝后发出了"以人为镜，可以明得失"的感慨。邹忌讽秦王纳谏的故事也为人们所熟知。晏子亦是中国古代有名的谏臣，《晏子春秋》一书中，晏子主动进谏的篇幅占据了整本书的四分之一，通过回答君主提问进行劝谏的约有四分之一，通过引证对君王劝谏的又达到四分之一。每一篇故事中都融汇着晏子对景公的善言，饱含着晏子对国家危亡的忧虑。通过对《晏子春秋》的品读，我们看到了一个忠诚的、智慧的、仁德的、伟大的灵魂。我们佩服晏子的大义直言，也感慨着晏子在一次次进谏当中散发出的绝妙智慧。

古代的忠臣以广博的智慧、惊人的胆量指正君主的不足，匡正君主的错误，为国家的正常、持续运转做出了重要贡献。在现代企业当中，所谓进谏就是指企业员工以改善企业现状、解决企业问题、优化工作程序、加快工作效率等为目的，向上级领导提出建设性意见或现存问题的一种企业内部领导与员工间的交流方式。作为一种否定式的交流方式，企业环境下的进谏也要求员工具有足够的胆识，敢于指正上级领导者的不足，及时提出合理的看法和意见。然而仅有胆识又远远不够，还需要员工了解进谏的艺术，掌握进谏的技巧。进谏首先要遵循以下原则：

首先，进善言。进谏的首要原则就是端正进谏的动机，也就是要出于公心，为企业大局着想，为集体而不是为个人谋利。晏子一生谏言无数，而所有的谏言均以齐国人民的利益为出发点，以齐国的兴盛为主要目的，因而他的谏言能够被开明的君主所接纳，也的确为齐国的人民谋得了利益。员工的进谏也必须把握这一首要原则，以企业的长远发展为目标，以道德为准绳，对领导者的不当行为加以指正和引导，协助领导者推动企业发展，维护员工、消费者的合法权益。

其次，讲真话。进谏要以真实为原则，失去了真实，进谏也就毫无意义可言。进谏的真实包括两个方面，一个是讲真话，一个是述实情。所谓讲真话，就是要求员工把自己内心的真实想法表述出来，做到有胆识、敢说话，不讲虚话、套话。述实情就是要把实际情况反映给领导者，使领导者看清事情发展的真实情况。领导者居于高位，很多时候难以了解基层的实际状况，容易做出脱离实际的不当决策。齐景公安于享乐，整日沉迷于饮酒、歌舞、修筑宫殿之中，而不知世间疾苦。晏子敢于直言，将民众不堪劳役、入不敷出、衣食堪忧的状况反映给景公，使景公了解到百姓的困苦，因而停止享乐、减轻赋税，以安民心。因此，讲真话、述实情才能够引导领导者做出正确的决策。

进谏是一门高深的艺术，想要让领导者易于接受善言，就要把握好进谏的方式。《晏子春秋》中的进谏技巧主要包括以下几个方面：

（一）直言进谏

直言进谏就是直抒胸臆，直接指正领导者存在的问题。直言进谏的方式看似简单直接，其实充满着知人、识人的智慧，需要员工深入认识自己的领导者，考察领导者是否能够接受直接的劝谏方式，或者知晓领导者在何种情况下能够接受这种方式。直言进谏是晏子采用最多的进谏方式，这源于其辅佐的景公是善于接纳善言的君主。景公虽并非圣王，但他乐于接纳贤臣的进谏，能够接受晏子直言进谏的方式并及时认识到自身存在的问题。

晏子的直言劝谏无时不在。景公喜好饮酒，有一次饮酒过度，大醉三日才清醒过来，晏子直接入宫拜见，劝谏景公："古之饮酒也，足以通气合好而已矣……今一日饮酒而三日寝之，国治怨乎外，左右乱乎内。以刑罚自防者，劝乎为非；以赏誉自劝者，惰乎为善。上离德行，民轻赏罚，失所以为国矣，愿君节之也！"（《内篇谏上·第三》）晏子谈到，古人饮酒，能够疏通气脉、调和精神就足够了。现在君主喝一次酒就要醉卧三日，国事因此而被积压下来，得不到惩罚的小人为非作歹，原本做好事的人也懒惰下来，君主违背道德，百姓不再看重赏罚，也就失去了治国的根本了。

景公时常悲伤自己终将死去，不能长久的持有齐国。有一次，景公到牛山出游，他望着齐国的都城，流着泪说"若何滂滂去此而死乎"（《内篇谏上·第十七》），他感慨于自己终将老去，而不能长久地作为君王。身旁的梁丘据和艾孔跟随景公一同哭泣，只有晏子独自笑了。景公问晏子为何发笑，晏子回答说："使贤者常守之，则太公、桓公将常守之矣；使勇者常守之，则庄公、灵公将常守之矣。数君者将守之，则吾君安得此位而立焉，以其迭处之，迭去之，至于君也。而独为之流涕，是不仁也。不仁之君见一，谄谀之臣见二，此臣之所以独窃笑也。"（《内篇谏上·第十七》）翻译成白话文就是，晏子解释道："如果贤德的人能够长久的守住国家，那么太公和桓公就会永久地持有齐国；如果勇猛的人能够守住国家，那么庄公、灵公就会长久的守住齐国了。如果他们都能永久的守住国家，那君位怎么会传到您这里呢？而您确为此流泪，这是不仁德的。我之所以独自发笑，就是因为看到了一位不仁德的君主和两位谄谀的臣子。"晏子时时指正景公的行为，无论在景公饮酒享乐、赏罚不公，还是在其沉迷女色、不恤天灾、违反道义之时，晏子都能够及时出现在景公身旁，指出景公的不足，其大胆直言的气魄令人佩服。

当然，直言进谏需要宽松、自由的沟通环境。汤姆·彼得斯、罗伯特沃特曼在《追求卓越》一书中谈到，卓越的企业内部时刻进行着密集的沟通，"埃克森石油公司和花旗银行向来以'畅通无阻'的沟通风格而闻名……他们只要一上提案讨论会的会议桌，每个人就开始彼此大呼小叫，就算面对董事长、总裁、董事，照样可以随时打断他们的谈话"①。自由的言论环境造就了大胆直言的沟通风格，而这种风格是卓越企业的一大特征。

当员工们敢于选择直言进谏的方式时，说明企业内部已经形成了良好的沟通环境，借助这种环境，员工将能够更加直接地把意见传达给领导者。

（二）因势利导

所谓因势利导，就是顺应趋势，加以引导。用在进谏艺术当中，就是指员工要顺应事情发展的情况或者顺应领导者的话语趋势，将自己的谏言发表出来。在《晏子春秋》中，这种进谏方式十分常见。齐景公一心想要继承先人霸业，但自知能力有限，因此每每遇到问题，景公都主动向晏子寻求解答，晏子也就借助景公的提问，顺理成章地将自己的意见表达出来。

景公经常向晏子表达"欲善齐国之政以干霸王"（《内篇问上·第六》）和"欲逮桓公之后"（《内篇问下·第三》）以及"欲如桓公用管仲以成霸业"（《内篇问上·第七》）的愿望，并向晏子询问成就霸业的方法。一次，景公向晏子询问："圣王其行若何?"（《内篇问上·第五》）即古代圣明君主的行为是怎样的? 晏子针对景公长期以来轻视百姓、傲视诸侯、放纵享乐，导致诸侯厌恶他，百姓也不亲附于他的情况，提出了"公正无邪"（做事公正、没有邪念）、"不阿党"（不迎合私党）、"薄身厚民"（自身节俭、对民丰厚）（《内篇问上·第五》）的圣君之作为，又谈到了致使国家衰败的君主的作为，"辟邪阿党""厚身养，薄视民""侵大国之地，耗小国之民"（《内篇问上·第五》），字里行间指出景公现在的行为并非圣王之举，从而引导景公学习圣明的君主，亲附诸侯、善待百姓，最终得到了诸侯的敬仰、人民的爱戴。晏子善于答复景公的提问，并能够顺应景公的问题言明治国之道，匡正君主行为，确实非常

---

① ［美］汤姆·彼得斯，［美］罗伯特·沃特曼. 追求卓越［M］. 胡玮珊，译. 北京：中信出版社，2012：162.

智慧。

晏子也善于通过赞美君主的行为，引导其继续行善。一日，景公在寿宫游玩，看到一位身背柴草、面露饥色的老年人，景公非常心痛，于是下令让官吏供养这位老人。晏子忙对景公说："臣闻之，乐贤而哀不肖，守国之本也。今君爱老，而恩无所不逮，治国之本也。"（《内篇杂上·第八》）也就是说，喜欢贤能的人而怜悯不幸的人，是守护国家的根本。今天君主爱护老人，恩泽百姓，这是治理国家的根本啊。景公听了非常高兴。见到景公面露喜色，晏子接着说："圣王见贤而乐贤，见不肖而哀不肖，今请求老弱之不养，鳏寡之无室者，论而公秩。"（《内篇杂上·第八》）圣明的君王遇到贤能之士就喜爱他，见到不幸的人就怜悯他，现在我请求给所有老弱没有人供养的、鳏寡孤独没有居所的人，根据他们的实际情况供给食物。景公非常赞同并接纳了晏子的意见。

企业员工在进谏时也要注重因势利导，善于把握时机，顺应事情发展的趋势或借助领导者的询问进行劝谏，这种方式更容易被领导者接纳。在企业的日常沟通当中，因势利导是最普遍的一种进谏方式，这种方式既不需要主动进谏，又能够较为自然地表达出自己的谏言，因此得到广泛的使用。

（三）以曲求正

以曲求正就是使用迂回的方式达到谏言的目的，也可以称为反其道而行之。晏子将这种进谏方式运用的游刃有余，令人赞叹。

景公沉湎酒宴，连续七日痛饮不止，昼夜无歇。弦章劝谏说："君欲饮酒七日七夜，章愿君废酒也！不然，章赐死。"（《内篇谏上·第四》）晏子进宫拜见时，景公将此事告诉了晏子，说："如是而听之，则臣为制也；不听，又爱其死。"晏子说："幸矣，章遇君也！令章遇桀纣者，章死久矣。"（《内篇谏上·第四》）听到这话，景公立即停止了饮酒。

景公喜好射鸟，命烛邹看管鸟，烛邹却不小心让鸟飞走了，景公大怒，命官吏杀了烛邹。晏子说："烛邹有罪三，请数之以其罪而杀之。"（《外篇第七·第十三》）景公表示同意。晏子对烛邹说："汝为吾君主鸟而亡之，是罪一也；使吾君以鸟之故杀人，是罪二也；使诸侯闻之，以吾君重鸟以轻士，是罪三也。"（《外篇第七·第十三》）晏子说道："君主让你看管鸟，你却让它飞走了，这是你的第一条罪状；你让我们的君主因为一只鸟而杀人，这是你的第二条罪状；你让诸侯知道此事后以为我们的君主爱鸟胜过爱人，这是你的第三条罪状。"说完后，晏子请求景公杀了烛邹。景公说："勿杀！寡人闻命矣。"烛邹于是得以获救。晏子通过正话反说，使景公认识到了自身存在的问题。

在企业当中，员工也可以运用以曲求正的方式，发挥自己的智慧，转换传统的平铺直叙的表达方式，通过委婉的语言使领导者采纳自己的谏言。以曲求正的谏言方式考验着员工的变通性。所谓"变通"，就是转变思维、不拘泥常规。变通性是优秀员工的一大特质，变通性较强的员工能够妥善处理好突发问题，尤其是在选择谏言的方式上，善于利用以曲求正的方式，运用领导者乐于接受的语言进行劝谏。

（四）以退为进

在《晏子春秋》中，当晏子的意见不被景公接纳，而国家又面临着严重危机时，晏子就会选择以退为进的战略，通过自己的去职退位使景公认识到问题的重要性。

齐国连日遭受大雨侵袭，百姓深陷水灾困境，而景公却漠视民间疾苦，沉溺酒宴长达17天。晏子心系苍生，多次恳求景公发放救济粮却屡次遭拒，甚至见景公在国内寻觅歌手而不顾国家大难，愤怒之情难以抑制。他慷慨解囊，将自家粮食分予受灾百姓，随后徒步冒雨直闯宫殿，面见景公。晏子以激昂之辞陈述灾情之惨重，痛斥景公漠视民命的严重过失，力促其即刻醒悟，停止宴饮欢歌，采取切实行动救助水深火热中的百姓，以重振国家民心。晏子说："婴奉数之策，以随百官之吏，民饥饿穷约而无告，使上淫湎失本而不恤，婴之罪大矣！"（《内篇谏上·第五》）晏子跪拜景公，辞职离去。景公一路追至晏子家也没能追赶上，看到晏子家中的粮食以全部发放给灾民，装粮食的器具也放置在了道旁，景公知道晏子将离开国都，于是驾车追赶，最终追上了晏子。景公下车跟随在晏子身后说："寡人有罪，夫子倍弃不援，寡人不足以有约也，夫子不顾社稷百姓乎？愿夫子之幸存寡人。寡人请奉齐国之粟米财货，委之百姓，多寡轻重，惟夫子之令。"（《内篇谏上·第五》）景公自认有罪过，但是希望晏子能看在百姓社稷的份上留下来。同时，景公决定要用财政补给百姓，希望晏子能够帮助他。晏子看到景公认识到事情的严重性，于是与景公一起返回。回到都城后，景公按照晏子的安排发放了粮食等财物，帮助百姓渡过了难关。

以退为进的策略在进谏当中并不常用，对员工的要求也比较高。首先，当员工取得了领导者的信任，并具有一定影响力时，运用以退为进的方式更能够引起领导者的重视和反思；其次，以退为进往往要求员工敢于坚守自己的看法，秉着失去岗位也不足惜的态度，需要员工拥有极大的勇气和气魄，在进谏过程中应斟酌使用。

进谏的方式多种多样，在进谏的过程中，企业员工应当综合考虑实际语境和领导的接受能力，选择最佳的表述方式，使自己的善言能够被领导接受和采纳，达到最佳效果。同时，员工也应注重多种方式同时并举，在一种方式不能奏效时，可以综合运用几种技巧，从正面、侧面等多个方面表达自己观点，引起领导者的重视。

关于为臣之道，晏子确实向我们展现了一代良臣的风范。孔子给予了晏子高度的评价："古之善为人臣者，名声归之君，祸灾归之身，入则切磋其君之不善，出则高誉其君之德义，是以虽事惰君，能使垂衣裳，朝诸侯，不敢伐其功。当此道者，其晏子是耶！"（《内篇谏下·第五》）孔子认为，古代善为臣子的人，将名声归之于君主，将灾难留给自己，在内能指正君主的过失，在外能赞扬君主的道义，因此就算侍奉不才的君主，也能够使君主无为而治，令诸侯敬仰，不居功自傲。能够达到这种准则的，大概只有晏子了吧！作为现代企业的一员，能够对企业达到这般忠诚，又能够发挥一己之力为企业和消费者谋福，就可以堪称企业之骄子了。

第四节　企业制度观：合理有序

企业制度是建设企业文化的重要保障，也是企业文化的外在体现。企业制度文化作为企业文化的重要组成部分，主要包括企业的规章制度、行为准则和道德规范。制定合理有序的企业制度有利于规范企业成员的行为，为企业文化的创建营造和谐氛围。在《晏子春秋》中，晏子的赏罚观和礼仪观对现代企业的奖惩制度和礼仪制度建设具有重要的指导意义。

一、明确有度的奖惩制度

企业的奖惩制度是企业文化的重要组成部分，"奖"重在激励，"惩"重在规范。因此，建立合理的奖惩制度有利于规避企业内部的不法行为，也有利于激励员工更加积极地为企业效力。在晏子看来，企业的奖惩应当遵循有法可依、合理明确、赏罚有度、不徇私情、上下一体以及宽宥等原则，在企业建立起明确合理的行为规范，最终形成合理有序、积极向上的工作氛围。

（一）有法可依

"国无常法"则"民无经纪"，"赏不足以劝善，刑不足以防非。亡国之行也"（《内篇问上·第二十五》），对于治国而言，如果没有惯常的法纪，那么人们就没有可以遵循的规范，奖赏不足以引领人们向善，刑罚不足以防止犯罪，国家就会混乱无序、走向灭亡。对于企业也是如此，员工的行为需要规范，制定合理的制度是规范员工行为的重要途径。晏子提到"百里而异习,千里而殊俗,"因此,"明王修道,一民同俗"(《内篇问上·第十八》)。也就是说,圣明的君王修订法令,使百姓的风俗相一致。企业的制度建设就是要规范员工的行为,使员工具有一致的行事准则,能够按照企业的相关规定做事。

制度一旦建立,就应当得到有效实施。在奖惩制度的实施当中,晏子强调领导者应首先遵循制度要求,"立法仪而不犯"(《内篇问上·第十四》),"立于仪法,不犯之以邪"(《内篇问上·第十八》)。企业领导者作为企业制度的制定者,应当身体力行,主动维护企业的相关规定,而不能知法犯法。对于企业人员的赏罚也应当遵循"刑罚中于法"(《内篇问上·第十一》)的原则,也就是说要奖罚都要有制度的依据。

无规矩不成方圆。企业制度的建立就是要规范员工行为,建立共同的行事准则,使企业得到有序发展。一个优秀的企业应当具有完善的制度体系,以树立企业的行事标准和风格。而企业的奖惩制度通过奖励和惩罚的方式向员工表明公司提倡的和禁止的行为,对员工的行为起到重要的导向作用。

(二)赏罚分明

奖惩制度的制定一定要遵循赏罚分明的原则,树立明确的赏罚标准,当赏则赏,当罚则罚。赏的目的是树立善的标准,激励人们向善,而罚的目的是规范行为,避免违规之事发生。晏子提到,"刑无罪,夏商所以灭也"(《内篇谏上·第十二》),"赏无功谓之乱",晏子多次因为景公"赏无功,罚不辜"(《内篇谏上·第八》)而进谏,以提醒景公应当赏罚分明。然而赏罚的标准是什么呢?晏子认为,"从邪害民者有罪,进善举过者有赏"(《内篇问上·第十七》),因此,他反对景公赏赐阿谀奉承的官员,而对贤德的人才赞赏有加。

在企业当中,有利于推动企业发展的人应当得到奖赏,与之相反就应当受到惩罚。而企业的奖惩标准不但应当符合企业的自身情况,也应当符合社会的道德要求。因此,有利于企业发展的人员不仅仅是那些专业技能高超的技术型人才,也应当包括道德素养较高、有利于推动企业文化建设的贤德之士。只有建立赏罚明确的奖惩制度,才能够实现企业奖惩的目的。

(三)赏罚有度

赏罚一定要有度,不能滥赏,亦不能滥罚。如孔子所言,"过犹不及",因此一定要把握好赏罚之度。景公在统治过程中,经常出现滥罚滥赏的现象。他随意地将万钟、千钟的俸禄赏赐给身边的大臣,导致群臣争夺,如胡狗一般。而景公又好随意施罚,由于赋税繁多、刑罚泛滥,景公统治期间牢狱内人满为患。晏子就过度刑罚的问题向景公提出过谏言。一次,景公问晏子集市上"何贵何贱"？晏子回答："踊贵而履贱。"（《内篇杂下·第二十一》）晏子说道，踊是适用于假脚的鞋子，履是正常人穿的鞋子。由于景公制定的刑罚较多，许多人被处以刖刑而失去了脚。听到晏子的答复，景公自惭形秽，减省了刑罚。因此，赏罚应当注重功赏相称、罪罚相符。

就企业而言，奖惩制度的制定一定要遵循赏罚有度的原则。如果过度奖赏，就会导致竞相争夺，极易引发不当竞争，如果奖赏较少，就会失去激励作用。惩罚也是一样，如果惩罚过重，就会导致人员流失，或致使员工失去工作积极性，如若惩罚过轻，就失去了惩罚的意义，无法起到规范行为的作用。

（四）不徇私情

赏罚应当公正公平，不应掺杂个人的主观情感。在先秦时期，赏罚均由君主决定，因而君主的主观意愿在奖惩当中占据了重要的位置。在现代企业当中，奖惩往往也掺杂着领导者的喜好与憎恶。领导者偏向于对自己喜爱的人施以奖赏，对违逆自己意愿的人施以惩罚。在晏子看来，这是极度违反奖惩原则的。晏子认为，对人员的奖惩应"不因喜以加赏，不因怒以加罚"（《内篇问上·第十七》），"喜乐无羡赏，忿怒无羡刑"（《内篇问下·第八》），"不以私恚害公法"（《内篇谏下·第二》），就是说领导者不能依据自己的喜怒而加以赏罚。在《晏子春秋》一书中，记录景公因自己喜好而导致的奖赏和以自己的一时愤怒而进行的严惩有十余次，景公曾因自己所爱的槐树、马、鸟、竹子被不知情的百姓破坏而下令将其诛杀，均被晏子直言制止。因此，企业的一切奖惩应以企业制度为规范，以员工的实际工作情况作为考察，而不应加入领导者的个人的意愿。

然而在实际当中，领导者很难不流露出自己的喜恶，但晏子认为，"先王之立爱，以劝善也，其立恶，以禁暴也"（《内篇谏上·第七》）。晏子提出，先王明确自己喜爱之人，是为了劝导人们向善，表明自己厌恶的人，是为了禁止暴戾。也就是说，领导者可以表明自己喜欢和厌恶的人，然而应当有自己的判断标准，"利于国者爱之，害于国者恶之，故明所爱而贤良众，明所恶而邪僻灭，是以天下治平，百姓和集"（《内篇谏上·第七》）。也就是说，君王要喜爱那些对国家有利的人，憎恶那些对国家有害之人，因此明确自己所喜爱的人贤能之士就会增多，表明自己所厌恶的邪恶也就消失了，因而天下太平，百姓和睦。这才是领导者表明喜恶的真正意义。

不赏私劳，不罚私怨，是领导者实施赏罚的重要原则，在此基础上，领导者应当为员工提供公平的竞争机会，不以自己的喜恶作为赏罚标准，严格按照赏罚制度的相关要求，当赏则赏，当罚则罚。无功受禄、罚不当罪是领导者之大忌。

（五）诛不避贵，赏不遗贱

晏子认为，赏罚应当不分贵贱，"诛不避贵，赏不遗贱"（《内篇问上·第十一》）。意思是说诛罚不避权贵，奖赏不遗漏庶人。在现代社会中，法律面前人人平等，"王子犯法与庶民同罪"的观念已经深入人心。在企业当中，沿袭社会之风尚是必然趋势，无论是企业的领导者还是普通职员，都应当遵循同样的奖惩制度，不应因为职位的差别而有所不同。

《晏子春秋》中记录过这样一则故事，一次，景公在与莱国之战中取得了胜利，景公问晏子，我想要奖赏攻打莱国的有功之臣，你觉得如何呀？晏子答道："以谋胜国者，益臣之禄；以民力胜国者，益民之利。故上有羡获，下有加利，君上享其名，臣下利其实。"（《内篇问上·第四》）在晏子看来，以谋略得胜的，应当增加臣子的俸禄；依靠百姓的力量得胜的，应当增加百姓的福利。因此君主所获，臣民有所得，君主享誉盛名，臣民享受福利。于是，景公不但奖赏了攻破莱国的臣子，也奖赏了征战的士兵，达到了"用智者不偷业，用力者不伤苦"（《内篇问上·第四》）。也就是运用智慧的人能够尽己所能，使用劳力的人能够不怕吃苦。由此可以看出，奖赏是激励员工的重要方式，激励措施不能局限于企业的领导层、管理层，也应当渗入到普通员工当中，以提高员工的工作积极性。惩罚也一样，作为企业的一员，每个人都应当遵循企业的相关规定，凡是违背企业规定的人员都应当受到企业的惩罚和制约，不应有所例外，只有建立平等的制度环境，才能够引领企业人员共同奋进，塑造和谐统一的企业文化。

二、合理得体的礼仪制度

中国是礼仪之邦。在漫长的历史中，中国形成的完善的礼仪制度和行为规范，成为中华灿烂文化的重要组成部分。传统的"礼仪"与我们如今所讲的"礼仪"不尽相同，在古代，礼仪是为了适应社会发展，从宗教、等级制度中发展而来的，除包括仪表容貌、行为方式等内容外，还具有深刻的政治意味。如今，我们崇尚礼仪，是崇尚摒弃了传统糟粕的礼仪，是符合现代社会发展的礼仪。晏子所在的春秋后期，正处于"礼乐崩坏"之际，晏子极力推行礼制，致力于匡正君王的统治。虽然时隔数千年，晏子所讲的礼制对现代社会的影响依旧深远，对现代企业的礼仪文化、礼仪制度建设具有重要的指导意义。

（一）规范行为

晏子对传统的礼进行了修正和改良，进一步拓展了礼的内容。"刑不上大夫，礼不下庶人"（《礼记·曲礼》）是由来已久的传统思想。晏子突破了传统的礼的局限，认为礼不仅仅适用于领导者，也适用于平民百姓。晏子提出，"礼者，所以御民也"，"君子无礼，是庶人也；庶人无礼，是禽兽也"（《内篇谏下·第二十五》），并强调"夫礼者，民之纪，纪乱则民失，乱纪失民，危道也"（《内篇谏下·第十二》），从而为我们阐释了礼的重要性。在日常的君臣规范中，晏子提出，为臣者应当遵循这样的礼仪准则："衣冠不中，不敢以入朝；所言不义，不敢以要君；行己不顺，治事不公，不敢以慈众。"（《内篇问上·第十六》）也就是要求臣子做到衣冠不整，不敢进入朝廷；说话不遵循礼义，不敢辅佐君王；行为不符合礼仪规范，做事不公正，不敢治理百姓。晏子也以自己的实际行动践行着礼的要求，并时刻提醒君主"去礼"的危害。齐景公与群臣酣畅饮酒，告诉重臣不必居于礼节。晏子急忙上前提示，"今君去礼，则是禽兽也"（《内篇谏上·第二》），并提出不守礼节就会造成臣子为所欲为，君主也就难保其位。晏子借用《诗经》中"人而无礼，胡不遄死"的警戒话语，规劝景公整顿法度，修明礼仪。

国家礼仪制度建设非常重要，他为百姓设立了行为的标尺，使人们自觉遵循国家的相关制度，规范自身行为，维护国家稳定。礼仪制度、礼仪文化建设对于企业也非常重要，礼仪制度是企业文化的重要组成部分，"它象征着企业的价值观和道德要求，塑造着企业形象，使员工在礼仪文化的氛围中受到熏陶，自觉调整自己的行为，密切人际关系，激发工作的责任感和荣誉感，增强热爱企业、关心企业、为企业的崇高目标献身的群体意识"[①]，应当得到企业的重视。

（二）树立形象

在对外交往中，晏子非常注重礼节，并坚持有理有节、不卑不亢的姿态，为维护国家尊严、建立良好的对外形象起到重要作用。

在晋国攻打齐国前，晋平公派范昭前往齐国打探情况。景公设宴招待范昭，宴席之上，范昭要求用景公的酒具饮酒，景公忙命人奉上。范昭喝完后，晏子使人将酒具撤下，另换新的拿给景公。范昭非常生气，于是假意醉酒，命太师演奏成周的乐曲，称自己要随之起舞，太师表示并不熟悉该乐曲，于是作罢。范昭走后，景公询问晏子为何惹怒使者，晏子说："夫范昭之为人也，非陋而不知礼也，且欲试吾君臣，故绝之也。"（《内篇杂上·第十六》）晏子认为，范昭并不是不懂礼节，而是想要透过借酒杯一事来试探齐国的君臣。太师也表示，

---

① 徐爱华．论企业礼仪文化的功能与构建 [J]．现代营销（学苑版），2011（2）．

"夫成周之乐，天子之乐也，调之，必人主舞之。今范昭人臣，欲舞天子之乐，臣故不为也"（《内篇杂上·第十六》）。太师也认为，范昭作为一名臣子，想要使用周天子专门使用的音乐，是不合法度的，因此予以拒绝。范昭回到晋国，对晋平公讲述了在齐国的情况，说道："齐为可伐也。臣欲试其君，而晏子识之；臣欲犯其礼，而太师知之。"（《内篇杂上·第十六》）范昭向晋平公建议不要攻打齐国，因为他想要试探君主，结果被晏子看穿了招数，想要冒犯齐国的礼仪，而被太师看破了意图，由此看来，齐国是遵循法度的国家，不应当攻打。晏子和太师以礼行事，维护了齐国的尊严，避免了一场战争。

一次，晏子出使楚国，由于他身材矮小，楚国人让晏子从一旁的小门进入。晏子拒绝走小门，并说："使狗国者，从狗门入。今臣使楚，不当从此门入。"（《内篇杂下·第九》）迎接的人于是引领晏子从大门进入。见到晏子，楚王问道，齐国没有人了吗，为什么要你做使臣呢？晏子答复楚王："齐命使，各有所主，其贤者使使贤王，不肖者使使不肖王。婴最不肖，故直使楚矣。"（《内篇杂下·第九》）晏子的回答极为巧妙，他说道，齐国派遣使者，各有各的出事对象，贤能的人出使贤能的君主，不贤能的人出使不贤能的君主。我最不贤能，因此只好出使楚国。晏子通过有力的话语挽回了齐国的尊严，维护了齐国的形象，使得楚王无地自容。

企业形象的塑造包括两个方面，一是企业领导者形象的塑造，一是企业员工形象的塑造。不论是企业领导者还是企业员工，都应当以在其位谋其职的姿态，把握好自己在企业中的角色，严格按照企业给予每一位企业人员的要求，树立好个人形象，从而塑造公司的整体形象。礼仪是企业形象塑造的重要途径，企业的每一位员工如若能够自觉遵循企业的礼仪制度，自觉维护企业的形象和尊严，就能够与消费者以及其他企业的沟通交流中树立良好的企业形象。

（三）不拘常礼

晏子主张遵循礼仪，但又强调不要拘于常礼，要懂得根据实际情况及时变通，以灵活的方式对待礼仪制度。

有一次，晏子出使鲁国，孔子让自己的学生前去观看。子贡回来告诉孔子："孰谓晏子习于礼乎？夫《礼》曰：'登阶不历，堂上不趋，授玉不跪。'今晏子皆反此，孰谓晏子习于礼乎？"（《内篇杂上·第二十一》）子贡不屑地对孔子说道，谁说晏子熟知礼仪啊？《礼记》上说："原文攀登台阶时不能越级，殿堂上行走不能过快，授予玉器不能下跪。"然而晏子全都违反了这些规定。晏子完成公事后会见孔子，孔子将子贡的话转述给他。晏子说："婴闻两槛之间，君臣有位焉，君行其一，臣行其二。君之速来，是以登阶历堂上趋以及位也。君授玉卑，故跪以下之。且吾闻之，大者不逾闲，小者出入可也。"（《内篇杂上·第二十一》）也就是说，我听说殿堂的东西两楹之间，君主与臣子有固定的距离，君主跨一步，臣子要行两步。君主走得快，我就要越级跟上他的步伐，从而赶到自己的位置上。鲁国国君接受玉器时姿势很低，于是我跪下将玉器交予他。况且我听说，大的规矩不逾越，小的方面可以有所出入。孔子以对待宾客的礼仪送走了晏子，并对自己的学生说："不计之义，维晏子为能行之。"即不拘泥明文规定的礼仪制度，只有晏子才做得到。

在日常的礼仪制度中，我们不仅应该做到知礼，还要学会用礼。在礼仪的遵循和使用过程中，我们不能将礼仪当作僵化的教条，而要根据实际情况，灵活地应用礼仪规范，以应对各个场合中存在的不同情况，将礼仪更好地展现出来。

在现代企业文化的创建中，礼仪文化的建设是非常重要的组成部分，涵盖的范围也比较广，它不仅包括日常行为的礼仪，还包括企业各类仪式性活动的开展等其他形式。在企业礼仪文化的创建过程中，一定要"把它纳入整个企业文化建设工作规划中，与其他工作协调起来，一道进行"①。也就是说，企业礼仪文化的建设要符合企业整体的文化风格，根据企业形象塑造的要求，形成具有民族特色、时代特色的礼仪文化。

第五节　企业文化建设方法：潜移默化

企业文化与企业教育之间具有互动关系，企业教育是实现企业文化的有效途径。企业教育即是指企业在综合整体发展目标和企业员工个体发展目标的基础上，开展的一系列有利于员工建立理性、健全思维，提高工作能力和水平的活动总和。因此，企业教育不仅仅是知识、技能的灌输，企业应当通过适当的教育方式和手段将符合企业和员工长远利益的、和谐的价值观熔铸到员工的日常行为当中，以实现企业和个人的长远发展，并推动建成独特的企业文化。而在实际的企业教育当中，人们往往偏向于将企业教育与企业培训等同起来，侧重于通过培训的方式快速、直接的将职业技能灌输给企业员工。然而，企业在开展教育活动的过程中，应当将价值观的教育放在首位，而不应当仅仅关注职业技能的培训。价值观的教育和引导，就需要通过更为持久的、具有渗透性的

---

① 王超逸. 国学与企业文化建设 [M]. 北京：中国经济出版社，2009：228.

教育手段才能达成。

晏子非常重视对百姓的教育教化，并将教育作为巩固国家统治、实现"一民同俗"的重要手段。在《晏子春秋》一书中，晏子向我们提供了教育教化的方式，这些方式并非强制性的，而是在潜移默化中实现教育的目的。

一、领导者的示范

领导者在企业教育中担当着极为重要的角色。如果说企业是一个大课堂，那么领导者就是教师，承担着重要的育人角色。企业领导者理应认识到自身肩负的这一独特角色，也应当认识到企业员工的价值观念是可以重塑和改变的，并充分发挥自身的示范作用，以自己的思想和行为潜移默化的影响员工，最终实现教育的目的。

（一）严于律己

晏子充分认识到教育活动当中领导者的示范和榜样作用的重要性，提出"所求于下者，必务于上；所禁于民者，不行于身"，"明其教令，而先之以行义"（《内篇问上·第十八》）。晏子认为，领导者的言行对百姓具有引导作用，因此领导者要求臣民做到的事情，自己应当首先做到，禁止臣民做的事，自己应当首先避免。领导者颁布国家的相关法令后，自己应当率先执行，只有领导者做到言行一致，才能树立榜样，引导臣民形成统一的行为规范。因此，晏子提出，"禁之以制，而身不先行，民不能止。故化其心，莫若教也"（《内篇杂下·第六》）。也就是说，以法令禁止百姓，而自己不能以身作则，百姓就不会听从。所以想要使百姓心服口服，最好的办法就是以身示教。

晏子认为，君主应当注重自己各方面的行为，以免自己的不当行为为百姓所模仿。晏子时时提醒景公注意自己行为，从细节入手，为百姓做好榜样。有一次，景公上朝时衣着非常华丽，目光非常高傲。晏子急忙进谏，对景公说："圣人之服中，倪而不驵，可以导众，其动作，倪顺而不逆，可以奉生，是以下皆法其服，而民争学其容。今君之服，驵华不可以导众民，疾视矜立，不可以奉生。"（《内篇谏下·第十六》）晏子谈到，圣人的穿着比较适中，合身但不过分地装饰，因此可以引导百姓。衣着及行为适当，所以得到百姓的竞相学习。并指出景公的穿着和行为都违反了适当的原则，因而没有为百姓树立好的榜样。在领导者的日常行为中，衣着只是极小一个方面，然而晏子认为，无论在哪个方面，领导者都应当严格要求自己，做到以身作则。在企业当中，领导者的一言一行均被员工纳入视野之中，因此，领导者要高度重视自己的言行，严格遵循自己制定的企业规范，发挥模范带头作用，以自己的言传身教为企业员工做好榜样。

（二）行如君子

企业文化的构建也就是深层次的价值观的形成，若如想要员工树立正确的价值观，遵循高尚的道德标准，那么领导者首先要具备君子的品行。晏子提出，"行己不顺，治事不公，不敢以莅众"（《内篇问上·第十六》）。也就是说，如果自己的品行不端正，做事不公正，那么就不敢管理他人。因此，领导应当具有高尚的品格，拥有君子的德行，才能对他人进行教化。

论及君子，晏子说："其行水也。美哉水乎清清，其浊无雩途，其清无不洒除……"品性耿直方正而能长久与人相安的人，他们的表现如水一般，看似混浊，一路卷携着所有随流的泥沙，然而本质却是清澈的，一切污垢都会被它净化。晏子又提到，"君闻君子如美，渊泽容之，众人归之，如鱼有依，极其游泳之乐"（《内篇问下·第十五》），晏子将君子的美德比作天降的雨水，湖泊容纳着滴滴雨水，众人依附于君子就如鱼儿有了水的依托，纵情享受在水中戏游的快乐。晏子将君子比作水，与《老子》中"上善若水"的说法不谋而合。晏子还将君子比作华美的山峰，称"君子之难得也，若美山然，名山既多矣，松柏既茂矣，望之相相然，尽目力不知厌。而世有所美焉，固欲登彼相相之上，仡仡然不知厌"（《内篇杂下·第十三》）。他将君子比作华美的山峰，天下名山众多，山上松柏繁茂，远观巍峨高耸，极目远望也不会感到厌倦。世人都赞美华美的山峰，都想攀登到高峰之上，奋力攀爬而不知疲倦。

在君子为人处世的基本原则方面，晏子谈到，"君子之大义，和调而不缘，溪盎而不苟，庄敬而不狡，和柔而不铨，刻廉而不刿，行精而不以明污，齐尚而不以遗罢，富贵不傲物，贫穷不易行，尊贤而不退不肖"（《内篇问下·第二十四》）。也就是说，所谓君子的大义，就是与众人关系融洽但不随波逐流，明察秋毫但又不苛责细节，庄重恭敬而不过于急切，谦逊温和但不卑下，有锋芒但不伤害他人，自己行为端正但不以此显示别人的污浊，积极进取但不遗弃疲弱之人，富贵时不轻视他人，贫穷时不改变自己的操行，尊重贤能之士但不排斥无能之人。君子的品行如山如水、亦柔亦刚。

要求企业领导者具有君子的品行，源于企业领导者担当着教育教化者的角色，对员工具有潜移默化的深远影响。伯恩斯提出了"转化型领导"的概念，这种领导风格运用了以身作则和语言技巧，通过教化的方式营造一种和谐的权力关系，领导者与员工不再相互抗衡，而是为了一个共同的目标一致向前。伯恩斯认为，"转化型领导风格最终会成为一种道德，因为人类的行为层次，以及领导者和追随者对于道德的期望都会随之提升，所以这对双方都有转化的效果"①。领导者以及转化型领导风格的最终目标是道德的提升，树立较高的道德标准也是领导者能够为员工所追随的重要原因。

（三）善始善终

"能长保国者，能终善者也。诸侯并立，能终善者为长；列士并学，能终善者为师……《诗》曰：'靡不有初，鲜克有终。'不能终善者，不遂其君。"（《内篇谏上·第十六》）晏子认为，能够长保国家的，是那些终生为善的国君。诸侯之中，能够善始善终的人就会成为领袖；一群学士同时学习，能够善始善终的人就会成为老师。晏子借用《诗经》中的一段话，谈到"并非没有好的开始，却很难做到善始善终"。"善始"很容易，"善终"却极难，然而，作为一种长期的施教方式，领导者的示范作用并不是一朝一夕就能达到效果的。领导者必须将高尚的品行内化为自己的习惯，将其展现于自己长期的行为之中，在潜移默化中影响自己的员工，实现真正的教育目的。

二、环境教育

环境作为一个空间存在，在很大程度上影响着人的思想观念和行为习惯。所谓环境教育，就是通过特定的环境实现教育的目的。环境教育是企业的隐性课程，"企业隐性课程因素有时对员工的塑造产生的作用反而更大、更深远。有时候一个培训师的言谈举止和个人修养在潜移默化中带给参加培训者的影响宽度、深度和持久度远远超过其在培训课程中所授课的内容"②。晏子充分认识到环境育人的重要性，将环境教育作为一项重要的教育手段，并付诸实践当中，以自身实际为我们呈现了环境教育的良好成效。环境教育作为一种不被察觉的教育方式，能够使人们在无意识当中受到环境的感染和教化，自觉地向环境所引导的方向发展，是一种行之有效的教育途径。在企业教育当中，环境教育的方式应当得到重视和实施。

（一）行随境迁

在《晏子春秋》中，有一段话被大家所熟知。这段话是晏子对曾子的临别赠言："今夫车轮，山之直木也，良匠揉之，其圆中规，虽有槁暴，不复赢矣，故君子慎隐揉。和氏之璧，井里之困也，良工修之，则为存国之宝，故君子慎

---

① ［美］汤姆·彼得斯，［美］罗伯特·沃特曼. 追求卓越［M］. 胡玮珊，译. 北京：中信出版社，2012：60-61.

② 高培. 企业教育中的隐性课程研究［D］. 上海：复旦大学，2012：23.

所修。今夫兰本，三年而成，湛之苦酒，则君子不近，庶人不佩；湛之麋醢，而贾匹马矣。非兰本美也，所湛然也。"（《内篇杂上·第二十三》）这段话的意思是，车轮原本取材于山中挺直的树木，木匠将其弯曲做成车轮，并使它的圆度符合规定，即使日光暴晒也不能使它再挺直了。因此，君子要慎重地对待修养。和氏璧，原本就是乡里百姓的门限，经过工匠的雕琢，成为国之瑰宝。因此，君子要慎重地对待修琢。兰本，三年才能形成，若将它浸泡在苦酒之中，君子将不会接近它，平民百姓也不会愿意佩戴。然而，若将它浸泡在香甜的肉酱之中，其价格便可与一匹好马相媲美。这并非源于兰本本身的好坏，而是由浸泡它的材料所决定的。直木、石槛尚能重塑，那么人的思想品行也是一样，经过精心的雕琢，都能够逐渐成为我们所能希望的模样。而兰本的酿制更加直接地向我们展示了环境的力量，苦酒和肉酱的差别造就了兰本价值的差异，而好坏环境的不同也会塑造不同的人格。

晏子出使楚国时，楚王将在国内抓到的齐国的盗贼带到晏子面前，以齐国人善盗来羞辱晏子。晏子智慧的回答之中也展现了环境对人的重要影响。晏子答："婴闻之，橘生淮南则为橘，生于淮北则为枳，叶徒相似，其实味不同。所以然者何？水土异也。今民生于齐不盗，入楚则盗，得无楚之水土使民善盗耶？"（《内篇杂下·第十》）晏子谈到，我听说，橘树生长在淮河之南就是橘树，生长在淮河之北就成了枳树，仅有叶子相似，果实的味道并不相同。为何会这样呢？是因为水土有差别。这人在齐国没有盗窃，来到楚国就实施盗窃，难道是楚国的水土让百姓善于盗窃吗？在这场对决之中，晏子在反击楚王的同时，为我们阐释了环境的重要性。员工所处的企业环境，就如橘树赖以生长的水土，企业能够培育出怎样的员工，有赖于企业营造了怎样的环境氛围。

"食黄则黄，食苍则苍"（《外篇·第十八》），处于怎样的环境之中，就会形成怎样的人格。好的环境能够塑造君子，而差的环境容易形成小人。以和谐环境塑造和谐员工，是企业环境教育的重要目标。因此，企业一定要注重内部环境的塑造，通过领导者的有力影响、良好的办公环境、合理的组织结构以及鲜明的企业文化营造和谐的企业环境，引导企业员工形成企业所需的素质和能力，形成共同的行为准则。

（二）择邻而居

在充分认识到环境重要性的基础上，晏子提出了"居必择邻"的看法。晏子非常注重对邻居的选择。一次，景公曾趁晏子不在时为晏子翻修了旧宅，晏子返回后将翻新的宅院拆除，并按照原先格局将邻居的院落修建起来，并让原来的邻居迁回住宅，他借用谚语谈到，"非宅是卜，唯邻是卜"（《内篇杂下·

第二十二》），也就是说不要选择住宅，唯有选择邻居。晏子认为，"有良邻，则日见君子"（《外篇·第八》），因此，他主张，"君居必择邻，游必就士，择居所以求士，求士所以辟患"（《内篇杂上·第二十三》），也就是说，君子一定要选择好邻居，出游必须选择贤德之士，选择邻居是为了寻求贤德之士，寻求贤德之士是为了避免灾祸。择邻而居的深层含义就是为自己营造一个良好的环境。在现代企业当中，择邻而居包括两个方面。

第一，就个人而言，应当选择与优秀者为伴。与优秀的人交好，不仅能够带动自身业务水平和思想素养的提高，还能够开阔视野、共谋前程。晏子一生选择与君子交好，与晋国良相叔向的交往是智者间的切磋，他们共同谈论治国之道，共同为各自的国家效力。《晏子春秋》中还记录了晏子的另一位好友——北郭骚，晏子在其贫困时资助了他，当晏子被景公猜忌逃往国外时，北郭骚通过自刎为晏子剖白，展现了"士为知己者死"的伟大情怀。因此，企业领导者应当选择与优秀者为伴，通过优秀者的带动提高自身的素质素养，开拓自己的眼界，更好地谋划企业的发展。企业员工也应当选择与优秀的同事为伴，在提高自己业务水平和道德素养的同时，与其形成并肩作战、融洽和睦的合作关系，推动企业和谐氛围的形成。

第二，就企业而言，应当注重选择自己的竞争对手和合作伙伴。企业的合作者和竞争者是企业外部环境的重要组成部分，选择与怎样的企业合作和竞争，表明了企业自身具有怎样的价值观念，也影响着企业的长远发展。其一，慎重选择自己的合作者。企业对合作者的选择就如同个人对于朋友的选择，企业在选择合作者时，不仅要从经济利益的角度进行辨析，还应当注重合作企业的文化建设，了解合作企业的价值观。企业合作是一个合力共赢的过程，如果与唯利是图的企业合作，就等同于为自己设定了一个危险发展环境，合作关系随时都有可能发生破裂，企业也将面临巨大的经济损失。与具有长远目标与和谐文化的企业合作，就能够建立长远的合作关系，为企业发展营造良好的氛围。其二，注重选择自己的竞争者。现代企业的竞争，是企业综合实力的抗衡，这种抗衡不仅包括企业的经济实力，还包括企业的文化软实力。在齐国征战他国之前，晏子都会为景公分析对方国家的君主、臣子和百姓的和谐状况，晏子认为，当自己国家的状况不能与其抗衡时，是不能够发动战争的。在此基础上，晏子时时提示景公广纳良言、体恤民情，以增强国家的和谐程度。"凡有血气者，皆有争心，怨利生孽，唯义可以长存。"（《内篇杂下·第十四》）晏子认为，凡是有气血的人，都有竞争之心，利欲熏心就会引发灾难，只有道义才能够使自己长存于世。

因此，企业应当将具有和谐文化和社会责任感的企业作为自己的竞争者，与这样的企业竞争，就等于为自己树立了榜样，企业就能够在竞争中取得经济效益和社会效益的双赢，从而实现企业的长远发展。

小结

企业真正的生命力源泉，并非仅仅停留在冷硬的数据表象之上，而是深深植根于每一个个体内心的炽热温度与深情厚谊。现代企业文化的构建，本质上就是对和谐文化、温馨文化的深耕细作。《晏子春秋》这部古典名著，犹如一座承载和谐与温情的智慧灯塔，其内蕴的君臣如师如友的亲密无间，赏罚分明而又饱含人性关怀的制度设计，以及润物无声、共同进步的教育理念，为我们当前营造和谐温馨的企业文化环境提供了无比宝贵的启示和指引。

在这部典籍的字里行间，《晏子春秋》向企业管理者揭示了一个至关重要的道理：领导与员工之间的关系应当建立在互相尊重、互相关爱的基础上，而非仅仅是单向的管理和约束。唯有赋予员工表达自我、展现才华的空间，让他们真切感受到企业的温暖怀抱，他们才会将企业视为自己的归宿，主动承担起推动企业发展的责任，将企业文化深深地镌刻在日常工作的每一处细节中。

然而，企业文化的孕育与塑造绝非一日之功，也非单纯阅读一本经典就能立即实现，它要求企业根据自身特点，持之以恒地进行探索与构建，更离不开企业全员的共识、坚守和身体力行。

我们应该珍视《晏子春秋》中的智慧精髓，将其融入现代企业文化建设的血脉，让和谐与温情成为企业文化的底色，令每一个置身其中的人都能感受到那份来自心底的温暖和归属感，从而凝聚起一股足以推动企业乘风破浪、勇往直前的强大力量。在探寻和构筑企业文化的过程中，让我们一起握紧手中的火种，点燃希望的火炬，以坚定的步伐，走在通往卓越与成功的康庄大道上，让企业的每一次成长都浸润着和谐与温暖的气息，让企业文化成为引领企业持续发展、繁荣昌盛的永恒灯塔。

第五章

《墨子》与企业文化建设

建设现代企业文化的目的在于通过文化软实力来增强员工凝聚力和完成企业价值观的构建，实现人与企业的协作共赢与集团利益最大化。优秀有效的企业文化与管理思维往往扎根于深厚的民族传统文化之中，因此发展具有中国本土特色的企业文化是具有可实施意义的。

墨子是平等博爱主义大家。他开创的墨家强调爱的普遍性和平等性，重视科学技术，与儒家强调爱的差等观和轻科技相比有着更为广泛的人文和科学精神。墨学，作为先秦时期平民中的显赫学派，其秉持的义利相辅的价值观、倡导兼爱非攻的利他主义、主张尚贤亲士的用人策略、坚守固本节用的经营之道，以及强调科技创新与实践的学术追求，不仅在古时独树一帜，成为著名的学术流派，而且在新时代的今天，依旧闪耀着智慧的光芒，为我们提供了积极的借鉴与启示。诸多珍贵内容与主张，同企业文化所需的精神元素不谋而合，值得我们进行认真合理的深入研究与借鉴。

第一节　墨子与《墨子》

墨子，名翟，被尊称为墨子。墨子是墨家的代表人物，其代表作是《墨子》。关于墨子的姓氏来源、生卒及其身世履历等问题，现今学者们依然众说纷纭，难于定论。

墨子与鲁国的关系极其深厚，早年曾在鲁国居住和学习。墨子曾学儒家之道，习孔子之术，受夏、商、周文化及鲁、宋、楚、齐和三晋等文化的熏陶，是一位重实用、重认知、尚贤才、重科学、重论辩的思想者。他既是理论家又是实践家，在当时也是一位在数理、逻辑、文学、政治、军事、科技、手工艺等领域的集大成者。墨子讲求仁爱，终生为制止战争而不停奔走。

一、《墨子》概观

《墨子》一书现存 15 卷 53 篇，兼爱、非攻、尚贤、尚同、节用、节葬、非乐、非命、天志、明鬼、非儒，构成了墨子思想在社会政治、军事、学术理论、科技、管理等方面的完整体系。其中《经》上下篇、《经说》上下篇、《大取》《小取》《亲士》《修身》《所染》《法仪》《七患》《辞过》和《三辩》集中反映了墨子的学术思想，展现了其独特的思想体系；《尚贤》《尚同》《兼爱》《非攻》《节用》《节葬》《天志》《明鬼》《非乐》《非命》和《非儒》系统表现了墨子代表平民阶级的政治观点；《耕柱》《贵义》《公孟》《鲁问》《公输》记录了墨子和外界辩说时的言行；《备城门》《号令》《备穴》《杂守》等十一篇则反映了墨子将科学知识应用到军事防御方面的内容。但《墨子》并不是墨子的个人专著，而是墨子自著及其弟子关于其言论的记录而写定的一家之言，是一部集墨家思想之大成的丛书。墨子的学说重视论辩，对中国早期的认识论与科学逻辑思维的形成具有一定的贡献。

墨家学派的弟子多为贫苦劳动人民和社会中下层百姓，因此代表了最广大基层民众的普遍利益与欲求。墨子重视物质资料生产，苦己利他的思想和行为，都说明墨子是社会下层劳动阶级利益的代表。冯友兰先生的《中国哲学简史》中将墨家学派界定为"侠士"团体，"在周代，天子、诸侯、封建主都有他们的军事专家。当时军队的骨干，由世袭的武士组成。随着周代后期封建制度的解体，他们流散各地，谁雇佣他们就为谁服务，以此为生。这种人被称为'游侠'，《史记》说他们'其言必信，其行必果，已诺必诚，不爱其躯，赴士之厄困'（《游侠列传》）。大部分的墨学就是这种道德的发挥"①。冯友兰更进一步论断墨子及其门徒出身于侠。也正由于出身侠士，使得墨家在组织纪律、团体凝聚力上坚不可摧，充满力量。

墨学为当世诸子百家之中的显学，鼎盛时在战国有"天下非杨（朱）即墨"的说法，甚至超过儒学。但墨学显赫仅二百多年，因缺少直接推行的势力，导致在儒墨之争中处于劣势。到了西汉武帝时期采纳了董仲舒的建议，推行"罢黜百家，独尊儒术"的政策后，墨学的发展受到了极大的限制，逐渐衰微以至湮没。至于墨家衰落的原因，既有时代历史与自身阶级的局限性，又有某些理论之中存在矛盾与不足等诸因素，需更为深入进行分析探究。

---

① 冯友兰. 中国哲学简史［M］. 北京：北京大学出版社，2013：51.

二、《墨子》的思想

墨家是先秦时期和儒学相对立的学派，墨家思想在价值追求上崇尚兼爱、非攻、义利相兼，宣扬人的主观能动性，这在企业文化建设中体现在其价值观的塑造层面；在军事上主张非攻、在管理决策问题上，墨子主张尚同，对组织进行柔性管理，要求员工和决策者"择务而从事"，对管理者建议"助己视听"，对组织内部提出"下情上达"的要求等；在经济上主张固本生财、强本节用、非乐节葬，强调企业的可持续经营和发展；对于企业人才引进，他主张"尚贤""以德就列""有能则举之""各从事其所能"和"不见我亦从事"，并有自己行之有效的人才培训理念；企业领导层所提出的核心品质要求可概括为品德深厚、学识广博、"言辞辩才"、全身心投入以及兼容并蓄且保持谦逊。这些品质共同构成了优秀领导者应具备的素养；此外墨子思想中涉及科技创新的理论观点更是不胜枚举；在组织方式上，墨家是一个侠义团体，秉持"赴汤蹈火，死不旋踵""有力者疾以助人"等团体信念，也是一个纪律严明的武装部队，有其严格独到的人员激励与赏罚制度。

三、《墨子》的研究

对于墨子与企业文化之间的关系，前人曾做过大量研究。1919年，胡适撰文《中国古代逻辑方法之发展》，最早向美国学界介绍墨子。1964年，任继愈主编的《中国哲学史》第一册出版，任继愈本人还著有《墨子》一书，于1956年出版，简略介绍墨子。1953年有王寒生的《墨学新论》，十二章，包括概论、墨子的年代、宇宙观、人生观、政治、经济、科学、战争、宗教、逻辑各类思想等。1974年，周长跃的《墨子思想之研究》着重论述兼爱思想、政治思想、经济思想、社会思想、墨学的流传等。1995年，谭家健著的《墨家研究》对《墨子》做了全面系统地研究。1997年，由费孝通、蔡尚思共同倡议，并由张知寒担任主编的一套丛书《墨学与当今世界丛书》，共计十册，内容涵盖广泛，分别深入探讨了墨学在思维方式发展、新文化建设、新伦理道德构建、当代政治影响、教育改革、科技发展、世界和平维护、军事战略、经济发展以及墨学在当今时代的独特价值等重要议题。每一册都围绕一个核心主题，全面剖析墨学在该领域的现实意义和深远影响。付进扬的《浅析墨子的管理思想》与许立新的《墨子管理思想的现代价值》均将墨子尚贤思想提炼为人事管理思想，为墨学思想在现代社会的应用提供了有力支撑。它们不仅提炼了墨子尚贤思想的核心要义，还对其在现代人事管理中的实践价值进行了深刻论述，为现代管理理论提供了新的视角和思考。徐希燕《墨子的管理思想研究》认为，墨子提出了管理学上的"人本管理"思想。他们都从行政管理的角度对墨子的尚同思想进行了阐释，共同促进了墨学研究的深化，并推动了墨学思想在现代社会的广泛传播与应用。

第二节 《墨子》与企业价值观：义利 兼爱

价值观是现代企业文化之魂，体现了企业及其成员的价值追求。它是企业在追求经营卓越、实现核心使命的过程中所秉持的根本信念和目标。这种价值观如同稳固的基石，为企业在竞争激烈的市场环境中稳步前行、持续壮大提供了坚实的精神支持。企业价值观不仅是领导者判断事物的标准，也是员工行为的指南，一旦确立并深入人心，便能够产生强大的稳定性，为企业提供持久的精神动力。墨子学说中涉及企业价值观层面的思想主要有义利相兼、兼爱非攻、非命的人力能动观等理论。

一、义利相兼

孔子主张重义轻利。"君子喻于义，小人喻于利。"（《论语·里仁》）而墨子则把义、利两者有机统一起来，主张无君子无小人之分，皆为天下之义利。这就是义利相兼："义，利也。"（《墨子·经上》）"义，利；不义，害。志功为辩。"（《墨子·大取》）认为应当"兴天下之利，除天下之害"（《墨子·非攻》）。义，就是利人利己；不义，就是害人害己，义与不义，应该以实际所做的事情来辨别。要兴天下的利益，为天下除害。

在当今社会企业文化发展背景下，墨子"义利相兼"的论说较之孔子的"重义轻利"似乎更具现实意义。作为一个实用主义者，墨子一方面对"义"之内涵的强调和把握，突出了良性经营与柔性管理对一个企业的可贵之处。另一方面，墨子对"利"的正视，在强调"义"的同时并不否认追求利益的合理正当性，这一点就将义利两者共同符合社会发展和人类追求的实际问题高明地结合在了一起，并有了"义"生"利"的正确论断。墨子希望人与人之间在现实利益方面通过互义互助而取得平衡，达到和谐大同的局面。作为功利主义者，墨子将义与利看成是相辅相成的两者，这就避免了绝对主义相互割断联系的片面性认识观。

从企业长远利益来看，重"义"的管理思维和运行方式，在企业文化的传承与散播方面更能够给一个企业树立起行业威信，增加企业的公信力，是企业长久屹立于世界商海中的文化基底。能够给企业带来超乎想象的利润和人气。由此可得出，义利相兼的内容是很符合企业良性发展需求的哲学论点。如果企业无法树立正确的义利观，那么便可能忽视自身的社会责任，过于追求企业利润而进行不法经营与竞争，或者出现管理松散、发展目标不明确而导致企业经营不善等问题。墨子的义利相兼将以人为本和企业发展有机结合，是指导企业核心价值观的积极有利文化思想。

既然要求"义利相兼"，那么如何能够做到这一点呢？墨子主张"兼相爱，交相利"（《墨子·兼爱中》），即在日常生活中对他人施以仁爱，多做有助于外界的事情，同时增强组织协作，在满足他人利益的同时获得自我满足；他还主张"非攻"，强调人与人、国与国之间普遍的"共生"。

既要追求自我利益，又要兼顾他人利益，怎样才能达到两者之间的平衡呢？将义利相兼的理论理性运用到企业实践之中并非易事。"既以非之，何以易之？子墨子言曰：以兼相爱、交相利之法易之。"（《墨子·兼爱中》）由此可见，"兼爱"是墨子管理国家和社会的关键。"当兼相爱，交相利，此圣王之法，天下之指导也，不可不务为也。"（《墨子·兼爱中》）他认为，兼爱互利是治理天下的正道，是圣王的法则，要想治理好国家，就必须用"兼爱"的理念来指导实际行动。墨子强调爱的平等性，并指出爱的相互性，同时要求"视人之国若视其国，视人之家若视其家，视人之身若视其身。是故诸侯相爱则不野战，家主相爱则不相篡，人与人相爱则不相贼，君臣相爱则惠忠，父子相爱则慈孝，兄弟相爱则和调"（《墨子·兼爱中》）。要做到"夫爱人者，人必从而爱之"（《墨子·兼爱中》）这一点，主动向他人伸出仁爱之手，"兴天下之利"，从而实现互爱的目的，达到企业间与人之间的共同发展。

二、兼爱非攻

墨子思想的核心理念是"兼爱"。兼爱指人与人之间普遍的相爱。"凡天下祸篡怨恨其所以起者，以不相爱生也。"（《墨子·兼爱》）墨子主张"爱无差等。"即"视人如己"；不应"别"，即"不相爱"。做到使"天下之人皆相爱，强不执弱，众不劫寡，富不侮贫，贵不傲贱"。墨家的爱是一种博爱。他用"兼相爱"来取代"别相恶"，是中国历史上第一个提出利他精神的思想家。

墨子的"兼爱"思想广博而充满仁义。爱无差等体现了平等与人性化的企业文化精神：从企业内部的公平管理来看，兼爱思想令领导者更为注重基层员工的需求和工作感受，强调员工不分贵贱高低，平等关爱与对待。只有"兼相爱，交相利"，企业内部才能维持良好的管理秩序，进行长久的良性循环发展。而从企业处于整个现代社会中所应具备的社会责任感层面来看，墨子的兼爱思想也是指导企业取得优异发展和良好社会定位的精髓和关键思想。兼爱思想传达的利他精神在企业文化中表现为对集体的奉献和细致到每个团队成员的关怀意识。这有利于集体向心力的增加和团队精神的凝聚。只有"兼相爱"，才能使得企业在付出关怀的同时收获员工的感恩与努力回报。

在很多外资企业中，都有专门设立的面向社会的慈善组织，进行社区义务劳动等，在承担了企业社会责任的同时，也树立了光辉高大的企业公共形象。"非攻"在企业文化的建立中也是有着其智慧的闪光意义的。墨子是一位坚决的反战者，他深信战争只会给人民带来无尽的痛苦和损失。他明确指出，战争不仅耗费国家巨大的财力和物力，更会导致无数无辜生命的消逝，让家庭破碎，社会动荡。"杀人多必数于万，寡必数于千。"（《墨子·非攻中》）孙诒让《墨子间诂》引《淮南子》高诱注："非，讥也。"即谴责、非议之意。攻，是指非正义战争。墨子认为，大国攻打小国，强国欺凌弱国，就是不正义的"攻"。墨子的"非攻"就是反对这种侵略战争。同时"非攻"不代表"非战"，而是不发动不义之战。对于诸如汤伐桀、武王伐纣等讨伐暴虐君王的战争，墨子认为是为人民兴利除害因而竭力支持。由此可以看出墨子对于战争的理解是从民之利益、圣王之道的角度予以考虑的。同理，一个企业在科技力量、运作管理、核心技术、人员培训、生产力提高的基础上，还应塑造相对宽厚的良好企业形象。"非攻"思想告诫企业不能因谋取不当利益而攻击同类型企业，不能进行扰乱市场经济秩序的恶意行业竞争。它不仅应用于企业与企业之间的关系问题，在企业内部的人际交往之中也有着十分重要的意义。大到宏观面对行业竞争问题的态度，小到组织管理的礼与道，都可以借鉴"非攻"的理论思想。

中华民族崇尚"以和为贵"的原则处理关系，非攻思想是顺应时代发展潮流的仁爱观念。墨子还提出"重备防患"的备战理念，同时强调各诸侯国要树立"同救"观念，"信交诸侯"，加强团结，共同抵御潜在危机。这些论断在当今亦是十分值得推崇的企业价值理念。不依靠不正当竞争去攻击对手，而唯有自我提高综合实力与核心竞争力，才是企业和平稳定发展之根本。战争造成的平民伤亡、财产损失都不计其数。墨子的非攻思想不仅对于认识当今国际局势具有启示，在行业竞争中也具备指导意义。当今时代以"和平"与"发展"为主题，不义的战争，包括商战，都会导致各方的毁灭性灾难。而企业只有掌握核心技术，内强本，外树德，才能创造和谐安宁的企业生存环境，实现繁荣稳定发展。

三、非命

在认识观层面，孔子认为，"死生由命，富贵在天"（《论语·为政》）。墨子则反对天道命定论，提倡高扬人的自觉能动性，提出"非命"。"执有命者之言曰：命负责富，命贫则贫，命众则众，命寡则寡，命乱则乱，命寿则寿，命夭则夭，虽强劲何益哉？以上说王公大人，下以阻百姓之事，故执有命者不仁。"（《墨子·非命》）意思是那些主张有命论的人说，命里富裕就富裕，命里穷困就穷困；命里子女多就子女多，命里子女少就子女少；命中能治理好就治理好，命中混乱就混乱；命里长寿就长寿，命里短寿就短寿。即使你有很强劲的力量，又有什么用呢？用这话对上游说王公大人，干扰政事；对下影响百姓的生产，因此主张有命论的人是不仁义的。在2000多年前封建思想束缚下的先秦时代，能够有如此开明进步的人力能动观念，着实值得人们钦佩。

在社会经济全球化发展的今天，墨子的"非命"理论对于建设当今企业文化所应有的发展眼光具有前瞻性的指导意义。面对越来越开放和一体化的经济市场，机遇与挑战并行，企业不能按照陈旧思维被动发展生产和处理问题，而应着力于提高人的主观能动性，强调人的主要积极作用，主张事在人为。努力创新，热情主动投入企业建设，灵活抓住市场机遇，维持企业长久可持续发展，给企业带来生机与活力。企业的价值在于人。以人为本才是企业管理的第一要务。

现实中不乏由于把握人的主观能动性而获得成功的企业案例，著名电商企业阿里巴巴便是其一。原本是一名外语教师的马云，经过与18位亲友一起的艰难创业，说服投资基金软银拿到第一笔风险投资、组建淘宝网、收购雅虎等，最终将阿里巴巴发展为由中国人创建的国际化的互联网上市公司，不仅实现了企业的巨大成功，也在很大程度上改变了人们的消费认知形式。首席CEO马云曾在中央电视台的创业励志节目《赢在中国》说，阿里巴巴能够走到现在很重要的一个原因是我们没钱，很多人失败就是因为太有钱了。"我们相信只要永不放弃，我们还是有机会的。这世界上只要有梦想，只要不断努力，只要不断学习，不管你长得如何。今天很残酷，明天更残酷，后天很美好，但绝对大部分人是死在明天晚上，所以每个人不要放弃今天。"阿里巴巴的成功体现了墨子的"非命"思想，在经济市场下，不问出身，抓住瞬息万变的市场机遇，勇于开拓创新，才能实现长足发展的梦想。

第三节　《墨子》与管理决策观：尚同　择务

墨子的管理思想主要体现了以人为本、以德为先。人与动物的不用在于："赖其力者生，不赖其力者不生。"(《墨子·非乐》) 即谓人能依赖自己的力量从事工作就能生存，否则就不能生存。因此人在企业管理中作为劳动主体，应当被放在首位。同时，墨子认识到人的需求的多样性决定了人的价值观的多样性，需要统一管理，这就是"尚同"思想。墨家的管理是融"法、理、情"为一体，结合严格赏罚和激励制度，其方法和效果值得现代企业所借鉴。

一、柔性管理

墨子曰："凡天下祸篡怨恨其所以起者，以不相爱生也。是以仁者非之。"(《墨子·兼爱中》) 意思是，凡是天下的灾祸、篡夺、埋怨、仇恨等所以出现的原因，都是由于人们不能相爱而产生的，因此有仁德的人都反对它（即不相爱）。"兼爱"是墨子管理的核心所在。在以人为本的基础之上，他通过让人们之间的互动互爱来改善人际关系，实现企业中人这一元素利益的最大化。墨子的"兼爱"其实是一种柔性管理，柔性管理与传统的刚性管理理念相对，主张"爱人"是"自爱"之满足，即通过人与人之间共同相爱来使自己和他人的利益同时得到满足。《墨子·兼爱中》说："视人之国，若视其国；视人之家，若视其家；视人之身，若视其身。是故诸侯相爱，则不野战；家主相爱，则不相篡；人与人相爱，则不相贼；君臣相爱，则惠忠；父子相爱，则慈孝；兄弟相爱，则和调。天下之人皆相爱，强不执弱，众不劫寡，富不侮贫，贵不敖贱，诈不欺愚。凡天下祸篡怨恨，可使毋起者。"(《墨子·兼爱中》) 墨子主张以兼爱之心看待世间万物，即将他国视为己国，他家视为己家，他人视为己身。因此，若诸侯间充满爱意，则不会爆发战争；家族之间若互相关爱，则不会发生掠夺；人们之间若有爱，则不会彼此伤害。在君臣关系中，若充满爱意，则双方会互相施惠、效忠；在父子关系中，若充满爱意，则双方会相互慈爱、孝敬；在兄弟关系中，若充满爱意，则双方会融洽协调。如果每个人都能够内心怀有兼爱之情，那么强大的力量就不会用来欺凌弱小，人数众多的群体就不会威逼那些势单力薄的，财富丰厚的就不会欺压贫穷的，地位高贵的就不会蔑视低微的，机智狡猾的就不会去欺骗那些纯真愚笨的。在这样的情境下，社会将能够实现和谐共生，整个世界也将沐浴在爱与和平的光辉之中。那些诸如灾祸、篡权夺位、怨恨、仇恨等负面事物，也将因此无从生起，不再困扰世间。

他主张管理应具有平等性。柔性管理最大的特点是放大了人性的力量，以期激发员工内在的动力、潜力和创新精神。从某种意义上来讲，墨子认为管理的民主和柔性是企业进步的核心动力，其并不反对刚性管理中"以规章制度为中心"的原则，而是在保持适度刚性的同时，尽可能提高管理决策的民主化，使组织的管理更加有韧性。在越来越崇尚自由平等的现代化社会，对员工的人格化管理更加符合现代企业文化的管理理念。兼爱思想能够给企业营造良好的人际关系，有利于创造和谐的工作环境，可是员工增加安全感和舒适度，提高工作效率，从而更快更好地实现企业目标。在企业管理中，人是企业组成的主体，柔性管理要求更加注重对人的培养，通过组织文化建设，企业管理者应当留心身边的小事，在工作和生活各方面关心员工的需求，与下属进行轻松积极的情感交流和思想沟通，加强彼此之间的认同与理解，增进公平互信，增加团队凝聚力和号召力，形成民主亲和的良好人际关系和办公环境。企业的柔性管理主张相亲相爱，爱人爱己，平等的对待企业员工，从而增强企业的凝聚力，调动员工的积极性。

在人力资源的管理上，墨子主张感情投资，重视人的感情，因为人与人之间的情感是相互的，将心比心，爱人则被人爱，认为在感情上有付出就有回报。墨子在《墨子·兼爱上》篇中说："若使天下兼相爱，爱人若爱其身，犹有不孝者乎？视父、兄与君若其身，恶施不孝？犹有不慈者乎？视弟、子与臣若其身，恶施不慈？故不孝，不慈亡有，犹有盗贼乎？故视人之室若其室，谁窃？视人身若其身，谁贼？故盗贼亡有。犹有大夫之相乱家、诸侯之相攻国者乎？视人家若其家，谁乱？视人国若其国，谁攻？故大夫之相乱家、诸侯之相攻国者亡有。"（《墨子·兼爱上》）意指良好的人际关系依靠人与人之间的护爱、尊重、互惠，多从对方的角度考虑问题，可以避免很多不必要的误解和争端。由此可见，"兼爱"是形成良好人际关系和企业、社会风气的重要价值理念。

同时墨子主张民主管理。在人员推选任用上"不党父兄，不偏富贵"（《墨子·尚贤》）。其门人许行还提出"并耕而食，饔飧而治"（《孟子·许行》），并主张领导者施行民主统治，敢于同封建社会宗法制度的等级观念做斗争。墨子的理念在当今企业文化建设中具有指导意义。在对内管理上，管理者应在日常工作生活中保持与员工的亲近态度，建立有效沟通渠道，实现利润按劳平均分配；在外部竞争中，应注意顺应市场经济的全球化、透明化等特点，在商场竞争中实行竞价公平、标价公开的原则，更加有利于企业长远盈利战略的实现。

二、尚同

墨子指出："天下之人异义，是以一人一义，十人十义，百人百义，其人数兹众，其所谓义者亦兹众，是以人是其义，而非人之义，故相交非也……明乎民之无正长，以一同天下之义，而天下乱也。"（《墨子·尚同中》）每个人都有自己的理解，一个人有一种道理，十个人则有十种不同的见解，百人则有百种不同的观点。随着人数的增加，道理和观点也愈发丰富多样。每个人都可能坚信自己的理解是正确的，而别人的看法则是错误的，因而彼此之间相互攻击……明白了人民没有行政长官，统一天下意志，而使天下大乱的道理。墨子认为，社会动荡和不安定的主要原因是因为大家没有统一的意识形态，思想上没有形成"尚同"的价值观。企业管理的核心目标是实现内部的上下同欲和建设企业自己的文化。企业能否形成系统的价值观对其兴衰存亡有着重大的影响。墨子"一同天下之义"的尚同思想，放在企业管理上，就要求企业建立共同的价值观，形成能约束、影响全体员工的企业文化体系。

那么，在企业文化中如何做到"尚同"呢？

首先，企业员工要服从管理。《尚同上》云："上之所是，必皆是之；所非，必皆非之……上同而不下比者，此上之所赏，而下之所誉也。"（《墨子·尚同上》）意思是说，上司所认为是正确的，必须都要认为是正确的；上司所以认为是错误的，必须都要认为是错误的。当然现代企业管理理念不会要求员工绝对的盲从，但从另一个角度来讲，企业制度管理要求的第一要则应是上行下效，只有如此才能最快的统一思想，国家、社会、企业才不会混乱。要进行管理，必须制定行之有效的管理条例和准则。墨子主张法治，"法，所若而然也"（《墨子·经上》）。"发以为刑政，观其中国家百姓之利。"（《墨子·非命》）即以政治实践的结果是否符合国家和人民的利益为依据。"言必立仪"是说为文立言应有一定的法度和准则。"天下从事者，不可无法仪；无法仪而其事能成者，无有。"（《墨子·法仪》）意指天下的一切事物不可以没有标准，做人要有原则，做事要有规则，治国要有标准，即法则。不遵循一定的标准而能成事者，自古以来是没有的。这里的法仪，既可以是哲学中的法则、规律等概念，也可以理解为法学中法和刑法的范畴。墨子认为天下从事者皆有法，无规矩不成方圆，放在企业管理文化建设中，就是要制定科学合理的企业管理准则。

其次，企业管理要建立起良好的沟通机制。墨子认为，"上有隐事遗利，下得而利之；下有蓄怨积害，上得而除之"（《墨子·尚同中》）。也就是说，天子和臣民之间的关系是可以互相沟通和协调的。现在的企业文化越来越注重扁平化管理，精简中间机构与环节，不仅可以让每个成员和基本单位有独立处理问题的能力，也会让管理层在各个节点之间的信息沟通更加方便灵活。企业的管理者只有充分地了解底层运作，知悉民意，才能在进行决策的时候准确体现公司的整体意志。

三、择务而从事

在职能分配管理和重点决策问题上，墨子提出了"择务而从事"的观点。《墨子·鲁问》中篇记载："子墨子游，魏越曰：'既得见四方之君，子则将先语？'子墨子曰：'凡入国，必择务而从事焉。国家混乱，则语之尚贤、尚同；国家贫，则语之节用、节葬；国家憙音湛面，则语之非乐、非命；国家淫辟无礼，则语之尊天、事鬼；国家务夺侵凌，则语之兼爱、非攻，故曰择务而从事焉。'"（《墨子·鲁问》）墨子主张，在处理任务时，应根据其重要性和紧急性来确定处理的先后顺序，从而做出有重点的决策。这一思想在现代管理中具有广泛的应用，可以帮助管理者有效地分配资源，优先处理关键任务，提高整体工作效率。

首先，在重点决策问题上，"择务而从事"有利于区分事务紧迫程度和对于当前决策的重要性，按照轻重缓急选择最迫切的事件进行决断，将时间集中用到需要解决的核心问题上来，在领导者和企业员工面对大量工作、精力无暇全盘顾及的时候，"择务而从事"可以整合资源，用于抓住和突破解决对全局影响最大也最重要的工作任务。在人员任用的职能分配问题上，"择务而从事"有利于领导者适当程度进行放权，在不同事务和问题的处理中，根据员工的能力侧重和业务擅长方面进行适度授权，使人员"择务而从事"，已达到节约决策时间，合理整合利用人力资源的效果。对于企业决策目标的完成具有积极效果，发挥人才作用的同时也大大提高了工作完成的效率。

墨子主张学以致用，这在企业文化建设中的启示是在面对不同需求与问题的区域，按照实际情况进行重点管理，下达有侧重面与区分的具体决策。只有紧抓重点，才不会导致决策拖沓甚至南辕北辙。"择务而从事"提高了决策的效率，同时发挥了人力资源应有的积极作用。

四、助己视听

《墨子·尚同中》曰："非神也，夫唯能使人之耳目助己视听，使人之吻助己言谈，使人之心助己思虑，使人之股肱助己动作。助之视听者众，则其所闻见者远矣；助之言谈者，则其德音所抚循者博矣；助之思虑者众，则其谋度速得失；助己动作者众，则其举事速成矣。"（《墨子·尚同中》）这一点，从管理层面讲，是要求领导者通过他人的力量和建议来更好的实施企业建设。强调的是团队思想，一人之力难免有思维和技能短板，如果能够得到众人的倾力帮助，群策群力，定会使任务完成效果事半功倍。而如何使"得道者多助"，同时也是对领导者自身提出的一种准则约束。从制定决策层面讲，则要求领导者全面有效的收集掌握各种信息，以增加决策的正确性，避免因信息阻滞导致的决策失误等问题出现。墨子认为，一个优秀的管理者应当能够充分调动他人来帮助自己获取各方面所需的信息，从决策角度讲，"知己知彼，百战不殆"，做决策之前必须首先掌握准确、完整的相关信息，才能在决策初始阶段打下成功的坚实基础。

信息对于一个企业的精确管理和制定决策是极为重要的，对企业决策相关信息的收集整合是做出有效决策、施行民主管理的先决条件。在现代企业的管理文化中，不能只凭借个人经验，而应在掌握大量信息的基础上做出科学决断。只有通过多种渠道有效获取信息进行科学决策，才能减少企业发展的决定性步骤上出现风险，才能在未来将要面临的激烈竞争中未雨绸缪，做到有备无患。在信息收集后的分析工作也应广泛调动大家的积极性，提出建设性意见参与到分析中来。墨子"助己视听众"的管理思想和信息收集方法在此便具有很大参考价值。

五、下情上达

在企业日常的管理和进行决策时，还要重视上下间的沟通问题。只有保持企业内沟通机制顺畅，才能保证信息的有效传达和决策的最终科学制定。

《墨子·尚同中》中阐述了"上下通请"在管理决策中的重要性，"故古者圣王唯而审以尚同，以为正长，是故上下情请为通。上有隐事遗利，下得而利之；下有蓄怨积害，上得而除之"（《墨子·尚同中》）。古代的圣王，因为能够审慎地统一民众的意见，立为行政长官，所以上下之情就沟通了。上面若有尚被隐蔽而遗置的利益，下面的人能够随时开发他，使他得到好处；下面若有蓄积的怨和害，上面也能够随时除掉他。《墨子·尚同下》中也说："然计国家百姓之所以治者，何也？上之为政，得下之情则治，不得下之情则乱。何以知其然也？上之为政，得下之情，则是明于民之善非也。若苟名于民之善非也，则得善人而赏之，得暴人而罚之也。善人罚而本人罚，则国必治。上之为政也，不得下之情，则是不明于民之善非也。若苟不明于民之善非，则是不得善人而赏之，不得暴人而罚之。善人不赏而暴人不罚，为政若此，国众必乱。故赏不得下之情，而不可不察者也。"（《墨子·尚同下》）管理者必须深入了解下属的实际情况和需求，即"得下之情"，才能做出明智的决策。通过明确区分员工的善恶行为，并据此给予相应的奖励和惩罚，可以激励员工积极向善、远离恶行，从而确保组织的和谐与高效运行。若管理者忽视员工的实际状况，无法准确判断其善恶，便难以实施恰当的奖惩措施，这必将导致组织内部的混乱和效能的降低。因此，在管理实践中，重视与员工的沟通、准确把握员工动态，以及公正合理的奖惩制度，是确保组织稳定和持续发展的关键要素。

企业中上下层级间良好畅通的信息沟通机制是保证企业文化建立与深入到每位员工意识形态之中的基本保障。因此建立健全下情上达的信息沟通机制，保证信息全面真实地反映给上层决策者和管理者，才能使上级基于真实情况出发，以基层群众为思考视角，真正解决企业发展所面临的各种现实问题。完整的信息传递可使上下之间的感情和想法得到及时沟通，由此避免决策和发展中的各种隐患。

第四节　《墨子》与企业经营观：固本　节用

企业的日常运作离不开科学经营理念的指导。《墨子》中涉及企业经营的观点有很多，从经济统筹角度主要体现在要求强本节用、固本生财、非乐节葬等方面。

一、固本生财

墨子在讲到国家财政问题时，提出要固本。"以时生财，固本而用财，则财足。"（《墨子·七患》）"本不固者末必几。"（《墨子·修身》）本，即"根""根本""本源"等。墨子认为治理国家应当"强本节用"，人们要充分发挥人的主观能动性，加强劳动，积极进行生产，大力发展经济，同时强调节俭与增收并重。

"凡五谷者，民之所仰也，君之所以为养也。故民无仰，则君无养；民无食，则不可事，故食不可不务也，地不可不力也，用不可不节也。"（《墨子·七患》）意思是，五谷不仅是人民赖以生存的基础，也是国君用以维持自身和民众生计的重要来源。因此，一旦人民失去了对五谷的依赖，国君也将失去供养之力；若民众口粮匮乏，便无法再被驱使效力。由此可见，我们必须加紧粮食生产，竭尽全力耕作田地，同时也不能忽视节约使用财用。墨子非常看重生活资料，认为关乎着一个国家和百姓的安危存亡。他认为"食者国之宝也"，一个国家要保持安定祥和，必须大力发展生产，进而提出了"生财密"的观点。"生财密"即指多增加生产。"故先民以时生财，固本而用财，则财足。"（《墨子·七患》）为此墨子认为统治者要减少征战，从而保证生产。

在现代企业文化管理中，只有在企业的经济发展中打下固本的坚实基础，才能做到厚积薄发。生财在企业内部成本控制中首先要靠"本"固，而要达到固本，则要求决策者和员工具有节用思想。如何有效运用现有资源成为急需解决的问题。在当前严峻的经济形势下，通过开源节流，减少不必要的财政支出，同时增加企业收入项，降低经营成本。企业运营中，除拓展新业务、提升服务外，更应高效利用现有资源，控制成本，避免无谓添置与设施闲置，这是保持竞争力、稳健运营的关键。

二、节用非乐

墨家崇尚艰苦朴素，勤俭节约。墨子主张"节用"。"诸加费用不加于民利者，圣王弗为。""必量其力所能至而从事焉。"（《墨子·公孟》）"各从事所能。"（《墨子·节用》）"节俭则昌，淫佚则亡"（《墨子·辞过》）是墨子对领导经营的主要看法。节用，顾名思义就是节省开支，在整个企业的财务管理过程中，该投入的花销不可省，但决不能奢靡浪费。

墨子反对形式铺张的厚葬，反对种种奢侈作为，甚至反对听音乐，反对艺术，认为礼乐无用，从阶级利益出发墨子向传统的"礼制"发起了严重挑战，认为享受音乐不应过度耗费官僚们的时间精力，更不能给民众增加税敛上的负担。《节用》《非乐》反映到现代企业文化管理上就是成本控制问题。

《墨子·节用上》说："圣人为政一国，一国可倍也；大之为政天下，天下可倍也。其倍之，非外取地也，因其国家去其无用之费，足以倍之。圣王为政，其发令、兴事，使民用财也，无不加用而为者。是故用财不费，民德不劳，其兴利多矣。"（《墨子·节用上》）墨子认为，圣明的领导者在治理国家或组织时，通过审慎使用资源、去除无用开支，能够最大化地提升整体效能，而无须依赖外部扩张。这一理念强调了内部优化和减少浪费的重要性。领导者在发令兴事时，必须确保每项决策都为组织带来实际效益，避免劳民伤财。这样的管理方式不仅经济高效，更体现了对员工和社会的尊重与责任。通过精细管理和节约开支，组织能够在竞争激烈的市场中稳步前行，实现持续发展与繁荣。"今天下为政者，其所以寡人之道多。其使民劳，其籍敛厚，民财不足，冻饿死者不可胜数也。且大人惟毋兴师以攻邻国，久者终年，速者数月，男女久不相见，此所以寡人之道也。与居处不安，饮食不时，作疾病死者，有与侵就，攻城野战死者，不可胜数。"（《墨子·节丧上》）"其财用节，其自养俭，民富国治。"（《墨子·节用上》）是说现在执政的人，他们使人口减少的缘故很多。他使百姓劳乏，加重税收，百姓因财用不足而冻死饿死的，不可胜数。而且大人们兴师动众去攻打邻国，时间久的要一年，快的要数月，男女夫妇很久不相见，这就是减少人口的根源。再加上居住不安定，饮食不按时，生病而死的，以及被掳掠俘虏、攻城野战而死的，不可胜数。为了实现节用的理念，墨子特别制定了关于饮食的规范，"足以充虚继气，强股肱，耳目聪明，则止。不极五味之调、芳香之和，不致远国珍怪异物"（《墨子·节用中》）。制衣之法，"冬服绀之衣轻且暖，夏服轻且清，则止。其为衣裘何？以为冬以御寒，夏以御暑。凡为衣裳之道，冬加温、夏加凊者善，鲜加者去之"（《墨子·节用中》）。宫室之法，"其旁可以御风寒，上可以防雪霜雨露，其中清洁，可以祭祀，宫墙足以为男女之别，则止"（《墨子·节用中》）。墨子所阐述的饮食、制衣与宫室之法，从管理学的视角来看，体现了资源优化与合理配置的重要性。他主张在满足基本需求的前提下，避免过度追求奢华与享受，从而实现资源的有效节约。这种理念告诫管理者在分配资源时，应优先考虑实际需求与效益，而非盲目追求形式上的华丽与排场。通过实施这种节用原则，组织能够在有限的资源条件下，实现更高的运行效率与更好的发展成果。这不仅符合经济学中的成本效益原则，也体现了对环境与社会责任的关注，是现代管理实践中应秉持的重要理念。

墨子还主张"非乐"，认为奏乐必使人"废丈夫耕稼树艺之时，废妇人纺绩织布之事"（《墨子·非乐上》），"与君子听之，废君子听治；与贱人听之，废贱人之从事"（《墨子·非乐上》），最后得出"乐之为物，将不可不禁而止也"（《墨子·非乐上》）的结论。"非乐"在如今看来有对音乐艺术和文娱生活的某种错误认识，而在当时，墨子的"非乐"其实是要告诫人们不能沉迷于虚浮的声色世界，过度贪图享受。与音乐艺术相比，要求当权者更应首先满足百姓的生存需要。

墨子的节用思想不仅符合当时劳动人民的根本利益，在现代社会更具有时代意义。很多公司在创业初期能够保持高昂的战斗意识和吃苦耐劳的拼搏精神，但是随着企业的不断发展，管理层开始开始享乐导致衰败的例子数不胜数，懈怠腐败之风是任何时候都不能有的。在紧抓反腐倡廉的当下，节用勤俭在领导思想中的重要性更加突出。尤其对于领导者来说，能否具有艰苦朴素的生活作风，在现实条件下是一个很大的考验。积极倡导节约型社会，避免个人生活中的奢侈浪费现象等，这一思想应当在加强企业文化建设中予以体现。

第五节　《墨子》与企业人才观：尚贤　重德

人才是现代企业文化管理的核心，也是企业经营的根本理念。"人"是企业管理中最重要也是最具有无穷潜力与能量的部分。墨家提出"尚贤"之法，强调国家、社会的治理需要贤能之才，结合当下"以人为本"的管理思想，对于现代企业的管理具有借鉴意义。在企业文化管理中只有重视人才，建立科学人性化的人才任用机制，使"贤者上、庸者下"，有效合理利用好人力资源，企业才能得到不断地发展壮大。

一、尚贤

为政之本为、管理之法为"尚贤"。墨子曰："官无常贵，民无终贱。有能则举之，无能则下之。"（《墨子·尚贤上》）当官的人并不会永远享受富贵，而民众不会永远有贫贱之分。有能力的就举用他，没有能力的就罢黜他。墨子重视人力资源的质量和数量。《墨子·尚贤上》篇云："是故国有贤良之士众，则国家之治厚；贤良之士寡，则国家之治薄。故大人之务，将在于众贤而已。"（《墨子·尚贤上》）如果国家里有很多有才能、品德高尚的人，那么国家的治理就会很扎实、很稳固；相反，如果国家里这样的人才比较少，那么国家的治理就容易出问题，显得薄弱和动荡。"昔者文公出走而正天下，桓公去国而霸诸侯，越王勾践遇吴王之丑而尚摄中国之贤君，三子之能达名成功于天下也，皆于其国抑而大丑也。太上无败，其次败而有以成，此之谓用民。"（《墨子·亲士》）同时墨子认为贤人应当勤政，尽心尽力辅佐君主。"故虽有贤君，不爱无功之臣；虽有慈父，不爱无益之子。是故不胜其任而处其位，非此位之人也；不胜其爵而处其禄，非此禄之主也。"（《墨子·亲士》）要求能者上，庸者下。"故古圣王以审以尚贤使能为政，而取法乎天。虽天亦不辨贫富、贵贱、远迩、亲疏，贤者举而尚之，不肖者抑而废之。"（《墨子·尚贤中》）

墨子在《墨子·亲士》篇中提道："入国而不存其士，则亡国矣。见贤而不急，则缓其君矣。非贤无急，非士无与虑国。缓贤忘士，而能以其国存者，未曾有也。"要想国家兴旺发达，首先要尚贤使能，广纳人才。《墨子·尚贤上》说："今者王公大人为政于国家者，皆欲国家之富，人民之众，刑政之治，然而不得富而得贫，不得众而得寡，不得治而得乱，则是本失其所，得其所恶。是其何故也？是在王公大人为政于国家者，不能以尚贤事能为政也。是故国有贤良之士众，则国家之治厚；贤良之士寡，则国家之治薄。故大人之务，将在于众贤而已。"（《墨子·尚贤上》）只有尚贤使能，才能为国出力，为君解忧。人才决定了国家未来的命运和兴衰。由此可见，墨子对于人力资源的价值极为看重。

在企业发展中，人才是一个企业运行的血液，是企业发展的原动力。对于现代企业而言，人才的储备越来越受到重视，集团领导者不惜重金聘用具有高级技术的人才，来提高自己的核心竞争力。人才发展战略，特别是现代新型的电子信息产业更加注重人才的获取和培养。如微软、阿里巴巴等领先行业，非常注重人员选聘，认为企业成功主要是源于对人才的引进。可以说，人力资源决定了一个组织未来的走向和命运。

二、以德就列

《墨子》重德，主张人才任用以德为先。"举三者授之贤者，非为贤赐也，欲其事之成。故当是时，以德就列，以官服事，以劳殿赏，量功而分禄。故官无常贵，而民无终贱，有能则举之，无能则下之。举公义，辟私怨，此若言之谓也。"（《墨子·尚贤上》）墨子认为，领导者选拔人才应优先看其德行。对于品德高尚又有才能的人应当予以重用，给予他们厚禄和奖赏。这样才能吸引德才兼备的人来为他服务。按照德行和能力表现来进行员工的提拔和重用，建立公平的考核机制，才能使上下服从管理，形成尚德的文化氛围，使人们严以修身。有利于企业进行更好的管理。

墨子要求弟子要言行一致。"口言之，身必行之。"（《墨子·公孟》）"言足以牵行者常之，不足以迁行者勿常。不足以迁行者而常之，是荡口也。"（《墨子·贵义》）墨子称言行不一为"荡口""明犯"，认为表里不一必不足取。应当"言必行，行必果，使言行之合，犹合符节也，无言而不行也"（《墨子·兼爱》）。做到表里如一，以德为先，是衡量人才的第一准则。

"以德就列"思想有利于高素质人才德行凸显，为其才能的施展打下素质基础。相比于孔子注重礼节的主张，墨子更加重视德行，对于繁复礼节并不提倡。这一点打破了形式主义而更为注重德与礼之中的实务和要义。数千年前墨子提出的以德就列，以劳殿赏，量功分禄等思想运用到现代企业人员的选拔与管理当中，仍然是贴切当今发展实际的高明理念。

三、有能则举之

在用人原则上，墨子主张任人唯才，择才而用。"农与工肆之人，有能则举之，高予之爵，重予之禄，任之以事，断予之令。"（《墨子·尚贤上》）相反，如其不肖，就应当"抑而废之，贫而贱之，以为徒役"（《墨子·尚贤中》）。在整个企业的管理中，墨子主张的是不拘一格降人才，这对当今社会的企业管理有重要的借鉴意义。人才是企业的核心，尊重人才、知人善任是管理企业的根本。

墨子为实现"尚贤"提出了"有能则举之，无能则下之"（《墨子·尚贤上》）的人员任用条令。《墨子·尚贤上》篇说："故古者圣王之为政；列德而尚贤，虽在农与工肆之人，有能则举之，高予之爵，重予之禄，任之以事，断予之令，曰：'爵位不高则民弗敬，俸禄不厚则民不信，政令不断则民不畏。'"（《墨子·尚贤上》）意思是古代圣王施政时，使有德者列于位次，使贤能得到尊重，即使是农民与工匠、商人，有才能的就要高官厚禄予以提拔，因为爵位不高，百姓就不敬重；俸禄不厚，百姓就不信任；政令不断，百姓就不畏惧。同时墨子主张不能任人唯亲，"不党父兄，不偏富贵"。在《墨子·尚贤上》有载："是故古者圣王之为政，言曰：'不义不富，不义不贵，不义不亲，不义不近。'"（《墨子·尚贤上》）由于领导者追求"义"，于是人们便重视提高自己的能力，而不是依靠关系亲近或者富有来获得任用。由于选人的标准是能力和德行，可避免人员任用的不正之风，这样就形成了有能者上的良性甄选机制，为企业的快速发展和运营提供了人才保证。这对于当今社会下的现代企业仍然十分关键。中国是关系社会，容易出现任人唯亲的问题。如何使人才不在关系势力下被埋没，就要求企业的聘用原则具有公开、公正、公平的态度，形成任人唯贤的客观良好人员聘用体系。

四、各从事其所能

在人员任用上，墨子主张因人而异，合理分工。《杂守》篇中说："有谗人，有利人，有恶人，有善人，有长人，有谋士，有勇士，有巧士，有使士，有内人者，外人者，有善人者，有善门人者，守必察其所以然者，应名乃内之。"（《墨子·杂守》）意思是为了守城，应该容纳所有这些人。企业的人才管理应因人而异，现代企业的员工来自五湖四海，他们的技术能力、生活习惯、道德修养等均有很大的不同，对于企业的管理者而言，没有最好的管理方法，只有最适合的管理方法。针对不同类型的员工要做到合理分工，实现集体利益最大化。《墨子·节用中》云："凡天下群百工，轮、车、鞄、陶、冶、梓匠，使各从事其所能。"（《墨子·节用中》）认为人才应该择其所长，尽其所能。好的管理者善于发现员工的优点并加以引导利用，使其能够创造出超乎想象的个人价值。同时在《墨子·耕柱》中说："譬若筑墙然，能筑者筑，能实壤者实壤，能欣者欣，然后墙成也。为义犹是也。能谈辩者谈辩，能说书者说书，能从事者从事，然后义事成也"（《墨子·耕柱》）。正确发现不同员工身上的闪光点，使之得以发挥施展，会使企业目标得到迅速优质实现，还有利于员工个人找到自信心，增加工作积极性。由于每个人的生活阅历、兴趣爱好、能力侧重面各不相同，所以要使每个人最擅长的那部分能力得到重用，使人员合理分工，各从事其所能，找到各自最适合的岗位，才能使人员在各自事业上达到巅峰状态，使企业整体利润获得最大化。

五、不见我亦从事

"今使子有二臣于此，其一人者见子从事，不见子则不从事；其一人者见子亦从事，不见子亦从事，子谁贵于此二人？"对方曰："我贵见我亦从事，不见我亦从事者。"对于人才的考察，墨子提出了"听言迹行察能"的观点。墨子在《墨子·尚贤上》中说："圣人听其言，迹其行，察其所能，而慎予官，此谓事能。"（《墨子·尚贤上》）在企业管理中，对于员工的考评机制应当建立在完整信息的获取之上进行。管理者要全面观察、了解员工在日常工作中的表现，杜绝一人两面，领导检查是勤奋而疏于管理时惰怠。还要注重考评的长期性，建立长久健全的考核制度。杜绝片面听取旁人说辞而对员工进行奖罚等举措，而应当从实际出发，对于真正兢兢业业的人员予以奖励，对于消极怠工的人员予以教育批评，并责令其改正。墨子的"事能"思想在企业管理和人员考评时具有重要的参考价值。

六、因才而用

对人才招揽聘用之后，要进行不断的教育培训。《墨子·鲁问》中云："翟以为不若诵先王之道，而求其说，通圣人之言，而察其辞，上说王公大人，次匹夫徒步之士。王公大人用吾言，国必治；匹夫徒步之士用吾言，行必修。故翟以为虽不耕而食饥，不织而衣寒，功贤于耕而食之、织而衣之者也。故翟以为虽不耕织乎，而功贤于耕织也。"（《墨子·鲁问》）这段话强调了知识与智慧在组织管理中的重要性。墨子认为，通过深入学习和理解先王之道、圣人之言，可以获得治理国家和指导个人行为的智慧。这种智慧不仅适用于高层管理者，如王公大人，用以治国理政，实现国家的安定与繁荣；同样也适用于普通人士，用以修身齐家，提升个人的品德与行为。因此，墨子认为，虽然这些知识分子可能不直接参与耕织等生产活动，但他们的贡献远远超过直接生产者，因为他们的智慧和知识能够提升整个组织或社会的运行效率和品质。这也体现了管理学中知识管理和智力资本的重要性，即通过有效地管理和利用知识资源，可以显著提升组织的竞争力和创新能力。

在企业培训过程中要根据员工各人的性格、条件差异因材施教，使"能谈辩者谈辩，能说书者说书，能从事者从事，然后义事成也"（《墨子·耕柱》）。对于不同对象的特长进行各自能力的发掘和培养；在教育讲解时做到"深其深，浅其浅，益其益，尊其尊"（《墨子·大取》）。根据员工对内容的掌握程度，及时制定不同学习强度的培训日程，保证每个人在培训中不断进步，而不是将企业培训工作流于形式。在如今这个知识更新迅速的信息社会，企业的每一个成员都必须持续不断地学习，才能跟上组织内外环境的快速变化，因此企业内培训日益受到管理者的重视，行之有效的培训工作可以加快员工和企业的共同成长。

第六节　《墨子》与企业领导观：厚德　博道　守拙

"贤良之士，厚乎德行，辩乎言谈，博乎道术者平，此固国家之珍，而社稷之佐也。"（《墨子·尚贤上》）意思是一个国家若拥有贤良之士，他们品德高尚、言谈有智慧、思辨能力强，且学识渊博，这无疑是国家的宝贵财富，更是社稷的得力助手。《墨子》中包含着丰富可借鉴的领导思想，对于现代领导者提高素质修养具有积极作用。企业的成功，与其主要领导者的能力、品行和素养是分不开的。

一、厚乎德行

《墨子·修身》篇说："君子战虽有阵，而勇为本焉；丧虽有礼，而哀为本焉；士虽有学，而行为本焉。是故置本不安者，无务丰末。"（《墨子·修身》）认为士人虽然有学问，但品行是最根本的东西。君子以德为先，如果品行不端，那么即使才能出众也不可重用。"君子力事日强，愿欲日逾，设壮日盛"，道德修养可以促使事业得到更好的发展。"志不强者智不达,言不信者行不果。"(《墨子·修身》)"必疾爱而使之,致信而持之。"(《墨子·尚同下》)领导者厚乎德行的优秀品格,会给员工带来榜样影响,利于在群众中树立起良好的威信,得到集体的敬重和效仿,对建设尚德的企业文化氛围有着重要带动作用和积极影响力,利于组织文化管理的健康顺利进行。

那么如何修身,才能达到"厚乎德行"呢?

《墨子·修身》篇中提出:"君子察迩而迩修者也。见不修行,见毁,而反之身者也,此以怨省而行修矣。"(《墨子·修身》)意思是君子修身应从他人对自己的评价和态度上来了解并反省自身,常做自我批评。"子墨子曰:'古者有语曰:君子不镜于水,而镜于人。'镜于水,见面之容;镜于人,则知吉与凶。"(《墨子·非攻中》)提出了"以人为镜"的理论,以他人为镜来正衣冠,从而提高自己的德行。同时墨子认为"人性如素丝""染不可不慎"(《墨子·所染》),他指出人的道德修养与其所处的环境和接触的人有很大关系。"行理性于染,当。"修身应具有明辨是非黑白、敬贤尚德的思维理性。"据财不能以分人者,不足与友;守道不笃、遍物不博、辩是非不察者,不足与游。本不固者未必几,雄而不修者,其后必惰。原浊者流不清,行不信者名必耗。名不徒生,而誉不自长。功成名遂,名誉不可虚假,反之身者也。务言而缓行,虽辩必不听;多力而伐功,虽劳必不图。慧者心辩而不繁说,多力而不伐功,此以名誉扬天下。"(《墨子·修身》)墨子带领弟子们日夜奔走,救国救民,并处处表现出其修身原则。他认为只有通过艰苦的磨炼才能形成良好的道德情操。一个企业的领导者,其道德品行直接映射出整个组织的风貌,同时也深刻影响着其他成员的道德水准。因此领导者应从提高自我道德素质入手,积极开展修身树德,在充满诱惑与各种利益纷争的现代社会,重德的柔性管理有利于企业中个人和集团的共同发展。

二、博乎道术

好的领导者应该博学多识,精于道术。《墨子·贵义》篇中记载,子墨子南游使卫,关中载书甚多,弦唐子见而怪之,曰:"吾夫子教公尚过曰:'揣曲直而已。'今夫子载书甚多,何有也?"子墨子曰:"昔者周公旦朝读书百篇,夕见漆十士,故周公旦佐相天子,其修至于今。翟上无君上之事,下无耕农之难,吾安敢废此?翟闻之:'同归之物,信有误者。'然而民听不钧,是以书多也。今若过之心者,数逆于精微。同归之物,观己知其要矣,是以不教以书也。而子何怪焉?"(《墨子·贵义》)这段对话揭示了领导者知识与智慧的重要性。

墨子虽被质疑载书过多,却以周公旦为例,强调了学习与读书对于领导者修为的必要性。在领导实践中,深厚的学识与广泛的阅读能够使领导者拥有更高的眼界和更准确的判断力。同时,墨子也指出了因人而异的教学原则,即对于已经掌握精微之处的弟子无须多教,而对于普通人来说,书籍是获取知识、提升理解力的重要途径。因此,作为领导者,不仅要有丰富的知识和卓越的能力,更要有因材施教的智慧,这样才能有效地引导和带领团队。这段对话对现代领导者在知识管理、团队教育及领导力发展方面具有重要的启示意义。

在当下这个以知识经济为主导的现代社会中,科学技术已然成为推动个人成长、企业发展乃至国家经济腾飞的核心动力。鉴于此,建立一个学习研究型的企业文化环境显得尤为关键。这样的环境不仅能够激发员工的求知欲和创新精神,还能促使企业与员工在知识的海洋中共同进步,实现共同成长的美好愿景。知识拥有改变命运的力量,而对于管理者来说,知识的匮乏无疑是一种致命的缺陷。在科技兴国、创新引领的市场经济大潮中,那些缺乏学识和远见的管理者终将被时代所淘汰。因此,企业领导们必须顺应这一时代潮流,以墨子的"博乎道术"为榜样,不断拓宽自己的知识领域,深化对业务的理解,同时紧密关注时事政策,以便更好地把握市场脉搏和发展机遇。通过勤学好问、广泛涉猎和深入研究,领导者们可以逐步将自己塑造成为复合型人才,这种全面而深入的知识储备不仅能够为企业的战略决策提供有力支撑,还能够在激烈的市场竞争中为企业赢得更多先机。因此,建立学习研究型企业文化环境,并推动员工与企业在知识层面上的共同进步和成长,无疑是现代企业实现可持续发展和基业长青的关键所在。

三、摩顶放踵

墨子在《墨子·节用》篇中写道:"古者明王圣人所以王天下、正诸侯者,彼其爱民谨忠,利民谨厚,忠信相连,又示之以利,是以终身不厌,殁世而不倦。"(《墨子·节用》)主张领导者应以先贤榜样,"摩顶放踵利天下"。他说:"今有人于此,有子十人,一人耕而九人处,则耕者不可以不益急矣。何故?则食者众而耕者寡也。今天下莫为义,则子如劝我者也,何故止我?"朋友劝墨子放弃行义,墨子的回答显示了他认真顽强、辛苦实干的精神品质。墨子在行义的过程中,遇到很多艰难困阻,但他始终以身作则,不言放弃,为"兴天下之利,除天下之害"而出生入死、矢志不移。墨子这种摩顶放踵的为民思想,踏实肯干的工作态度,不计个人得失,以集体利益为重的高尚德行,是墨家团体成为一世显学、具有高度凝聚力的灵魂指引。

企业领导者具有坚韧的实干精神，不怕辛劳的工作态度能够带动下属全心投入工作，以完成企业目标为第一要务。增加团队向心力，提高企业发展效率。因此，"摩顶放踵"的品行是现代领导所应具备的重要素质。

四、兼容守拙

良好的心态是管理者应当具备的，拥有海纳百川、兼容万物的胸襟是领导者能够更好招揽贤才的重要心理品质。墨子在《墨子·亲士》篇中说："良弓难张，然可以及高入深；良马难乘，然可以任重道远；良才难令，然可以致君见尊。"（《墨子·亲士》）其意是说，优良的弓箭难以张开，然而可以把箭射向高处和深处；优良的骏马难以驾驭，然而可以承载很重的担子和跋涉很远的路程；优良的人才难以号令，然而可以辅佐你得到尊贵的位置和荣誉。还说："是故江河之水，非一源之水也；千镒之裘，非一狐之白也。夫恶有同方取不，取同而己者乎？盖非兼王之道也。是故天地不昭昭，大水不潦潦，大火不燎燎，王德不尧尧。者乃千人之长也，其直如矢，其平如砥，不足以覆万物。是故溪陕者速涸，逝浅者速竭。"（《墨子·亲士》）意思是说，没有博大宽广的胸怀，就无法包容万物。同时也无法容纳那些性情乖张不拘一格的奇才。如果管理者内心狭隘，无兼容之心，那么同行之人便会越来越少，故步自封，最终会将企业带入绝境。在企业文化的建设中，作为领导者应当心胸开阔，在员工任用问题上"知大重于明小"，即对于德行兼备、能力出众的人才，应委以重用，不能因其外貌脾气等细节与管理者自己的喜好相悖而予以挤兑甚至摒弃。领导者应善于听取采纳不同的声音，虚心学习他人之长，以使集体的力量发展壮大，进行目标一致地管理，使企业上下万众一心，蒸蒸日上。

此外，墨子提出，"太盛难守，善于守拙"的思想。他在《墨子·亲士》篇中举例："今有五锥，此其锐，锐者必先挫；有五刀，此其错，错者必先靡。是以甘井近竭，招木近伐，灵龟近灼，神蛇近暴。是故比千之殖，其抗也；孟愤之杀，其勇也；西施之沉，其美也；吴起之裂，其事也。故彼人者，寡不死其所长。"（《墨子·亲士》）这段文字深刻阐释了组织中人才管理的关键原则：优势在过度突显时也可能转化为劣势。类似于锐利的锥子必先受挫，锋利的刀刃必先磨损，组织中那些在某一方面极为突出的人才，如缺乏平衡发展，可能会因这一显著优势而遭遇挑战。比如，一个才华横溢但缺乏团队协作的员工，或在销售业绩上卓越却忽视客户关系的销售代表，都可能在组织的长远发展中受阻。因此，组织在培养人才时，必须注重全面性和均衡性，既要发挥人才的长处，也要关注并弥补其不足。更重要的是，组织应营造一个多元化和包容性的环境，让各种类型的人才都能在适合的岗位上充分施展才华，从而实现组织和人才的共同进步与繁荣。通过这样的管理方式，我们可以避免"死于其所长"的悲剧，确保每一位员工都能在组织的成长道路上持续发光发热。因此墨子主张"守拙"。表现在现代企业管理中就是注重集体思想，发扬团队协作精神，在完成任务和公开言论时应将集体成就主要归功于团队努力，而不是强调个人贡献；在人际交往中要适度展示自己，不应时时处处总是以自我为中心，善于收敛锋芒，低调做人。这对于营造和谐的企业文化氛围和良好工作环境，建立友善平等的人际关系网络是很有道理的。

第七节 《墨子》与企业科技创新观：法取同 观巧传

企业的健康发展离不开科技创新。墨子的科技创新意识在 2000 多年后的今天更具实用主义的现实意义，也更贴合当前企业发展所面临的实际问题。

墨子在先秦诸子中是最重视科技发明创新的。他善于手工艺制作，并对于研发筑城和军事防御器械有很深的造诣。《墨经》中记载了墨子所做的滑轮、凹镜、凸镜等物理实验，在《墨子·备城门》中记载了其发明的投石机、藉车、渠答、转射机等武器。他比公输般更早的发明了云梯，在向其示范自己制作的车辖时说："子之为鹊也，不如翟之为车辖。"（《墨子·备城门》）由此体现了墨子是一个博学务实并善于发明制作的实用主义者。这种学风使得后来墨子多有实用性的创新发明。

墨子不仅教导弟子们精通技术，还鼓励他们深入探索其背后的原理。在力学、光学以及几何学等诸多科学领域，他展现了卓越的智慧和洞察力。他深刻理解并阐述了物体运动与力的相互作用、杠杆的平衡机制、光线的折射规律以及投影的几何关系；同时，在小孔成像以及点、线、面、体、圆等基本几何概念上，他也拥有全面而深入的认识。这些广泛而精确的科学理解，无疑彰显了墨子作为古代科学家的杰出成就。《墨子·经说上》中指出："法，法取同，观巧传。法，取此择彼，问故观宜。"主张知其然，更要知其所以然。这样的传授就富有了发明创新精神。《墨子·经上》篇中有许多关于数学概念和原理的论说，如"圆，一中同长也""平，同高也""直，参也""中，同长也""同长，以正相尽也"等等。在《墨子·经上、下》篇中有如"力，形之所以奋也""景不徙"等等的许多抽象的力学、光学、磁学等物理学概念的命题。由于墨子重视理性论辩和科学实践，因此从自然生活取材做了大量实验和器械。由于开放式教学和强调动手能力，使得这样的教育思想带动了弟子们的主观能动性和学习兴趣。而在教育中，兴趣是最好的老师。其理性思维也带动了墨学成员进行科学严谨的实践任务。重视科技创新在当时的中国是很难得的。墨家在自然科学方面的成就，在当时世界上也是居于领先地位的。

同样，在现代企业文化建设中，实施科技强企战略。将科技创新融入生产力发展要义之中，是适应时代潮流的主流理念。如果缺乏科学指导和技术创新，仅靠已有经验和保守复制进行劳动生产，而不考虑时代飞速发展的市场背景因素，那么企业在市场经济竞争中则会面临被淘汰的危机。科技创新观念对于现代企业来说，其重要性不言而喻。墨家具有高度创新实践精神、怀疑求真精神、刻苦实干精神等，其缜密严谨的理性思辨在当时社会难能可贵。我们在人员培训时要学习墨子学说的诸多闪光点，不仅要是员工产生创新发展的意识和实践积极性，还要员工掌握科技基础理论，由原理出发，知其所以然，从而更好地掌握技术。只有在全面掌握的基础上才能谈创新。管理者应学习先进的管理理论，同时积累大量丰富经验，掌握事物发展规律，研究市场，从而正确提出有创建的管理发展决策。因此，墨子所倡导的理性和创新的科学精神，对于提升企业的科技实力具有不可忽视的重要意义。

第八节　《墨子》与企业组织方式：侠义

墨子学派不同于其他学派的一个显著特点在于它的组织形式。墨家不仅是一个注重辩论和科技的学派，还是有着严格的制度和纪律的军事团体。

一、赴汤蹈火，死不旋踵

《吕氏春秋·上德》篇中载："墨子服役者百八十人，皆可赴汤蹈火，死不旋踵。"（《吕氏春秋·上德》）墨家巨子孟胜坚决为阳城君守护城池，尽管明知兵力悬殊，难以匹敌，但他仍然坚守信义，与楚军奋勇战斗，随他一同赴死的弟子多达183人。特别是那位负责出城送信的弟子，在完成使命后，毫不犹豫地返回城中，选择与众人一同赴难。这种大无畏精神，是墨学义理长期教化的结果。

从精神层面上，墨家在团体内部树立起坚韧团结的共同信念和价值观。墨家成员多是深为战乱所苦、决心在艰苦的生活方式和严密的同一信仰团体中实现人生价值的"游士"。

在日常生活中，一律食"藜藿之羹"，穿"短褐之衣"。在组织纪律上，必须绝对遵从"墨者之法"，"以巨子为圣人，皆愿为之尸，冀得为其后世"（《庄子·天下》），一切遵从墨者首领"巨子"。墨者的首领是由上代指定，代代相传的。巨子对其他弟子有至高无上的命令权力，但自己没有任何特权。冯友兰对巨子有着独到的见解。他认为，在周朝时期，军队的精英主要由世袭武士构成，他们不仅身怀绝技，还享有世袭的尊贵地位。然而，周朝晚期封建制度的瓦解导致这些武士失去了原有的封地和爵位，他们被迫四散各地，寻求新的生存方式。这些流散的武士逐渐转变为以雇佣军身份为雇主提供服务的"游侠"。他们凭借出色的武艺和战斗经验，在乱世中谋生，并逐渐形成了独特的游侠文化。墨家学说的许多核心理念，正是在这种游侠文化的基础上发展而来的，强调实用主义、兼爱非攻等思想，与游侠们的生存哲学不谋而合。冯友兰提出，儒与侠原本都是依附于贵族家庭的专家，属于社会上层。然而，随着历史的变迁，儒者多维持在上层或中层社会，而侠者则逐渐沦为社会下层。在古代，礼乐等文化活动仅为贵族所独享，对平民而言遥不可及。墨子和墨家正是基于这一观察，对传统制度及其捍卫者孔子和儒家展开了批判，认为其造成了社会的不平等与资源的浪费。与此同时，墨家也坚守并辩护着本阶级的职业道德。这种对传统制度的批判与对职业道德的坚守，共同构成了墨家哲学的核心，旨在为社会下层争取权益，并为其信仰与行为提供合理解释与支持。"墨子及其门徒出身于侠，这个论断有充分的证据。从《墨子》以及同时代的其他文献，我们知道，墨者组成一个能够进行军事行动的团体，纪律极为严格。这个团体的首领称为'钜子'对于所有成员具有决定生死的权威。墨子就是这个团体的第一任钜子，他领导门徒实际进行的军事行动至少有一次，就是宋国受到邻国楚国侵略威胁的时候，他们为宋国准备了军事防御。"① 由此可知墨学这一具有侠义团体和军事组织色彩的学术武装组织，有着同生共死、上下一心的极强团队凝聚力。

二、有力者疾以助人

究竟是什么使墨者上下做到"赴汤蹈火，死不旋踵"的呢？首先在于墨子对门人的长期思想教化。"有力者疾以助人，有财者勉以分人，有道者劝以教人。"（《墨子·尚贤下》）墨者之间强调互帮互助，以己之力帮助扶持他人，这是墨家的"为贤"之道，也是组织内部的行为准则。墨家之中的首领巨子亦

---

① 冯友兰.中国哲学简史［M］.北京：北京大学出版社，2013：51.

带头亲力亲为，做出助人教人之表率，因此上行下效，带动墨家团体同甘共苦，出生入死。要具有高度的团队凝聚力，需要成员思想观念和理想目标的高度认同和一致。兼爱和互助的思想被长期渗透到团队文化的建设中去，使团体内部形成对此价值观的绝对吸收，并指导着组织成员为了集体的目标和发展而竭尽全力甚至做出牺牲。

墨者的侠义团体组织形式，对当今企业文化的建立很有借鉴意义。能够做到众志成城、同甘共苦、上下齐心，这种思想意识与行为管理的高度统一反映在企业文化中是一种极具战斗能量的团队凝聚力。墨家具有共同的理想信念，具有整齐划一的组织形式，同时具有绝对服从的执行力。这些珍贵品质如若放在现代企业中，定具有披荆斩棘，所向披靡的团队力量。在墨家内部，"侠义"的统一意识形态是使其纪律严明的精神保证，因此现代企业需制定和培养具有极强员工认同感的企业价值观与核心理念，在思想目标高度一致的前提下，借鉴科学管理与严谨运作的方法，企业才能如墨者一般拧成一股绳，具有坚不可摧的团队凝聚力。

三、人员激励与赏罚制度

墨家学派之所以能够成为一个组织严密、纪律严明的学术武装团体，并且在历史上展现出强大的战斗力和凝聚力，这得益于墨子高超的组织管理才能。他通过一系列激励手段，有效地激发了学派成员的需求和动机，调动了他们的积极性和创造性。这些激励措施与墨家一致的目标价值观和长期的思想教化相辅相成，共同构建了一套完善的用人机制，使墨家学派成员能够心往一处想、劲往一处使，共同为实现学派的目标任务而不懈努力。墨子曰："譬若欲众其国之善射御之士者，必将富之，贵之，敬之，誉之，然后国之善射御之士，将可得而众也。况又有贤良之士，厚乎德行，辩乎言谈，博乎道术者乎，此固国家之珍，而社稷之佐也，亦必且富之，贵之，敬之，誉之。然后国之良士，亦将可得而众也。"（《墨子·尚贤上》）就是说，要使国中射箭驾车之能手辈出，必须让他们享受富裕、尊贵的生活，得到众人的敬仰与赞美。这样，国内擅长射箭驾车之人便会纷至沓来，技艺日益精进。再者，那些品德高尚、言谈卓越、学识渊博的贤良之士，更是国家的瑰宝，国家的支柱。他们同样应得到富足的生活、崇高的地位以及人们的尊重与赞誉。如此，国内的贤良之士也将如雨后春笋般涌现，为国家贡献智慧与力量。人员激励在企业文化管理中占据核心地位，它关乎如何最大限度地调动员工的潜能与热情。精心设计和针对性强的激励机制，能够有效地激发员工的内在动力，使他们更积极地投身于组织目标的实现过程中。现代企业制度中普遍采用的绩效考核与多元化激励措施，正是对墨子尚贤思想的现代诠释和实践，这一思想的前瞻性在当今企业管理中得到了充分验证和体现。通过合理的激励，企业可以塑造出更加积极向上、富有创造力的组织文化，从而推动整体业绩的持续提升。

激励方法有多种方式。一是赏罚激励。《墨子·尚贤下》中说："凡我国能射御之士，我将赏贵之；不能射御之士，我将罪贱之。"强调"赏明可信，罚严足畏"（《墨子·尚贤下》）。在战争时期还制定了联保联坐法和一系列行之有效的禁令，并要求做到令行禁止，有效地防止了犯罪。赏作为一种激励机制，有利于激发员工的自豪感和责任感，加深对集体的归属感和向心力，很好地增加了成员的集体荣誉感，更好的树立信心，认真工作。而罚则体现了公司规定的禁止准则，有利于对员工行为进行实际有效的约束，杜绝损害集体和违法乱纪的行为再次发生。二是榜样激励。《墨子·七患》中讲"人君彻鼎食五分之五，大夫彻县，士不入学，君朝衣不革制，诸侯之客，四邻之使，雍食而不盛，涂不芸，马不食粟，碑妾不衣帛，此告不足之至也"（《墨子·七患》）。领导应树立榜样形象，严于律己，以身作则，为员工德行树立标杆。用自身的良好品行激励下属，使企业内部上行下效。三是情感激励。《墨子·号令》篇说："吏、卒、民死者，辄召其人，与次司空葬之，勿令得坐泣。伤甚者令归治病家善养，予医给药，赐酒日二升，肉二斤，令吏数行间，视病有疼，辄造事上。作为自贼伤以辟事者，族之。事已，守使吏身行死伤家，临户而悲哀之。"通过管理者的体恤和关爱可以感动和激励员工。四是荣誉激励。在《墨子·旗帜》中规定，"诸守牺格者三出却适，守以令召赐食前，予大旗。署百户邑若他人财物，建旗其署，令皆明白知之，曰某子旗"（《墨子·旗帜》）。对于立功将士，授予一面大旗立于营中，象征无上荣誉。这种方法使员工的荣誉感得到很大满足，从而激励其做出更出色的表现。在现代企业管理中，制定适宜的人员激励与严格的功过赏罚制度，对于形成企业纪律和企业向心力来说是必要的，具有可操作性。

归根结底，管理者要构建使员工上下高度认同的企业文化价值观，将企业核心价值思想持久深入地渗透到员工的心中去。领导者应当深切关怀并悉心照顾员工，对于他们在生活和工作中遇到的难题，要及时伸出援手。这样，员工们才能真切地感受到团队如家般的温馨，从而对公司产生深厚的信赖与亲近感。这几点是培养企业团队凝聚力和向心力的精神前提。同时在管理方面，加强制定行为约束条令和人员激励机制，从行为准则上对员工进行实际规范和约束。这样在精神层面和物质层面、规定层面都建立起约束和教化机制，便能为企业的长足发展奠定人力基础。这是墨子侠义团体的组织形式所带给我们的启示。

第九节 墨子思想的局限性

墨子学说中自身具有一些矛盾。墨子提出"非命",强调事在人为的同时,也主张"尊天事鬼";墨家推崇柔性管理方式的同时,也提出了摒弃艺术重要性的"非乐"思想,等等。

《墨子》非乐,认为"节俭则倡,淫佚则亡"(《墨子·辞过》),"仁者之为天下也,非为其目之所美,耳之所乐,口之所甘,身体之所安"(《墨子·非乐》)。把"乐"看作是淫佚之首,进行坚决地声讨和抵制。虽然从当时的社会背景和墨子所代表的阶级利益来看,"非乐"的本质是要求统治阶级务实节俭,但就其对待音乐与艺术的禁止观念来看,确实是错误保守的。墨子在重物质的同时,对于人们文化生活的需求的轻视和否定,是其在"非儒"过程中形成的重要缺陷。提倡节用、摒弃铺张淫佚是对的,但从根本上忽视人们的精神文化和艺术需求,认为音乐"亏夺民衣食之才"要求禁乐,就有失偏颇了。墨子的非乐思想无疑是对现代企业文化中文艺熏陶方面的阻滞和颠覆,具有时代的局限性。这基于其站在贫苦劳动人民视角所代表利益方而产生的一定思想局限,同时受到当时时代历史下认识的束缚。

《墨子》明鬼,讲"尊天事鬼"(《墨子·尚贤》),"鬼神之有,岂可疑哉"(《墨子·明鬼》)。相比于孔子"不语怪、力、乱、神"(《述而》)的"远鬼"观点,墨子对于鬼神有无的认识是明显落后于儒家的。虽然墨子的出发点是用天道、鬼神的存在来约束执政者勤政爱民,但从科学角度和现代意义上讲,这部分内容显然具有落后于科学认知的局限性。在墨子的管理思想中,"天"是最高法则和保障,他认为"天"无所不能,是一种客观的准绳,"天志"即天的意志,就是要使天下人兼相爱交相利。由于时代认识的局限,人们对"天"充满崇敬感,墨子用"天"所赋予的能力为他实施管理提供了保障,这在当今社会情境下看来显然也是并不科学和客观的。

此外,《墨子·尚同中》强调:"上之所至,必亦是之;上之所非,必亦非之。"尚同思想中虽包含了民主管理的思想,但缺少实际运作机制和保证。运用尚同思想去管理不同阶级人们的政治经济利益诉求,显然带有理想化色彩。实际上也具有一定封建君主专制的性质。由于封建统治阶级的强大深厚,"官无常贵,民无终贱"等以人为本的思想也只能停留在空想之中,是没有真正的自由民主可言的。

墨学思想作为在历史上对其功过评说褒贬不一的学派，不可否认是存在时代历史和其自身的局限的。墨子学说中的某些理论基点对于当今社会生活具有一定的阻拒性，与现代人的认识日渐疏远。研究墨子，需要将其学说置于历史背景下，结合当时的具体情境做出分析判断，从而保证达到对于文本的正确理解和理性品读。

小结

优质的企业文化，犹如一剂丰沛的精神甘露，滋养着优秀企业的茁壮成长。它超越了物质商品的表面价值，成为企业内在价值观与意识形态层面的无形资产，赋予企业生生不息的动力和在行业竞争中立于不败之地的深厚根基。从社会宏观视角来看，卓越的企业文化倡导企业积极履行社会责任，秉承义利兼顾的价值导向，回馈社会，创造独特的社会价值，为这个世界增添一抹温暖和进步的力量，体现出企业作为社会公民的担当与贡献。

《墨子》这部古代的综合性巨著，犹如一座蕴含深厚智慧的宝库，集中展示了劳动人民卓越的才智与独立的思考。其中的兼爱、非攻、非命、尚贤、尚同、节用、崇尚科技、重视辩论与求真务实等诸多光辉思想，与传统中某些落后、封闭的习俗形成了鲜明对照，是我国传统文化中最珍贵的瑰宝。遗憾的是，由于历史阶段与社会阶级的局限，墨家所代表的劳动人民阶层在当时的制度环境下并未掌握主导权，墨子提出的诸多社会理想和哲学观念并不符合封建统治者的现实需求，导致其思想未被充分采纳和重视。随着时间的推移，墨家学派在秦汉以后渐趋式微，加之文献记载的缺失和断裂，墨学披上了一层神秘的面纱。尽管学术界对墨家在中国传统文化中的历史地位看法各异，但墨子那为底层民众发声、代言民瘼的精神力量，历经千载而不朽，直至今日仍闪耀着震撼人心的光芒。

在日新月异的时代背景之下，如何科学合理地将《墨子》等传统文化中的精华理念融汇到现代企业文化的构建中，是我们亟待深入探讨的重要议题。企业文化，作为企业赖以生存和发展的软实力，是指导企业全局方向、制定重大决策的灵魂支柱，关乎企业的长远发展规划和稳固屹立的基石。我们要批判地继承中华文化遗产，萃取墨学中的精华，结合西方先进的管理理念，共同构筑现代企业文化的核心内涵。运用中国传统文化的智慧引导本土企业文化建设，并结合实际情况与创新思维进行组织管理的革新与优化，以实现企业在发展道路上的自我突破和蓬勃前进，这就是今天研究墨学的重要现实意义。在这个过程中，我们将领略到墨学思想跨越时空的魅力，见证其在新时代焕发出的璀璨光芒，为现代企业的繁荣昌盛开辟新的道路。

第六章

《孙子兵法》与企业文化建设

　　齐鲁文化，作为源远流长、博大精深的中华文化的重要源头之一，是由尊亲、守旧、重礼、尚文、一家独尊的鲁文化和尊贤、革新、重利、尚武、百家争鸣的齐文化熔铸而成的。相对而言，鲁文化中的孔子、孟子、墨子、荀子、子思等代表人物，由于其思想主张一脉相承，在思想主线的牵引下形成一股强劲的文化力量而日益在传统社会中占据了齐鲁文化的主流；齐文化中的姜尚、管仲、晏婴、孙子等代表人物虽亦是传统文化中的巨人，但由于他们既不存在承继关系又无法找到一条较为清晰的脉络，致使齐文化在与鲁文化的较量中长时间处于一种相对弱势的地位。在新的历史时期，在传统文化与现代商业文明相结合的浪潮中，齐家文化特别是兵家文化因其开放性、独特性、多变性而吸引了人们越来越多的关注，占据着越来越重要的地位。尤为值得一提的是，《孙子兵法》更是成为商业经营管理的指南，"兵法圣典"变成了"商法经典"，传统文化与现代商业的对接提升到一个前所未有的高度。2500多年前的《孙子兵法》何以有如此大的魅力？传统文化如何实现与现代商业文明的对接，实现企业文化的发展？《孙子兵法》对企业文化建构又能产生怎样的影响？

第一节　孙子与《孙子兵法》

　　孙子名武，字长卿，也称孙武子。孙武的先祖是春秋时期陈国公子陈完，因陈国内乱，预感大祸将至，恐有生命危险而投奔齐国。陈完后因恪尽职守、讲守仁义而被齐桓公赏赐田庄，为表示对齐桓公的感激之情和隐姓避难的需要而改姓为田。田完子孙一方面承家族尚武遗风，勇武过人；另一方面施德政于民，深受爱戴，家族日益强盛，至田书（即孙武祖父）因伐莒有功，官制大夫，被齐景公赐姓孙氏，改称孙书。孙武的父亲孙凭也在朝中为卿。

　　孙武在这样一个精通军事的世袭家族里，得到了良好的熏陶，在少年时就显示出对军事的浓厚兴趣和独特天赋。孙武的爱好就是读书，特别是兵书，由于机敏过人，勤奋好学，熟读《黄帝兵书》《太公兵法》《风后渥奇经》《易经卜兵》《军志》《军政》《军礼》《令典》《周书》《老子兵录》《尚书兵纪》《管子兵法》等书籍。后来，孙武又接受了系统的教育，一方面是重道德伦理教育的父义、母慈、兄友、弟恭、子孝的五教，另一方面是强调实用技能教育的礼、乐、射、御、书、数的六学。当时的齐国深受"尚武"精神的影响，齐国上下，人人以勇武为荣，由于"射"与"御"是战场拼杀的基本技能，因此"射"与"御"水平的高低也就成了齐国竞争活动的重要形式和衡量人才的重要标准。孙武在刻苦的训练中很快成为掌握"射"和"御"中的佼佼者。

后来，齐国发生了内乱，孙武出奔到吴国，经伍子胥引荐，孙武在公元前512年带着《孙子兵法》见到了吴王阖闾，并通过斩姬练兵，取得了精通兵法、谋略过人的阖闾的赏识，被任命为将军。孙武在被任命为将领后，与伍子胥携手助阖闾治理国家与军队，他们精心策划了先破楚、后征越、最终进军中原的宏伟战略。通过巧妙的分兵策略，吴军成功地削弱了楚国的实力。公元前506年，孙武等人协助阖闾制定了精妙的行军路线，直取楚国心脏——郢城，使楚国险些灭亡。随后，吴国在孙武和伍子胥的辅佐下，大败越国，迫使越王勾践求和。吴国军威大振，进而在北方中原大显身手，最终吴王夫差凭借强大军力成为新的霸主。然而，夫差后来的骄横与昏庸导致伍子胥悲剧身亡，孙武也失望归隐，专心修订兵法。这段历史见证了吴国的兴衰与孙武、伍子胥等英雄的辉煌与落寞。

一、《孙子兵法》概说

《孙子兵法》又称《孙武兵法》《吴孙子兵法》《孙子兵书》《孙武兵书》等，是中国最早的兵书，也是世界上最早的军事著作，被誉为"兵学圣典""世界古代第一兵书""东方兵学鼻祖"。《孙子兵法》共计十三篇，分别是，一、计篇；二、作战篇；三、谋攻篇；四、形篇；五、势篇；六、虚实篇；七、军争篇；八、九变篇；九、行军篇；十、地形篇；十一、九地篇；十二、火攻篇；十三、用间篇。

《孙子兵法》全篇虽只有短短6000多字，但博大精深，不仅涉及政治、经济、外交、天文、地理、心理等内容，而且视角独特，观点明确，在严谨细致的分析中将诸多问题的认识提升到了一个新高度。《孙子兵法》虽是一部兵书，但并不太张扬军事的威力，而是将国家的生死、民众的存亡置于关键的位置，认为这才是最高的目的，而军事只是实现这种目的的方式手段，所以一切行动都应以最小的付出换取最高的效率与最大的效益为标准，也就是以"合于利而动，不合于利而止"（《孙子兵法·九地篇·第十一》）作为所有行为的出发点与落脚点。如果说如何打得赢是战争中的一个关键点，那么，为何要打的问题则是关键点中的关键点，它直接决定了战争的方式，即战争是大打还是小打，闪电战还是持久战，是攻击战还是防御战，是主动出击还是后发制人……《孙子兵法》全篇便是围绕"合于利而动，不合于利而止"（《孙子兵法·九地篇·第十一》）展开，推崇"谋略""速度"与"战略"，掌握"天时""地利"与"人心"，运用"火攻"与"间谍"，先"立于不败之地"后"应敌制胜""出奇制胜"。

二、《孙子兵法》的思想

具体来说，《孙子兵法》十三篇可以具体分为四组，《计篇》《作战篇》《谋攻篇》侧重谋略，《形篇》《势篇》《虚实篇》强调兵力分配，《军争篇》《九变篇》《行军篇》《地形篇》《九地篇》突出战争的多变，《火攻篇》与《用间篇》重视技术的运用。

《计篇》的主要内容是"庙算"，不仅说明庙算的必要性"国之大事，死生之地，存亡之道"（《孙子兵法·计篇·第一》），而且阐发了庙算的可行性"多算胜，少算不胜"（《孙子兵法·计篇·第一》），还指明了庙算的方式方法"五事七计"。《计篇》对敌我双方的实力进行了全方位的对比，对战争中可能出现的局面进行了综合性的预测，为战争能不能打，怎样打奠定了基调。《作战篇》从战争的双重性入手，提出"不尽知用兵之害者，则不能尽知用兵之利也"（《孙子兵法·作战篇·第二》），要求将领要充分重视战争的残酷性，尽可能地减轻对国家与民众的伤害，提出了"兵贵胜，不贵久"（《孙子兵法·作战篇·第二》）的方针，并主张"因粮于敌"（《孙子兵法·作战篇·第二》）"卒善而养"（《孙子兵法·作战篇·第二》）"胜敌而益强"（《孙子兵法·作战篇·第二》）等策略。《谋攻篇》突出战争的可预测性与谋略的重要性，强调"知己知彼""知胜之道""知进退""知三军之事""知三军之权""知三军之任"，提出"不战而屈人之兵，善之善者也"（《孙子兵法·谋攻篇·第三》），"上兵伐谋"的方式，并主张根据敌我双方力量而选择恰当的用兵方法，"十则围之，五则攻之，倍则分之，敌则能战之，少则能逃之，不若则能避之"（《孙子兵法·谋攻篇·第三》）。

《形篇》主要讲备战，《势篇》重点讲应敌，《虚实篇》着力讲制胜。《形篇》率先提出"胜可知，而不可为"（《孙子兵法·形篇·第四》），主张先做好准备，等待机会，依靠自己的实力，凭借自己的优势来战胜敌人，提出了"善战者，胜于易胜"（《孙子兵法·形篇·第四》）与"善战者之胜也，无智名，无勇功"（《孙子兵法·形篇·第四》）以及"胜兵先胜而后求战，败兵先战而后求胜"（《孙子兵法·形篇·第四》）和"修道而保法"（《孙子兵法·形篇·第四》）等一系列作战原则，确保军队保有不可战胜之形，立于不败之地。《势篇》着重解决如何根据敌人的部署而调整自己的兵力分配，形成一种我众敌寡、我强敌弱、我胜敌败的态势，为此提出了"以正合，以奇胜"（《孙子兵法·势篇·第五》）与"善战者，求之于势，不责于人，故能择人而任势"（《孙子兵法·势篇·第五》）以及"以利动之，以卒待之"（《孙子兵法·势篇·第五》）的作战方法和"乱生于治，怯生于勇，弱生于强"（《孙子兵法·势篇·第五》）的军事规律。《虚实篇》讲求避实击虚，要求充分掌握战争的主动权"致人而不致于人"（《孙子兵法·虚实篇·第六》），"出其所不趋，趋其所不意"（《孙子兵法·虚实篇·第六》），避实而击虚，因敌而制胜。

《军争篇》从"以迂为直，以患为利"（《孙子兵法·军争篇·第七》）争得有利条件，掌握战场主动权的艰难性和重要性入手，提出"避其锐气，击其惰归"（《孙子兵法·军争篇·第七》）与"以治待乱，以静待哗"（《孙子兵法·军争篇·第七》）以及"以近待远，以佚待劳，以饱待饥"（《孙子兵法·军争篇·第七》）等策略，阐明了"治兵四要"与"用兵八害"。《九变篇》论述了将领需要依据不同的战场情况，采取不同的战略战术，提出"将通于九变之利者，知用兵矣；将不通于九变之利者，虽知地形，不能得地之利矣"（《孙子兵法·九变篇·第八》）的思想主张，详细论述了"智者之虑"与"将有五危"。《行军篇》主要论述两个问题，第一是"处军"，也就是自己的军队所处之地，所在之处，"地"如何的问题；第二是"相敌"，也就是敌人的军队所处之地，所在之处，"敌军"怎样的问题。孙武提出了兵不贵多，将领需谨慎分析战场情况，集中我方兵力的原则，并阐释了"令之以文，齐之以武"（《孙子兵法·行军篇·第九》）的治军原则。《地形篇》阐明了通、挂、支、隘、险、远六种地形和走、驰、崩、乱、北六种败兵情形，讲述地形对作战的巨大影响和训练对作战的重要意义，提出知天、地、彼、此的意义，"知己知彼，胜乃不殆；知天知地，胜乃不穷"（《孙子兵法·地形篇·第十》）。《九地篇》提出了散、轻、争、交、衢、重、圮、围、死九类地形和无战、无止、无攻、无绝、合交、掠、行、谋、战的九类之变，然后讲述了待敌之道、为客之道、人情之理、齐勇之政和将军之事，论述了"合于利而动，不合于利而止"（《孙子兵法·九地篇·第十一》）的战场行动标准。

《火攻篇》和《用间篇》都侧重工具运用,《火攻篇》强调的是对火这种工具的使用,而《用间篇》突出的是人作为间谍在军事活动中的运用。《火攻篇》论述了火攻的种类、条件以及实施的具体办法,以及火攻相较于水攻的优缺点,最后劝人慎战:"亡国不可以复存,死者不可以复生。故明君慎之,良将警之,此安国全军之道也。"(《孙子兵法·火攻篇·第十二》)《用间篇》从政治、经济、军事活动的特殊性等多个角度说明了间谍使用的普遍性和必要性,分析了因间、内间、反间、死间、生间五种用间方法,提出了"上智为间"的用间原则。

三、《孙子兵法》的研究

20世纪以来,对《孙子兵法》的研究不仅在数量上得到了可观的增长而且在质量上也有了一定的提高,比如近现代科学方法的运用,经世致用观念的深入,研究重心的转变等等。在1949年前,出版了一系列专著,并出现了一些比较有特点的论文。专著比较有代表性有顾福棠《孙子集解》、蒋芳震《孙子浅说》、苏荫森《孙子注解》、杨杰《孙武子》、郭化若《白话解释孙子兵法》……论文方面有:蒋方震的《孙子新释》、齐思和的《孙子兵法著作时代考》、郭化若的《孙子兵法之兵法初步研究》……总体来看,这些研究对《孙子兵法》的理论基础进行了深入的探讨,对《孙子兵法》的内涵诠释与价值衡量做出了突出的贡献,并对新中国成立后的研究产生了深远的影响。

1949年到1976年,比较有影响的著作和论文是,郭化若的《今译新编孙子兵法》、中华书局的《十一家注孙子附今译》、杨丙安《孙子集校》、任继愈《孙子兵法中的辩证法的因素》……这个时期的研究主要呈现为两个特点,第一是文献整理取得较大丰硕成果,不论是杨丙安的《孙子集校》还是中华书局《十一家注孙子附今译》,都是在搜集了大量资料的基础上,纠偏指正,博采众长,成为《孙子兵法》校注研究的典范;第二是新的研究方法的运用,在这一时期,历史唯物主义成为诸多著作论文的基础。他们用历史唯物主义的立场、方法、观点来研究《孙子兵法》,出现了像郭化若的《论孙子的军事思想和哲学思想》、任继愈的《孙子兵法中的辩证法的因素》等一些重要论文,他们准确的指出了《孙子兵法》的意义价值与局限性,将孙子研究的水平提升到一个新高度。

1976年以来,对《孙子兵法》的研究呈现出百花齐放、百家争鸣的新局面。人们对《孙子兵法》的成书年代、思想渊源和社会背景、思想体系、历史沿革及影响、中西兵法比较、孙子故里等问题进行了广泛而深入的谈论,出现了一大批研究成果。比如，吴九龙的《孙子校释》、吴如崇的《孙子兵法新论》、任力的《孙子兵法军官读本》、李零的《兵以诈立：我读〈孙子〉》、黄朴民的《孙子评传》、魏鸿的《宋代孙子兵法研究》、洪兵的《孙子兵法与经理人统帅之道》《孙子兵法中的管理智慧》……尤为值得注意的是，随着《孙子兵法》被日本公司成功运用于企业经营管理，在国内也掀起了一种把《孙子兵法》与企业经营管理结合研究的热潮。这方面论著与论文可谓汗牛充栋，但也存在着良莠不齐的现象。比较经典的论著有：杨先举的《兵法经营十谋》、肖长书的《孙子兵法与经营之道》、姜瑞清编著的《孙子商法——孙子兵法与善战谋略》、钟永森编著的《孙子兵法与战略管理》、傅守志编著的《孙子兵法与企业战略管理》……比较重要的论文有：王永的《论孙子兵法与企业形象战略》、杨梅的《孙子兵法与商战谋略》、李纪轩的《孙子兵法与市场营销策略》、宋志明的《〈孙子兵法〉与经营之道》、程艳、赵国浩的《〈孙子兵法〉中的"势"在晋商经营管理中的应用》……

我们认为，对《孙子兵法》的研究与运用，既不能孤立的研究其文本的字词句意，也不能完全从非军事运用的立场断章取义，而应把两者有机地结合起来，吸收借鉴《孙子兵法》中的优势与长处，克服其局限与不足，高效有序的迁移运用到企业文化的建设中。

要实现《孙子兵法》与企业文化的对接，我们首先需要回答好以下两个问题：第一，现代企业发展为何需要《孙子兵法》？第二，《孙子兵法》又何以能满足这种需要？对于第一个问题，我们认为一个重要的原因便是：企业的经营活动与军事活动的相似性。所谓商场如战场，竞争如战争，在我们的理解中，这一表述本身一方面指向了企业经营活动与军事活动在目标动机及达成目标的方式上的相似性，如通过竞争的方式击溃对手赢得最后的胜利，领导者的决策占据重要地位等；另一方面也暗含了两者在残酷性上的相似，战争活动关涉到国家的安危，人民的生存，胜利固可扩充疆域，弘扬国威，增强实力，可一旦失败则也面临着国土被瓜分，人们流离失所，企业破产倒闭，员工另谋他职的危险。对于第二个问题，同样会有诸多的思路，比如《孙子兵法》阐述问题关涉面广，论述深入，表述简练，可我们需要进一步追问的是为何会那么深、那么广、那么凝练。

我们认为，《孙子兵法》之所以能够在深度、广度、宽度上都达到一定的高度，重要的在于他看待战争的独特方式，也就是他的思维方式。思维方式又具有高度的可借鉴性，因此探讨《孙子兵法》在现代企业文化建设的问题不仅可行而且必要。

第二节 前瞻性思维：先知 先算 先胜 先备

前瞻性思维，即指人们根据现有的条件对事物未来的发展趋势做出的一种确定性判断。对于《孙子兵法》来说，这种判断便是将领根据敌我双方现有的各种条件去比较衡量，对战争要不要打，能不能胜，怎样打才能胜等一系列问题的回答。就其过程而言，主要包括先知、先算、先胜、先备四个步骤。

一、先知

《孙子兵法》里的"先知"指的是比敌先知，在事前就知，争得了先机，掌握了主动。这种"先知"不是借助灵感获取的，不是祈求鬼神得到的，不是从表象里显现推测出来的，也不是根据天文、占卜的数理关系里推演出来的，而是通过人来实现的。孙武明确指出："明君贤将，所以动而胜人，成功出于众者，先知也。先知者，不可取于鬼神，不可象于事，不可验于度，必取于人，知敌之情者也。"（《孙子兵法·用间篇·第十三》）所谓的"知敌之情者"，也就是我们现在所说的间谍。间谍活动的重要性与间谍身份的敏感性使得间谍成为一种特别的现象：虽然在军事行动中间谍活动的普遍性是不言自明的，但在道德层面上时不时挑拨人们做出负面评价也是不争的事实。商场如战场，商争似战争，但商场毕竟不是战场，商争终究不是战争。虽然我们可以对间谍这种活动持保留意见，但孙武对于人的重要性的强调，对"知"的追求，对信息的重视，对"知己知彼"的强调则是值得我们吸收借鉴的。

对于企业经营而言，"知己知彼"才应是企业经营者要优先考虑的问题。孙武将"知"的程度与战争的胜负直接相连，提出"知己知彼，百战不殆；不知彼而知己，一胜一负；不知彼不知己，每战必殆"（《孙子兵法·谋攻篇·第三》）。知"己"知"彼"又具体指什么呢？对于现在企业经营而言，所谓"'彼'指的是企业经营的外部环境，包括市场形势，顾客购买动向、消费者心理、竞争对手的情况等；所谓'己'指的是企业本身的情况，包括企业的设备情况、财力状况、人员状况、市场占有率等"[①]。那如何才能做到"知"呢？《孙子兵法》除用间法外，还有观察法、侦察法、定量分析，七计比较等方法来获取信息。对于企业经营管理来说看，观察法便是通过直接观察竞争者的产品、

---

① 张国红.《孙子兵法》在现代企业竞争中的应用［J］. 管子学刊，2000（4）.

品牌宣传、营销手段获取信息；侦查法则是在对竞争者的间接试探中获取的资料，比如企业的经营管理者从对方对本企业的产品、市场的评价中得到的反馈信息；孙子兵法提出的定量分析法是"地生度，度生量，量生数，数生称，称生胜"（《孙子兵法·形篇·第四》），也就是从量的分析中到达对事物的定性的判断。同样，企业经营管理者也可以从竞争者产品、服务、技术、市场重心、研发重点的变化推测竞争者的现状及未来发展趋势。

二、先算

《孙子兵法》中的"先算"是指在战前就要规划计算好敌我双方的胜负，对未来的战争形势进行战略性预测。因为战争不仅需要耗费大量的人力、物力、财力，而且关乎国家存亡与人民生死，所以要预先对影响战争胜负的因素进行分析比较。孙武在《计篇》里提出："经之以五事，较之以计，而索其情：一曰道，二曰天，三曰地，四曰将，五曰法。道者，令民与上同意也，固可以与之死，可以与之生，而不畏危也；天者，阴阳、寒暑、时制也；地者，远近、险易、广狭、死生也；将者，智、信、仁、勇、严也；法者，曲制、官道、主用也……"（《孙子兵法·计篇·第一》）也就是说要从民众与国君的意愿想法能不能一致，能否同生死，共患难；昼夜、晴雨、冷热、四季的更替；路程的远近，地势的险要平坦，地形的广阔狭隘，行动困难方便和生活资料的缺乏易得；将帅的才智、诚信、仁爱、勇猛、威严；军队编制、将吏的职责划分与统辖管理制度、后勤管理制度五个方面去衡量敌我，用"主孰有道？将孰有能？天地孰得？法令孰行？民众孰强？士卒孰练？赏罚孰明"（《孙子兵法·计篇·第一》）七个比较去判断优劣。

"五事七计"的先算思想对于市场营销来说有着重要的启发意义。从"道"的角度讲，企业经营者要与员工同心同德，在企业运营过程中，确保企业发展目标与个人成长方向相互协调，是实现员工对企业深厚认同感与归属感的关键。当员工感受到自己的个人职业规划与企业未来愿景紧密相连时，他们会更愿意为企业投入心血与智慧。同时，企业文化的不断建设与员工个人素质的持续提高，也是增强企业内部向心力与凝聚力的重要途径。通过积极、健康的企业文化熏陶，以及为员工提供的各种素质提升机会，企业能够塑造出一个团结、和谐、高效的工作氛围，进而推动企业的持续发展与壮大。从"天地"方面说，企业经营者不仅要考虑筹划政治方面的投资政策、货币政策、优惠补贴政策，经济方面的国民经济的总值及其增长速度、产业结构调整与升级、进出口贸易的总规模及其变动，文化方面民族文化传统、民族文化心理、民族文化结构特点等宏观的环境，还要具体考虑市场的需求、消费者结构、消费心理与水平，企业的品牌影响力，企业的核心竞争力等一系列微观的因素。从"将"的因素说，企业经营者要全面发展，不断提高自己的素质，在"智"上能够准确定位企业发展方向，洞悉市场需求变化；在"信"上对内讲信誉，能够履行对员工的承诺，对外讲信用，可以担负起消费者的信任；在"仁"上能够关心的需求，解决员工的困难，形成良好的人际关系与和谐的工作环境；在"勇"上勇于创新，引进新技术，改进新产品，开拓新市场；在"严"上对产品要严把质量观，对员工要有合理而明确的要求，赏罚分明。从"法"的内容看，企业要建立完善相关的规章制度，既能引导规范员工的合理行为，又能约束限制员工的恶习陋习，使公司的发展制度化、合理化、规范化。

三、先胜

"先胜"是《孙子兵法》中一种重要的战术思想，核心是自己先要做好充分的准备，先立于不败之地等待时机，一旦战机出现，迅速将战争的优势转化为战争的胜势，取得不战则已，战之必胜的局面。"胜兵先胜而后求战，败兵先战而后求胜"（《孙子兵法·形篇·第四》）彰显的便是条件准备与战场实战的顺序对战争结果的影响。

对于战争，尤其是将领来说，要想取得胜战的结果，首先要做的是正视自身的缺陷、不足，并把这些隐患消除。对于将领来说，"必死，可杀也；必生，可虏也；忿速，可侮也；廉洁，可辱也；爱民，可烦也"（《孙子兵法·九变篇·第八》），这五种潜在的危险是必须要察觉的尽快消除的。因为这些性格的缺陷并不是一时半刻形成的，所以也很难在片刻间就完全改正，因此更需要在战前就给予足够的重视，并想方设法地纠正。

（一）"必死"

骁勇善战对将领而言是一个很高的评价，一方面指向的是将领在谋略上的高明之处，另一方面表明的是将领在勇猛上的过人之处。相较于谋略，军人对于骁勇威猛似乎更为重视，换句话说，一个军人即使做不到谋略上的善战，但如果够勇猛，也至少能赢得别人的尊重。这种尊重会引导将领勇敢地面对战争，鼓励为了胜利付出包括生命的一切。对于将领而言，为了"国之安，民之生"敢于付出自己的生命绝对是值得敬佩的，但是一旦超出了一定的界限，把不怕死与一味求死相混淆，则会导致灾难的发生。"一味求死"也就是孙子所说的"必死"，鲁莽蛮干，明知不可为而任性、偏执的走向极端，结局必然只能是被杀之。对于企业管理者来说，类似于"必死"之类的鲁莽蛮干是应引起充分重视的。作为一个企业的管理者，一方面要认真工作，另一方面更要善于工作。最重要的是，企业管理者还要调动员工的积极主动性去认真工作、高效工作。

（二）"必生"

如果说必死是一个"不怕死，一味求死"的极端，那么必生则是一个"怕死，一味求生"的极端。不怕死一旦发展到一味求死的"必死"程度导致的是"被杀"的局面，求生一旦沦落到一味求生的"必生"境地带来的也将是"被虏"的结果。对于生命的珍视是必须的，但不应发展到贪生怕死的地步，为了活而活的程度。因为对于一个将领而言，贪生怕死不仅会对自己的战略选择构成干扰威胁，比如明明可以出击攻打，却心有忌惮保守屯兵，致使战机丧失；而且更危险的是一被敌人所擒往往会为了自己的利益而出卖国家，叛变人民。对于企业企业经营来说，对自己位置的过分看重，对自己私利的过分强调，也既有可能出现"战争"中的"必生"局面。

（三）"忿速"

在战争中，作为计谋的"激将法"一直屡试不爽的重要原因便在于其是对将领的暴躁易怒性格的精确打击。急躁易怒在《孙子兵法》中被称为"忿速"，忿是说将领气鼓鼓，怒冲冲，速是将领心急火燎，沉不住气。孙武之所以把急躁易怒视为将领的"五危"之一，是从将领身份的特殊性来讲的。将领，是要统帅全局，带领士兵的。如果一个将领急躁易怒，其决策往往会因为其意气用事而出现错误，导致的全局败退，士兵伤亡惨重的局面。所以，作为一名将领，一定要能控制好自己的情绪，做决定尤其是重大决定时，一定要冷静，从全局的角度考虑，从客观的事实出发，切不可因为自己的一时冲动而落入对手的圈套中。同样，企业的经营管理者在做重大决定时，一定要权衡各方利弊，且不可从自己的主观情绪出发。

（四）"廉洁"

"廉洁"是说一个人爱惜的名声，不贪污，对于将领而言这是一个比较高的评价。可在孙武看来，这种廉洁的名声追求也是有潜在的危险的。廉洁固然是好的，但一个将领如果过于重视"廉洁"，甚至因为廉洁的名声追求而把自己捆住也是有问题的。因为在战争的特殊环境里，敌人会故意玷污他的名声，而"廉洁"的将领则可能会因名声被败坏而失去理智做出过激的反应。因此在孙武看来，一个优秀的将领要做的是要爱惜自己"廉洁"的名声，但也绝不让这种名声沦为自己的弱点而为敌人所利用。企业经营管理者也要爱惜名声但绝不会自矜名节。

（五）"爱民"

与"廉洁"相似，爱民也是一种正面积极的评价，但在战争的特殊语境中也可能成为一种缺点，所以如何"爱民"，"爱民"爱到何种程度便成为一个关键的问题。《孙子兵法》里对"爱民"的多重看法基于以下几种考虑，首先战争的残酷性使得将领常常在一种为了"全局的、长远的、大部分士兵"的利益而不得不牺牲"局部的、当下的、一部分士兵"的利益甚至生命的代价而进项选择的处境中；其次，对"民众"，尤其是士兵的过分关注也可能使得军队的战斗力不升反降，出现"爱而不能令"的局面。对于企业来说，"老员工"现象是一个比较普遍的问题。一方面他们对公司的发展做出了自己的贡献，另一方面，由于能力、责任等等问题在激烈的竞争中他们往往又不能处于优势地位。因此，从孙子兵法的角度看，企业不仅要提高工资福利待遇，而且更要引入竞争机制。

四、先备

《孙子兵法》中的"先备"思想既是"以我为主"，"有备无患"防御意识的强化，又是"先知、先算、先胜"进攻思想的进一步延伸。一方面，孙武说的"用兵之法，无恃其不来，恃吾有以待之；无恃其不攻，恃吾有所不可攻也"（《孙子兵法·九变篇·第八》）强调的便是不要存有侥幸心理，自己多加准备，让敌人因为我的准备而无法攻我。另一方面，"先备"也是与"先知、先算、先胜"的进攻性策略紧密相连的，可以把"先知"思想的信息转化为信息准备、"先算"思维的人力、物力、财力比对转化为物质准备，把"先胜"思想中的将领决策合理化转化为心理准备。

（一）信息准备

在"知己知彼，百战不殆；不知彼而知己，一胜一负；不知彼不知己，每战必殆"（《孙子兵法·谋攻·第三》）的重知思想里，我们已经体会到了孙武对信息，尤其是敌人信息的重视。在市场经济中，信息在企业经营中更是起着关键的作用。对于企业来说，要了解竞争对手的情况，需要做好以下几点。第一，了解竞争对手的新产品设计、营销方案、市场反馈等方面的信息，分析对手的实力的强弱及发展战略的变化；第二，了解竞争对手相关的分析定位，既包括竞争对手对于其他竞争者特别是自己企业的分析评价，也包括竞争对手对整个产业的发展前景的定位评价；第三，了解竞争对手的重大人事变动、技术革新、员工的潜力及对公司的认可度等。此外，企业在最大可能的收集对手的同时，也要做好自己企业信息的保密工作，防止出现信息特别是重要信息的泄露所带来的不利局面。

（二）物质准备

在"先算"思想中，物质力量的对比计算是其中重要的一项。《孙子兵法》不仅提出了"凡用兵之法，驰车千驷，革军千乘，带甲十万，千里馈粮，则内外之费，宾客之用，胶漆之材，车甲之奉，日费千金"（《孙子兵法·作战篇·第二》），在人力、物力、财力等各方面的巨大花费，更指出了一旦缺乏所导致的"军无辎重则亡，无粮食则亡，无委积则亡"（《孙子兵法·作战篇·第二》）的危险局面。对于企业经营而言，在与竞争对手的竞争过程中，不仅要努力提高员工的素养，迎合消费者的需求，更重要的是要保证资金的良性循环。具体来说，第一，要保证自由资金的充足，以防不时之需，切不可使企业陷入收支严重失衡甚至举债经营去竞争的地步；第二，要树立良好的信用条件，在特定条件下能够通过方式筹款或贷款，比如能通过众筹与银行贷款保障资金的流通；第三，要足够了解竞争对手及产业变化，合理投资，有序引进利用机器设备，有度的购买土地及建构无形的影响机制，有效地进行市场营销。

（三）心理准备

如果说在"先胜"思想中重点强调的是将军的调"心"，那么在"先备"中除了将军的"心"要先备外，士兵的"气"也是要先备的，方式就是"治气"与"治心"。"三军可夺气，将军可夺心。是故朝气锐，昼气惰，暮气归。故善用兵者，避其锐气，击其惰归，此治气者也。以治待乱，以静待哗，此治心者也"（《孙子兵法·军争篇·第七》）所强调的不仅是生理周期的变化对人精神状态的影响，而且说明应对敌人的"避其锐气，击其惰归"的应敌之道。"治气"的问题在企业经营中则体现为企业员工的敬业的精神，高扬的斗志，竞争力的提升，凝聚力的加强。而要提高员工的精神气，在现代企业中，要充分发挥企业文化的作用。第一，要建构自己的企业文化，让企业的文化观念、价值观念、企业精神、道德规范、行为准则、历史传统、企业制度、文化环境成为企业发展的灵魂，推动企业的发展。第二，要确保企业文化得以有效落地并深入人心，领导层必须以身作则，树立良好的榜样。通过从上至下的层层示范和从点到面的全面推广，充分利用各种传播渠道，将企业文化理念从内部向外部延伸，从细节到大局全面展现。这样不仅能够塑造出独特且有影响力的品牌形象，还能在员工和客户中建立起对企业文化的深刻认同，从而推动企业的持续发展和成功。

第三节 整体性思维：合利而动 兵贵神速
上兵伐谋 因粮于敌

整体性思维把世界上的事物看作一个有机的整体，在不断运动变化的过程中力图实现对事物整体的、全局的、过程的多方位的把握。对于《孙子兵法》来说，这种整体性思维体现的便是孙武对战争构成各要素及要素间的关系是从系统整体的、过程变化的角度切入的，形成了对战争问题的全面而深刻的论述。

《孙子兵法》的整体性思维方式在其内容布局上体现得淋漓尽致。全书共13篇，前六篇侧重于战争理论的阐述，而后七篇则更偏重于实战技巧的探讨。从权谋策略到形势分析，再到具体的战斗实施和技术运用，每一部分都紧密相连，共同构成了这部兵法的完整体系。具体来说，权谋三篇为战争描绘了一幅宏观画卷，帮助读者从整体上把握战争的本质和规律。形势三篇则深入探讨了兵力部署的奥妙，强调了战略灵活性和快速应变的重要性。战斗五篇针对实战中的种种挑战，提供了一系列实用且富有洞见的解决方案。而技术两篇则从火攻和用间等具体战术出发，警示人们战争的残酷性，进一步升华了对战争的全面理解。这种整体性的思维方式对现代企业经营同样具有深远的启示意义。首先，企业领导者需要具备宏观视野，对商业活动的各个环节有深刻的认识和规划。其次，企业要在激烈的市场竞争中找准自身定位，形成独特的竞争优势。再次，专注于核心业务的发展，不断提升企业实力。同时，灵活多变的策略也是应对市场变化的关键。最后，重视新技术和人才的引进与培养，将为企业带来持续的创新力和竞争力。《孙子兵法》的整体性思维方式其次体现在孙武的战略决策上。《孙子兵法》开篇就提出"兵者，国之大事。死生之地，存亡之道，不可不察也"（《孙子兵法·计篇·第一》），把战争问题置入特定的政治、经济、地理环境中，从宏观整体角度去看待战争问题，把国家的安危，民众的生死作为了根本性、全局性目标。国家的安危、民众的生死的"利害"也就成为孙武进行战略决策的出发点与立足点，"因利而动"成为贯穿13篇的核心思想。"用兵者，合于利而动，不合于利而止"（《孙子兵法·九地篇·第十一》），指的便是在作战过程中，如果坚持能够有利就行动，不利就停止的原则。对于企业而言，"利"与"不利"，"动"与"止"所涉及的便是如何决策才能实现利益最大化的问题。为了使投入与产出的关系更加合理，经营决策更加科学，企业需要处理好以下几个关系：

首先，处理好眼前利益与长远利益的关系。在激烈的市场竞争中，企业经营管理者必须要把眼前利益与长远利益有效的统一起来，过分地注重眼前利益或过多地强调长远利益都会对企业的发展构成阻碍，甚至导致企业的衰退、破产、倒闭。企业经营中最常见的一种现象是重视眼前利益而轻视长远利益，为了眼前利益而牺牲长远利益。许多企业经营管理者对企业的发展缺乏长远的规划，对本企业在行业产业中的定位出现偏差，未能充分利用政府的经济调控政策，也无法紧跟行业发展的趋势，更为严重的是某些企业违法违规的做法，掺杂制假，违法使用禁用物质，售后服务成为空头支票，欺骗隐瞒消费者，败坏了企业声誉，给企业未来发展带来了致命的危害。与之相反，过分的重视企业的长远利益而忽视企业的眼前利益也会使企业陷入步履维艰的境地。有些企业为了引进新技术，开拓新市场而导致企业资金流转不顺的现象也是时有发生，导致企业员工的应有利益无法得到满足，打击了员工的积极性，甚至人才的流失。那如何决策才能实现"兼顾眼前利益与长远利益"？正确的决策原则是，"当眼前利益的满足特别紧迫甚至对企业的发展构成威胁时，为了争取眼前利益，在必要时可以有限制地牺牲长远利益，待危机平息之后，再想办法加以弥补，尽量减少损失"①。也就是说，当眼前利益的满足不是特别紧迫时应更多着眼于企业的长远利益，可以适当地牺牲眼前利益。在此方面，联想集团给了我们许多值得借鉴的经验。1984 年创立的联想集团在当年就实现了 80 万的盈利，可应如何处理这 80 万呢？联想既可以分给员工，也可以继续投入扩大再生产。联想坚定地选择了后者，将这本资金投入新技术的研发中，成功推出了联想式汉卡，进而成立香港联想，北京联想集团，推出家用电脑概念……今天联想集团不仅成为全球个人电脑市场的领导企业，更是成为涉足 IT、投资、房地产、化工、消费类的世界 500 强的综合性企业。如果联想只关注眼前利益，有了盈利就分掉，那我们今天恐怕就看不见强大的联想集团了。

其次，处理好企业与消费者的利益分配关系。企业与消费者之间是一种辩证统一的关系，一方面，消费者是企业利益的提供者，企业的利益实现必须以消费者利益的满足为前提；另一方面，消费者又是企业利益的竞争者，处于经济活动两端的企业与消费者都意图实现自身利益的最大化给企业的决策带来难度。如何权衡处理企业与消费者的关系，怎样才能实现企业与消费者利益的合理分配？对于企业来说，只有得到消费者的认可才有实现利润的可能。为了调

---

① 钱基伟. 领导者应急决策的策略［J］. 人才资源开发，2009（12）.

和与消费者之间的利益冲突，企业可以采取"欲取先予"的策略，也就是在某一时期可以先"让利于消费者"，在此方面，淘宝网购的促销策略给了我们许多可以借鉴的经验。具体来说，包邮、打折、赠品、会员积分是淘宝网购的主要方式，通过这些方式实现了切实有效的营销促销。包邮使得消费者在价格上得到实惠，在服务上得到保障，在心理得到一种"既便宜又方便"的满足；迎合消费者心理，增加了店内的人气。同时，赠品创造差异化，吸引消费者购买，提升企业产品品牌知名度外，还能反馈出消费者对产品本身以及相关赠品的欢迎程度；会员积分既巩固了老顾客，又挖掘出潜在顾客，形成了消费者对产品的认知、认可、满意甚至依赖。

再次，处理好企业与企业之间的利益分配。在市场竞争中，企业与企业之间常常是一种"你所得便是我所失"的"零和博弈"状态，双方企业为了保持自身的市场占有率与市场竞争力而发展利用新技术，提升自己的产品质量、提高服务水平；然而，企业与企业之间的关系并不仅仅是"你所得便是我所失"的"零和博弈"，还有"非零和博弈"。比如，在"价格战"中，双方企业为了竞争市场份额，彼此降低自己的利益诉求进行降价低利润、无利润甚至负利润的竞争方式，导致的结果常常不是"你所得便是我所失"而是"你失我亦失"。那企业间如何协调处理竞争与合作的利益分配呢？物美集团前董事长、北京君和创新公益基金会理事长提出，可以通过"一报还一报"的合作策略摆脱诸如价格战的"囚徒困境"，因为"一报还一报"的合作策略既符合公正性，又符合道德性，是以"等利害交换"为前提的，"你增进社会和他人的利益，就等于增进自己的利益，这样每个人要增进自己的利益就必须增进他人的利益；每个人要实现自己的利益最大化，就必须使社会和他人的利益最大化。当然还有等害交换：避免人们之间伤害的最重要、最有效的原则是等害交换原则：你损害社会和他人就等于损害自己，要使自己不受损害就必须不损害社会和他人"①。在商业实战中，百事可乐与可口可乐的在长达百年的竞争中实现了从对抗竞争到合作竞争的转变也是一个优良的案例，两家公司的商标战、广告战、包装战虽然仍时有发生，但你死我活、两败俱伤的价格战基本绝迹，共同推动碳酸饮料的推广与普及，促进了双方企业的另行竞争、合作双赢。

《孙子兵法》的整体性思维方式还体现在战争的战术执行上。孙子兵法的战争观是以国家的存亡、人民的安危为主要出发点，这也就决定了其"合于利而动，不合于利而止"（《孙子兵法·九地篇·第十一》）的战争策略。为了更好

---

① 吴坚忠. 商战"囚徒困境"有解［J］. 商界导刊，2014（5）.

的获得利，为了更佳的谋利求胜，孙武要求把"胜于易胜"（《孙子兵法·形篇·第四》）作为一切行动的出发点，把兵贵神速、上兵伐谋、因粮于敌等作为自己的战术核心。

第一，兵贵神速。关于兵贵神速，速战速决，孙武有许多精到的论述。"兵贵胜，不贵久"（《孙子兵法·作战篇·第二》）、"久则钝兵挫锐，攻城则力屈，久暴师则国用不足"（《孙子兵法·作战篇·第二》）、"兵闻拙速，未睹巧之久也"（《孙子兵法·作战篇·第二》），分别强调"用兵以速胜为贵，而不以持久为贵"，"时间久了士兵的士气会低落，战争力下降，攻城就会耗尽力量，让军队长久在外也会对国家的经济困难"，"所以用兵作战只听说过宁可笨拙而求速胜，从来没有见过图巧而久拖的"。孙武之所以强调兵贵神速，速战速决，一方面是因为速战速决可以保证以最低的消耗实现战略目标，一旦陷入持久战，不但在人力、物力、财力上造成较大的损耗，而且还会造成士兵的精神面貌、战斗能力、国家的安危陷于被动局面；另一方面，速战速决最大程度的保证计谋的实施，能够提高决策执行的效率。因为敌我双方的较量是在激烈的高速对抗中进行的，要想给予对方打击就需要攻其不备，出其不意，其基本要求便是在地方还无法辨明和确认我方的战略意图前就开始行动。"兵贵神速，速战速决"对于企业经营与管理同样有着重大的价值。企业要能快速应对市场变化，敏锐地发现市场和消费者需求的变化，及时推出新产品，赢得消费者，占领市场。比如，分众传媒对于商机的把握，江南春把人们等电梯与乘坐电梯的无聊时间充分运用，成功推出商业广告，用低廉的传播成本收获了高效的回报，成为广告界的新标杆。企业还要能快速识别对方的意图，商业活动与军事活动的较大相似之处在于都有较强的针对性，作为互相攻击竞争的双方，长时间的处于斗智斗勇的状态。对于企业经营管理者来说，不仅要具备良好的策划能力去主动出击，还要有优秀的防御能力，特别是自身企业处于不利地位时，要能在与竞争对手的博弈中获得主动，尤为重要的一点是对于对方的意图要快速识破仅做出迅速的回应，使企业转危为安。企业经营不可能是一帆风顺的，遇到危机特别是关涉到企业的根本利益，关乎企业经营成败的关卡时，能否快速准确回应将损失降到最低，着实考验经营管理者的能力水平。比如，美国强生公司的"泰莱诺尔"中毒事故，在吉姆·伯克为首的七人危机公关小组快速应对中，通过对药片进行检查、立即回收全部止痛胶囊、真诚与新闻媒体沟通、积极配合调查、重新设计上市等措施，不但没有使企业在这起严重的危机面前垮掉，反而因为其负责人的企业形象获得了公众和舆论的赞誉，使得"泰诺"止痛药重新上市时，获得了更好的销量，获得了更大的利润。

　　第二，上兵伐谋。上兵伐谋是《孙子兵法》的进攻性战略的核心。关于进攻性行为，孙武曾论及"百战百胜，非善之善者也；不战而屈人之兵，善之善者也"（《孙子兵法·谋攻篇·第三》），"善用兵者，屈人之兵而非战也，拔人之城而非攻也，毁人之国而非久也，必以全争于天下"（《孙子兵法·谋攻篇·第三》），"凡用兵之法，全国为上，破国次之；全军为上，破军次之；全旅为上，破旅次之"（《孙子兵法·谋攻篇·第三》）。意思分别是"百战百胜，不是最高明的，不用动用武力投入战争而使敌人屈服才是最高明的"，"所以善于运兵打仗的人，不用交战就可以使敌人屈服，不用硬攻就可以得到敌人的城邑，不用太长时间就能毁灭敌人的国家，一定要用周密的计策来争胜于天下"，"用兵的原则，逼迫敌人举国投降是上策，需要用兵力攻击就差一些，逼迫全军投降是上策，动用兵力打败他就差一些，逼迫全旅投降是上策，需要调动兵力投入战斗就差一些"。因为孙子兵法是把战争作为政治的手段，所以围绕战争的损耗与收益的问题，孙武提出以最小的损失获取最大收益的问题，也就是"不战而屈人之兵"。如何实现"不战而屈人之兵"呢？孙武又从"上兵伐谋，其次伐交，其次伐兵，其下攻城"（《孙子兵法·谋攻篇·第三》）四种方式展开论事。"上兵伐谋"的战术思想不仅在军事活动中具有重要的意义，在企业的经营管理活动中也具有高度的价值。一方面，企业要树立以最小的代价获取最大的利益的意识，争取实现企业经济效益与社会效益的双重提升。另一方面，为了实现这种利益的提升，企业需要选择恰当的竞争模式。"伐谋"是最高层次的竞争选择，不仅不需要太多的费用，而且也没有较多的伤亡，对于企业间的竞争而言，"伐谋"便是依靠自己的企业形象去击退对手。良好的企业形象是企业无形的竞争力，为此需要确立科学的企业理念，提高队伍员工的专业素质，培养积极的人生哲学观，传播有效的公共关系。"伐交"是次一级的竞争策略，它同样没有较大的伤亡，花费的费用虽然也较少，但在对对手的威慑力上不如伐谋更为有效。"伐交"的策略在市场活动则主要体现为战略伙伴关系的建立。双方为了共同的利益，将利益的思想方式由竞争变为合作。需要指出的是，企业间从竞争敌对关系转变为合作共赢关系是一大进步，但企业要想更进一步更需要关注的是与谁合作，实现怎样的合作，与一个实力强大，潜力巨大的企业合作实现的是"强强联合"，而与一个不太理想的企业合作，也会给自身企业带来损失。"伐兵"又是次一级的竞争方式，不仅花费高而且伤亡大。这也是商业活动中最常见的竞争方式，即企业间通过产品、技术、服务、广告等等展开直接的交锋。应该看到，适度的竞争去促进企业的发展与市场的活跃，过度的竞争则只会给企业带来不利的影响。另外，除了直接的有形竞争，企业的无形竞争，即"企业通过设置进入障碍、设置移动障碍和设置推出障碍等方式，摆出大战姿势，在未战之前，防止新竞争者的浸染和原竞争者的挑衅"① 也变得越来越普遍。"攻城"是最次的竞争手段，不仅花费高伤亡重还耗时大收益小。"攻城"这种方式运用到市场竞争中则表现为价格战，对此，企业应把此作为最后的选择，且要速战速决。

第三，因粮于敌。这是一种充分发挥地理优势，并借这种优势壮大自己而削弱竞争对手的战术。孙子因为，远道运输是导致国家而用兵而导致贫困的一个重要原因，因为远道运输与百姓的贫困、运输地的物价、赋役等是紧密相连的，所以为了解决因劳师远征、运费巨大所带来的不利局面，他提出了"智将务食于敌，食敌一钟，当吾二十钟；萁秆一石，当吾二十石"（《孙子兵法·作战篇·第二》）。另外，对于缴获的敌人的物质和人员，也要积极的收编，壮大自己的实力。他提出："更其旌旗，车杂而乘之。卒善而养之，是谓胜敌而益强。"（《孙子兵法·作战篇·第二》）对于企业经营与管理来说，因粮而敌，借别人的力量来发展自己，有许多值得借鉴的地方。因粮而敌可以对企业的取材、生产和销售带来启示，做到就地取材、就地生产与就地销售。企业是在取材、生产、销售的投入与产出间生存的，如果投入、生产、与销售三个环节都能实现运营成本的最小化，那企业的利润将得到一定提升。更为重要的是，如果企业能实现就地取材、就地生产、就地销售，成本优势将转化为企业市场竞争中的一项重要优势，提高应对市场波动的能力，增强企业销售的稳定性。企业可以将军事活动中的"因粮于敌"拓展为"因财于敌""因人于敌""因技于敌"等竞争策略。"因财于敌"是说可以利用竞争对手的财力来实现自己的发展。例如我国改革开放以来提出的"引进外资"，便是一种"因财于敌"的发展策略。具体到企业，尤其是中小企业往往面临着资金发展不足的问题，而"因财于敌"所提供的思路便是不仅可以向银行等金融机构借贷，还可以向其他机构团体或个人甚至消费者寻求帮助，我国现在的房地产开发在融资问题上采取的多是这种"因财于敌"的方式。"因人于敌"是说可以借助竞争对手的人才来实现自己的发展。企业之间的竞争在很大程度上就是企业间人才之间的竞争，谁拥有更多的人才，谁在竞争过程中便能占据更多的主动与优势。因此，把对方企业的优秀人才甚至顶级人才挖过来为我所用，便是一举两得的事情，既减少了自己培养的成本，又削弱了竞争对手的实力。从另一方面讲，自身企业也要防止自己的优秀人才被挖，而这便需要企业经营管理者对人才更加的重

---

① 葛荣晋.《孙子兵法》与企业竞争战略的选择［J］. 学术界，2002（1）.

视，不仅要为其提供优厚的工作待遇，还要有相应的发展空间，更为重要的是，具有别的企业所不具备的优势，比如企业文化的理念、制度等等。"因技于敌"所阐释的是借用竞争者的技术优势来充实自己的力量。具体来说，"因技于敌"既可以通过模仿研究，也可以通过专业购买、甚至合作交流等方式来实现。现今"微时代"的微信、微博、微聊、微密……虽然研发他们的团队不同，但其技术要点与功能设计上的相似处在很大程度上便是"因技于敌"的采纳。

第四节　权变性思维：先敌而变　应变之变　权变之道

权变性思维是指在不同的时间、地点、条件下根据情况的变化而变化，依据具体情形而采取相应的措施方法。在《孙子兵法》中，权变性思维体现在两个层面，一个是"先敌而变"，也就是要充分掌握主动权，"致人而不致于人"；另一个为"应变之变"，也就是要"因势而变""因敌制胜"。《孙子兵法》的权变思维与前瞻性思维和整体性思维具有密切的联系。只有具有了前瞻性思维，做到了"先知""先算""先胜""先备"才能保证权变性思维"变"的可能性；只有达到了整体性思维，"因利而动"、实现了对问题的宏观、整体的把控，才能更大的发挥权变性思维的优势，因变胜敌。下面主要从先敌之变、应敌之变、权变之道三个角度分析《孙子兵法》的权变性思维及其在企业经营管理中的应用。

一、先敌而变，掌握主动，致人而不致于人

"变化"是战争的一大特点，如何在激烈的对抗、快速的调整中获得主动，进而利用优势，赢得战争的最终胜利是每一位将领都需要认真思考的问题。孙武在《孙子兵法》中提出，"凡先处战地而待敌者佚，后处战地而趋战者劳，故善战者，致人而不致于人"（《孙子兵法·虚实篇·第六》），"我欲战，敌虽高垒深沟，不得不与我战者，攻其所必救也；我不欲战，画地而守之，敌不得与我战者，乖其所之也"（《孙子兵法·虚实篇·第六》）。先于对手到底战场就会从容主动，后于敌人到达则会疲惫被动，我控制敌人而不是敌人控制我，便可以调动对手，灵活应战。因此，在要竭力争取战争的主动权，力图去调动敌人而不是被敌人所调动，在客观形势上处于优势，在主观心理上占据上风。在市场竞争中，企业同样也选择主动出击，先发制人，在新信息获取、新产品推出、新技术研发上先人一步，率先占领市场，牢牢掌握主动权，把握竞争的优

势与成功的机遇。具体来说，企业的"先敌而变"，主动出击主要体现在以下三个方面：

第一，要锐意创新，涉足新领域，依靠新产品、新技术抢占市场。市场竞争中，赢得了时间也就赢得了空间；抢占了市场也就控制了市场的"制高点"，而要赢得时间，抢占市场，最重要的就是要用新产品、新技术满足消费者的需求，提供别的竞争者所无法提供的产品与服务。一个企业要获得利润，终究是以消费者为主要目标的，如何能为快速准确的把握消费者的需要，迎合消费者的心理，调动消费者的消费欲望是企业经营管理者面对的难题。新产品推出、新技术的研发要在产品的功能组合、技术融合上下足功夫。孙武说："声不过五，五声之变不可胜听也；色不过五，五色之变不可胜观也；味不过五，五味之变不可胜尝也。"（《孙子兵法·势篇·第五》）也就是说，"音阶不过五种，可是五个音阶的变化却能奏听出听不完的音乐；色素不过五种，可是这五种色素的变化却能显示看不完的色彩；味道不多五种，可是五种味道的变化却能调和出尝不完的美味"。对于企业而言，如何在整合中求新将在很大程度上决定了企业的发展空间与潜力。以一直引领时尚，走在科技前沿的苹果公司为例，我们可以直观地体验到"新"在竞争中的重要力量。苹果公司研发的智能时尚手机 iPhone，从 2007 年的第一代到 2023 年推出的 iPhone15，苹果公司始终以其新产品、新技术引领时尚，引导消费。iPhone 新技术所带来的新的体验冲动与情感触动，对"果粉"身份的潜意识认同都极大促进了其对市场的占有和对消费者的吸引。

第二，要积极转变，开拓新空间，依靠价格、服务等优势抢占市场。一般说来，能够依靠新技术、新产品在市场上率先占得先机的都是处于领导者地位的大公司大企业，它们雄厚的经济实力基础以及充足的人才资源，领先的技术优势以及强大的市场感召力使得中小型企业往往很难与他们抗衡，而往往只能另辟蹊径。对于中小型企业来说，选择战略性转移，将市场重心转移到还未饱和的地区，还未被大公司、大企业完全垄断的产业上是一种可行的选择。在市场重心的选择与产品研发的定位上，蒙牛乳业公司的发展方式能够给我们许多启示。在蒙牛乳业公司发展的初期，伊利集团在处于领先地位，占据着一线大市场，推出的是高端利乐纸盒包装，如果此时的蒙牛乳业公司也同样选择一线大市场，采用高端利乐纸盒包装，则很可能不仅难以获得消费者的认可，还会遭到伊利集团的冲击，陷入不利的局面。蒙牛乳业公司意识到自己的处境，选择发展伊利不太重视的低端产品，开拓伊利还未广泛涉及的二三线城市，及避免了与伊利集团的正面冲突，也赢得了广大二三线城市消费者的认同，为自己以后的发展奠定了基础。需要指出的是，企业将二三线城市作为自己的主攻方向并不意味着能够放松对产品质量和服务的要求，相反，在价格的相对优势下，企业更要提高产品的质量和服务的水平，以在最短的时间内形成自己的相对稳定的消费群体。另外，将企业的市场重心下移也是一个不得已而为之的发展策略，求得是积蓄资本，一旦企业的实力提高到一定程度，就需要转变发展思路，提高企业的研发能力，寻求新的发展路向，增强企业的竞争力。

第三，要居安思危，快速出击，在竞争者立足未稳，尚未形成较大威胁前展开行动。企业要想实现自己的发展壮大，不仅要立足自身，用自己的新技术、新产品以及服务满足消费者的需求，而且需要准确判断竞争对手的优势及不足，在与竞争对手的竞争中获得优势地位。对于一个处于优势地位的企业来说，面临着众多追赶者企业的竞争，如何在竞争中保有自己的优势地位，是企业决策者所必须回应的。那处于优势地位的企业应该如何处理与竞争者的关系呢？在孙武看来就要快速出击，在竞争者立足未稳之前就要给予其打击。因为竞争者企业一旦发展壮大，再采取措施就需要耗费更多的人力、物力、财力。所谓的"上兵伐谋，其次伐交，其次伐兵，其下攻城"（《孙子兵法·谋攻篇·第三》），在领先者对追赶者的策略中则体现为，首先可以利用自己的谋略取胜，依靠自己在技术、产品质量、服务水平上的优势"以不战而屈人之兵"，这种策略在有较大优势的企业竞争间常常被使用，且屡试不爽；其次是利用合作的方式，充分吸纳对方的长处，并为我所用，在新一轮的研发上争取再次占得先机，掌握主动；再次是可以依靠吸纳竞争者的优秀人才，给予他们更大的发展空间与更优厚的物质待遇，巩固对竞争者企业人力资源上的优势，并为自身企业以后的发展提供良好的人才储备；最后是与竞争者企业的直接对抗，由于自身处于优势地位，可以采取各种各样的发展策略，比如品牌战、服务战、价格战等等。

二、应变之变：因势而变、因敌制胜

如果说"先敌而变"强调更多的是发挥自己的优势先发制人，获得竞争中的主动权，那么"应变之变"则是更多的针对对方的缺点，实施相应的策略，给竞争者更沉重的打击。由于军事活动对抗性、变动性、复杂性、残酷性、连锁反应等特点，这就决定了将领需要具备高度的应对能力，能够灵活变通自己的战略战术，既能够因势而变，也可以因敌制胜，以变应变，在变中寻得机会，在变种争得主动，在变种获得胜利。

《孙子兵法·虚实篇》里提道："兵形象水，水之形，避高而趋下；兵之形，避实而击虚。水因地而制流，兵因地而制胜。故兵无常势，水无常形；能因敌

而之变化而取胜者，谓之神。"（《孙子兵法·虚实篇·第六》）这里孙武强调的是，战争中要根据具体情况的变化灵活选择自己的对策，实现自己的利益最大化。核心是对"势"的理解与运用，在这里，"势"，"就力量组合运用而言，是力量在一定范围内借助各种外部条件而构成的最佳组合形式或形成的一种蓄发状态"[1]。而企业经营管理者能否实现快速准确的应变关键就在于对"势"的掌控上。因此，为了更好地实现对竞争者的应变，能够实现以变应变，在变中寻求机会，在变中获得主动，企业经营管理者需要做好以下三点：

第一，企业经营管理者要善于审时度势，既能够对形势的发展变化具有超前的判断能力，又能够对自己与这种势的关系，自己能够利用这种势的条件和实力有着清醒的认识。也就是说，一个企业家要对宏观层面的政治、经济、文化、科技水平的现有状态和未来大致发展状态有着合理的预判，也要对竞争者、消费者、自身实力有一个准确的定位，最后对比判断在这种"势"的变化中，自己能否处于优势地位，是应该采取现行的模式状态还是迅速调整，是该将产品向着一线城市高端化方向发展还是维持现有水平实现市场重心的下移，是该与其他企业采取继续竞争的态势还是选择合作的方式做出选择。

第二，企业经营管理者要长于主动造势，充分发挥自己现有的水平，利用现有的资源谋力求在环境变化中打造自己的核心竞争力。企业核心竞争力的打造需要形成自己的理念、制度与品牌。具体来说，要把企业文化的建构与落地实施摆放到重要的位置，使理念成为个人发展的精神支柱，企业发展的灵魂，调动其员工的积极性、主动性、认同感、归属感，为企业的长远发展储备无形的资源与强大的竞争优势；要依靠企业制度的建设实现企业中人与物、人与企业关系的良好互动，规范员工的行为，将企业精神转化为员工自觉行动，推动制动建设的科学性、可行性和有效性，最终促进企业文化建设与经济效益的双重提升；树立诚信的品牌意识，激活企业品牌的凝聚力与扩散力，形成企业发展的新动力。

第三，企业经营管理者要顺势而起，择人任势，取得赢得全局胜利的主动权。孙武提出的"善战者，求之于势，不责于人，故能择人而任势"（《孙子兵法·势篇·第五》）所强调的便是在不同的"势"的条件下选择不同的人来完成不同的任务。孙武所提出的智、信、仁、勇、严有许多借鉴价值。所选之人，要"智"，可以准确地定位企业在市场中的地位，理解竞争者的优势及不足，能够对市场动态做出具有前瞻性的判断；要"信"，在企业内部要能形成自己的威

---

① 毕海林.《孙子兵法》"求易"的谋事之道［J］. 领导科学，2010（5）.

信与影响力，与其他人员形成良好的关系，讲求诚信，对外也能根据自己的重诚信，讲信用带动企业形象的提升；要"仁"，既要关心团队内部人员，照顾他们的需求，又能够关注顾客，满足他人的需要，解决他们的难题；要"勇"，敢于创新，勇于拓展自己的能力，承担自己的责任；要"严"，不但能够严格要求他们，而且能够严格要求自己，提高工作的执行力。

如果说"因势而变"还比较侧重于蓄势准备，着眼的更多的还是自身实力的提升，那"因敌制胜"则强调的是实战执行，针对敌的特点才去的策略。"因敌制胜"，敌既包括直接的对手，实际的竞争者，也包括天时、地利、人力等因素。对于企业经营管理者而言，一方面要处理好与竞争者的关系，做到因竞争者而变，而变而制胜；另一方面，也要协调好与其他因素的关系，做到因时制胜、因地制胜、因人制胜等。

第一，要洞悉竞争对手的发展策略，并针对这种策略的特点，尤其是弱点采取相应的措施，因敌制胜。企业之间的竞争是企业经营管理者的决策力，员工的执行力，企业的生产力、产品的营销力、天时、地利等等因素综合的较量。因此，企业经营管理者不仅要了解自身的实力位置，更要了解竞争对手的情况处境。一旦能够取得对竞争者的准确掌控，采取的措施就会有很强的针对性，对与竞争对手的竞争中就会掌握主动，获得优势。具体来说，既要通过竞争对手的产品、销售方式的变化推测出其企业实力的变化以及未来的规划，也要明确竞争对手对整个的产业及竞争者的定位；同时，还要尽可能获取其企业内部的信息，比如其经营管理者的决策特点，对人才的方式待遇，新产品的研发、新技术的投入状况等等。

第二，企业要充分利用自然气候的天时和政治社会天时的变化，因天制胜。对于企业经营来说，随着现代通讯交通的迅猛发展，自然的气象因素的影响力并不像以前那么重大，但依然占据着重要的地位。在不同的季节和气候条件下，人们的消费心理和习惯会有所变化，这对企业来说是一个需要清醒认识的重要因素。企业需要根据产品销售的淡季和旺季来选择合适的进入和退出市场时间，以及决定何时进行正常销售和何时采取降价促销策略。此外，特殊节日如春节、情人节、劳动节、中秋节、国庆节和圣诞节等也会对人们的消费行为产生较大影响。如果节日消费对企业产品的销售具有显著影响力，那么企业需要有针对性地采取措施，以促进产品的销售增长。因此，企业需要密切关注市场动态和消费者需求变化，灵活调整销售策略，以应对不同季节和节日带来的市场变化。另外，企业经营管理者更要考虑的是政治社会天时的变化，比如，企业竞争的政治、社会、文化、技术，特别是相关产业、行业、税收、环保、调控的政策法规。

第三，企业要充分发挥地理区位的独特性，利用物质资源、文化资源、行业环境优势，形成自己的核心竞争力，因地制胜。企业之"地"同样有广义与狭义的区分，狭义的地理是企业的经商之地，对此要关注的是当地的自然资源能否为我所用，当地的人文景观与文化内涵能够促进企业的宣传推广，当地的风俗习惯能否给企业发展增加特色与亮点；广义的"地"，则更多的指向的是市场，消费者的能力水平、消费者的心理、消费者的习惯性行为、消费者结构等等，如何在对消费者的分析定位中，采取有针对性的措施，迎合消费者的心理，调动消费者的消费诉求，满足消费者的产品、服务需求，是企业能否占有一席之地的关键。第四，要充分发挥人才的重要作用，发挥他们的积极主动性，提高企业的竞争力，因人制胜。企业的竞争在很大程度上可以看作是人才之间的竞争。如何留得住人才，并发挥他们的能力便成为企业经营管理者要重点考虑的问题。对此，不仅要给予他们相应的工资待遇，奖金鼓励，还要有相关的培训及管理实践以提高他们进一步发展的空间，另外，还要构建良好的企业文化并保证其落地实施，让优秀的人才能够找到认同感与归属感，从而调动他们工作的积极性，提高工作的水平，促进企业竞争力的提升。

三、三种权变：奇正之变、虚实之变、真假之变

奇正之变、虚实之变、真假之变，富含深邃的战略智慧。在现代企业管理和市场竞争中，它们分别象征着策略的创新与常规相结合、资源利用的灵活转换以及信息战和市场营销的艺术。具体而言，"奇正之变"要求企业在坚持规范运作的同时勇于创新求变，以应对市场环境的变化；"虚实之变"则指导企业巧妙运用有形资产与无形资源，实现攻防之间的战略调整，增强竞争优势；而"真假之变"则体现在信息处理和品牌营销上，强调适时真实披露信息与策略性误导或伪装相辅相成，以保护战略意图、引导市场预期并有效推广产品和服务。这三大理念共同构成了企业在复杂环境中寻求生存发展、提升竞争力的重要战略思维框架。

（一）奇正之变

《孙子兵法》里讲奇正之变的主要是两段，一是"三军之众，可使必受敌而无败者，奇正是也"（《孙子兵法·势篇·第五》），另一段是"凡战者，以正合，以奇胜"（《孙子兵法·势篇·第五》）。为何"奇正"之变能使三军之众全部被敌人包围却没有被打败？在奇正之变中又如何以正合，以奇胜呢？在孙

武看来，两军之间的战争不仅仅取决于人数的多少，还取决于战略战术的成败，正如他说强调的"越人之兵虽众，亦奚益于胜哉"（《孙子兵法·虚实篇·第六》），在士兵的数量多少基本确定的情况下，如何分配调动就成了一个关键的问题。在孙武看来，兵力可以分配为两部分，一部分是正，也就是能够实用一定的谋略把敌人控制住的兵力；另一部分是奇，指的是能够击溃敌人，出其不意攻其不备最终取得胜利的兵力。对于这种分法与战法，在企业经营与管理中，值得我们吸收借鉴的主要是以下三点。

第一，奇和正是相辅相成的，不可偏执其一。有的经营者过于守正，不能切合实际，灵活变化，使得企业发展可以在市场竞争中依靠固有的产品、信誉、服务赢得一定的消费者，但在对新时机的把握，对于新产品的研发与新市场的开拓上显得不足，在瞬息万变的市场竞争中越来越被动；另一种是变得太多，奇得太过，比如有的商家习惯于变化，也善于变化，但这种变化却使得自己的研发重点与市场重心不明确，在自己的主营业务还没有处理好的情况下就基于开拓新市场，研发新产品，最后可能两边都没有较大的成效，更严重的是，有些变化是无底线的。比如，不讲诚信，无视法律法规，欺骗隐瞒消费者。对于企业经营来说，既要有自己的主营产品，也要研发自己的附属产品，既要守得住"正"，又能够出得了"奇"，在奇与正的配合中实现企业的发展壮大。

第二，奇和正是可以相互转化的，要注意转化的条件。《孙子兵法》里的奇与正，一方面是一种客观的数量关系的转变，另一方面也是主观上心理博弈过程的变化。所谓心理上的博弈过程，指的是，在竞争者的预测范围内的为"正"，超出竞争者预期的则为"奇"。对于企业经营管理者而言，不能片面的从自己的立场出发想问题，如果自己认为想得很"奇"，可以"出奇制胜"，却早已被竞争者看穿，那么也就算不上奇，也很有取得预期的效果了。

第三，奇正的变化是无穷的，企业要始终保持创新的意识与能力。"善出奇者，无穷如天地，不竭如河流"（《孙子兵法·势篇·第五》），强调的正是"奇正之变"的永恒性。在激烈的市场竞争中，企业要想求得生存，谋得发展，便要把"出奇""创新"作为自己重要的目标之一。不仅要在于竞争对手的竞争策略上出奇出新，也要在自己的新产品开发、质量包装、广告设计、营销手段等方面别出心裁，且将这种创新持续下去。

（二）虚实之变

关于虚实，孙武有诸多论述，"水之形避高而趋下，兵之形避实而击虚"（《孙子兵法·虚实篇·第六》），"兵之所加，如以碫投卵者，虚实是也"（《孙子兵法·势篇·第五》），"善守者，敌不知其所守；善守者，敌不知其所攻。

微乎微乎，至于无形；神乎神乎，至于无声，故能为敌之司命。进而不可御者，冲其虚也"（《孙子兵法·虚实篇·第六》）。虽然论述的涉及面比较广，但"虚实"的核心确实很明确的——避实击虚。避实击虚能够转变敌我双方的力量对比，以我方的优势去击打对方的薄弱之处，效果可想而知。那如何才能实现虚实之变，避实击虚？企业经营管理中又如何把"避实击虚"战术方针的功效发挥到最大呢？我们认为，从企业经营管理的角度看，虚实之变不仅同战争一样具有针对对手、以强击弱，以众击寡的特点，还具有自我调剂，面向市场的独特之处。具体来说，第一，可以用"避实击虚"发现商机，拓展市场。对于企业而言，面向的是市场，关注的是能否切合市场的需求，发挥自身的优势，生产出符合消费者需求的产品，从而在市场竞争活动中占据一席之地。如何在与市场的关系中发挥企业自身的优势，实现企业的价值？当市场饱和时，企业在市场中处于不利低位时应作何选择。孙子兵法给我们的启示是，可以避开市场之实，转向市场之虚。所谓的市场之实可以认为从整个产业行业来说，市场已近饱和竞争，竞争已趋白热化，发展潜力空间已近很小的状态。第二，可以用"避实击虚"指导企业发展，发挥自身的优势把产品做实、做专、把企业做大、做强。随着市场开放程度的加强，互联网的快速发展，企业在发展中发生了重大的变化。应该看到，市场与互联网的这种变化，一方面给企业带来的机会，另一方面则是潜在的危机。其危机主要表现在企业所面临的诱惑越来越多，与企业发展相关的产品越来越多，同质化现象越来越严重，对于企业来说，要想在这种环境中脱颖而出，就需要做出自己的特色，做出自己的水平。而要做出特色，做出水平，则必须要集中自己的优势，发挥自身的长处，把产品做实，做专，做企业做大、做强。第三，可以用"避实击虚"指导与竞争者的对抗，在竞争活动中取得优势。企业之间的竞争既是产品、技术、服务、营销等以消费者以导向的较量，也是企业间彼此把对方作为主要对象的对抗。想要在这种对抗较量中，壮大自己的实力，而削弱竞争者的实力，就需要企业针对竞争者的弱点展开一定的活动，以自己的优势比对对方的劣势，以自己的强项去攻击供方的弱项。

（三）真假之变

"真假之变"与"奇正之变"与"虚实之变"是紧密相连的，只有用"真假之变"混淆对方的判断力，让其分不清何为真，何为假，才能更好地实现"奇正之变"的出奇制胜，"虚实之变"的避实击虚。"兵者，诡道也"（《孙子兵法·计篇·第一》），"能而示之不能，用而示之不用，近而示之远，远而示之近。利而诱之、乱而取之，实而备之，强而避之，怒而挠之，卑而骄之，佚而劳之，亲而离之"（《孙子兵法·计篇·第一》），"兵以诈立，以利动，以分合为变者也"（《孙子兵法·军争篇·第七》），这些论说所提出的便是真假之变的普遍性和重要性，以及将领对于真假之变掌握的必要性。因此孙子兵法不仅提到"必生""必死""忿速""廉洁""爱民"的为将五危，强调了"走""驰""陷""崩""乱""北"的将不六察，而且还特别说明了"治兵要知九变之术"，在变中辨识真假，提出应对之策。对于企业经营来说，将领所需要分清的是，企业在市场中的地位面临的局势以及应采取何种策略。比如在市场的"圮地"，也就是比较偏远现在市场潜力还未被挖掘的地方如何布局，是设置企业的分支机构还是直接放弃；在企业间的"衢地"，也就是与企业自身关联性不高、竞争性不强的其他企业关系如何处理；在市场研发的"绝地"，也就是已经投入了大量人力、无力、财力却没有得到相应效力的地域，该果断放弃还是继续坚持；在企业竞争的"围地""死地"，也就是在企业自身的经营网络已经被竞争者对手冲击近乎垮掉的情形下，如何想方设法找到别的渠道"突围"，争取企业发展的生机。因此，为了能够区分真假之变并运用真假之变，企业经营管理者对于"九地之变、屈伸之利、人情之理，不可不察也"（《孙子兵法·九地篇·第十一》）。对于企业经营管理来说，也就是企业发展到不同的阶段，要采取不同的行动方针，遇到不同的局势情形，要能屈能伸的适应局势情形的发展，对各种人员掌握不同的思想规律，细心研究他们的变化以及对自己企业的影响。另外，企业经营管理者也要对自己有着清晰的定位，自己的优势何在，缺点又是什么，对方在进行某一项竞争活动时是否已经将自己的缺陷作为了攻击的目标，比如自己在性格上的优柔寡断或者急躁冒进，都有可能称为对方引诱自己的陷阱，让自己分不清"真假"。

小结

《孙子兵法》，这部中国古代军事巨著，如同一座富含哲理的矿藏，其深邃的战略智慧和战术谋略，对于现代企业文化建设的意义非同凡响，其影响力穿越千年时空，至今仍熠熠生辉。《孙子兵法》所崇尚的战略布局、灵动应对和团队协作等核心观念，为构建独特且富有深度的企业文化提供了崭新的透视镜和丰富的灵感源泉。

当企业将《孙子兵法》中的智慧付诸实践，其企业文化会涌现出前瞻性和创新性的浓郁气息，使企业在面对瞬息万变的市场竞争时，能够像战场上的将领一样，审时度势，灵活部署，始终保持战略领先优势。这种战略思维的熏陶，犹如为企业植入一颗敏锐的心脏，使其在商战中时刻保持清醒和敏捷，从而占据竞争高地。

《孙子兵法》推崇的团结协作精神，恰似一把熔铸团队灵魂的铁锤，它敲打出企业内部牢固而和谐的伙伴关系。团队成员在面对内外挑战时，能够齐心协力，共享荣辱，共同迎战，实现集体的成功与共赢。这种内在的协同效应，不仅能强化企业的战斗力，更能凝练出一股坚韧不拔的企业精神。

《孙子兵法》还着重强调了诚信与智慧在战争中的决定性作用，这一点对于塑造诚信可靠的品牌形象，提升企业在市场中的核心竞争力具有无可比拟的价值。诚信，如同企业的脊梁骨，支撑起企业与顾客、合作伙伴之间的信任桥梁；智慧，则是企业的锐利武器，帮助企业洞悉市场走势，决胜千里之外。

总的来说，将《孙子兵法》的精髓深深烙印在企业文化建设之中，不仅能够深化企业文化的内涵，赋予其更强的包容力与生命力，而且能够有效提升企业的战略决策能力与团队执行力，为其长远发展打下磐石般稳固的基础。在风云变幻的市场竞技场上，企业凭借汲取《孙子兵法》智慧滋养而成的强大企业文化，将能够傲然屹立，无惧挑战，稳操胜券。通过深入研读与躬身实践《孙子兵法》的精要，企业可以精心铸造出一种既有深厚底蕴又富于活力与竞争力的企业文化，为企业的可持续发展注入澎湃动力，引领企业在市场经济的滚滚洪流中砥柱中流，扬帆远航。

第七章

《管子》与企业文化建设

　　管仲是我国春秋时期的杰出政治家。他曾做齐桓公的宰相达40年之久，对齐桓公"九合诸侯，一匡天下"，使齐国成为强盛的封建制国家，起了重要的作用。管仲的执政功绩，深得后世景仰。孔子曾称赞管仲为有益于人民大众的仁爱之人。司马迁也十分推崇管仲，称赞他"九合诸侯，一匡天下，管仲之谋也"。"管仲卒，齐国遵其政，常强于诸侯。"① 鞠躬尽瘁于蜀汉的诸葛亮隐居隆中时，也"每自比管仲"②，对管氏的功绩，充溢着景仰之情。梁启超对管子给予极高的评价："管子者，中国之最大政治家，而亦学术思想界一巨子也。"③他认为，管子的思想与西方近代以来的霍布斯、卢梭、孟德斯鸠的思想，虽然"地之相去数万里，世之相后数千岁"，但却"不期若合符契"，然而霍布斯、卢梭、孟德斯鸠"立说之偏至，又不能如吾管子之中正也"④。

　　管仲死后，流传着一部《管子》。韩非、贾谊、司马迁等人都曾对其详研细读。司马迁就说过，"吾读管氏《牧民》《山高》《乘马》《轻重》《九府》"，"详哉，其言之也"⑤。汉成帝时，光禄大夫刘向整理了《管子》。刘向整理后的《管子》，《汉书·艺文志》著录86篇。今本《管子》名为86篇，但其中10篇有目无文，实存76篇。《管子》部分章句已经驳杂难辨，再加上词义古奥，简篇错乱，文字多误，因而成"难读"之书。但详细品读钻研，则知此书是一部颇为难得的百科全书式的学术著作。凡政治、经济、军事、管理、哲学、教育和自然科学等思想，无不包容，其中不乏精辟的议论和深邃的见解。

　　对于《管子》一书是不是管仲自己的著作的问题，近人是有分歧的，但绝大多数学者从未怀疑管仲有自己的著作。我们认为，《管子》一书的主要篇章是

---

①　（汉）司马迁．史记·管晏列传 ［M］．长沙：岳麓书社，1988：492.

②　（晋）陈寿．三国志·诸葛亮传 ［M］．成都：巴蜀书社，1990：189.

③　梁启超．梁启超论诸子百家 ［M］．北京：商务印书馆，2012：33.

④　梁启超．梁启超论诸子百家 ［M］．北京：商务印书馆，2012：34.

⑤　（汉）司马迁．史记·管晏列传 ［M］．长沙：岳麓书社，1988：493.

管仲自著和记载管仲思想、事迹的。《管子》一书提供了大量的有关春秋时期以齐国为主的各国经济、政治、思想史料和管仲本人及其学派的可贵史料。所以，在本文中我们的提法是《管子》如何如何，而不是管子如何如何。这样就可以避免把本来不是管仲的思想错加到他的头上。20世纪以来，对《管子》的研究逐渐增多，其中1949年前出版发表的相关研究专著和论文60多本（篇）。专著有黄汉的《管子经济思想》、俞寰澄的《管子之统制经济》、梁启超的《管子传》等。这一时期对经济思想的研究占绝大多数。但是，那时研究多是从宏观经济的角度，从微观的企业管理的角度研究的几乎没有。

1949年后到1976年，影响较大的有郭沫若的《管子集校》、胡寄窗的《管子经济学说》两部专著，这个时期的研究特点，一是分篇研究加强；二是研究其农业思想的居多；三是《管子》的阶级属性问题被重视。

改革开放以来，《管子》研究呈现百家争鸣、百花齐放的繁荣景象。发表论文近百篇，内容涉及经济、哲学、政治、伦理、法律、教育、军事和外交等诸多方面。尤其引人注意的是，有关经济思想的研究涉及了《管子》经济理论的各主要方面。这一时期的论著开始从企业管理的角度对《管子》的思想进行研究，其中阐发的经济管理思想有经济伦理观、辩证管理观、君臣观、人才思想、人性化管理思想、惠民思想、道家管理思想等。

我们认为，对《管子》管理思想的发掘和应用，不能单单靠研究解读《管子》文本和过去的论著，需要我们不断地跟上企业管理实践发展步伐。我国企业的管理环境、管理实践以及国外传来的管理理论都有了不小的变化，我们现在有必要在新的环境下，借鉴新的理论视野，根据新的实践经验和教训，对《管子》思想在企业管理中的应用进行研究。只有这样，才能对现在和以后一段时间的企业管理实践提供更有益的帮助。这也是建设中国特色企业文化体系的题中之义。

正是在这一总体思路的指导下，本文试图将《管子》错综复杂的管理思想系统化，挖掘其潜在的和谐体系，寻求并阐发其对当代企业文化建设的启示意义。

第一节　管子生平及其思想

管仲姬姓，管氏，名夷吾，字仲，谥敬，后世尊称为管子，是春秋时期著名的经济学家、哲学家、政治家、军事家。管仲的父亲管庄是齐国的大夫，后家道中衰，到管仲时已经很贫困。为了谋生与鲍叔牙合伙做生意失败。他到过许多地方，接触过各式各样的人，见过许多世面，积累了丰富的社会经验。齐桓公拜管仲为相，称管仲为"仲父"。管仲上任后大兴改革，富国强兵，国力大振，佐齐桓公成为"九会诸侯，一匡天下"的春秋五霸之首。

管仲注重经济和农业，反对空谈主义，开创职业技能教育。管仲强调以法治国。对外，管仲最早提出"华夷之辨"与"尊王攘夷"的民族主义思想。以诸侯长的身份，挟天子以伐不敬。联合北方邻国，抵抗山戎族南侵，保护了中原经济和文化的发展，为华夏文明的存续做出了巨大贡献。孔子后来感叹道："管仲相桓公，霸诸侯，一匡天下，民到于今受其赐。微管仲，吾其被发左衽矣。岂若匹夫匹妇之为谅也，自经于沟渎而莫之知也。"（《论语·宪问》）又说："桓公九合诸侯，不以兵车，管仲之力也。如其仁，如其仁。"（《论语·宪问》）

管子的用人原则是："德义未明于朝者，则不可加于尊位；功力未见于国者，则不可授以重禄；临事不信于民者，则不可使任大官。"（《管子·立政》）即当任命官员时，应基于实际政绩，特别强调取信于民的真实表现，而非虚假或表面的政绩。此外，管子还制定了一套适用于各级官员的奖惩措施。

管仲的经济政策是"遂滋民，与无财"（《国语·齐语》），他的办法乃是"轻重鱼盐之利，以赡贫穷"（《史记·齐太公世家》）。或言"通轻重之权，徼山海之业"（《史记·平准书》），以至"通货积财，富国强兵"（《史记·管晏列传》）。

管子娴熟地运用轻重之术，曾对外布局了衡山之谋、阴里之谋和菁茅之谋，可谓是古代货币战争中的典范。

在粮食方面，管仲采用"准平"政策，即"民有余则轻之，故人君敛之以轻；民不足则重之，故人君散之以重，凡轻重敛散之以时，则准平……故大贾富家不得豪夺吾民矣"（《汉书·食货志下》）。当民众财物有余时，国家应该采取较轻的税收政策进行征收；而当民众财物不足时，国家则应该通过较重的财政支出进行散财，以缓解民众的经济压力。这种根据民众经济状况灵活调整国家财政收支的做法，被称为"轻重敛散之以时"。通过这样的经济调控，可以保持社会的经济平衡，防止贫富差距过大，从而确保社会的稳定。同时，这也意味着那些大商人和富户不能随意地剥削和掠夺普通民众，保障了普通民众的经济权益。

《汉书·艺文志》在"道家"类中著录有管仲所著《管子》85篇，今存76篇，内容丰富，包含道、儒、名、法、兵、阴阳等家思想及天文、舆地、经济和农业等知识。其中,《轻重》等篇章在古代典籍中独树一帜,作为罕见的经济类文献,它们涵盖了诸多经济领域的深入探讨,包括生产、分配、交换、消费等关键环节,以及财政和货币等核心经济议题。这些篇章的存在,为我们提供了研究先秦时期农业经济状况的宝贵资料,不仅展现了当时的经济理论与实践智慧,也为我们今天理解和评估那一历史时期的经济发展和社会变迁提供了不可或缺的视角和依据。通过这些珍贵的文献记载,我们可以更全面地洞察先秦时期的经济活动与社会进步的内在逻辑。

第二节 《管子》与企业领导论:天植 远谋 无私 从善

《管子》一书,最主要的内容是讲君主如何治国理政,如何达到国富兵强、称王天下。所以,书中大量的篇幅谈到了怎样做一个优秀的国家领导者。对企业的领导者而言,也存在着做一个怎样的领导者、怎样做一个领导者的问题。当然,春秋战国时代"圣""明"的诸侯国君主与21世纪成功的现代企业领导者是有很大的不同的,但是,我们可以也从中找到共通的东西,而这些往往是更重要的。

一、领导者志向:天植

一个人要想成就一番事业,需要首先树立一个志向;一个国家要想强盛,需要这个国家的君主有远大的志向。一个企业要想获得成功,也需要企业的领导者拥有把企业做大做强的志向和决心。"凡将立事,正彼天植。风雨无违,远近高下,各得其嗣。三经既饰,君乃有国。"(《管子·版法》)这里的"天植"就是君主的心志的意思。君主将要有所作为,就应该端正坚定自己的理想和志向;不违背自然和社会的规律;处理好与远近左右、上上下下的关系,使之各得其所,能够为国家尽心竭力。"三经"就是上面提到的三个方面:"天植""风雨"和"远近高下"。这三个方面得到了整饬,处理得和谐了,君主才算得上真正控制了国家。

企业领导者当然也需要处理好这三个方面。处于首位的就是要树立远大的理想和志向。理想和志向是前进的动力。有了远大的理想,领导者才能带领企业在实现理想的前进道路上勇敢面对困难和挑战。如果一个企业家,没有远大的理想,小富即安、得过且过,满足于当前,这是非常可怕的。在我国日益完善的社会主义市场经济条件下,市场竞争日益激烈。每一个企业都应该树立竞争意识、危机意识。英特尔总裁葛洛夫说得好："只有偏执狂才能生存。"企业领导者即使殚精竭虑、绞尽脑汁也不一定能在激烈的竞争中站稳脚跟，更何况那些没有远大志向，不积极投身竞争、参与竞争的企业！

对于身处险地或者逆境的企业来说，不树立坚定的志向，就很可能要倒闭破产。因此一般来说他们想要求生存、求发展的欲望更强烈一些。反而是一些现状不错的企业，倒没有了再创辉煌的动力。其实作为春秋五霸之首的齐桓公，并不是一开始就有要做霸主这样远大的志向的。《管子·大匡》中记载了这样一段对话：

> 公问曰："社稷可定乎？"管仲对曰："君霸王，社稷定。君不霸王，社稷不定。"公曰："吾不敢至于此其大也，定社稷而已。"管仲又请，君曰："不能。"管仲辞于君曰："君免臣于死，臣之幸也；然臣之不死纠也，为欲定社稷也。社稷不定，臣禄齐国之政而不死纠也，臣不敢。"乃走出。至门，公召管仲。管仲反，公汗出曰："勿已，其勉霸乎。"（《管子·大匡》）

齐桓公本来的想法，只是求得国内局面的安定（"定社稷"），并没有想到后来的"九合诸侯"，称霸天下。但是，在当时那个战乱频仍的局面下，你不称霸，你不能震慑住别的国家，你自己的国家也就不可能得到真正的和平和安定。所以形势逼迫着齐桓公要树立更大的志向，称霸诸侯。

中国企业所面临的形势，和那时齐国的情况很有相似之处。随着我国社会主义市场经济体制的建立和完善，国内的市场竞争日趋激烈。具体表现在一方面大量经营机制灵活的民营企业如雨后春笋般破土而出、异军突起。另一方面，大量的国有和集体企业经过改制、改造和改组，逐步建立现代企业制度，企业活力已经与计划经济时代相比有了明显的改善和增强。这就使市场竞争的主体在数量上有了大的增加，在竞争力上也有了很大的提升。其次，中美之间的贸易摩擦使得我国企业面临的生存压力越来越大。对于中国的企业来说，"内忧"尚未解决，"外患"已经来到。这几年有不少企业领导者面对这种严峻的形势，提出了自己的应对策略。

二、领导者眼光：远谋

志向再远大，理想再美好，只是头脑中的想法。要使想法变为现实，还需要企业领导者具备实实在在的能力。企业的战略是一个企业在一定时期内的生命线。要很好地制定战略，领导者就必须有深邃的洞察力和敏锐的把握市场的眼光。

> 听于钞（按：眇，细微），故能闻未极；视于新，故能见未形；思于
> 浚，故能知未始；发于惊，故能至无量；动于昌（按：冒，冒险），故能得
> 其宝；立于谋，故能实不可故（按：攻）也。（《管子·幼官》）

这段话的意思是说，听得到细微，才能听到还没有达到的声音；看到了萌芽，才能看到未成形的事物；想得深远，才能知晓未开始的事情；发动得突然，才能取得出其不意的效果；敢于冒险，才能夺得敌人的装备；深谋远虑，才能兵甲坚实，敌不敢攻。市场状况瞬息万变，需要领导者对市场上可能给本企业带来影响的细微变化都明察秋毫，及时做出反应和对策。要能做到这一点，就必须时刻关注市场的发展和变化。要理解事物是如何变化的，首先要弄清下面三个问题：这个变化是朝什么方向发展的？这种变化发生的频率有多大？这种变化的频率是保持不变，是在加速变化，还是在减速？

企业领导人要经常扪心自问：现在与以往有什么不同；有什么相同；我们是如何走到今天这一步的；我们从过去能得到什么启发。弄明白了这些，我们就对变化的趋势和方向有了基本的了解。根据我们了解到的趋势和方向，再根据企业的实际情况，对企业的目标进行检查。如果企业的目标在将来的新的市场趋势下，从企业的实际情况出发，还能够达到，那就坚持原来的目标。如果企业的目标已经不适合新的变化发展的趋势，那就修改或者改变目标。

说到底，就是要企业领导者把握好时机。《管子·霸言》指出："知者善谋，不如当时。精时者日少而功多。"（《管子·霸言》）意即智者善谋，不如善于捕捉时机。把握准时机，则事半功倍。因此主张在军事上"务具其备，而慎守其时。以备待时，以时兴事，时至而举兵"。《管子·正世》提出"随时而变"，"与时变"，《管子·山至数》篇认为要"乘时进退"，指根据时机变动策略、决定进退。《管子·宙合》篇则以生动的事例、通俗的语言说明了把握时机的重要。"春采生（按：嫩叶），秋采蓏，夏处阴，冬处阳。此言圣人之动静、开阖、诎信、涅儒、取与之必因于时也。时则动，不时则静。""辟之也，犹夏之就清，冬之就温焉，可以无反于寒暑之菑矣。"（《管子·宙合》）这就是捕捉时机。

管理中的决策是在管理者的综合判断下作出的，没有什么公式可以推导，没有什么永恒不变的公理可以依据。很多时候，只能靠领导者的对市场的洞察力、感悟力和对时机的判断与把握。目前很多公司都设立了信息调研部门，目

的是搜集市场信息和资料用于决策。这当然是有利于领导者的决策的。但是，这些信息和资料的作用不能过分夸大，它们还只是有助于决策，不可能代替领导者的决策。在某些情况下，因为信息资料过于繁杂，可能会给领导者的决策带来负面影响。甚至会出现竞争对手为了互相迷惑对方，散发虚假的市场信息的现象。

三、企业领导者品格：明法无私

首先，领导者的公正无私体现在用人、采纳建议上。中国是一个很讲究"亲情""感情""关系"的国家。对这些方面的适当重视，可以拉近人与人之间的关系，有利于人与人的和睦相处。但是，在很多情况下，我们也遇到"裙带关系""走后门""找熟人"这样不合理的现象。一个企业的领导者，手里掌管着一定的权力。他就很可能受到这类问题的困扰。这是问题的一个方面。这一方面是企业领导者常常能够感觉得到的。

还有另一个方面往往不为企业领导者所察觉，而这一方面给企业所带来的损失往往更为严重。那就是，我们会因为某些人不是我们的亲人、朋友、熟人，甚至曾经是我们的对手，即使他们很适合企业的某个职位，即使他们有了好的建议，我们仍不能很愉快地任用他们，甚至根本就不会信任他们。怎么处理这些问题呢？《管子》为我们给出了答案："毋曰不同生（按：姓），远者不听；毋曰不同乡，远者不行；毋曰不同国，远者不从。如地如天，何私何亲？如日如月，唯君之节。"（《管子·牧民》）这句话是说，不要因为不是同姓，就不听取关系疏远者的意见；不要因为不是同乡，就不采纳关系疏远者的建议；不要因为不是同国，就不遵从关系疏远者的主张。像天和地覆载万物，没有什么亲疏，万物都依托它们而公平地生长；像太阳和月亮照耀万物，没有什么亲疏，万物都享受着它们的光芒。这才是君主治理天下的准则呀！所以，企业领导者在用人、采纳建议的时候，不能以感情的深浅和关系的亲疏为标准。

那么，应该以什么为标准呢？要看对企业有没有真正的利益。《管子·枢言》说："先王重荣辱，荣辱在为。天下无私爱也，无私憎也，为善者有福，为不善者有祸，祸福在为，故先王重为。"（《管子·枢言》）领导者要看重实际的效果。能给这个企业带来效益的能人、好点子，就任用、采纳；不能给企业带来利益的庸人、坏点子，就不任用、不采纳，如果是已经在这个企业里的人，就应该坚决地清理出去。就像《管子·七法》中说的那样："便辟、左右、大族、尊贵大臣，不得增其功焉。疏远、卑贱、隐不知之人，不忘其劳。故有罪者不怨上，爱赏者无贪心，则列陈之士皆轻其死而安难，以要上事，本（按：

主）兵之极也。"（《管子·七法》）

民营企业起家的时候，往往是"夫妻店""父子兵"。企业刚开始做大的时候，人手不够，忙不过来。兄弟姐妹、七姑八姨便都来帮忙。这些人水平参差不齐，想法也是千差万别。随着企业更加壮大，其中的大部分人最终会不适应企业发展的需要。这个时候，就需要领导者从企业的长远利益出发作出决策。

领导者的公正无私还体现在企业的规章制度上。《管子》告诫我们："有道之君者，善明设法而不以私防者也。而无道之君，既已设法，则舍法而行私者也。为人上者释法而行私，则为人臣者援私以为公。公道不违，则是私道不违者也。"（《管子·君臣上》）《论语》中也有关于领导者从政应正的论述。季康子问政于孔子，孔子对曰："政者，正也，子帅以正，孰敢不正？"（《论语·颜渊》）

一方面，企业领导者管理企业员工，不能凭一时的个人好恶，要通过建立科学的规章制度来达到目的。领导者要想约束和监督自己的员工，应该正大光明地制定规章制度，通过规章制度来规范员工和自己的行为，而不能通过隐秘的、私下的手段来窥测员工。如果领导者用隐秘的、私下的手段监督窥测员工，那么员工也就会用隐秘的、私下的手段来对付领导者的检查。那么，上下之间就都没有什么信任可言了。这样钩心斗角、缺乏信任的企业注定是没有前途的。

另一方面，领导者要做遵守规章制度的典范。规章制度是领导者制定的，实行起来领导者理所当然要起到带头作用。联想集团有这么一条规定，开会迟到者，要在门口罚站五分钟。联想集团的多位高层领导者，包括柳传志本人，都受过这一处罚。这里有一个需要注意的情况。领导者的工作性质，决定了领导者常常会面对一些突发事件。而在处理这些事件的时候，领导者往往不能像在平时那样遵守规章制度。但是，在处理完突发事件以后，要对违反规章制度作出合理的解释和说明。并根据情况接受一定的象征性处罚。三国时曹操的"割发代首"就是很好的一例。

四、领导者日常行为和形象：从善

对外界而言，企业的领导者是一个企业最重要的形象代表。"观国者观君，观军者观将，观备者观野。"（《管子·霸言》）人们怎么了解你这个企业？其中一个很重要的途径，就是通过了解这个企业的领导者。从这个意义上说，企业领导者的日常行为，不只是他个人的事情，而是关系着整个企业形象的大事情。所以，企业的领导者没有理由不注意自己的日常行为和形象。

比如在为企业争取投资的时候。投资者不是慈善家，他对你的企业投资是希望得到尽量多的投资回报。他怎么判断你得到了他的投资之后，能不能给他带来丰厚的投资回报呢？除了要很细致地考察你的项目计划以及其他客观因素以外，企业的领导团队，尤其是主要领导者的素质，如诚信、自律、勤奋等，也是很重要考察方面。而这些素质，很大程度上是在日常行为中体现出来的。我们已经多次看到过这样的报道，说某某企业招商引资、洽谈合作，意向都已经达成，协议的条文都已经谈妥，却因为投资方发现了这个企业的领导者的形象某一处不佳，导致整个合作失败。

对内部员工来说，企业领导者还是一个企业的旗帜。企业领导者的行为和喜好影响和带动着周围的中层领导，从而影响到整个企业的员工。"御民之譬，在上之所贵。道民之门，在上之所先。召民之路，在上之所好恶。故君求之则臣得之，君嗜之则臣食之，君好之则臣服之，君恶之则臣匿之。毋蔽汝恶，毋异汝度，贤者将不汝助。言室满室，言堂满堂，是谓圣王。"（《管子·牧民》）我们常常说，言传身教。我们希望企业的员工怎么做，不能靠简单地发号施令。如果我们自己的行为和我们所命令和倡导的不一致，甚至完全相反，我们还有什么理由要求员工也必须照着我们所要求的做呢？即使我们强加要求，员工又怎么会有动力遵照我们的要求去做呢？在这种情况下，企业的员工很可能学着领导者的样子，因为"从善如登，从恶如崩"。"楚王好细腰，而宫中多饿死"的局面，我想是任何一位企业领导者都不愿看到的吧。所以，企业领导者一定要注意自己的一言一行，要给员工带来积极的影响。

企业领导者还要主动反省自己的错误和不足之处，严格要求自己。《管子·小称》说："善罪身者，民不得罪也。不能罪身，民罪之。故称身之过者，强也。治身之节者，惠也。不以不善归人者，仁也。故明王有过，则反之于身。有善，则归之于民。有过则反之身则身惧，有善而归之民，则民喜。往喜民，来惧身，此明王之所以治民也。今夫桀纣不然，有善则反之于身，有过则归之于民。归之于民则民怒，反之于身则身骄。往怒民，来骄身，此其所以失身也。"（《管子·小称》）领导者和被领导的员工之间是一对矛盾。任何矛盾都有矛盾的主要方面和次要方面。领导者是这一对矛盾的主要方面。同时，任何矛盾都是对立统一的。要想在领导和被领导的矛盾之间，减少对立，增加统一，领导者起到关键作用。

第三节 《管子》与企业的人才观：得人心

在古代的典籍中，涉及人才问题的并不少。但是，很少能有象《管子》这样如此全面、深刻地对人才问题进行论述的。

一、争天下，必先争人

《管子》把人才放到最重要的位置。"古之圣王所以取明名广誉，厚功大业显于天下，不忘于后世，非得人者，未之尝闻。暴王之所以失国家，危社稷，覆宗庙，灭于天下，非失人者，未之尝闻。今有土之君，皆处欲安，动欲威，战欲胜，守欲固。大者欲王天下，小者欲霸诸侯，而不务得人。是以小者兵挫而地削，大者身死而国亡。故曰：人不可不务也，此天下之极也。"（《管子·五辅》）"夫争天下者，必先争人。""夫霸王之始也，以人为本。本理则国固，本乱则国危。"（《管子·霸言》）人才是治理天下之"极"。人才是称王天下之"本"。能不能得到人才、用好人才直接关系着国家的生死存亡。那么，为什么人才有这么重要的作用呢？城池再高深，兵甲再坚固，土地再广大，财物再富有，如果没有有才能的人，这些都将化为乌有。当这些已经不再拥有的时候，那离亡国也就不远了。

在我们今天看来，这是很有眼光的判断，也是十分有借鉴意义的论断。在当今知识经济时代，企业的竞争已经从资源、设备、资金的竞争转变到技术、信息、知识的竞争。而技术、信息、知识的载体是人才。所以归根结底是人才的竞争。

得人重在得人心。《管子·参患》说："得众而不得其心，则与独行者同实。"（《管子·参患》）即争人而不能得其心，则与孤家寡人一样。《管子·禁藏》又说"为国之本"，"得人之心而为纪"（《管子·禁藏》），把争取人心作为治国的根本和关键。

二、求贤 利之 教之

"天下不患无臣，患无君以使之；天下不患无财，患无人以分之。故知时者可立以为长，无私者可置以为政，审于时而察于用而能备官者，可奉以为君也。"（《管子·牧民》）人才如此重要，并不是因为人才的绝对数量少，而是因为很多人才我们没有发现，或者发现了但是没有吸引过来，或者已经吸引过来却没有很好地使用。

齐桓公就曾经派人四处求贤。"（按：桓公）又（按：使）游士八千人，奉之以车马衣裘，多其资粮，财币足之，使出周游于四方，以号召收求天下之贤士。"（《管子·小匡》）用这样的方法，怎么能招不来贤士？怎么能不国家强盛，称霸诸侯呢？

在《管子》的时代，不但有这种随机的招贤纳士的措施，也已经建立了很完善的发现人才、推荐人才的机制。《管子·立政》与《管子·小匡》中所阐述的人才思想，集中体现了古代中国对人才选拔、评价和管理的深刻认识与实践。在《管子·立政》部分，通过构建严谨的社会组织结构，将国家划分为五乡、五州、十里、十游等层级，并设置各级负责人，如师、长、尉、宗等，形成了一套自上而下、层层递进的人才推荐机制。这种体系强调了基层社会单元的作用，要求从家庭到国家各个层面积极发现并推荐具有孝悌忠信、贤良淑德、才华出众者，确保各类优秀人才能被发掘并逐级上报至士师，充分体现了古代重视基层教化与选拔贤能的思想。《管子·小匡》中的论述进一步强化了对人才的考核与奖惩制度。每年正月，各级官员需向国君述职，根据功绩进行评估和问责。对于未能尽职尽责、隐藏或忽视贤良及才能者，明确提出了严厉的处罚措施。同时鼓励表彰和举荐道德品质高尚、学问深厚、孝敬父母、尊敬长辈并在乡里有良好声誉之人，以及勇武有力、超群出众者。而对于违背伦理道德、不遵法纪之人，则必须及时上报并给予相应惩罚，体现出了公正公平、赏罚分明的人才管理理念。两篇文献共同反映出，《管子》提倡的是一个全方位、多层次的人才选拔体系，既有严格的行政层级划分和考核标准，又有对各种类型人才的包容与挖掘，注重以德行为本，结合能力特长，确保优秀的个体能够得到任用，不良的行为能得到纠正，从而实现社会治理的有效性和持续性发展。

"得人之道，莫如利之。"（《管子·五辅》）要想得到人才，最好的办法就是给人才以利益，用利益来打动他们为企业效力。"爵不尊、禄不重者，不与图难犯危，以其道为未可以求之也。是故先王制轩冕，所以著贵贱，不求其美。设爵禄，所以守其服，不求其观也。使君子食于道，小人食于力。"（《管子·法法》）

仅从可以衡量的物质利益方面来看，"利之"的方法是很多的。高薪、高职位、舒适的工作环境、自由的工作时间……我们应该选用什么样的方法呢？这一点，我们不能想当然地替人才来选择。不同的人才，他们需要的往往就不一样。我们首先要做的就是细致地发现他们每一个人真正需要的是什么，然后满足他们的要求。"欲知者知之，欲利者利之，欲勇者勇之，欲贵者贵之。彼欲贵，我贵之，人谓我有礼。彼欲勇，我勇之，人谓我恭。彼欲利，我利之，人谓我仁。彼欲知，我知之，人谓我憖。"（《管子·枢言》）就像《管子》中说的这样，想要名的，就要给他名誉；想要利的，就要给他实利；想要地位、职位的，就要给他高的地位和职位。如果不能做到这样，只是一厢情愿，想要名的，却给了利，想要利的，却给了名誉。那么即使企业所给予的再多，也是适得其反，还是不能打动人才的"芳心"。

再进一步，即使最初满足了人才的需要，我们也应该看到，已经获得了现实的自发性需要的满足的个体，是不会停止不前的，在他的自发性需要得到满足的同时，新的需要就必然地产生了。

企业满足每一位人才的个性化需求，是一个多么困难的工作。每个人的生活经历、现实情况、教育程度、国家、民族等等都会影响到他的需要。我们如何去弄清他们的需要，这是需要时间的。也许等我们弄清了某一个人真正想要的是什么，这个人已经离开企业了。这是其一。其二，就算是企业能够弄清楚人才的需求，也不是都能及时满足这些需求的。如果满足不了，一些人还是要离开这个企业。由此来看，上面提到的那些物质利益方面的"利之"之道是必不可少的选择，却并不是最佳选择。

我们注意到，在"得人之道，莫如利之"之后，紧接着就是"利之之道，莫如教之……其君子，上中正而下诣谀；其士民，贵武勇而贱得利；其庶人，好耕农而恶饮食"（《管子·五辅》）。这句话告诉我们给予人才的最好的利益就是教育。企业也可以通过培训教育来培养自己的人才。一方面，通过培训教育，提高员工的知识和技能，使他们成为专业人才。另一方面，通过培训教育，向他们灌输企业的价值观、企业文化，使他们对其产生认同。他们自己的价值观和目标会与企业的价值观和目标发生契合与统一，从而更加积极自觉地为企业工作。而不是总想着自己的需求有没有得到满足。

这并不是说，要通过这种教育和灌输，使他们清心寡欲。企业也不可能使他们清心寡欲。而是要让员工们能够把自己的需求放得更长远一些，把自己的需求同整个企业的目标联系起来。"一年之计，莫如树谷；十年之计，莫如树木；终身之计，莫如树人。一树一获者，谷也；一树十获者，木也；一树百获者，人也。"（《管子·权修》）

许多跨国企业在中国招聘时，除了个别职位以外，往往更愿意招聘没有工作经验的大学毕业生。已经有了工作经历的员工在价值观上已经基本定型，显然要比刚毕业的大学生复杂得多。使这些员工的价值观符合企业的价值观和文化，难度是很大的。这个难度超过了培训没有工作经验的大学生的难度。所以很多跨国企业会做这样的选择。这和我们中国的企业在招聘时动辄打出"有工作经验者优先"的牌子，形成了鲜明的对比。

三、因才就位，论功行赏

使用人才的关键，是合理地任用人才。人才的才能是不同的。怎么给他们安排职位，把他们放到一个什么样的位置上，给他们什么样的待遇才合适？这是一个大问题。处理不好，会引起方方面面的消极影响。

《管子》中关于人才的思想体现在对德、功、能三者的严格考量上。在《管子·立政》篇中，明确提出了君主应当审慎对待的三大用人原则：一是品德与地位不相称，即"德不当其位"；二是功劳与待遇不匹配，即"功不当其禄"；三是能力与职务不符，即"能不当其官"。这三条原则被认为是国家治理清明或混乱的根本。因此，若一个人在朝廷尚未表现出足够的道德品质和正义感，则不应提升至尊贵的地位；如果一个人在国家层面未展现实际的功绩，则不应授予丰厚的俸禄；对于那些在处理政务时无法获得民众信任的人，则不应委以重任。

同时，《管子》强调，在任用人才时宁可过度提拔君子，也不应错失于小人，因为错误地提拔君子所造成的怨恨相对较浅，而误用小人则可能导致严重的祸患。如果选拔标准不严，正直之臣得不到重用，反而会让奸邪之臣得势，导致朝政昏暗、下情不通，正确的治国之道被废弃，邪恶之事盛行。

而在《管子·问》篇中，进一步阐述了合理的奖惩机制对激励人才的重要作用。通过授爵给有德之人，能够激发大臣们追求正义和道义；给予有功之士应有的酬劳，则能鼓励他们奋不顾身，坚守节操。上级领导应尊重并推崇民众所敬仰的人才，则上下关系和谐；依据个人能力分配任务，则能促使人们努力创造业绩。确保刑罚公正适当地对应罪行，则百姓不会轻易产生诉讼纠纷。

《管子》中的这些论述体现了古代中国重视人才选拔与任用过程中德行、功绩、能力的综合考量，以及公平公正、赏罚分明的管理理念，提倡以德为先，功、能并举，通过合理公正的制度安排，激励贤良之士积极贡献力量，实现国家的有效治理和社会秩序的稳定。

任用人才应该做到才能要求与职位和待遇相符。那么，怎么才能做到这一点呢？《管子》是两千多年前的书，它不可能为我们两千多年后的企业直接给出这一问题的答案。但是，它写到如何选用治国的人才，为我们提供了不错的参考。

选用治国的人才是国家治理的关键环节,《管子·权修》对此提出了深刻的见解。首先,"察能授官"的原则强调选拔人才应以个人的实际才能和能力为依据,不仅要关注其专业知识、道德品质,还要考察其实战经验和对民生疾苦的深刻理解,确保人尽其才,实现职务与能力的高度匹配,保证政策的有效实施。其次,"班禄赐予,使民之机也"表明建立公正公平的俸禄与奖赏制度对于激发官员积极性和社会稳定的重要性。这意味着国家应当设立一个基于贡献度的薪酬体系,确保付出多、能力强、贡献大的官员得到相应的物质回报,防止出现无功受禄或劳逸不均的现象,从而避免社会矛盾的产生。再者,通过"积"与"食"的寓言关系,进一步阐明了贡献与所得应相辅相成的原则。在选拔和任用治国人才时,必须坚持这一原则,让每个人明白只有实绩和贡献才是晋升和奖励的基础,以此激励他们勤勉工作,积极创新,全心全意为国家和民众服务。这说明,有效选用治国人才需兼顾多个层面:全面深入地审视候选人的综合素质;构建科学合理的职务任免机制和薪酬激励政策,明确以能力和贡献作为衡量标准;树立正确的价值导向,鼓励官员脚踏实地为民办实事,形成良好的政治生态,最终实现国家高效、稳健的治理目标。

> 君之所慎者四:一曰大德不至仁,不可以授国柄。二曰见贤不能让,不可与尊位。三曰罚避亲贵,不可使主兵。四曰不好本事,不务地利而轻赋敛,不可与都邑。此四务者,安危之本也。故曰,卿相不得众,国之危也;大臣不和同,国之危也;兵主不足畏,国之危也;民不怀其产,国之危也。故大德至仁,则操国得众;见贤能让,则大臣和同;罚不避亲贵,则威行于邻敌;好本事,务地利,重赋敛,则民怀其产。(《管子·立政》)

在企业管理中,《管子·立政》中的智慧同样具有深刻的指导意义。企业领导者必须严格遵循四个核心原则以确保企业的稳定与长远发展:首先,高层管理者应具备大德至仁的品质,若缺乏深厚的道德底蕴和广泛的仁爱之心,则无法赢得团队的信任和支持,也无法有效地执掌企业的核心权力;其次,领导者应有识人之明且能见贤思齐,勇于礼让贤才并赋予其尊位,否则可能导致高层内部失和、人才流失,对企业发展构成威胁;再次,企业在执行奖惩制度时,务必做到公平公正,即便是对待亲朋好友或高级管理人员也不可有所偏袒,唯有如此,才能树立威信,提高企业的执行力和对外竞争力;最后,领导者需重视企业的根本——产品服务质量及资源的有效利用,避免过度压榨员工或轻率增加成本负担，从而确保员工对企业产生深厚的感情和归属感，安心工作，推动企业创新进步。总之，现代企业管理者应将《管子·立政》中的四条原则内化于心，外化于行，通过修德崇仁、知人善任、严明法纪以及关注根本，实现企业的和谐稳定，凝聚团队力量，提升市场竞争力，最终确保企业在激烈的市场竞争环境中持续稳健前行。

知道了职位对人才的要求，还要明确人才本身的才能。只有这样，才能把合适的人安排到合适的位置上。"是以明君之举其下也，尽知其短长，知其所不能益，若任之以事。贤人之臣其主也，尽知短长，与身力之所不至，若量能而授官。"（《管子·君臣上》）在企业管理中，领导者科学合理地任用和管理人才极为重要。明智的企业管理者，在选拔和任用团队成员时，应当全面深入了解其优点与不足，清楚认识他们的能力边界，避免将员工置于不适宜或超越其能力范围的岗位上。就如同明君了解下属的能力短板并谨慎分配职责一样，企业领导者应识别员工的特长，并根据其能力和潜力来配置合适的职位与工作任务。而对于企业内部的"贤人之臣"，即优秀骨干，管理者同样需要准确把握他们的能力极限，理解他们在哪些方面可能有所欠缺或难以独自完成任务。在此基础上，领导者应如同量体裁衣般恰当地授予职务与权力，确保他们能在自己擅长且能发挥最大价值的领域内贡献力量，而不是过度施压，这样既能保护和激发员工的积极性，也能推动企业的高效运作和持续发展。总之，现代企业领导者应当以知人善任为原则，深入洞察每个员工的长短之处，根据其实际能力和潜力进行合理的职位安排和任务分配，从而构建一支优势互补、效能卓越的团队，保障企业的稳定成长和战略目标的成功实现。

"人情不二，故民情可得而御也。审其所好恶，则其长短可知也；观其交游，则其贤不肖可察也。二者不失，则民能可得而官也。"（《管子·权修》）这段话十分精辟地告诉我们如何去了解一个人。客观地说，了解一个人是很难的。人就像一个"黑箱"，输入和输出之间，有着十分复杂的过程，受到很多主观和客观的、必然的和偶然的因素影响。用现在的说法，在作者看来，人和人的"黑箱"内部的运作机理都是差不多的，即"人情不二"。所以，我们可以通过一些途径来了解别人。这个观点是有科学依据的。如果一个人和其他人都是完全不一样的，那么，我们不可能了解和判断别人的思想和状况。

具体的判断手段是什么呢？就是通过观察一个人的"好恶"，也就是爱好，来判断他的才能的大小；通过观察与之交往的人的情况，来判断他的道德素质是高还是低。这是很有见地的。两个人同样在八小时工作时间内能够按部就班地工作，是看不出来什么大的不同的，但是，如果其中一个人在下班后总是去酒吧消遣，夜生活丰富；另一个人在下班后总是抽时间读书学习，这样我们就不难做出判断了。

我们详细地了解人才，是为了更好地使用人才。如果我们还没有很好地了解人才，就去使用他，那就往往造成事与愿违的后果。

"天下乘马服牛，而任之轻重有制……重而后损之，是不知任也。轻而后益之，是不知器也。不知任，不知器，不可谓之有道。"（《管子·乘马》）在人才使用领域，"天下乘马服牛，而任之轻重有制"这句话引申出的智慧是强调合理分配任务和权责的重要性。如同驾驭马匹或役使耕牛，根据其力量与耐力的不同，应恰当地给予适宜的负载，过重则会损耗其体力，过轻则无法充分利用其能力。同样，在管理人才时，领导者需要深入了解每个个体的能力、潜力、兴趣和性格特点，合理安排工作职责，做到人尽其才，物尽其用。"重而后损之，是不知任也"，意指如果对人才赋予超过其承受能力的任务和压力，会导致其精力过度消耗，不仅不能发挥最佳效能，还可能对其身心健康产生负面影响，这样的用人方式无疑是不明智的。因此，管理者应避免过度压榨员工，确保工作任务的难度与其实际能力相匹配。"轻而后益之，是不知器也"，意味着若给人才配置的工作过于轻松，未能充分发挥其潜能，则是对人才的一种浪费，也是对资源的不合理利用。优秀的领导者应当了解每个员工的专业技能和成长需求，适时增加挑战性任务，推动他们不断学习进步，实现自我价值的最大化。也就是说，一个具备有效领导力的管理者，应当洞悉并尊重人才的差异性，把握好"任之轻重"的尺度，既要防止过度施压导致人才流失或效率下降，也要防止任务过轻影响人才的成长与发展。只有这样，才能真正体现出"有道"之人本管理理念，形成健康积极的人才生态环境，促进组织的整体发展和竞争力提升。

四、实施对人才的激励与约束：苟大意得，不以小缺为伤

《管子》的看法是不要管得过死，统得过紧，要看主流、看大局。《管子·宙合》用生动的比喻告诉我们这个道理：

> 鸟飞准绳。此言大人之义也。夫鸟之飞也，必还山集谷。不还山则困，不集谷则死。山与谷之处也，不必正直，而还山集谷，曲则曲矣，而名绳焉，以为鸟起于北，意南而至于南；起于南，意北而至于北。苟大意得，不以小缺为伤。故圣人美而著之，曰：千里之路，不可扶以绳；万家之都，不可平以准。言大人之行，不必以先帝常义立之谓贤。故为上者之论其下

也，不可以失此术也。(《管子·宙合》)

在人才使用领域，这段《管子·宙合》中的论述启示我们，在评价和任用人才时，应借鉴"鸟飞准绳"的智慧，即领导者在评判人才及其行为表现时，不应过于拘泥于常规标准或僵化规则，而应注重其内在本质和总体方向。如同鸟儿飞行虽不沿直线，却能凭借本能准确地从北回归南方、从南飞向北方，关键在于把握其大方向的准确性而非每一步的具体轨迹。具体到人才管理上，这意味着对人才的考核与任用，不仅要看其是否符合既定的规章制度和岗位要求，更应看重其在面对复杂问题和挑战时，能否把握大局，实现目标，并展现出解决问题的实际能力与创新思维。即使他们在过程中可能有所曲折，只要最终能够达成预期效果，就不应过分纠结于细节上的小瑕疵。因此，作为领导者在选拔和评价人才时，应当具备包容与长远的眼光，既要关注他们的专业技能和知识结构，也要考察他们处理事务的策略和应变能力，以及对于组织愿景和战略目标的理解与执行力。正如千里之路无法完全以准绳衡量其直，万家之都也无法仅凭水平仪决定其平，人才的价值和贡献也不能仅依据单一的标准来界定。通过灵活运用这一原则，可以更好地发掘和培养出适应时代发展需求的优秀人才，推动组织持续进步与发展。

第四节　《管子》中的"职"与"分"论：各司其职

在企业里，如何处理上下级之间的关系是个大问题。什么样的事是领导者应该做的？一个事必躬亲，整天为一些具体的事情忙得焦头烂额的企业的领导者是合格的领导者么？下级管理者和员工又该怎么做呢？

一、九窍之有职，官之分也

在《管子·心术上》中有两段文字用十分精彩的比喻阐述了这样一个道理：

心之在体，君之位也。九窍之有职，官之分也。心处其道，九窍循理。嗜欲充益，目不见色，耳不闻声。故曰：上离其道，下失其事。毋代马走，使尽其力。毋代鸟飞，使弊其羽翼。毋先物动，以观其则。动则失位，静乃自得。(《管子·心术上》)

心之在体，君之位也。九窍之有职，官之分也。耳目者，视听之官也。

心而无与于视听之事，则官得守其分矣。夫心有欲者，物过而目不见，声至而耳不闻也。故曰：上离其道，下失其事。故曰：心术者，无为而制窍者也，故曰君。无代马走，无代鸟飞，此言不夺能能，不与下诚（按：试）也。毋先物动者，摇者不走，趮者不静，言动之不可以观也。位者，谓其所立也。人主者立于阴，阴者静，故曰：动则失位。阴则能制阳矣，静则能制动矣。故曰：静乃自得。（《管子·心术上》）

在作者笔下，国家被比喻成了人的身体。国君就是"心"，各类大大小小的官员就是人体的各个器官。器官是受到心的统领的，遵循着心确定的"道""理"来工作。同时，心也应该遵守自身的"道"，不要为嗜欲所充溢，否则就不能借助各个器官来正确地感受外界事物并做出判断和反应。这也就是所说的"上离其道，下失其事"。接着，作者又做了两个比喻：马天生就是用来驮着人或者货物行走的，人不能代替马行走，这样才能让马尽到自己的本分；鸟天生就是要飞行的，人不能代替鸟来飞行，否则就会使鸟的翅膀因为缺乏锻炼而退化。人不能先于事物做出反应，否则就不能观察事物运动变化的规律。和人的四肢、头颅不一样，人的心是不能够随便移动的，移动了，就会失去它原本的地位。这就要求君主也就是领导者应当善于协调并发挥各部门和下属的积极作用，犹如"心"与"九窍"之间的协调关系一样：眼、耳、鼻、口等如同百官和下属，各司其职，各尽其力；而处于"心"位置的领导者，则只须行使其统御权，无须去当陷入烦琐事务之中的事务主义者。

《管子》不但用心和耳目等器官来比喻君臣、上下之间的职分，还从天地人的角度来阐述，也十分深刻。如《管子·君臣上》中说："天有常象，地有常形，人有常礼，一设而不更，此谓三常。兼而一之，人君之道也；分而职之，人臣之事也。"（《管子·君臣上》）

汉文帝曾询问右丞相周勃，全国一年审理多少案件？周勃未能给出确切答案。皇帝进一步询问全国一年的谷物收成？同样未获确切回答，周勃急得汗流浃背和并感到无地自容。皇帝接着询问左丞相陈平，陈平则建议将这些问题交由主管的部门负责。皇帝反问，既已有主管部门，为何还需要设立丞相？陈平则以"使卿大夫各得任其职"为丞相职责回应，赢得了皇帝的满意。事后，周勃责备陈平未提供应对之策，陈平则笑着表示："君居其位，不知其任耶。"（《史记·陈丞相世家》）若是皇帝问你，长安内有多少小偷，也要硬着头皮回答吗？

《管子》的论述与现代企业管理科学的"授权"理论是相通的。授权是上级赋予下属特定权力和责任的行为，它让下属在既定的自由度和监督范围内独立处理问题，并拥有相当的决策自主权。在这种关系中，授权者保留对被授权者的指挥和监督权，而被授权者则需承担向授权者汇报工作进展和完成任务的义务。这种管理方式类似于一种有效的分身策略，它使领导者能够从繁杂琐碎的事务中抽身，将精力集中在更为关键和重大的议题上，从而实现更高效的组织运作。

这一原则在不同的企业应该得到不同的应用，不能一概而论。一般来说，这一原则更多是在规模大的企业里得到运用。20世纪90年代中期，我国开始鼓励个人创业，涌现出了大批私营企业。私营企业发展至今，其中许多企业规模之大已远非昔日所能比。企业做大以后，怎么管理？是很多企业领导人经常考虑的问题。有的领导人会在不知不觉中仍然延续以前事必躬亲的管理方法，采购、生产、销售、服务等等都要亲自过问参与。这在以前规模小、业务少、员工少的时候，是可以的。但是规模大、业务多、员工多了以后，一方面企业领导人就没有这么多时间、精力再去事必躬亲了，就是说，即使领导人一天到晚把所有的时间都用在亲自管理上也不可能完成所有的日常事务了；另一方面企业的发展也不允许企业领导人把主要的时间都用在这些具体事务上边，领导人要思考企业的发展环境、发展战略等宏观的问题。在这种情况下，只能采取授权的方法。

权力和责任应该是对等的。只有权力，没有责任或者责任远远小于权力，那就不能形成对权力的有效监督和约束。同样，如果只有责任没有权力或者权力远远小于责任，那就不能唤起员工的工作热情和创造性。

有的企业领导人不放权，不施行分工负责的管理体系是因为不放心自己的下属。认为离开了自己，他们都干不好。这样的人其实是不适合做企业家的。人都是有所能有所不能的。并不因为你是老板，你就会比手下所有的人在所有的方面都要强。"坠岸三仞，人之所大难也，而猿猱饮焉。故曰：伐矜好专，举事之祸也。"（《管子·形势》）在人类觉得非常险峻的山涧中，猿猴却可以十分轻松地喝到水。所以，企业领导人不能独断专行，要相信员工的能力，适当地把权力和责任下放，以激起员工的工作热情和创造性。

这种"分而职之"的授权机制建立并有效运转以后，就能够进入无管理的管理境界。因为，责任都已经明确了，完成责任所需要的权力也已经各得其所，同时，还建立了科学严密的监督和检查的制度。有了这些，企业的领导者还需要整天在员工的前面指手画脚吗？企业的员工有了更大的自主权和创造空间。他们会变被动的被管理为自己管理自己。

二、身立而民化，德正而官治

《管子》认为，"君"在君臣上下矛盾关系中是主要方面。《管子》把"君"比作心，把百官、群臣比作身体的各个器官，就是一个很有力的证明。下面的一些论述，也表达了这种观点。

"君不君则臣不臣，父不父则子不子。上失其位，则下逾其节。上下不和，令乃不行。衣冠不整则宾者不肃，进退无仪则政令不行，且怀且威则君道备矣。"（《管子·形势》）在谈到"君不君""臣不臣"的时候，中间用了一个"则"。用"则"就说明首先是君主没有做到君主的样子，臣子才没有尽到臣子的职责；首先是父亲没有尽到责任，儿子才会不像儿子的样子。君主的行为和地位不相称，臣子的行为就会超越规范。形成了上下不和的局面，政令就不能畅通。因此，在朝廷上，国君和臣子之间，国君是矛盾的主要方面；在家庭中，父亲和儿子之间，父亲是矛盾的主要方面。同样，在企业里，企业领导者和下属之间，企业领导者是矛盾的主要方面。上级要加强自己的修养才能在管理管理下级的时候取得好的效果。"主身者，正德之本也。官治者，耳目之制也。身立而民化，德正而官治。治官化民，其要在上。是故君子不求于民。"（《管子·君臣上》）教化万民，治理百官，关键是君主的德行。关于企业领导者的自身修养，我们在前文已经论述了，这里不再赘述。

上级要协调安排好下级的权力和责任，而下级也要做到尽职尽责。上级是下级的榜样和表率，上级素质和品德的提升，有利于上下级关系的和谐。但是，仅仅有这些还不够，上级还要能够对下级的职责进行科学的分工和协调。对企业而言，这就涉及企业的组织结构问题。在现在的市场环境下，合作理念、团队精神已经成为每一个企业的企业精神里面必不可缺的内容。分工不是随意地划分任务，更不能简单地一分了之，分工的根本目的是为了取得更好的经营效率。企业领导者要全面统筹、科学分工、合理调配。下级也要步调一致、忠心耿耿、尽心尽力。

管子曾用"左操五音，右执五味"（《管子·宙合》）来比喻君臣的职分。五音不同声而能协调，是因为弹奏乐器的时候，需要按照一定的准则，五音才能汇合成美妙的音乐。君主发出的政令也是不能没有准则的，符合了准则政令才能畅通，政事才能成功。五味不同物而能调和，是因为各种味道都能散发出来、混合起来。如果别的味道都没有散发出来，只有一种味道散发出来的话，最后得到的还是那一种味道。这就是说臣下也要尽忠出力，精诚合作，因而就没有不成功的。所以君主发号施令，不是为了让天下整齐划一，而是为了纠正国家的政策；不是为了单单满足某些人的愿望，而是要公平地对待各个方面。君主这样大公无私，才能使天下的百姓都来归顺。臣子出力，是为了与百姓共患难，而不是为了与民争利；是为了使百姓的事业不失误，而不是为了谋取自己的名声。君主发令不合理，就如同弹琴不协调，音韵全失，国家会因此而混乱；臣子做事不尽力，就如同五味没有充分调和，味道全无，百姓就会无法生活，甚至离散逃亡。君臣能够尽其职分，国家就安宁了。企业领导人在作出决策的时候，要按照经济规律和市场规律办事办事，不能好大喜功，瞎指挥。

要做到科学合理地分工协调，首先领导者公开科学地设计组织机构、确定职位职责、制定政策计划上；同时下级在执行这些政策计划的时候要做到细致谨慎。

《管子·君臣上》中提道："君失其道，无以有其国；臣失其事，无以有其位。然则上之畜下不妄，而下之事上不虚矣。上之畜下不妄，则所出法制度者明也。下之事上不虚，则循义从令者审也。上明下审，上下同德，代相序也。君不失其威，下不旷其产，而莫相德也。是以上之人务德，而下之人守节。义礼成形于上，而善下通于民，则百姓上归亲于主，而下尽力于农矣。故曰，君明、相信、五官肃、士廉、农愚、商工愿、则上下体，而外内别也。民性因，而三族制也。"（《管子·君臣上》）管子在这里为我们描述了君臣之间两种不同的情况。显然第一种情况是我们不愿看到的。要避免第一种情况的出现，君臣之间就要做到"上明下审"。具体来说就是上级颁布法令、制定规章制度要公正、开明，下级遵守规章、执行法令的时候要细致、谨慎。

领导者尤其是比较大的企业的领导者，他们对企业和员工的领导主要是通过出台一系列的规章制度、战略规划、政策文件等。领导者对下级的职责分工当然也会通过这种形式。这就要求在制定有关的文件的时候要多方考虑、统筹兼顾、综合平衡。而要做到这种程度，闭门造车是不行的，必须公开地征求意见、广泛地调查研究。只有这样确定的职责分工才是下属能够接受的。如果分工的方案下属接受起来不情愿，那又怎么使他们在以后的工作中积极地完成自己的任务呢？对下属而言，企业的正确的规章制度、战略决策等文件一旦确定，就应该细致谨慎地进行研究，遵照制定自己本部门的实施计划，不折不扣地去完成。这就做到了"上下同德"。《管子·君臣上》对此总结得十分精辟："是故君人也者，无贵如其言。人臣也者，无爱如其力。言下力上，而臣主之道毕矣。是故主画之，相守之，相画之，官守之。官画之，民役之。则又有符节、印玺、典法、筴籍以相揆也，此明公道而灭奸伪之术也。"《管子·君臣上》这段话所阐述的君臣关系与管理原则，在现代领导管理理论中依然具有深刻的指导意义。首先，它强调了领导者言行一致的重要性，只有诚信可靠的领导才能赢得团队的信任和尊重。其次，明确的职责与分工是确保团队高效协作的基础，领导者需要细化目标并合理分配任务。同时，激发民众的参与与支持是实现团队目标的关键因素，领导者应注重激发团队成员的积极性和创造力。最后，建立健全的制度保障与监督机制是防止不正之风、确保团队正常运行的必要条件。

第五节　《管子》与"以人为本"

在前面，我们从《管子》管理思想出发，分别对企业管理者的个人素养、企业领导者如何处理人才问题、企业中上下级之间的关系等企业内部的三个方面进行了考察。这是企业文化建设的三个重要的方面。同时我们也应该明确的是，无论是作为社会的一个组成部分而言，还是从实现企业存在和发展的最终目的而言，企业都离不开顾客、社会和环境。从而企业文化建设也不能无视企业与顾客、社会和环境的关系问题。我们认为这个问题应该作为企业文化建设中的最重要的问题，也就是将其置于企业文化体系的价值观层次上。处理好企业与顾客、社会和环境的关系应该成为处理上面提到的三个企业内部的关系和问题所依据的根本原则。

要处理好企业与顾客、社会和环境的关系，我们认为就是要树立"以人为本"的企业价值观。"以人为本"在当前的中国是一个十分热门时髦的词。它最早就出现在《管子·霸言》篇中，"夫霸王之所始也，以人为本。本理则国固，本乱则国危"（《管子·霸言》）。这里的意思是说"人"在成就霸王之业中具有根本性的作用。

《管子》中有很多地方提到要重视人。《管子·霸言》中曾说："夫争天下者，必先争人。明大数者得人，审小计者失人。得天下之众者王，得其半者霸。"《管子·权修》指出："欲为天下者，必重用其国。欲为其国者，必重用其民"。《管子·牧民》也认为："政之所兴，在顺民心；政之所废，在逆民心。"这些都说明，《管子》的眼中不是只有人才，还有广大的老百姓。甚至我们可以这么理解，《管子》处理人才问题的目的是为了如何更好地治理老百姓，使老百姓满意，从而的道更多的民主的支持，王霸天下。

同样，企业中的人才，是企业生存发展、兴旺发达的十分关键的因素。但是，对企业而言，最根"本"的"人"是企业的客户。这里客户也需做广义的多层次的理解。从时间上看，有过去的、现在的和将来的客户之分；从地域上看，有本地（本县、市、省）的、外地（外县、市、省）的之分；从数量上看，有单个的、团体的之分、从性质上看，有具体的、抽象的客户之分。而如果从广义上的客户来理解的话，社会和环境作为企业之"本"也就是题中之义了。

从企业价值观的角度看，"以人为本"是企业产生存在、发展壮大的根本动力。一个缺乏理想的人很可能无法创造出卓越的成绩，同样，一个缺乏核心价值观的企业注定难以成为卓越之辈。企业在运作过程中需要拥有一个核心的价值观，以此为指导，将员工的行动引导至一个崇高的目标。接着，企业应以如何实现这一目标为出发点，从自身具备的能力和资源中，辨识出最具比较优势的要素，确立为自身的核心竞争力，并围绕此核心竞争力来规划企业的具体发展战略。

对于一个具有远见的企业而言，盈利只是其生存的必要条件，而非首要目标。就如同人需要氧气、食物和水才能维持生命，但这些并非人生的目的一样。企业的确需要获得利润，然而对于卓越的公司而言，通常是在拥抱理想的同时取得盈利。一个企业若消耗社会资源却未能为社会创造更大的价值，则其产生存在的价值在何处？若企业缺乏支持其持续发展的核心价值，其前进动力将何在？即便企业在短期内取得成功，最终也可能因迷失于错误的目标而走向失败。

对于一个企业而言，何为真正能够支持其持续发展的核心因素？其实不管是盈利企业还是非营利企业，存在的最正当的理由就是为作为客户的"人"提供产品和服务，从而或多或少地使这个世界变得更美好。卓越的企业会永远把人，把客户的需要作为自己追求的最高目的，尽管永远也不可能完全达到目的。企业的经营目标固然是盈利，然而，短期市场利润并不是企业经营的全部。对于一个渴望远景的企业而言，应该思考这样一个问题：未来的利润基础在何处？若无法回答这个问题，企业在今天或明天破产又有何区别？企业若想实现持续的发展，必须具备真正超越利润目标的深刻内涵。这种理念不受趋势和潮流的摆动影响，也不会受市场形势的波动而改变，它会为企业提供一种源源不断的理想和动力，能够产生强大的激励效应。

企业的价值观是企业文化中最核心的部分。正因为这样，有的人就觉得它看不见摸不着，写在纸面上容易，实际做起来却找不到头绪。这是企业文化建设的大忌。

小结

　　《管子》这部古代经典之作，其管理智慧如同汪洋大海，纵使本文仅触及冰山一角，却已然揭示出其管理哲学的核心—追求和谐之道。虽然《管子》所倡导的思想具有时代局限性，但其深层的理念对现代企业文化建设仍然闪烁着启迪之光。因为在当今企业生态中，领导者与被领导者间的和谐与否，直接影响着团队能否同心协力，向着共同目标进发，乃至决定着企业的生死存亡；同样，企业与客户、社会及环境的关系是否和谐，关乎企业产品的市场认可度，甚至攸关企业的生存与发展。因此，领导者肩负的重任之一便是消弭管理过程中的矛盾冲突，以达成和谐的理想境地。和谐不仅是一种理想的追求，更是一种真实存在的状态，它寓于企业内部各种关系的协调统一中，当每个环节皆处于和谐之时，即可说企业已达到和谐的至高境界。

　　从企业领导者个人修养的角度审视，《管子》极其重视领导者自身的品德修养与才智修为，提出了"明主"与"圣君"的标准。一位具备宏图壮志、公正无私、目光犀利且严于律己的领导者，方能引领企业驶向光明未来，这样的领袖无人不愿追随，反之，一个得过且过的领导者只能让团队陷入停滞不前的困境。

　　领导者自我提升的同时，还需通盘考虑如何在人才管理中贯彻和谐理念。《管子》教导我们首先要深刻意识到人才乃企业兴衰之关键，深入挖掘发现人才、吸引人才、培养人才、任用人才以及激励与约束人才的各项基本原则与实用策略，实为现代企业不可或缺的人力资源管理智慧。

　　和谐的追求并不止步于最高领导者层面，而是渗透到企业各级管理层与员工间的关系构建中。领导者需科学合理划分职能，推行人性化管理，而全体员工则应恪尽职守，各司其职。当领导者与员工携手共进，为企业发展倾注全力时，企业内部的和谐氛围已然形成。

　　然而，企业内部的和谐并不能孤立存在，企业作为社会单元，必须与外部环境，尤其是客户、社会和环境保持和谐共生。对外部和谐关系的维系，恰恰是企业履行使命、实现价值的直接路径。无论是出于推动社会发展，还是追求经济效益，企业都需要通过提供符合市场需求的产品或服务来达成目标。这就要求企业在以人为本的价值观指导下，深切关注并切实满足客户需求，尊重社会规则，保护生态环境，从而建立起与各方主体的和谐纽带。

总之，企业所有的努力，其终极目标都指向与客户、社会和环境的和谐相处。在不断追求和谐的过程中，企业实质上是在为客户的满意度提升、社会的进步和环境的改善付出自己的一份力量。每一次向和谐的迈进，都凝聚着企业对美好世界的追求与奉献，展现了企业矢志不渝的社会责任感与使命感。透过这份对和谐的孜孜追求，企业终将在时代的洪流中留下浓墨重彩的一笔，展现出无与伦比的生命力与影响力。

第八章

地域文化与企业文化建设

自改革开放 40 多年以来，中国企业发展呈迅猛之势，与此同时国外的一些管理丛书被陆续译介到国内，国内鉴于此也提出了很多关于企业管理的思想。在众多企业管理运营思潮的影响下，中国企业家结合本土的经营实践，不断进行企业文化创新，涌现出了各具特色的企业文化群体。同时也出现了很多从各角度研究企业文化的论著与成果，如企业价值观的塑造、企业家在建设企业文化中的作用、企业文化的各项功能等。我们认为，不同地域的企业有着不同的集群性经营特征，不同人文环境下的企业家在建设企业文化中具有举足轻重的作用。以地域文化为背景思考企业如何变革，如何在众多同质企业的竞争中形成特色，这也是具有一定现实意义的问题。

20 世纪 80 年代，日本经济逐渐复苏，企业发展迅速，占据了较大的世界市场份额，对美国企业造成一定的冲击，这引起了美国的重视与研究。日裔美籍管理学家威廉·大内在美日两国企业进行调研之后写了《Z 理论：美国企业界怎样迎接日本的挑战》一书，作者认为日本的 J 型管理理论（长期雇佣、长效考核与团队型组织）是提高企业经营效率的最主要因素，但经过实践得出这种理论并不能照搬到美国企业中，简单地模仿反而扰乱了原有的工作秩序。他据此得出结论，对美国企业而言有效的企业管理必须基于本土优秀的传统文化，并将日本企业的管理理念进行合理融入，于是提出了既符合美国传统文化又借鉴了日本管理优势的 Z 理论。这是较早的研究同一种企业文化在不同地域的企业如何提升如何更有效提升的权威性著作。

企业文化具有一定的稳定性，它是随着企业发展长期沉淀积累的产物，是与经营环境、企业目标与员工行为理念相关的价值体系。美国企业文化与组织心理学领域的开拓者和奠基人埃德加·沙因曾论证了本地两个组织结构、经营对象完全相同的企业，其文化是完全不同的，可见说企业中最重要的无形部分，即在特定环境中形成的企业家与员工所认同的行为规范、价值理念与愿景等，是千差万别的，这不仅和企业经营思维模式有关，同样与企业家的经营风格、员工的行为倾向等也有着密切关系。而这些方面是受到人最本质的价值理念影响，需要从文化与环境方面发掘其产生的根源，即从地域文化方面分析对企业文化发生的因素。

优秀的企业文化能够激励员工、提升工作效率，而基于地域文化背景对企业文化进行的变革与创新，对于企业发展而言更是大有裨益，不仅有助于企业特色的塑造，提升产品或服务的文化附加值，更能够加强员工的安全感与归属感，降低维护企业凝聚力的成本，有助于企业深层的核心竞争力的形成。将员工与顾客本来就认同的文化注入于企业产品服务中，能树立良好的企业社会形象，增强员工对本企业的自信心与自豪感，同时也能借力于地域文化所长，巩固消费者的忠诚度。总之，重视地域文化对企业文化的重要影响，营造出具有独特人文精神和深厚底蕴的企业文化与产品文化，将是企业维持鲜活生命力的重要源泉。

第一节　地域文化与企业文化的相关研究

对地域文化的重视在我国由来已久，而企业文化的相关理论研究兴起于20世纪80年代的美国，自引入我国后引起了学术界与企业管理层面的广泛重视与深入思考。

一、地域文化的本质内涵

中国历来注重地域划分，几千年朝代更迭中，从西周实行分封制巩固中央集权开始，到元代开始实施并一直沿用至今的行省制也是中央集权对地域控制极端重视的表现。直到今天我国仍按地理民俗、历史文化、经济政治等不同标准将国土划分为省、直辖市、自治区等，地域之间相对独立却又有密切关联。理论方面古时人们对于地域划分也有充分的认知，公元前5世纪成书的《尚书》记载古代中国分为冀、兖、青、徐等九州，并对每州的山岳、河流、土壤、人文等都做了地域的概要性描述。早期地域研究的珍贵史料包括《尔雅·释地》和《吕氏春秋·有始览》等，它们为后人提供了关于古代地域文化、地理分布等方面的重要信息和独特视角。"文化"一词的出现，则更是由来已久，"物相杂，故曰文"（《易经·系辞下》），此处"文"有纹理、现象意思；"关乎人文，以化成天下"，此处"化"为教化之意，"文化"可简单理解为"以文教化"。1871年，英国人类学之父爱德华·泰勒在《原始文化》一书中明确界定了文化的定义："文化就是由作为社会成员的人所获得的，包括知识、信念、艺术、道德法则、法律、风俗以及其他能力和习惯的复杂整体。"① 这种文化定义，无疑对后世的文化研究产生了深远的影响。泰勒将文化视为一个复杂整体，涵盖了知识、信念、艺术、道德、法律、风俗以及个人的能力和习惯等多个层面，这一全面而深入的理解为后来的学者提供了一个重要的研究框架。泰勒的定义不仅强调了文化作为社会成员共享的精神和物质遗产的重要性，也揭示了文化在塑造个体和社会行为中的核心作用。因此，他的这一界定在文化研究领域内具有里程碑式的意义，为后来的研究者提供了宝贵的启示和参考。

地域文化并非只是"地域"与"文化"两个概念的简单相加，而是这两个要素在深层次上的有机融合。它代表了一个特定地理区域内，长期历史积淀所形成的独特文化现象，涵盖了该地区的语言、思想、信仰、艺术、习俗、传统等多个方面。地域文化的形成与发展，既受到自然环境、历史条件等地域因素的影响，也与人类活动、社会变迁等文化因素密不可分。因此，地域文化是地域与文化相互作用、相互影响的产物，具有鲜明的地域特色和文化内涵。我国早期历史典籍中就存在"地域文化"雏形的解释，《汉书》卷28《地理志》载："凡民函五常之性，而其刚柔缓急，音声不同，系水土之风气，故谓之风；好恶取舍，动静亡常，随君上之情欲，故谓之俗。"② 接着书中详细介绍了各地不同的风俗人情，"秦地"下云"其民有先王遗风，好稼穑，务本业。世家好文礼，商人则商贾为利。"另外书中还有对"蜀地"的介绍，与秦地又是截然不同的。可见按照地域区划来研究自然环境、人文风俗、建筑信仰等民间文化也是由来已久的。地域文化的形成也是受多方面的综合影响的结果，20世纪90年代就有很多学者论证地理阻隔对地域文化的形成与传承作用，如山脉、河流等将地域阻隔为不同的自然区域，沟通或阻碍着不同地域的文化交流进而形成不同的文化特征。其次移民因素对地域风俗文化也产生着深刻的影响，移民原居地与迁移地的风俗差异与相互渗透也是影响地域文化的重要方面，费孝通先生的《费孝通研究文集新编》中详细论述了我国民族的移民与地域问题。另外行政区划对地域文化也有不容忽视的重要意义，北京作为金元明清四朝国都，是政治与文化的中心，优秀人才的大量集聚与各种设施的供给，也为其迅速发展提供了保障。总之地域文化的形成是多因素共同作用的结果。

对于地域文化的概念界定中外学术趋向较一致，认为是具有地域空间特征

① ［英］爱德华·泰勒.原始文化［M］.连树声，译.上海：上海文艺出版社，1992：1.
② （汉）班固.汉书（第四册·志二）［M］.北京：中华书局，1976：1567.

和历史时间属性的综合类文化形态。重庆社会科学院文史研究所张凤琦认为地域文化"是指在一定空间范围内特定人群的行为模式和思维模式的总和"①。我国的地域文化研究丛书与专著种类繁多，如俞晓群主编的《中国地域文化丛书》，中华孔子学会编辑委员会编的《中华地域文化集成》等等，都是从宏观的角度记录历史、民俗、文学、地理等文化空间与格局。地域不仅具有空间维度，同样具有纵向的时间向度。"对于地域文化的研究，西方学界在各学科领域，如人类学、历史学、地理学、社会学、政治学、经济学等理论中都有较多的讨论，但没有形成一个关于其学科属性与意义内涵的明确界定。"② 而有些学者更倾向于将其划分为文化地理学的范畴，认为地域文化是一门研究人类文化空间组合的地理人文学科，与文化地理学大同小异，英国学者迈克·克朗则从地理空间角度研究文化对人类生活的影响，他认为"文化地理学研究人类生活的多样性和差异性，研究人们如何阐释和利用地理空间，即研究与地理环境有关的人文活动，研究这些空间和地点是怎样保留了产于斯的文化"③。

中国地理学会张伟然指出："所谓地域文化（研究）是该地区的文化史综合，论证方式应注重发现区域间的显著差异，与地域文化形成机制的原因。"④我们论述的地域文化对企业文化的影响，将试图论证不同的地域文化对企业文化的影响，如自然地理环境对企业物质文化层的影响，人文风俗、政治经济等因素对企业家人格与企业行为模式的塑造，及人文历史传承对企业核心价值倾向的影响等方面来论证地域文化对企业文化构建的重要意义和价值。

二、地域文化影响下的企业文化建设

企业在社会经济领域内运营，属于经济基础的一部分，而地域文化属于上层建筑，两者之间却有着密不可分的关系。地域作为世界领域的单元细胞而存在，它的文化底蕴博大深邃，对于经济社会的经济运营有非常重要的作用。逐层来看，主要有两个方面的重要影响：第一，地域文化是企业凝聚力和共同愿景合理高效构建的根脉基础。根据马斯洛的需求原理，人在满足了生理安全需要之后，就需要归属感以及实现自我。企业文化设立的目的，便是在一个存在阶级与矛盾的经济体中为员工设置共同的愿景与价值观，从而能够使员工产生

---

① 张凤琦."地域文化"概念及其研究路径探析［J］.浙江社会科学，2008（4）.
② 白欲晓."地域文化"内涵及划分标准探析［J］.江苏社会科学，2011（1）.
③ ［英］迈克·克朗.文化地理学［M］.杨淑华，等译.南京：南京大学出版社，2005：3.
④ 张伟然.湖南历史文化地理研究［M］.上海：复旦大学出版社，1995：2-5.

归属感及增强实现自我的奋斗力。从这个意义上讲，那些植于员工所成长的地域环境、在长久历史文化积淀的影响下形成的、基于员工本土价值观的文化更能引起员工持久的认同。第二，独特而丰饶的厚重文化传统，是企业形象内塑与外宣、企业文化系统与传承的承载。基于经济与文化的协调原则，或者借助文化因素增加经济效能与价值，或者是将文化直接转化为生产要素，或者将文化附加于产品之上，无论何种形式都能增强企业的生命力与活力。这也就是说地域文化的价值不仅表现在抽象的精神层面，而且在企业生产与市场运作中能够发挥明显的效用。

目前研究地域文化与企业文化建设关系的论文，一类是研究某地的地域文化对当地企业文化的构建影响，如《甘肃中小企业文化的地域"根植"与"超越"》《民族文化与地域文化背景下的内蒙古企业文化研究》《地域文化与企业发展战略——从海尔与新飞发展历程的对比谈地域文化对企业发展战略的影响》《宁夏中小企业文化的制约因素及发展》《东北国企改革中的文化阻滞研究》等。一类是研究企业跨地区经营过程中需要注意的地域文化差异问题，如《地域文化差异对于企业运营绩效的影响及解决机制》中研究了东北与苏州地区的文化差异对企业经营的影响。还有一类是研究企业文化和地域文化的有机融合、互相影响问题，如《企业文化要与地域文化有机结合》。另外有少量的专著研究，主要集中在地域文化与企业管理方面的影响，如《鲁商文化与现代企业管理》等。我们则是通过综合分析、多面论证，分析了我国浙江、山东、潮汕、东北、上海等地不同的地域文化，怎样影响着地方企业的价值观、经营模式和运营策略。

第二节　地域文化对企业文化的影响

企业文化是企业在长期的生产经营管理实践活动中，经过企业领导者主动倡导和精心培育并为全体员工所认同和遵守，具有本企业特色的价值观念、道德规范、企业精神、行为准则、传统习俗、员工文化素质，以及蕴含于企业形象、企业制度、企业产品之中的某些物化精神的总和[①]。企业文化的形成是受到多方面因素共同影响的结果，如经济环境、文化背景、政策导向等，而地域文

---

① 王吉鹏、李明．企业文化诊断评估理论与实务［M］．北京：中国发展出版社，2005：112-130.

化则是企业所处区域环境的多方面因素的综合，它对于企业的物质与精神、行为与原则等各个方面也起着非常重要的指导作用。我们从自然地理和人文历史对物质文化层的影响；地域文化影响下的浙江、山东等地企业家行为对企业整体行为文化的影响；及地域文化孕育出的整体价值取向对于企业改革创新等诸多核心理念方面的影响来说明。

一、地域资源孕育的企业物质文化特色

地域资源包括特定区域的自然地理因素造就的独特优势，及历史传承下形成的文化表层特征。企业物质文化是一种物质形态的表层企业文化，是由企业员工创造的产品，企业名称或标志象征，企业的工作环境等所构成的，这些是企业经营理念、核心价值观、制度精神面貌的具体反映。通过企业的文化"外貌"，我们能够进一步对其深层的文化进行剖析。

（一）自然地理因素对企业物质文化的影响

任何一种文化都有自然地理方面的独特成因，地域文化的差异滋养着不同的民俗风貌、器物文化，为劳动提供着不同的生产资料，同样各异的劳动工具与劳动对象造就了异彩纷呈的劳动产品。如我国知名制药企业打造的最具代表性品牌文化，是与地域文化的差异密不可分的，如广州医药集团打出的凉茶始祖"王老吉"品牌，是以岭南地区几千年的凉茶养生思想为本源打造的，几乎每个老广东人都对凉茶耳熟能详，广药敏锐地把握住了这个商机，从历史资源中提炼出凉茶的新生命力，加上民族特色的包装——红底黄字与中国结元素，试图将现代的设计与传统审美结合，进一步发扬我国古代"药食同源"的文化，使民族品牌强大迈出了坚实的一步。同样也有一些医药企业建立起以传统医药文化为特色的企业文化，在企业形象塑造中可占据优势地位。广药集团不断加强企业文化建设，将地域文化元素融入到企业文化中，吸并白云山药业后，使用"羊城八景"之首的白云山作为企业的对外宣传形象，将地域的景观特色与企业的理念文化结合，在宣传中提出了"广药白云山，爱心满人间"的理念，使品牌的文化内涵更突出，文化营销的特征也更明确。

具体的劳动对象也会因地域水土抑或环境的差异而具有不同的风貌。不同的水土养育出各种物产，而地理环境的独特性造就了这些物产的特色。北方农业中常被废弃的秸秆、南方坚果类外壳、水果硬壳等经过编制、雕琢之后都具有了新的文化与经济价值。新疆棉花纺织企业集团的繁荣是得益于我国西北独特的日照环境下有利于棉作物的生长；苏杭最著名的喜得宝、万事利等丝绸品牌闻名中外是因为江南既有适宜于桑蚕生长的气候环境，同样也与丝绸不易吸潮有益于身体健康的因素有关，以上诸多案例皆因独特的地理环境气候为产品的优质定位与品牌文化的宣传提供了条件。吉林修正药业依附长白山的自然地域条件，打造产业基地文化品牌，长白山优质人参资源成为其品牌根本，并提出了"领导世界最高标准人参"的目标，产业链中的其他产品如人参茶、人参蜜等衍生产品的开发也是地缘优势的依托；其另一个靠盛产"四大怀药"的河南焦作的产业园，也是看中了其地域特产的地道和优质，将中医药文化瑰宝运用到修正药业的产品中，"修远正本、造福苍生"的修正文化也正是靠着不断发掘地域中药资源，将地域文化资源与企业文化巧妙而合理地融为一体，推进了企业的发展。又如枸杞，虽然华北、西北及其他地区均有种植，但只有宁夏枸杞为最佳，其中与宁夏平原日光充足、气候干燥、昼夜温差较大有着密切的关系，这样的气候有利于糖分的积累，"塞外江南"的独特地理环境才使得"宁夏枸杞"闻名国内外。正是这些独特的地域资源，使得企业以得天独厚的优势打造出了品牌的独特价值，造就了优势的品牌领航者地位。

（二）人文风俗影响下的企业物质文化建设

人文风俗是一种客观的存在，它遍布于人类居住地的每一个角落。企业文化也并非是一个独立的文化单位，它是处于地域文化大背景中的，企业文化作为社会文化的细胞单元，必然接受地域文化的供血。美国文化人类学家鲁斯·本尼迪克特在《文化模式》一书中指出通过地域风俗文化来观察特定社会行为的重要性，"脱离了所处的一般背景，就无法正确理解文化的特性；而社会的风俗习惯正像一种透镜，没有这种透镜，社会理论家们就什么也看不清"①。

"百里不同风，千里不同俗"，风俗的差异也会潜移默化地影响着企业物质文化层的构建。大多数研究认为，我国最初的食粽行为是为了祭奠屈原，而随着吃粽子逐渐成为一种民族的习俗，商家也纷纷在端午节日内涵的文化基础上增加了很多的市场化因素，有百余年历史的"江南粽子大王"五芳斋作为我国最大的粽子产销商，不仅注重品种的竞争，而且无形的文化内涵在传承民族文化的基础上不断创新，以"和"为核心的传统文化诠释着"真心裹出来的好滋味"。中国的茶文化同样也是博大精深的，具有物质层面和精神层面的双重价值，在我国的诗词、绘画、书法等艺术领域都有一席之地，更确切地说饮茶是我国各地的一种传统习俗，可祭祀、可制药、可宴饮等。绿茶、红茶、白茶、

---

① ［美］鲁斯·本尼迪克特. 文化模式［M］. 王炜，译. 北京：社会科学文献出版社，2009：12-17.

乌龙茶等广泛种植于各地，而目前各种茶企也借助了茶礼的传统文化和得天独厚的地域优势来进行企业文化的加工。甚至是结合了现代人的口味进行改良，如企业将藏民的传统奶茶进行现代化的包装与宣传后，西藏地区的饮食风俗也就随之被广泛认可与接受；娃哈哈企业根据我国传统的饮茶习俗，将绿茶与红茶进行便捷化的加工，广泛的市场推广也取得了成功。

据美国杜邦公司调查发现，63%的消费者根据会根据产品包装做出购买决定。而风俗对产品包装的影响重要性不言而喻，在设计过程中注重地域性、民族性与纪念性，对于生产同质化产品企业的市场竞争而言是非常必要的。很多研究者认为结合自然环境、凸显民族性的原生态包装设计已经成为未来商品包装设计的新一轮潮流，绍兴黄酒古越龙山采用的是江浙地带古越传统文化元素，将越王勾践卧薪尝胆的龙山与破吴的点将台城门组合为其古典朴质的图案商标，使产品具有丰富的文化艺术表现力。水井坊品牌也非常注重对传统历史文化和文明的追求，在对外宣传时切入角度非常慎重，关注地域独特的文化因素，以此来打造独特的品牌视角，炼就企业的文化气质，"使深厚的历史传统在当代活跃起来，并且创造出文化价值"①。民族文化和地域文化的有效融合，发掘出了与现代商业文化的契合点，不仅可以促使地域文化的发展和弘扬，而且可使产品在现代市场中获得最有效的文化竞争力，在日益激烈的商业大潮中张扬出独特的风格。

美国人类学家约翰·博德利认为："商业化的驱动占据了整个世界的主导地位，经济对于其他的文化具有无形的作用。企业生产商品和服务不仅能够满足人的基本需求，同样也具有文化的象征意义，在经济消费过程中构建起一种文化秩序。"② 个体消费者需要使用商品建构自我认同，利用人类对商品消费的天然依赖，企业可以利用文化资本与品牌价值，来推动企业的发展。当然在这种文化先行的过程中也出现了种种与企业承诺原则相悖的问题，如冠生园的月饼掺假事件，思念速冻产品细菌超标事件，伊利的三聚氰胺事件，这一切都将企业华丽的文化外衣撕裂，露出了残缺的本质灵魂。企业在利用文化力量塑造自身形象的同时，应该反观自己是否能担当得起这份文化的重任，做到文化与质量的统一。

---

① 21世纪经济报道. 中国最佳品牌建设案例［M］. 广州：南方日报出版社，2010：60-64.

② ［美］约翰·博德利. 人类学与当今人类问题［M］. 周云水，等译. 北京：北京大学出版社，2010：83.

二、地域人文环境映射的企业行为文化

企业的行为文化，可以视为企业领导、员工所组成的集体表现出来的经营风格、行为方式、人际关系等。企业行为文化受企业核心精神的指导，通过产品与服务反映出企业物质文化层面。各地的历史风俗经过历史演变与空间蔓延，滋养了具有地域差异性的人格特征，外显于企业家与员工的行为方式，同时也潜移默化地影响着企业的经营模式。

企业的核心价值观与企业家的行为倾向有着密切的关系，这是因为一个企业的领导者不仅是企业的掌舵者，更是规划者与设计者，他会将自己的思想与战略渐渐灌输给整个企业。企业家对社会的贡献不仅在于物质财富，更在于包括企业诚信、品质等映射到社会中的精神财富。吴晓波在《大败局》中也以我国很多的企业为例，论证了企业成败与企业家的精神特质、行为决策密不可分，并在某种程度上受其主导。因此在某种意义上讲，"企业文化就是企业家文化"，一个企业家的思想有时能主导整个企业的核心精神，企业家的行为在很大程度上决定着企业的动态走势。作为个人存在的企业家性格的形成除了遗传决定，文化环境对其的影响也是巨大的，因此企业表现会具有一定的地域相似性或者说地域类型化。我国曾有著名的"十大商帮"之说，每个商帮都有自己独特的义利观和行商方式，这不仅是因为空间集群的环境影响，同样也与历史积淀的文化因素有关。地域文化的不同会使企业家精神表现出显著的差异，而企业家的行为文化在企业文化的形成过程中起到了举足轻重的作用。因此，分析具有代表性的企业家精神主导下形成的企业文化，是如何具有空间的地理集群相似性的，对于研究地域文化影响下的企业文化建设是首位的。

（一）浙江文化环境滋养下的企业家文化与产业集群

从地域上来看，浙江相对而言自然资源比较贫乏，"七山一水二分地"是对浙江地理环境的概括，耕地面积缺乏，"民众地狭"的环境使得人们不得不寻找除农耕之外的生存方式——经商。浙江是中国海岸线最长的省份，这也就意味着浙商具有独特的运输优势，最主要的商业地带沿南北海岸线分布，依次为嘉兴、杭州、绍兴、宁波、台州、温州。浙江的商业文明史也是非常悠久的，春秋战国时期的越国大夫范蠡是经商有道的"千秋商祖"，他的经济思想曾深刻影响了越国的发展；吴越国的开国君主曾以贩卖私盐为生，立国后大力发展丝织业也为地方经济的繁荣创立了条件；后来始于宋到清到达全盛的浙东学派对浙江的商业发展起到了更全面的推动作用，他们以"经世致用"的核心思想反对传统的"重农抑商"政策，王阳明主张建设"商贾往来，渐将贸易"的"富庶之乡"，而另一个代表人物叶适则主张"通商惠工，以国家之力扶持商贾，流通货币"①。我国著名的十大商帮浙江就有两个，历代的商业文化积淀，使得浙江商人思想开阔、勇于并善于做生意。

浙江很多中小企业之所以能够做大做强，与企业家的性格特质与行为方式具有很大的关系，其中三个方面的特征是与其本地传统的文化密切相关。

其一，善于小处着手、稳中求进，注重开拓进取。很多人讲浙江的经济是一种"草根经济"，浙江的商人是"草根英雄"。义乌能成为全国最大的小商品集散地正印证了浙商善于从小处做起，善于将小生意做大做强的不放弃精神，这种做精做细的意识起源于义乌的"货郎担"传统商业模式，至今在小商品市场前仍有一个肩挑货物、手摇拨浪鼓的雕塑。借用马克思《资本论》中的一段话，可以将浙商的这种精神准确解释出来，商人可以存在于任何社会微小的缝隙中，为自己开辟出一个活动的大天地。浙江商人坚韧的毅力，卓越的胆识，颇具古越遗风。浙江位于东南沿海，内有水患外有强敌，越人顽强地与自然和外敌抗争，这就培养了他们不屈不挠的性格，"越王勾践，东垂海滨，夷狄文身；躬而自苦，任用贤臣；转死为生，以败为成"②，这种历史上最坚韧最顽强的精神传承为越地人的精神血脉，在漫长的历史演变中成为一种锲而不舍、稳步推进的性格。他们可以敏锐地抓住市场的机遇，在经历失败后并不是放弃，而是继续努力。宗庆后从一个拉着板车给学校采购办公用具的小贩，带领退休教师将小型的校办工厂转型为生产营养液的全国知名企业，直至创办起中国最大的饮料行业。对于每一样产品他都要亲自去考察市场，亲自参与到方案的制定中，就连纯净水拧口的螺纹数、瓶身的棱度他都非常清楚。就是靠这样一瓶水，宗庆后打开了全国的市场，并成就了今天的娃哈哈。另一个浙商性格的典型代表美特斯邦威的董事长周成建从一个农民裁缝做起，经历过失败背负过巨额的债务，凭着一份坚持24年后成为大陆服饰业的首富，成为中国休闲品牌的领导者，美特斯邦威也获得了"中国服装界黄埔军校"的称号。马云在创业之初也曾被4家公司蒙骗，但是坚持下来却换来了空前的成功，这就是浙商的精神，他们具有山的坚韧，遇到挫折之后会以强大的隐忍渡过难关。

其二，不断创新，诚信为本，敢为天下先的精神。很多人认为浙商能够发现商机、并把握机遇，敢于冒险，具有极强创新意识，这与浙江的海洋特性有

---

① 陈海忠. 浙商文化教程［M］. 杭州：浙江工商大学出版社，2010：46.

② （汉）袁康，吴平. 越绝书［M］. 上海：上海古籍出版社，1987：2.

关，海的灵动与富饶，不确定与危险性，赋予了浙商开放创新与冒险式精神并存的独特基因，他们有胆有识、善于抓住机遇，敢于冒险，灵动而又执着。娃哈哈连续多年被评为"中国十大民族自主创新品牌"，从营养液发展到从瓶装水、乳饮料、碳酸饮料、罐头食品、医药保健、服装等八大类百余种产品，宗庆后的成功依靠的是勤奋、简直和执着，但是他勇于尝试和创新的思维却是不可复制的。当"娃哈哈"营养液家喻户晓、火爆中国时，他毅然决定投巨资引进国际先进的生产线转向纯净水生产。紧接着推出中国的非常可乐，仅2008年，就斥资60亿建立了90条先进的生产线，娃哈哈技术中心被认定为国家级的实验室，为提升产品品质提供了强大的技术支撑。每当国外的新设备引进后，在宗庆后的带领下整个企业都会对其技术进行消化、吸收和再创新。这种优秀的企业精神传承至今，表现在技术方面已经能自主制造灌装机、巴氏灭菌船等成套设备，这是一条独特的创新之路。每一次新产品的研发与推出，宗庆后都会亲自做市场调研，在这种精神的感召下，企业的所有部门都时刻保持着新鲜的动力，市场部部长杨秀玲谈到除了传统媒体电视的宣传外，各种网络式营销方式也是正在尝试并逐步跟进的[①]。被称为"电子商务教父"的马云同样也是典型的具有伟大理想和创新精神的浙江商人，他创造了中国最大的电子商务帝国，但马云并没有将淘宝停留在单一的购物网站上，而是致力于发展综合全面的电子商务服务提供商，随之创办了第三方支付工具支付宝，国内最大的团购网站聚划算，马云在不停地尝试着创新。品牌商业零售平台"天猫"的运营与以往不同的是，更强调商家的诚信与服务，"七天无理由退换货""正品保障"等，进一步保障了消费者的权益，每一次的创新能够取得成功是与稳健踏实的经营分不开的。丁磊首创的互联网门户网站网易、江南春首创的分众传媒、陈天桥首创的互动娱乐网络盛大集团，这些都是浙江商人在中国信息科技革命的冲击下"第一个吃螃蟹"的典型案例，并且他们在原有的基础上不断寻求新的突破

其三，善于为员工创造机会，为企业发展营造卓越的内聚力。宗庆后还建立起了企业的"家文化"[②]，在员工休假、住房、旅游等各个方面都为能筹划周全，在与达能的谈判中，他唯一强硬的合作底线是坚持退休职工待遇不变，45岁以上职工不许辞退。正是这样将企业发展成果让员工共享，营造良好的工作

---

① 姜红. 现在还没尝试，不意味未来不尝试——访娃哈哈市场部部长杨秀玲［J］. 中国广告，2011（1）.

② 徐万国. 娃哈哈集团公司董事长宗庆后：目标是世界饮料行业新霸主［N］. 21世纪经济报道，2010-12-27（081）.

氛围，才促成了员工能够全身心努力工作，也换来了娃哈哈的不断成长。马云对待人才的策略也是"和员工共享成功"，充分尊重每一位员工，为他们提供发展的平台。而认同"财散人聚、财聚人散"思想的正泰集团董事长南存辉也给员工提供了充分的学习机会，拿出专项经费用于员工的自我提升，吸引了大量的优秀外来人才。形成了良好的企业内聚力。

（二）山东历史文化中的企业家与现代企业发展

山东自然资源具有无可比拟的优势，在这种地理优势下形成了重农抑商观念。山东省四季分明、光照充足、气候温和，适合多种农作物的生长，耕地面积仅次于黑龙江与河南。种植的粮食、蔬菜、棉花、水果等农作物产量多次位于全国前列，各种名优特产也非常多，是名副其实的农业大省。与浙东学派反对传统的"重本抑末"思想不同，山东的文化核心与本源是儒家思想，在儒家重农思想的影响下，山东人大都具有安土重迁的观念，世代耕耘，很少外出经商，这种影响更明显地表现在山东内陆地区。儒家文化有促进人类文明发展的两面性，一方面它推崇仁义礼智信恕忠孝悌，是有助于封建社会政治统治的正统伦理道德思想，而与发展商业有悖的影响方面就是它推崇的"官本位"思想，"学而优则仕"（《论语・子张》）的观念根深蒂固。"义利观"同样也制约了人们对于商业利益的追求，"君子喻于义，小人喻于利"（《论语・里仁》），可以说，这些方面是阻碍山东商业发展的桎梏。

"一方水土孕育一方文化，而一方文化培养一方精神。齐鲁文化的特质铸就了鲁商忠厚正直、诚信守礼等优秀的品格精神。"① 我们将从文化对企业发展影响的优势与劣势两个方面进行分析。山东企业缺乏灵活性与开拓创新的精神，在山东省企业联合会和山东省企业家协会公布的"2023 年山东企业 100 强企业名单"中，排位前十的分别是山东能源集团有限公司、山东魏桥创业集团有限公司、海尔集团公司、信发集团有限公司、山东高速集团有限公司、海信集团控股股份有限公司、潍柴动力股份有限公司、万华化学集团股份有限公司、山东东明石化集团有限公司和山东省港口集团有限公司②。山东百强企业的头部企业在能源、原材料、交通物流以及现代服务业等多个核心领域均有突出表现，显示出山东省传统产业的优势。但是，在山东的大企业中，专注于现代创新技术并以此为导向的大型企业仍相对有限，在如火如荼的数字智能技术领域，山

---

① 张友谊. 鲁商文化与齐鲁文化［M］. 济南：山东人民出版社，2010：108.
② 《山东省企业联合会、山东省企业家协会于公布 2023 山东企业 100 强、工业企业 100 强和服务业企业 50 强企业名单的通知》，鲁［2023］56 号，2023 年 11 月 3 日.

东企业更是乏善可陈。这与生活在齐鲁大地的世代人们受"中庸之道"的影响有关，企业的行为和习惯渐渐变得保守、缺乏一定的创造性和灵活性。但是我们应该看到，近些年，腾飞起来的山东企业却也不缺乏学习的能力，比如在具有一定的开放性与进取性特征的沿海地区，青岛的海尔集团多年来坚持"引进技术、消化吸收、创新开发"的战略，为了激发企业的创新活力，海信将技术中心设置为独立的法人，按照成果支付科研与开发的经费，这种激励方式保证了公司的发展动力①。现代的山东企业正渐渐通过借鉴成功的企业方式，通过创新和学习来构建全新的竞争力。

山东传统文化中对"诚信"的重视也影响了后来企业的发展。张瑞敏带领海尔从一个亏空上百万的集体小厂发展成全球化企业，除了管理的观念之外，最主要的就是海尔对产品质量和服务的完美追求，1985年张瑞敏带头砸毁了具有质量缺陷的产品，不仅树立起的是海尔的质量品牌文化，更是诚信观念主导下的对消费者负责的体现。"海尔，真诚到永远"的口号是海尔立信于中国家电行业的外化呈现，受到传统文化"以义取利"影响，是一种"信"的表征。孔子曰"人而无信，不知其可也"（《论语·为政》），人无信不立，诚信是一个企业必备的基础品质，更是一个企业的道德和良心。企业若没有诚信在市场经济的大潮中更容易被淹没。

对于"诚"与"义"的追求同样也是山东企业人的特征，瑞蚨祥的创始人孟洛川一生坚守的信念就是"财自道生，利缘义取"，在八国联军入侵时，他舍弃个人利益顾国家大局。同时他的一生不断致力于慈善事业，能够君子爱财，取之有道，见利思义，为富重仁。他经营的瑞蚨祥能够经久不衰，并成为著名的老字号企业，一个很重要的原因就是历代的掌门人能够将儒家的义利观与道德准则贯穿到几百年的经营过程中，并得到了广泛的认可。传统文化深刻影响着很多山东优秀的企业家，优秀的道德观念不仅成为企业经营的核心理念，也渐渐内化为市场竞争的准则。山东威海华夏集团的董事长夏春亭凭着诚信的经营理念不断执着追求，终于使"华夏塔机，顶天立地"形象获得了广泛认可，将一个小作坊式工厂办成了知名度较高的大型企业，他不断地回报社会，出资为村子建设幼儿园，投资参加生态保护工作，为新农村建设提供支持，创办技工学校，为下岗工人、农民提供培训等等②，能够将社会责任融入企业发展的一

---

① 张德勇. 聚焦海信：新国企调查 [M]. 保定：河北大学出版社，2002：78.

② 邵志勤. 新鲁商文化与现代企业文化建设 [M]. 济南：山东人民出版社，2010：140-143.

部分，将"仁爱"的精神贯穿到企业发展过程中，是很多山东企业的特征。这也是在现代化市场经济背景下对优秀的传统文化的传承和发扬。

海尔结合企业所处地的资源优势，提出了包容、真诚的"海"文化，在其售后服务中始终秉持着"用户永远是对的"的宗旨，正因为其优质的服务，早在 1996 年 6 月获得了美国优质服务科学协会颁发的"五星钻石奖"。正因为这些质量可靠，售后服务质量一流的口碑，海尔渐渐从濒临倒闭的小厂成为全球最大的生活电器制造商之一。海尔的成功是产品质量的成功，是服务理念的成功，是对传统文化中"诚""信""礼"的坚守并践行之后的成功。以诚信生产与经营保证了产品的质量，以有礼有义的终身维修为自己的市场打开了一扇扇通向成功的大门。我们可以看到，在这些同类的电器产品在全球化的市场竞争中，不仅是尖端科技的争冠，更是其品牌与服务所代表的企业文化的比拼。若说浙江与广东生产的生活小电器更让消费者所认可，消费者能在始终占据了市场主导创新的思维方式与引进的外国先进精密技术之间产生联系，并最终影响到购买意愿，山东的海尔却是"人人是人才"的人本主义思想是与"仁者爱人"的精神，"先卖信誉，后卖产品"的真诚服务赢得了市场，人们在海尔能体会到企业的诚信，进而能感悟到诚信文化的传统。同类企业的全球化竞争同样是文化与质量的较量，不同的企业在地域文化影响下表现出不同的特质，文化的力量也是赋予企业的竞争砝码。

企业观念的形成会受到企业家的主观影响，作为个人的企业家性格塑造是受特定地域的文化滋养；而企业员工的行为取向、制度遵循同样与风俗习惯具有密不可分的关系。每个地域的文化环境都会塑造不同类型的企业家人格，而企业家的行为对于一个企业的发展而言起着导航舰的作用，影响着整个企业文化的建设与发展。

三、地域差异性与企业核心理念的关系

企业的精神是企业文化的根本，它包括企业的信念、核心价值观、道德风貌等。企业精神渗透在企业的生产经营过程与每位员工的思想中，支配着企业的行为文化，是企业真正的灵魂和支柱。企业核心精神的形成多是在企业最高决策者领导下，根据外部政策环境与全体员工的集体意愿，逐渐形成的能够代表企业管理、经营等方面意愿的价值观念。

在企业中，美国人同样也会充分表现出追求自我价值的行为，这最终成为影响美国企业最终价值观的先决条件。

（一）我国企业发展与地域文化的关系制约

《简明不列颠百科全书》认为："个人主义，是一种政治和社会哲学，高度重视个人自由，广泛强调自我支配，自我控制，不受外来约束的个人或自我。"① 美国历史学家康马杰认为："个人主义成为美国主义的同义词。"② 与中国企业比较而言，西方大部分企业表现出来的是一种冒险与创新精神，他们有着全球化的意志，而我国大部分企业的自主创新能力就较弱一些。2012 年 7 月 10 日《人民日报》发表了记者尹世昌对香港中文大学工商管理学院院长黄德尊的采访感言，他认为阻滞我国创新的有文化问题，同样也具有体制问题，创新型社会的原动力并不仅是某一个企业，某一个领导者，而是来自千千万万的企业，来自全体人民的思维意志。钱穆先生精辟地将人类文化划分为三种类型：游牧文化、农耕文化和商业文化。游牧文化起源于高寒草原地带，塑造了以放牧为主的生活方式和独特的社会风貌；农耕文化则发源于河流灌溉的平原，依托稳定水源和肥沃土地，形成了深厚的农业文明传统；商业文化兴起于滨海及近海岛屿，以贸易和商业为核心，孕育出开放多元、创新进取的精神特质。这三种文化各具特色，共同构建了丰富多彩的人类文明画卷。我国历代是以农耕文化为主的国度，而商业文明是作为农业经济的补充出现的，虽然在北宋及明清时期也出现了地域性的商业繁荣，但也与政治的集权有着密不可分的关系。在漫长的封建主义发展过程中，为了维护统治的稳定提出了许多森严的等级制度，人们的日常生活尊卑有别、长幼有序，将三纲五常等伦理道德视为基本的礼仪规范。这种思想经过几千年的演变已经根深蒂固地存在人们的思维方式中，影响着现代企业的行为方式，新中国成立初期的国有制经济发展模式将这种遵循礼制与规矩的思想延续了下来。虽然改革开放以后，我国企业的社会经济地位与所有制结构都发生了变化，蓬勃发展的民营企业如雨后春笋，企业的管理理念和结构制度等都逐渐有了质的变化。但几千年的文化根基仍影响着部分地区的企业行为，官本位和行政等级倾向仍约束着企业的发展活力。红顶徽商胡雪岩的成功就是走的"官商"之道，到了现代仍有有很多地方的企业家看中的仍然是为仕，如陕北榆林一带，很多"煤二代"并不是选择守业或创业，而是成为开豪车拿固定工资的公职人员。我国缺少自主研发的知名企业，多是在制造领域取得成功，归其根本，缺乏的并不是文化底蕴，而是一种冒险的精神和

---

① 中国大百科全书《简明不列颠百科全书》编译部．简明不列颠全书（第 3 卷）［M］．北京：中国大百科全书出版社，1985：406.

② ［美］亨利·S. 康马杰．美国精神［M］．杨静予，译．北京：光明日报出版社，1988：38.

创新意识，以及敢于尝试的集体行为。

　　在我国这种地域文化传统对企业发展的影响是非常巨大的。下面将以东北地区和珠江三角洲为例进行对比。东北历史上是少数民族的聚居地，自清初发生了大规模的移民。文化发展程度相对于其他地域而言相对较为落后。受历史因素与地域文化影响，企业多是集中在重工业方面，如在日本侵华修建的工业、苏联援建的项目以及新中国对民族工业的改造基础上发展起来的企业。长春第一汽车集团、哈尔滨的军工企业、辽宁的远东、鞍山等大型钢铁企业等，都在我国的经济中占有重要地位。东北改革开放时间较晚，计划经济体制一直占据着主导地位，多元化和兼容性的移民文化具有明显的重义轻利传统①。对于社会道德建设而言，这是优点，但当企业面对激烈的市场竞争时这种行为倾向则既是优点也是缺点。千百年积淀下的文化习俗对于人们的行为处事方式具有持久的影响，相对而言东北人较为感性直接的思维方式，使其容易忽略逻辑性的理性思维，大部分人储蓄意识较为薄弱，这样是导致企业缺乏扩大经营或技术转型资金的原因。他们豪爽、不拘小节的性格特征也决定着他们侠义的处事方式，多讲究坦诚相待，注重感情投资，酒场即商场，这与义乌商人分利必挣的性格具有天渊之别。这些性格文化决定的行为习惯深刻影响着东北企业升级等多重现实层面。如长春一汽的红旗轿车作为我国自主轿车的领导者，建厂近60周年之际，制作出来了完全自主创新的高级轿车，之前或者学习克莱斯勒的技术，或与福特等外资工资联合开发。这也敲响了警钟，我国企业自主创新之路进行的较缓慢，不能让历史因素和文化因素遗留的问题影响现代企业的创新行为。

　　珠江三角洲地区因为濒临海洋，而且是较早改革开放的地区，民营经济非常活跃，多数企业表现出冒险性倾向的行为特征。自古以来广州就是对外贸易的重地，中国最早的出口商品交易会就出现在广州。从唐朝开始一直到明清，即使在清乾隆二十二年（1757年）海禁时期，广州也是唯一没有被封闭的海关，出现了生意人"东南西北中，一起到广东"的繁荣景象②。对外贸易的极大开放也使得国外的新鲜事物进口到国内，刺激了民营经济的发展，如我国第一家火柴厂、第一家电灯公司、第一家机器炸豆饼厂、第一家西服厂都是在广东产生的。在捕捉商机方面广东人比较精明，作为改革开放的试点，广东实行了一系列的制度改革，招商引资并大力发展私营经济。但资金和技术的大量引

---

①　殷晓峰. 东北地域文化对区域经济发展的影响研究［J］. 东北师大学报（哲学社会科学版），2010（6）.

②　杨涌泉. 中国十大商帮探秘［M］. 北京：企业管理出版社，2005：156.

进，也造成了企业核心技术的依赖心理，专利技术使用与诸如芯片类的进口费用占据了企业成本的较高比例，这是广东企业的做大做强、走出国门走向世界的瓶颈。虽然很多企业已经取得了技术方面的专利，但集成创新仍存在问题，如华为、中兴等，都是利用自己的专利技术与国外知名企业的专利互相许可，集成这些技术之后进行产品的生产，这类企业属于技术较为领先的；另外还有很多企业的生产是通过购买核心技术，如康佳、创维等。珠江三角洲地区的企业仍在某种程度上缺乏创新观念，应该着重创新文化的塑造。

（二）受地域文化影响的企业文化局限性

我国是以农耕文明为主的国家，我国很多朝代都提出了"重农抑商"的政策，对商业活动进行抑制，保守的农业思维模式对经济发展的阻滞明显表现在甘肃、青海、四川、贵州等西部地区。这些省份资源相对匮乏，或处高原或山地复杂，生态环境相对恶劣，缺少适宜农作物生长的气候与水土。地少人多的现实使得历史上人们多以粗放式的耕作来保证基本的生存，而这种劳作特点又决定了人们的大部分时间和精力都被为满足生活需求而劳作，"逐渐就衍生出一种心理平衡和保护机制，即劳作与产出的不均进而自足字了，久而久之，便形成了一种抱残守缺、认命的固定心理习性"①。这种传统的思维渐渐禁锢了人们的冒险意识与创新精神，也阻碍了商业的发展，进而妨碍了企业的进步。西部地区的工业化发展水平相对落后，科学技术水平相对较低，企业跨越式转型升级的幅度也较慢，从某种程度上讲这与西部较为传统保守的文化塑造出的相对守旧的行为观念有一定的关联。

任何地域的文化都是人地关系相互作用的结果，很多传统的历史文化积淀会影响到人们的观念与行为，对于企业的影响同样如此。我们可以借助地域文化中的优势资源为企业文化的发展提供良好的支撑；同样企业文化也可以肩负起弘扬地域文化的重任，扭转地域偏见或者是历史遗存下来的不良影响。河南是中原文化的发源地，孟元老的《东京梦华录》和张择端的《清明上河图》都刻画出了北宋开封的繁盛风俗，隋唐时期的洛阳作为国都，商业经济也发展迅速。明清时期因为政治经济中心的转移，河南的发展渐渐放缓，河南经济也发展缓慢，被排挤在主流商业话语圈之外，一直没有形成属于自己的"商帮"，直到今天，很多人对河南商人仍存在偏见，认为有些豫商过于注重暂时的"利"，进而在经营过程中产生了某些负面的影响。如发生在20世纪90年代郑州的亚细亚商战，几大商场搞恶性价格战，互挖人才，竞拼有奖促销等。在之后的很

---

① 杨培源. 甘肃地域文化与企业家精神的双重贫困 [J]. 产业与科技论坛，2008（3）.

多评价中认为是商场的盲目扩张引发了亚细亚的衰败。但在亚细亚商战中出现的违反商业道德和信誉的行为，与扩张中没能融入其他地域中得到消费者的认可同样是其失败的原因。对于在某一特定历史阶段留下的不良影响，现代的河南企业应该学会用大智慧去化解，在获取利益时能够做好企业发展的长远打算，为百年企业做好规划。其实河南充分发挥了农业大省的优势，有一批全国知名的食品企业，如双汇集团、杜康控股、三全食品、思念食品、白象集团等。这些企业有很多也是几十年的老品牌，具有一定的市场信誉和知名度，可以通过企业文化的塑造与传播，树立起良好的地域文化认知。

而拥有悠久商业历史的很多地域，如今可能面临着种种的企业集群大发展大繁荣的瓶颈。如山西南部的盐池资源造就了最早的一批商人，而晋商的票号同样也是中国金融业的鼻祖，到鼎盛时期建立起了遍布全国版图的 600 多家票号。但现在的山西商人大多是依靠矿藏资源发家致富，缺少了传统晋商的那种"走西口"的精神。突破现在的障碍，就需要看到那些走出去的优秀晋商是怎样成功的，如百度李彦宏，又要借鉴那些本地成功的先锋企业经验，如紫林企业等；还要能从依托传统文化做大做强的企业中汲取成功的经验。

对于企业的发展而言，地域文化就像一把双刃剑，它的积极因素可以促使企业形象的宣传；而不利的因素则影响着企业的发展。在企业文化的塑造中，需要趋向有利因素，并借鉴其他地域的优势文化，在跨地区跨文化的经营过程中充分重视地域文化的作用和影响，才能最大限度增强企业的竞争活力。

第三节 具有地域烙印的企业文化特征

中华大地幅员辽阔，几千年的历史孕育出了齐鲁文化、三晋文化、荆楚文化、吴越文化、巴蜀文化等多种地域文化。若将地域视为装载文化的容器，企业便是组成这种容器不可或缺的材质，不同容器将因为自然取材、制作工艺、历史保存等条件的差异，呈现出不同的色泽质感。地域文化与企业文化的关系也正如此，是文化大体系中的集群文化与个体文化。黑格尔在《历史哲学》中曾指出："地理环境和地域条件的不同，会影响人们的生产、生活方式和性格差异，从而影响各个民族的历史发展进程及其所处的地位。"① 不同的地域环境滋养出不同的文化，影响着社会经济的发展，企业文化作为一种各地的个体集合

---

① ［德］黑格尔. 历史哲学［M］. 王造时，译. 上海：上海书店出版社，2006：125.

文化，也定会受不同地域多重文化因素的影响，且企业文化也将拉动抑或催生新的地域文化形成。深入研究不同地域的企业文化特色，不仅可以让企业具有发展上的差异化优势，同样可以借助企业的宣传，推进地域文化的传承和发展。

一、企业理念多样化，竞争特色鲜明

纵观全球，每一个国度都有自己的独特文化，这些文化影响着本土各种社会行为的形成与发展，进而形成不同的文化体系。企业是根植于社会的一个经济子系统，属于社会经济活动的一个细胞。每个细胞都需要依附肌体而生存，企业文化就是属于社会文化并且与社会文化紧密相连的一部分，它们之间会相互产生深刻的影响和作用①。因此说企业文化是受到特殊的民族性格、人文环境、自然历史等诸多因素的影响而形成。不同的地域文化影响将会接下来将以国美自创始到在全国各地开办连锁为例，可以清楚看到潮汕商人、北京商人、天津商人、沈阳商人和山东商人之间经营理念的差别，而这些可能与其地域经商思维模式有着密切的联系。

（一）"处处挖掘经商机遇"的潮汕式企业经营

潮州人经常用"省尾国角"来描述自己的地理位置，山地和丘陵占据总面积的三分之二，南部沿海形成的冲积平原，在多变的海洋气候影响下不确定因素很多，潮州人只有"依海为田"，借助季风气候，不断寻求新航线，通过与外贸易或者出洋做生意谋求生路，虽然经历了明清两代紧张的海禁制度，但是远离朝廷的优势使其并没有形成对外贸易的断层，在长久形成的商业文化大环境中，很多潮汕人从打工开始，做小商贩然后再至大商人。在《清稗类钞》中曾经对潮汕经商历程进行了描述，"潮人善经商，窭空之子，只身出洋，皮枕毡衾以外无长物。受雇数年，稍稍谋独立之业。再越数年，几无不作海外巨商矣。一遇眼光所达之点，辄悉投其资于中。万一失败，犹足自立；一旦胜利，倍蓰其赢，而商业上之挥斥乃益雄"②。在这种情况下成长起来的企业家，大多都有胆识有谋略，敢于抓住机遇，表现在企业的运营策略上便是能步步抢占市场先机，制胜于领先地位。

潮汕人经商意识强烈，这片土地上长久流传着"饿死不打工"的说法，国

① ［美］约翰·科特，［美］詹姆斯·赫斯克特. 企业文化与经营业绩［M］. 李晓涛，译. 北京：华夏出版社，1997：80-92.
② 饶宗颐. 潮州志·丛谈志［A］//黄挺. 潮州商帮［M］. 广州：暨南大学出版社，2011：82.

美的黄光裕、曾为亚洲首富的李嘉诚，都是在这种商业气息弥漫的环境中成长起来的。地域的文化影响是创业性格形成的决定性因素之一，而这种性格也影响着企业的战略决策和愿景目标。一手扶持国美成长的黄光裕是广东潮汕人，他在开创国美初期表现出的行为值得思考。他北上做生意时中国正从计划经济向市场经济转型的时期，物资紧缺，没钱进货先用包装盒充实门店，等有要货的顾客再去旁的店面购买，国美的成长道路离不开黄光裕的胆识与智慧。国美的企业文化便是受到了潮汕商业思想影响，又始终坚持"薄利多销"的法则，才使得最初的国美在京城能够将站稳脚跟不断壮大，始终坚持先机占据市场。亚洲首富李嘉诚的成就之路与其相似，同样都是出身于贫困的潮汕家庭，十几岁辍学外出打工，有了自己的第一笔积蓄后开始做生意，然后以超凡的胆识魄力不断开拓，从开始的实业经营到之后对地产业的关注和广泛投入。同样被称为"东方犹太人"的还有林百欣、陈伟南等，他们都以潮汕商人独特的经营模式、多样化的经营策略赢得了市场的广泛认可。

（二）"重义轻利"的东北企业联盟的商业表现

在国美进驻其他省市时，遇到了极大的阻力。天津十大商家联盟共同抵抗，在价格竞争与货源供应方面双重抵制，但国美始终坚持多样化的低价战略，最终在市场化的竞争中赢得了消费者的认可。比起进驻天津的阻力而言，而当其进驻东北市场时，遇到的却是和其他任何省市抵抗相比更强烈的制约和冲突，"低价倾销""截断货源""威胁顾客""封锁媒体"等一系列的措施在其他省市的进驻过程中是少见的。从沈阳电器企业的行业表现来看，这里面表现的是关东文化影响下的东北企业文化特征。富饶的黑土地孕育出了东北人侠义豪爽的性格，北方人的率直在东北人身上表现得最为明显，相比较取利而言更重视的是信义，他们重感情、仗义执言。这种性格使他们在商界能广泛被人信任，但东北的商业发展却很少在全国取得决定性的影响地位，这与东北冬季极寒的气候对生产劳动的限制有关，占据全年近三分之二时间的寒冷气候，使东北人的室内娱乐时间大于室外的劳作之间，他们不重小利，大部分人敢超前消费，很多地艰苦创业的情况在东北地区却较少见。分析完东北人的这种性格特征，再看国美进驻沈阳市场时遭遇的系列阻挠，便会非常容易理解。而黄光裕带领的国美正是有种不惧怕、不退缩的勇气，采取的多样化的促销策略，最终占据了东北的消费市场。

面对来自潮汕商人的竞争，东北的国有电器联盟最终呈现偃旗息鼓之势，主要的问题并不是出现在战略方面，而是输在了战术上，为了达到保护本地企业的目的不惜采取了一些违背了商业法规的措施。这种举措不仅与地域文化环境形成的性格有关，同样也与长期形成的经济背景有着密不可分的关系，20 世纪后期广东、江苏迅速吸收外来资本发展轻工业不同，东北地区一直走的是重工业的国有化道路，国有企业在国民经济中所占比重很高，仅中央一级的控股企业资产就占到了全国中央国有经营资产的 20%①。长期国有化模式导致了市场竞争的缺乏，各种保护主义形成了缺乏竞争的安逸环境，当面对突如其来的市场运作的竞争者时，便会影响到地方企业的发展。

（三）"自由主义"与"兼容"的上海式电器行业

上海自第一次鸦片战争之后便成了通商口岸，上海的租借从 1845 年到 1945 年国民政府正式收回主权，是近代中国史上存在时间最长、面积最大的，而且对上海的民族性产生了深刻的影响。殖民主义、新保守主义、新自由主义等在上海交织在一起。上海文化关注自我，尊重个性，但是忽视群体。在这种文化观念的影响下，上海相对来说是个较为宽容开放的环境，因此面对外来的商业竞争，上海电器行业表现得相对而言非常冷静，并没有表现出正面的冲突，就在国美铆足了精神准备一战的时候，上海商家以柔克刚，送来了一份《联合倡议书》督促国美必须按照原有的规则行事，不能破坏了上海原有的行业规矩。"这封不温不火的倡议书，让国美感觉自己鼓足了力气的一拳打在了棉花上"②，上海的商场并没有组成联盟和国美对抗，也并没有依靠政府的地方保护，原预计的暴风骤雨式的战争也并没有拉开序幕。在价格方面，上海的电器行业一直实行三种标价牌，红色代表仍有议价空间，黄色代表削价处理，而蓝色标识明码标价无议价空间。而黄光裕进入后并没有改变上海的标价文化，而是根植于上海原有的文化策略并结合国美惯有的价格战策略，全部商品都用蓝色牌标识，且价位确实已经降至最低，为其吸引了不少的消费者。当时又正值供应商"彩电峰会联盟"垄断市场，在来自上游厂商的巨大压力下，黄光裕与长虹董事长倪润峰共同联合，共同抵制住了供应商的垄断。上游供应商的联合战役中，国美赢得了漂亮的一战，在上海站稳了脚跟。

从天津、沈阳、上海地区的家电企业与国美各种模式的"商战"来看，我国经济的区域性比较明显，不同地区受到不同地域文化的影响和制约，在企业的管理经营模式上存在一定的差异。其中，潮汕商人的敢于冒险的胆识，东北企业中折射后反映出的"义"，上海企业长久形成的一种自由精神等，这些都是传统文化对企业家及员工性格影响后表现在企业文化中的行为取向与典型特征。

---

① 郎朗．停工背后：两个新飞何去何从 [N]．21 世纪经济报道，2012-10-12（017）．

② 彭征．黄光裕的战争 [M]．北京：中国民主法制出版社，2011：100．

二、深远的文化传统，浓厚的人文情怀

我国幅员辽阔，地形复杂，正是这众多的自然、地理、人文要素铸就了差异性与特色化并存的璀璨文化。在这些纷繁复杂的文化滋养下，形成了南北有别、东西存异的文化。以我国知名白酒企业为例，茅台企业始终秉持其悠远厚重的国酒文化。曾在全国家喻户晓的孔府家酒，以其产地曲阜独特的儒家传统文化为核心，用古朴典雅的包装和文化宣传来承载着企业的灵魂，其儒家风范系列、儒雅香系列、道德人家系列都是对儒家思想的诠释和利用。孔府家酒对传统文化深入挖掘，注重将家庭文化与儒家的大家文化和谐融合在一起，重点打造"儒家文化标志品牌""中国礼仪文化酒"，一度取得了市场的成功。河南的杜康酒同样也代表着中国绵长的白酒文化，它的企业文化宣传借助历史遗留下来的名人诗句，如曹操曾赋诗"慨以当慷，忧思难忘，何以解忧？唯有杜康"（《短歌行》），"竹林七贤"之一的阮籍"不乐仕宦，惟重杜康"，其后杜甫、白居易、辛弃疾等都留下了诗句来赞美杜康美酒，借传统文化之力来打造企业竞争盔甲，从传统中成功地寻得了发展契机。河南杜康投资集团董事长刘正申认为除了文化之外，品牌的质量文化也极其重要，他将大量的资源都投入到了质量与文化的建设中，将"质量杜康"与"文化杜康"奉为杜康酒的两条生命线①，在企业的发展过程中始终将质量放在第一位，浇灌好传统文化的根脉，赢得了市场的青睐。

最典型借助传统文化的力量来打造企业文化的，还有一批经久不衰的中华老字号企业，他们具有鲜明而深厚的中华文化底蕴。这些历史悠久经典"老字号"企业表现出深厚的历史文化情怀，它们世代传承，以优质的产品、精湛的技艺或服务彰显着鲜明的中华传统文化，品牌与深厚文化底蕴的融合是其竞争的优势。正如可口可乐与汉堡代表了美国的饮食文化一样，老字号不仅是一种商业现象，更是中华大地多彩地域文化的回味和呈现，是民族企业文化软实力的代表。传统品牌的多样化呈现凸显了地域文化的特色，"字号"本来就是中国特有的文化现象，商家将能突出产品特色的名号通过牌匾、招幌与包装的形式体现出来，如北京的瑞蚨祥、内连升，天津狗不理包子、桂发祥十八街，山西的老陈醋，江西的景德镇，山东的东阿阿胶、青岛啤酒，杭州的丝绸、西湖龙井茶。这些具有鲜明地域特色的中华老字号品牌，地域文化方面界定，体现出中华文化的纷繁多样的特性。从企业经营理念方面来看，它们的技艺与服务方

---

① 王艳. 刘更申：质量杜康，文化杜康 [J]. 中国酒，2007（6）.

面都试图寻求百余年积累下的价值观，"诚信经营""仁德至上"是这些老字号经久不衰的经营理念，即质量要"真"，技艺要"精"，服务要"诚"。如北京王府井吴裕泰茶庄茉莉花茶的"三自"方针——"自采、自窨、自拼"，保证了产品的货真价实。同仁堂300多年来一直秉持着"炮制虽繁必不敢省人工，品味虽贵必不敢减物力"的古训，树立起"修合无人间，存心有天知"的自律意识，遵古炮制，严格把关，在经营中坚持"德、诚、信"的理念①，铸就了品牌的百年辉煌。这些或来源于民族或根植于地域传统文化的价值观和信念，经过历代相传，形成了老字号企业秉持的经营精髓，与中华传统道德的融合也凝练成了老字号企业文化的成功秘诀。

许多中华"老字号"的企业发展史就是一个地域文化经济变迁史的缩影，甚至很多老字号所处的街区本身就是当地的一个地标性建筑，注重对老字号企业的保护同样也是对地域历史文化街区的保护②。而另外一些知名的企业成为当地的文化名片，如杭州的天堂伞业，企业同样可以借助地域文化来丰富本身的品牌内涵，提升品牌价值，文化的要素成为很多企业对外贸易的优势力量。老字号企业注重对企业志的系统整理，企业品牌的对外宣传力度也存在着某种程度上的短板，注重地域文化的价值，保持历史文化的生命力与活力，对于整个企业的平衡快速发展而言才是最主要的。

三、企业认同感强烈，组织凝聚性高

一个企业的文化需要照顾到员工的身心需求，让员工产生团体认同感，而缺乏这种认同关系会使员工产生疏离感，影响员工对企业的忠心、奉献精神和工作的热情，对日常工作也会产生难以估计的影响，而具有组织认同感的员工会对企业做出额外的付出③。建构能被员工高度认同的企业文化，一个重要方面便是深入探索员工价值观，构建与行为习惯和谐相符的企业文化。

企业文化在构建的过程中，关键就是需要认清文化因素在企业中的沉淀，取其利去其弊，为全景式的优秀企业精神塑造提供借鉴与指导。在烟草、电力、电信、石油等由国家统一调配管理的行业中，国家局统一制定了共同的行业愿景、行业价值观与各项准则规范，各地方分局必须在融会贯通的基础上严格执

---

① 何方. 中华老字号文化现象探秘 [J]. 企业改革与管理，2012 (5).
② 张继焦. 中国"老字号"企业发展报告（2011）[M]. 北京：社会科学文献出版社，2011：86-90.
③ [美] 哈维·霍恩斯坦. 获得员工忠诚的3R原则：奖励、尊重、认同 [M]. 金马，译. 北京：清华大学出版社，2003：11.

行，以此为蓝本，结合本地的文化传统与公司原有的管理特色，制定出易被员工接受并维护的企业文化。下面将以 2005 年获得了"全国企业文化十大优秀案例企业"荣誉称号的济宁烟草"仁和"文化体系为例，分析基于当地独特的地域文化的企业，是怎样将一种全国统一性的行业价值观、愿景、服务理念等转化为易被本地员工所接受的文化。

企业文化如同企业维持生命的血液，需要随着企业有机体的成长而不断新陈代谢，甚至是重新完善建构。在济宁烟草的核心统领下，各县市也根据自己的地域文化或企业实际构建了围绕在行业共同理念中的文化。如兖州根据行业共同使命"报效国家、回报社会、成就员工"，提炼为符合自己企业特色的"与员工共成长，与客户共辉煌"，企业一系列的行为都体现了以人为本的人文关怀。而汶上将本地的禅文化融入了企业文化中，用"静心工作、踏实践行"来诠释行业的共同行为信条"潜心做事、低调做人"。并将禅宗的恭、宽、信融入精神理念中，让员工从感恩与奉献的文化中将国家局提到的责任融会贯通。而曲阜在文化够艰难中也融入了自己的特色，比如"儒风"系列的品牌宣传等。对于企业的员工而言，接触最广泛的是所处社会环境，这个社会的精神，是历史文化不断沉淀、价值观念不断传播的过程中形成的，这种文化在员工进入企业之前就是已经接受认同的。因此，将地域的文化基因重铸到企业文化体系中，能够增强员工对企业的信赖感、依赖性和责任心，进而提高企业的运营效率和市场竞争力。

第四节　地域文化影响下的企业文化创新与实践

人们的个体差异性是受到遗传、环境等因素影响而必然存在的，而处于同一地域的个体具备相应的文化共性，这是因为地域文化的历代传承与积淀会潜移默化地影响着人们的性格、意志和行为，进而形成群众集体对本地文化的认同。这种群体认同感可以内化为民众的个体精神，并从深层决定着民众的思维方式、文化意识和价值观念。在企业中，通过借助不同地域背景形成的群体倾向性，可以塑造消费者对具有鲜明地域特色的产品忠诚度，这就是地域文化在企业发展过程中的推进力量。

一、利用地理差异，定位完美品牌文化

在文化价值越来越重要的时代背景下，我们应该给企业做一件文化的外衣，

那就是品牌文化的塑造。我们认为品牌文化是通过企业理念与价值观提炼出来的企业精神的一部分，成功的且能持久的品牌是具有文化内蕴的，这种文化力量吸引着消费者产生对产品与企业的深度认可。这种主要面向受众认知的文化是"以企业文化为基础，以产品和服务为载体，通过理念、个性、声誉等品牌精神的塑造，最终使用户对品牌产生归属感"①。

（一）产品包装地域化，企业文化的特色表现

承载着差异化竞争策略的企业文化主要通过品牌标志与包装设计将产品理念传递给消费者。品牌文化本质上是企业的经营理念、价值观念的外宣，企业将文化精神赋予品牌，并利用各种途径来赢得消费者的品牌忠诚。品牌文化能够引起消费者对企业文化的共鸣，也是企业文化面向社会树立形象、赢得信任的重要方式。我们的企业不应满足于物质产品加工厂的地位，更需要从文化的角度重新定位自己在市场竞争乃至世界中的地位，这就需要有魄力有勇气去参与文化的溯源与创新。在经济全球化、文化多元化的背景下，产品文化附加值的作用越来越重要，将产品与文化有机融合，做出有特色的产品将会是企业综合竞争之道。在激烈的市场竞争中，企业若想要脱颖而出并实现持久发展，就必须深入挖掘并响应消费者的文化需求。通过增加产品的文化附加值，企业不仅可以满足消费者更深层次的情感和精神需求，还能为产品赋予独特的魅力和差异化竞争优势。此外，企业应紧密围绕自身的核心价值观来推动产品开发的多样化，这样不仅能丰富产品线，还能进一步巩固和传达企业的文化理念。通过这一系列策略，企业可以显著提升产品的附加值，进而打造出深受消费者喜爱的文化品牌。这样的品牌不仅代表了企业的形象和信誉，更是企业核心竞争力的体现，为企业的长期稳健发展提供了源源不断的动力。其中产品的包装设计是最直观地表征品牌文化的途径，它也是影响消费者对企业经营宗旨、文化理念认知的途径。将历史人文、自然名胜特色融入设计中，透过富有视觉冲击的包装，能深切感受到深厚的文化内涵，获得精神上的陶冶，并能通过产品感触到企业传达出的宗旨，充分认知并信任企业的精神理念，这就是企业文化塑造的首要步骤。

（二）广告宣传的地域化诉求，企业文化的个性彰显

广告也是品牌文化塑造的重要途径，在这种广而告之的传媒工具中借力于地域文化可以起到企业形象的树立与企业文化的认知作用。在广告宣传中注重地域文化的渗入，具有强大的企业文化社会辐射力量，它不仅能够将这种承载

---

① 张红霞. 有关品牌文化内涵及影响因素的探索性研究［J］. 南开管理评论, 2009（4）.

着地域特色的文化向目标消费者传输，同样能够向社会传达出关于企业的理念信息。对于熟知的地域文化而言，企业完全可以在璀璨文化的基础上创造出新的经济辉煌，文化的力量可以助推企业良好形象的认知。相应的，当一个企业在社会中赢得了消费者的信任，树立起了良好的形象，这种信任的文化因子同样会反射给企业本身，社会的认可会渐渐影响全体员工的工作态度，自觉提高效率与创新能力，增强企业的内聚力与竞争力。这种在宣传中不断强调的企业精神会影响员工的思想，进而形成一种企业全体认可的文化。

企业物质文化的对外塑造可以汲取地域文化的精髓，在"用"的功能基础上附加"美"的感官因素，使商品具备差异化竞争的优势，并有利于良好企业形象的塑造。这种"美"的价值可以从地域文化的三个方面来提炼，其一是地域原生态资源，具有民族性和地域性的原生态理念能够使企业脱颖而出。原生态是企业绿色营销的重要策略。随着高速的科技进程，人们渐渐被困在水泥森林中，与人们生活息息相关的各种安全问题层出不穷，这也就催生了人们精神深层对绿色、健康生存理念的追求。而企业也需要以生态与经济可持续发展的"绿色"观念塑造形象，赢得公众的认可与支持，于是以原生态为基调的宣传就成为企业文化构建的盔甲。如安徽原生态农业科技有限公司将企业愿景定位为"开发大别山，分享大别山天然、原生态的农业绿色食品"，企业使命为"依托大别山，将原生态农业打造成安徽省特色食品领袖企业"，而企业的宣传语与企业的愿景、使命一脉相承——"源于大自然的现代化代工厂，分享大别山原生态农产品"。而它的系列产品也定位于当企业将"大别山原生态"的品牌理念传递给消费者时，同时也传播了天然赋予、精益加工的文化理念。茅台能够成为我国酒业的领导品牌除了"国酒意识"的精神支柱，企业提出的"绿色茅台、人文茅台、科技茅台"的理念也起到了增强企业凝聚力与竞争力的作用。茅台企业从人文层面来寻求深厚的历史积淀；从科技层面寻找创新的技术支撑；而首要提出的绿色不仅代表了产品取自无污染的独有的自然环境，同样也代表着企业充分的环境意识与高度的社会责任感，这是现代企业广泛提倡的绿色与可持续发展理念的体现。

另外食品企业、纺织企业、装饰企业都可充分利用独特的自然地域优势，打造最具天然优势的品牌文化，利用原生态的地域文化为企业做大做强增加筹码。以福建武夷岩茶为例，它的包装设计就充分运用了武夷山风景区的石刻艺术，将"大红袍""茶洞""庞公吃茶处"等与茶有关的经典经过现代化的设计，转化为包装上具有符号性的视觉形象①。在一款"天心大红袍"的包装上，在九龙窠大红袍的背景上印有一件红色飘动的袈裟，将佛家禅意与茶道融为一体；另外武夷岩茶的包装中还将儒家的"和"，道家的"天人合一"融入了企业的茶文化中，追求人与自然和谐的境界，传达出了健康的养生文化理念。在张艺谋、王潮歌、樊跃创作的《印象·大红袍》宣传片中，不仅展示了武夷山茶的历史、传说与制作工艺，在演出中也流露出品茶的宁静，感悟生命和谐等思想。在包装与宣传片中正是通过与武夷山当地文化融合的创意，将自然淳朴的绿色理念和博大精深的茶道思想融入产品中，传递着产品与企业的文化思想，消费者对产品的感悟能进一步反馈到企业生产过程中，以这种最初传达的文化为指导继续保持对文化的追求。地域文化资源借助企业文化得到了更好地传承与发扬，企业同样因为文化资源的优势充分彰显了市场的竞争力。

二、整合优势因素，企业文化的贯彻与实施

企业文化是现代管理的产物，同样也凝聚着地域民族文化影响下的集体意识。员工的行为意识作为地域文化系统中的重要组成部分，不可避免地受到当地风俗影响下的行为习惯的影响，我们需要将这种意识中或者潜意识的行为，外化为企业凝聚力与执行力。因为员工性格与习惯更容易受到其所处环境的影响，企业文化注重地域文化因素能更容易形成优势企业行为文化。

（一）优势文化的整合与高效贯彻

管理的重要方面之一就在于规范员工行为，形成良好的企业秩序。大部分企业都利用制度性的条例来统一员工行为，但应该注意到的是，员工自发的精神形成的良好集体行为倾向，是最能增强企业竞争力的文化因素。企业进取性的良好文化能促使员工积极主动地工作，它作为激励机制的补充措施，是对奖惩制度的修补完善。而具有开拓精神的文化传统能充分调动员工的创新性，发挥员工的潜能，为企业的发展提供最大化的集体力量。比如沿海区域具有难以预测的气候条件和复杂多样的地形，这些环境造就了他们较为敏锐的思维，善于接受新鲜事物并积极迎接挑战，开拓进取的意识也较为强烈。企业可以利用这些本地具有的有利于企业发展的精神，通过日常培训不断对员工进行思想强化，企业的精神风貌将会得到潜移默化的改变完善。

另外良好的人文传统能够为企业提供轻松愉快的氛围，营造出人性化的工作环境，更有利于和谐企业的构建。地处具有诚信优良传统、真挚的乡土人情

---

① 王安霞. 产品包装设计［M］. 南京：东南大学出版社，2009：49.

区域的企业，可以将大部分员工具有的自觉品格，转化为企业发展所需的服务理念、奉献精神。基于本地已有优良传统的文化是以员工本身所广泛认同的价值取向为引导的，将非常容易被员工所接受并自觉遵守，更能激发员工对企业的贡献，并且具有比任何强制性制度更有效的调动作用。

（二）文化建设与行为践行的统一

企业是社会团体的一种形式，而这种以营利组织需要的全体成员能够齐心协力，企业文化的建设就是促成企业向心力的一种黏合胶。对于企业内部，良好的企业文化能够将每位员工的思想都与企业利害紧密结合，每位员工都能高度认同并将企业当成自己不可推卸的责任对象来对待，而不是仅仅当作一种利益依附体。

若企业文化的建设基础是与员工认知、行为习惯相差较大的理论，就不可避免地成为一种形式，被置之高阁。而能够引发员工情感共鸣，并能积极践行的，或是员工所熟知的文化传统，或是能无障碍融入员工原有价值观的。也就是说，只有在具体的环境条件下，以本地优良文化因素为基础进行整合的文化，才是最容易被员工潜意识接受的。而这种企业文化可以最容易地将员工的思想转化为具体行为，为公司的发展而共同奋斗。

三、汲取地域精华，铸就核心竞争理念

当产品满足了人类基本的功能需要之后，消费者就开始注重产品带来的文化层次的感受。具有特色的企业文化能形成强大的竞争实力，企业文化的塑造并不是简单去迎合，而是要做好地域特色的传承与创新，在企业的发展中越是地域性的，越是具有全民可接受性；越是民族的，就越是世界的。

地域文化优势的有效融入，是对企业核心竞争力的促进。将单纯的地域资源优势借助文化的力量，进行差别化的市场定位，融入企业文化中，是提升企业核心竞争力的重要方面。我国的火锅连锁企业非常多，而内蒙古的小肥羊企业在全国能拥有近五百家分店，成为我国内地第一家在香港上市的餐饮品牌，与其民族化地域化的发展道路选择有关。它将自己的企业使命定位为"推广草原绿色美味，弘扬中华餐饮文化"，将发展目标定位为做"国际连锁，百年老店"，企业的宗旨也定位为弘扬民族的火锅事业。也与其始终秉持着"畅享自然美食"的理念有关。正因为这些企业能把握社会的需求心理，将一种自然的道德观念融入企业发展中，将企业背后无形的"文化之网"植入到市场竞争之中，完成了从纯粹的产品竞争到文化集合竞争力的转变。牛根生曾提到"小胜凭智，

大胜凭德",蒙牛将人与自然的和谐追求融入企业的文化构建中,构建起现代广泛提倡的和谐企业。这些成功的内蒙古企业不断将草原文化与现代性的文化需求有机结合,把绿色理念作为企业发展的核心指导,才最终使它们能够以地方特色为主导领跑行业前端。

优秀的地域文化传统能给单纯的企业发展营造一种良好的文化氛围,这种氛围对消费者的接受具有积极的价值观影响,进而能刺激并促进企业的市场竞争。如广东的康美药业的"用爱感动世界,用心经营健康"的理念就是通过山水之间,充满爱的制药与感情向消费者传达,而这种充满情感的制药理念被消费者接受后,就是促进企业发展的催化剂。地域文化具有更广泛的情感感召性,它的资源力量是经过自然、历史的长久沉积形成的,而且这种力量具有更广泛的说服力和放射强度。因此地域文化的融入,能促进企业与地域的双赢,甚至地域优势能成为竞争的核心理念,维持企业强大的生命力。

四、规避负面影响,打造全景式文化

我国有高原、平原、山地等多样的地域类型,它们在环境、经济和历史文化等方面都存在较大的差异。虽然这些差异共同组成了中华文明的多样性,但也不可避免地导致地域文化的不对等现象,有些地域文化由于政治中心、经济拉动的原因也成了区域的焦点;而有些地方因为地理偏远或各方面消极因素的影响逐渐成为被"漠视"的地域文化。企业作为地域经济的拉动主体,都希望本地的位置、资源、人力等因素都能最优化,而那些处于具有偏见的地域企业应构建起能树立新形象的文化体系,将地域文化的影响转化为积极的力量。

(一) 正面应对地域偏见影响,塑造积极形象

因为一部分成员的行为而造成的,人们习惯性地将处于此群体的个体都归属为具有某种特质取向的现象,就是一种地域性"偏见"。而当企业面对这种情况时,有一部分会在适当的时机进行地域转移,进入文化认可度更高的地区进行品牌的推广。如从一个偏僻的乡镇企业成为中国驰名商标企业的"金丝猴",就是在河南一个小乡镇做强之后迁入了上海的,这一定程度上表现了企业对地域交通、文化、人力资源等方面的"趋利"心理。

但是也有企业面对地域性问题时并没有规避,而是表现出积极面对的心态。如河南的红旗渠集团,在开拓外地市场时,曾遭遇了很多厂家的地域偏见,一些厂家听说是来自河南的产品,就拒绝代理或销售。而红旗渠集团始终以安阳20世纪60年代兴建的闻名中外的红旗渠水利工程为精神载体,用这种淳厚坚强

的革命精神，支撑起了企业文化的"魂"。在这种承载着优秀传统精神的企业文化引导下，红旗渠慢慢将诚信传递到与之合作过的其他地域企业中，渐渐消除了潜意识中对原河南地区企业的偏见。如今服饰生意遍布全国的温州，在 20 世纪 80 年代中后期，部分鞋类企业也因为生产假冒伪劣产品，导致了全国性的抵制"温州货"。面对这种情况温州做出了决策就是烧掉所有劣质产品，如果当初没有这样的决心，可能就会给后来的温州企业造成毁灭性的打击，而温州的其他企业也可能会因为这次危机而被地域歧视。

企业需要正视地域文化带来的问题，积极应对消费者或者客户具有的疏远甚至排斥心理。费孝通在《乡土中国》中曾对人们这种以"自己"或者"本土"为中心，从而对"他人"或"异域"而产生逐渐漠视与不信任的行为进行了分析。当人们局限于一己范围时，就容易对其他的文化产生道听途说的偏见心理①。企业面对这种情况不能只是规避，需要建立起正面的、符合竞争需要的文化体系。以诚信为基础，可以采取主要针对地域性缺陷而践行某种承诺，进而在企业文化构建中能够塑造出一流的形象。

（二）完善提升企业文化，应对地域性"仿制"竞争

有一些企业具有行业的旗舰性地位，它们以地域为文化冠名，并得到了消费者的广泛认可，对企业所在的地域具有高度的认可。而其他同地企业看准了已有的品牌效应，进而进行仿制来扰乱消费者的选择。虽然这种行为合规，并不是假冒伪劣，但对于被仿制的那家企业与消费者而言，却存在着影响其产品信誉或混淆消费者判断的情况。面临这一问题的有景德镇瓷器、德州扒鸡等一系列以地名命名的企业。

我国有很多地域文化传承悠久并物产具有显著的特色，然而很多地方却对这些传统产品的专利保护不够重视，导致很多的地域专属产品被其他地域"仿制"生产，不仅给当地的经济和文化带来了难以估计的损失，对于广大的消费者而言，对于不了解的产品也增加了辨识的困惑，一定程度扰乱了市场的经营秩序。世界贸易组织曾经制定的《与贸易有关的知识产权协议》中规定"地域标志是指一种产品是在某一个地区或一个地方所生产的标记，而该产品的质量特性或声誉归因于其所生产的地域，且生产加工都是在该特殊的地域内发生"②。地域保护是对某地企业群的利益维护，排除非原产地的利益跟进和恶性竞争，维持企业的纯度与精度。如法国以"原产地"品牌命名的葡萄酒及相关

---

① 费孝通. 乡土中国 [M]. 北京：北京大学出版社，1998：23-39.

② 翁昆. 积极推进我国茶叶原产地域保护的进程 [J]. 中国茶叶加工，2000（5）.

衍生产品已多达几百种，这些集合了地域优势的产品给法国创造了巨大的外汇收益。

各种科技化创新容易被模仿甚至是超越，而地域的资源优势则是不能被模仿的，文化性格的形成更是长时间沉淀的过程。企业的成长过程可能会面临着市场的波澜沉浮，也会存在各种技术、资金的合并与转让现象，而唯有企业文化是不能被直接搬过来的，即使削足适履也不能保证有适宜的效果。一个企业若没有注重对企业知识产权的保护，就容易被利益驱使而模仿，恶意的竞争、造假等也会扰乱市场的正常秩序，因此企业在利用地域文化的同时，必须结合自己的企业特色，从中彰显出品牌独特的文化个性。

地域文化并不单指企业文化与其他诸种文化的集合概念，也不简单地指企业所处区域的背景文化，而是一种具有极大效能的文化力量。这种文化可以附着在产品的包装或者企业的宣传中，产生倍加的附加值；同时也可以内化于企业的行为文化与道德规范中，员工也更容易认可这种在本地文化基础上提炼的文化系统；这样，企业易于形成强大的内聚力，易于集聚所有的力量去进行企业革新与竞争。

（三）摆脱负面地域因素制约，打造创新型企业

一成不变、停滞不前的企业文化也会阻碍企业的健康发展，企业的成长离不开企业文化的更新与渗透，当市场的竞争环境或企业的管理层次出现冲突时，企业文化必须随之作出相应的调整。如果地域文化中不利于企业做大做强的因素已经存在，而在另一种不能融合本地文化的外来文化入主企业的时候，会逐渐侵蚀企业的活力。而最主要的就是能够从地域文化的根本上寻找原因，给企业进行文化换血，注入新的竞争力量，打造创新型企业。

昔日曾经是我国冰箱业领先者的新飞电器，2012年10月9日经历了员工集体罢工，抗议公司"近十年没涨工资"。20世纪90年代初，新飞曾有销售业绩在海尔和美的之上的辉煌，但是新飞在发展到顶峰之后却越走越偏，甚至出现了连年的亏损。这种现象出现的根源是企业的发展受到管理文化限制，企业的决策制定和落实执行受到员工的思维习惯、行为能力的影响，我们认为这与其地处农耕意识较强烈的中原地区，相对而言创新意识、冒险意识薄弱有关。

首先，最为重要的问题与其过于保守求稳的性格基因有关，新飞一直在走"专业化"的传统经营道路。与广东美的集团相比，1997年美的的品牌价值仅为29亿元，新飞高达32亿元，2001年美的销售额达到150亿元，而新飞仍在30亿元左右。从地域文化的影响来看，美的集团位于广州，开放式的海洋文化因子使其具有"做世界的美的"愿景，在不断进行市场尝试的拓展中，拥有了

中国最大的空调、微波炉、洗衣机、冰箱、小家电、厨房家电产业链群。它的发展过程体现着一种国际化的思路，具有开拓、创新、追求多元化的海洋式冒险精神。而新飞却一直坚持保守稳健的发展策略，这从它的企业愿景"引领绿色科技，成为中国制冷产品市场和用户首选品牌"就能看出它的发展目标锁定过于专业化。1996年在它的无氟冰箱取得成功之后，可以抓住这个机遇迅速走向多元化与品牌化的专业发展道路，但新飞没有这样做。之后又错过了收购惠而浦空调的最佳时机。新飞的第二代掌门人李根认为这是与管理层缺乏危机意识，故步自封、盲目自满有关。

其次，在于地域文化影响下创新意识的薄弱。美的唯一不变的就是时刻变化，这几乎成了所有美的员工的共识。虽然它也一直在引进国际领先的核心技术，但一旦掌握了这些技术便开始着手自己研发，并以此为基础开发系列自主产品。而新飞自从引入无氟技术之后，就一直以其为绿色健康的宣传导向，而之后生产基地的投入是为了降低产品的成本，相对而言，正是新飞的创新弱势成为其在科技不断发展今天的竞争软肋。而这也与河南新乡地处中原文明发源地，几千年农耕文化的沉淀是持久的过程，这种保守的、开拓性较弱的文化基因使得新飞一直没有大突破。

最后，还有企业决策更新与传统宏观环境的契合问题，外来文化注入与原有企业文化的"水火不容"也一定程度上阻滞了新飞企业的发展。2005年新飞被新加坡的丰隆亚洲集团绝对控股，企业本来的出发点是想为其注入了国际化的管理文化，而这些却在作为国企成长起来的新飞遭遇了冷落。企业的老鹰标志换成了橙色与红色组成的海鸥标志，管理者认为改变能够体现在质量、科技等方面的新承诺，也能更好地与时尚接轨，契合年轻的消费群体；但对传统企业形象的变革新飞集团大部分员工似乎并不认可，他们认为海鸥已经丧失了那只"中原上空矫健的雄鹰"搏击长空的气势。新加坡管理团队制定的决策与新飞原有的文化存在一定的罅隙。简单借用国际化的管理思维为企业注入发展的活力的方式是值得商榷，应充分考虑到两种不同文化能够顺利融合，树立积极正确的发展导向性。在企业决策层更替时，应该考虑到能否做到发挥原有核心竞争力的同时，为企业注入新鲜的血液，保证企业战略的延续和合理创新。而新加坡的丰隆集团注资新飞之前并没有此方面的经验，且并不了解中国的电器市场，在新飞的发展决策方面并没有做出建设性的指导。家电资深观察家洪仕斌讲"新飞电器当前的命运是三分市场、七分人祸"①，意指丰隆集团与新飞的合作且由丰隆引进的领导层来决策企业事务是错误的。罢工之后对以前被免职的新飞方面负责人部分重新任用，这种劳资矛盾的解决方式也是对新飞原有管理方式的重拾，是对现行企业文化的扬弃，摒弃不符合的因素，吸收存有的精华，促进企业更快更好发展。

面对这种情况，新飞的领导层甚至很多员工已经认识到，在面对激烈电器市场革命时，原地踏步就是退后。就在海尔、美的、海信、美菱等电器企业在全国迅速开设生产基地后，只有新飞仍固守着新乡，日益增加的物流和经销成本不利于产品走向全国。而且在其他企业的迅速崛起扩张的情势下，原有的市场份额也被逐渐瓜分。新飞若能够正视中原文化近代以来的繁盛式微，不复夏商周乃至唐宋景象，正视并借鉴其他优势地域文化的精髓，如沿海文化中的开拓创新精神，又如鲁商文化中的服务意识体现等，不断改造创新自我，企业面临的可能将是另一番新景象。只有摆脱经营思维中对经济发展的桎梏，不断赋予自身创新精神，将活力注入企业发展的灵魂思想，这样才能够更好地促进企业发展的创新发展。

河南的新飞电器从我国电器行业的"四朵金花"之一，到目前逐渐淡出了竞争舞台，主要是因为在新的变革机遇来临之际，并没有表现出应有的魄力做出抉择，而是循旧守成，满足于当下。企业的保守使新飞集团兵败折戟，成为国产电器的遗憾。

小结

自 20 世纪 80 年代全球经济动荡之际，企业文化研究在美国悄然兴起，这一时期，被誉为"管理学之父"的彼得·德鲁克及其同行学者们通过对日本经济崛起现象的深刻剖析，揭示了企业文化的强大粘合力与竞争力在推动日本经济增长中的决定性作用。彼时，《日本企业管理艺术》与《Z 理论：美国企业界怎样迎接日本挑战》等著作的面世，为全球企业界勾勒出一幅企业文化理论的初貌，其中鲜明指出，地域文化背景的迥异构成了企业经营管理效能差异的重要根源。

---

① 许意强.新飞停产风波背后：28 年老品牌暗淡离场之痛［N］.中国企业报，2012-10-16.

随着我国市场经济春潮涌动，众多企业如雨后春笋般快速崛起，高速发展的同时，也不可避免地遭遇了一系列管理难题与挑战，这促使我国企业界对自身企业管理实践及理论研究给予了前所未有的重视，开始大规模引入与研读关于企业文化的相关理论。

然而，在探究地域文化对企业文化影响的过程中，我国学术研究尚存不足之处。首要问题在于过于机械地将企业文化视作一系列条文框架，使之陷入形式主义的囹圄，往往把企业文化中的创新精神、道德规范、行动哲学等要素直接与地域元素关联，以至于企业文化呈现出程式化的特质，研究过程中无法摆脱预设概念的束缚。其次，理论探讨虽丰富，但在实际应用层面却略显乏力，未能充分彰显企业文化对企业运营效率的提升作用，毕竟，企业文化的根本目标在于被全体员工衷心拥戴并主动践行，从而真正转化为企业经营的优势。

同时，伴随着跨国企业的日益增多，不少企业在异地拓展业务时，原有的管理模式与当地员工价值观之间时常发生碰撞，这种冲突现象加深了业界对地域文化与企业管理关系深入研究的需求。据此，我们主张从更为具体的角度出发，探讨地域资源文化、历史文化积淀与人文环境对诸如企业品牌营销文化、企业家精神文化、企业核心价值观等维度的具体影响，这无疑具有极高的实践参考价值。

诚然，并非所有企业均受地域文化显著影响，也非每一家企业都必须从地域文化角度构建自身的企业文化。然而，对于那些拥有地域文化优势的企业来说，倘若能巧妙利用历史人文积淀和自然地理特色，将其融入企业的整体营销战略，无疑能够极大地提振企业经营表现和市场竞争力。在企业文化的具体制度层面以及核心精神层面，若能植根于本土深厚的传统价值观，提炼出深入人心的文化因子，打造出来的企业文化将更容易得到员工们的共鸣与接纳，激发他们对企业文化的骄傲之情，并有力地巩固企业内部的凝聚力。再者，企业家的思想观念和行事风格在很大程度上形塑了企业文化，他们的眼界决定了企业愿景的制定，他们的行为模式则影响着企业的运作机制。因此，对中国各地域内具有行业领导地位的企业家行为的研究，同样对于解析地域文化对企业文化的影响提供了宝贵的借鉴素材。

综上所述，对待地域文化与企业文化建设之间的互动关系，我们必须持有辩证的视角，既要肯定地域文化在促进企业发展上的积极一面，又要勇于批判和改变那些阻碍商业进步、固守传统的地域保守观念。唯有如此，我们才能更好地引导企业文化沿着与经济发展相适应的方向演化，从而推动企业实现更高

层次的发展与跃升。在这场企业文化与地域文化交织演绎的交响乐章中，我们
要善于提炼精华，摒弃糟粕，让地域文化的力量得以升华，为企业插上翱翔市
场的翅膀，成就一番卓越非凡的商业传奇。

第九章

齐鲁文化与鲁商文化

一直以来，学术界热衷于对晋商、徽商的研究，而对鲁商少有重视。近年来，随着山东经济的发展，山东的主要经济指标持续地、"高调"地狂飙突进，鲁商开始逐渐被学术界纳入视野。

关于鲁商的专著，目前有李华的《山东商帮》①、杨涌泉编著的《中国十大商帮探秘》② 一书的《山东商帮》一章、毛世屏、郭锷权编著的《中国商帮传奇》③ 第二辑《齐鲁商雄——山东帮》、潘文伟《中国商帮》④ 第三章《山东帮》等。这些著作都是从商帮的角度或宏观或微观对山东商帮进行剖析，从不同的角度针对不同时期、不同地域的山东商人的经营活动进行探讨，较详尽地介绍了山东商品经济的发展以及山东商帮的发展状况。

2008 年，胡广洲的博士学位论文《明清山东商贾精神研究》中对明清时代山东商人群体的商业精神内涵进行了深度探讨和解析；同年，宋志东的博士论文《近代山东商人的经营活动及其经营文化》则集中研究了近代时期山东商人在实际经济活动中的运作模式及其背后的经营管理哲学与商业文化特质。从时间的界定上来看，两篇论文均系统地考察了明清以后不同时期山东商人行为模式的变迁，但从学科划分来看，这两篇博士论文的切入视角主要侧重于历史的层面而并非文化层面。

综上所述，目前关于鲁商的研究已具规模。从总体来看，尽管研究鲁商和鲁商文化的资料很多，但这些资料对鲁商文化缺乏深入的文化层面的研究探寻。另外，学术界对山东的商业发展和商人群体的研究资料虽多，但是缺乏更详尽、更全面、更深入地搜集与梳理。山东作为一个经济大省，它的商业文化、工业文化即我们所谓的鲁商文化本身是一个很值得研究的问题，应该有一个系统化

---

① 李华. 山东商帮 [M]. 台北：万象图书股份有限公司，1995.

② 杨涌泉. 中国十大商帮探秘 [M]. 北京：企业管理出版社，2005.

③ 毛世屏，郭锷权. 中国商帮传奇 [M]. 广州：广东经济出版社，2002.

④ 潘文伟. 中国商帮 [M]. 北京：改革出版社，1996.

的研究体系。在这样的背景下，本书要对鲁商文化进行初步的解读便有了比较
大的学术研究空间。

第一节　鲁商的缘起和鲁商文化的形成

史料中对山东商业发展的明确记载是在西周时期。《史记·货殖列传》中记
载："人物归之，繦至而辐辏。故齐冠带衣履天下，海岱之间敛袂而往朝焉。"
可见当时齐国商业的繁荣。商业的繁荣使得各国的农、工、商人等都纷纷涌聚
齐国临淄，齐国的贸易往来四通八达，齐国的帽子、带子、衣服、鞋子畅销
天下。

一、鲁商的缘起

商业的发展必催生大商贾。在《史记·货殖列传》记载的古代著名商人中，
有两位与山东有着密切的关系，他们即范蠡和子贡。范蠡和子贡都在山东经商，
而子贡更是师从山东圣人孔子，深受儒家文化熏陶。在山东的商业史上，由于
他们是史料明确记载的最早的与山东有关的商人，所以他们可以被称为鲁商
之祖。

（一）子贡：儒商之鼻祖

子贡，姓端木，名赐，字子贡，另字子赣。春秋时期卫国人。生于公元前
520 年，卒年不详，卒于齐国。孔门七十二贤之一。在众多弟子中，子贡善于雄
辩、富有才略、办事通达，深得孔子赏识。

1. 儒者子贡

子贡非常勤敏好学，在《论语》中，孔子与子贡的问答最多。子贡对孔子
的提问主要集中在《论语·为政》的"问君子"、《论语·公冶长》的"问文"、
《论语·雍也》和《论语·宪问》的"问仁"、《论语·卫灵公》的"问为仁"、
《论语·颜渊》的"问友"和"问政"、《论语·先进》中问"师与商也孰贤"
等等。子贡的求问涉及儒家思想的很多方面，如个人自身修养的提高："子贡问
曰：'孔文子何以谓之"文"也？'子曰：'敏而好学，不耻下问，是以谓之
"文"也。'"（《论语·公冶长》）而子贡关于"仁"的思考更是触及儒家文
化的内核。如子贡曰："如有博施于民而能济众，何如？可谓仁乎？"子曰："何
事于仁，必也圣乎！尧、舜其犹病诸！夫仁者，己欲立而立人；己欲达而达人。

能近取譬，可谓仁之方也已。"（《论语·雍也》）经过孔子谆谆教诲，加之本身的聪敏，子贡深得孔子思想的精髓，成为孔门的得意弟子，是孔子的儒家思想的正统传承者。

2. 商者子贡

子贡在投拜孔子门下之前就已经开始是一名商人。在追随孔子求学期间，子贡也一直没有中断其商业经营。在《孔子家语·在厄》中载："孔子厄于陈、蔡，从者七日不食，子贡以所赍货窃犯围而出，告籴于野人，得米一石焉。"[1]可见，子贡在游学过程中也是随身携带了货物，随时准备进行交易的，其作为商人善于发现商机的敏感以及商者逐利的特征可见一斑。孔子对子贡善于经商的本事赞许有加，孔子曾将子贡和颜回做比较："回也其庶乎，屡空。赐不受命，而货殖焉，亿则屡中。"（《论语·先进》）说在经商方面颜回的资质远不及子贡，子贡头脑灵活、不守常规，在市场预测和商业经营中每每成功。子贡通过其出色的商业实践获得了显著的成功，其秘诀在于他深刻洞察到市场中供求力量与商品价格两者间的内在联系。他认为，市场价格的涨跌起伏本质上是由供求状况决定的，并在此基础上率先提出了"物以稀为贵"的理论，强调了稀缺性对于商品价值的重要影响，"君子之所以贵玉而贱珉者何也，为夫玉之少而珉之多耶"（《荀子·法行》）。王冲的《论衡·知实》载："子贡善居积，意贵贱之期，数得其时，故货殖多，富比陶朱。"（《论衡·知实》）子贡的经商奇才为他获取了巨额的财富。子贡在卫国做官时仍然没有终止商业活动而仍在从事"跨国贸易"。巨富的积累，使"子贡结驷连骑，束帛之币以聘享诸侯，所至，国君无不分庭与之抗礼"[2]。巨额的财富也使子贡在政治上获取特殊地位，可以与国君分庭抗礼、平起平坐。

3. 子贡的儒商精神

子贡兼具孔门儒家弟子和商界巨贾的双重身份，秉承着儒家的道德规范和价值观念，施展优秀的经商才能沉浮于商界宦海之中，是一名不折不扣的"儒商"，是儒商的鼻祖。子贡的儒商精神主要体现在以下几个方面：

首先，富而好礼。子贡虽为商人，但相对于金钱和利益，他更重视品德修养的提升和人格的完满。在《论语》中子贡和孔子有这样一段对话：

子贡曰："贫而无谄，富而无骄，何如？"子曰："可也。未若贫而乐富

---

[1]　（魏）王肃. 孔子家语·在厄 [M]. 郑州：中州古籍出版社，1991：101.

[2]　（汉）司马迁. 史记·货殖列传 [M]. 北京：中华书局，2006：752.

而好礼者也。"子贡曰："诗云：'如切如磋，如琢如磨。'其斯之谓与？"子曰："赐也，始可与言《诗》已矣！告诸往而知来者。"（《论语·学而》）

通过与孔子的交流，子贡认识到不仅应该"富而无骄"，更应"富而好礼"。

其次，尊孔崇儒。子贡对孔子尊重有加。子贡曰："文武之道，未坠于地，在人。贤者识其大者，不贤者识其小者，莫不有文武之道焉，夫子焉不学，而亦何常师之有！"（《论语·子张》）子贡不仅不失时机地在外界赞誉孔子的美德，更在别人诽谤孔子之时竭力维护孔子，为孔子辩护。在《论语·子张》中记载："叔孙武叔毁仲尼。子贡曰：'无以为也！仲尼不可毁也。他人之贤者，丘陵也，犹可逾也；仲尼，日月也，无得而逾焉。人虽欲自绝，其何伤于日月乎？多见其不知量也。'"（《论语·子张》）子贡对孔子的维护，不仅体现了他对老师孔子的尊重，更在为孔子的维护中，表现了他对于孔子的儒家学说的坚守和笃信。

再次，义利兼顾。作为商人，追逐利润是他们的本能。子贡善于利用各种机会经商积聚财富。虽然商人的职业目的是为"利"，但子贡也并没有完全被利益遮蔽而放弃对"义"的追求。作为孔门弟子，子贡是合理处理义利关系的典范。鲁国的法律规定，如果有人出钱将在外国沦为奴隶的鲁国人赎出来，便可以到国库中报销赎金，子贡多次赎回在外国沦为奴隶的鲁国人，而拒绝了国家赔偿给他的赎金。另外，子贡还出资支援孔子的游学，孔子一行在外游学所用支出多仰仗子贡经商所得。在孔子去世后，孔子弟子们服丧三年的日常用度，也全凭子贡一人支付。这些实例不仅说明了子贡的财富巨多，更能体现子贡的高尚道义。

（二）范蠡：商界之圣者

范蠡，字少伯，生卒年不详，春秋时期楚国人。在从商之前，范蠡作为政治家成功辅佐越王勾践灭吴复国。由于深知勾践为人，毅然离开勾践而前往齐地，开始了他的经商生涯。

对于范蠡的经商生涯，司马迁在《史记》这样记述："浮海出齐，变姓名，自谓鸱夷子皮，耕于海畔，苦身戮力，父子治产。居无几何，致产数十万。齐人闻其贤，以为相。范然喟然叹曰：'居家则致千金，居官则至卿相，此布衣之极也。久受尊名，不祥。'乃归相印，尽散其财，以分与知友乡党，而怀其重宝，间行以去，止于陶，以为此天下之中，交易有无之路通，为生可以致富矣。于是自谓陶朱公。复约要父子耕畜，废居，候时转物，逐什一之利。居无何，则致资累巨万。天下称陶朱公。"①

依据以上史料可知，"陶朱公"范蠡不仅经商有道，而且能够仗义疏财，多次散财分于乡党朋友。后世对陶朱公的德行、善举以及非凡的经商之术相当推崇，尊称他为"财神"。至今在山东的西南部很多地区的商家还供奉范蠡的神像。归结范蠡的经商之道，我们发现其有以下特征：

1. 善于把握"天时"

范蠡在辅助越王勾践打败吴国之后，认识到在越王勾践称霸的这一段时期内，其他的诸侯国难以调动兵力来发动战争，这就意味着中原的局势能够在一定的时期内维持太平，而太平的时代则是经商的大好时机。范蠡毅然抓住了这一机遇决定弃官从商。

2. 善于选取"地利"

范蠡在离开越国之后，首先选择的经商地点是齐国。齐地位于海畔，有广阔的未经开垦的土地，在此父子戮力耕作，主要从事农业经营，取得了丰厚的资产。但毕竟齐地偏远，并不利于商业流通，因此在范蠡辞相之后，范蠡又选择了陶地，即今天的山东定陶，理由是这里为齐、鲁、宋、卫等诸侯国的交通大道的枢纽，交通发达，是天下货物流通的聚集地。独具心思的经商位置的选取是范蠡经商成功的一个很重要的外因。

3. 注重营造"人和"

无论是在《史记》或是在《汉书》中，都不难发现一个细节就是强调"父子"。初到齐地，"父子戮力""耕于海畔"；定于陶地之后，再次强调"父子耕畜"。可见，范蠡的经商成功之道在某种程度上也来源于家庭的团结、和睦。另外，范蠡在多次散尽家财给予乡党知友，也在当地创立了良好的人脉关系，在百姓中拥有极高的威信和良好的口碑，这些人脉资源无疑也是范蠡经商成功的重要因素。

4. 注重把握"市场"

首先从经营范围的选择上，范蠡选择了农商兼营的多元化经营策略。他一方面开垦荒地，从事农产品种植，另一方面也从事养殖业，饲养牲畜。其次，在商机的把握方面，范蠡注重商品的季节性和时间性，善于把握商品经营的季节性和市场的供求变化并据此来买卖商品。

5. "薄利"营销手段

在经营原则方面，范蠡秉承"薄利多销"的原则，主张细水长流、积少成

---

① （汉）司马迁. 史记·越王勾践世家 [M]. 北京：中华书局，2006：275.

多。在《史记·货殖列传》中记载，范蠡经商往往仅逐"什一之利"，即取十分之一的利润。微薄的利润虽然在短时期内难以见到财富的显著增加，但是却能够赢得庞大的顾客群体的拥护。积少成多，范蠡的万贯家财也可昭示薄利也不失为商业致富的有效手段。

范蠡的经商思维和经商策略时至今日仍有其参考和研究价值。由于范蠡博学多识、且多次散财与民，因此有说法称范蠡亦为"儒商"，但是笔者认为，与其将范蠡定位于儒家商人的典范，不如将他尊奉为商圣更为妥帖，毕竟他独具特点的经营理念和轻利重义的高洁品格都有值得后人研究和学习之处。

二、鲁商文化的形成

鲁商文化植根于齐鲁文化的深厚底蕴之中，是山东商业实践与齐鲁文化精髓交融互鉴的产物，两者相互渗透、相辅相成，共同铸就了这一独特的地域商贾精神体系。因此，在探究其形成历程时，必须同时关注两个核心脉络：其一，各时期山东商品经济的发展状况；其二，山东地域文化的不断演进。

（一）鲁商文化的蓄势期

在西周时期齐、鲁两国立国之前，山东一直是东夷族的聚居地，这一时期的区域文化又被称为东夷文化。东夷文化的发展经历了旧石器时代、新石器时代、太昊与少昊时代、五帝时代、夏商时期等漫长的时期，并在其后相当长的一段历史时期内仍存在影响。在西周之前，由于自然环境和社会经济的发展限制，当时的商业发展仅仅处于萌芽时期，在长期的历史时期内还仅仅是偶然的行为，加之在这一阶段真正意义的齐鲁文化尚未出现，因此，鲁商文化在这一时期还未见端倪。但是，值得肯定的是，东夷文化是鲁商文化形成的一个不可缺少的文化因素。

（二）鲁商文化的萌芽和发展期

西周时期，齐、鲁立国。鲁国是周公的封地，周公作为武王的胞弟，享有天子礼仪，保存周的礼器法物和文化典籍，推行并沿袭周文化。在经济政策上，由于鲁国土地平旷适合农业种植，因此鲁国国君注重发展农业经济，因此鲁国文化具有农业文化的特征。春秋战国时期，由于儒家文化在鲁国的传播，使得鲁国的文化注重宗法传统、重仁尚礼，具有典型的伦理型文化特征。相比于鲁文化的尚仁重义、崇德明礼的保守稳重的文化特点，齐文化则表现了更为典型崇尚物利、活泼开放的功利型文化。稷下学宫集中了当时儒家、道家、墨家、法家等等各家各派的代表人物，在文化上形成百家争鸣的局面，文化风气更为开放。在经济方面，齐国自立国之始便"通商工""便鱼盐"，使齐国的商业经济得到了巨大发展，齐人更为崇尚物利。在这样齐、鲁文化融汇的文化大背景下，齐、鲁两国的商业发展都不免受到齐、鲁文化的双重影响，形成了独具特点的齐鲁商业文化，即鲁商文化的雏形。所以，这一阶段也是鲁商文化的萌芽阶段。这一阶段的商业文化特征可从这一时期的主要商人代表人物子贡、范蠡身上略见一斑。

春秋战国之后直至明清之前，鲁商文化进入漫长的发展期。在这一漫长的历史阶段，齐鲁文化继续融合并不断更新。在秦汉时期，由于汉代统治者出于政治统治的目的而对儒家文化大加推广，使得山东的齐鲁文化由地域文化逐渐向主流文化过渡。魏晋南北朝时期之后，由于民族大融合以及佛教兴盛等诸多政治、社会等因素，齐鲁文化与少数民族文化、外来佛教文化有了充分的交流与整合的机会，内容更加充实丰富。隋唐之后尤其是宋元时期，由于新儒学的兴起，齐鲁文化的文化地位更加彰显。在商业发展方面，秦汉时期的商业在前期的基础上仍然兴盛。西汉主父偃说："齐临淄十万户，市租千金，人众殷富，巨于长安。"① 一天税收就达"千金"，可见临淄商业的发达。宋金时期，山东的商业发展迎来了再一次繁荣，不仅城市商业日趋繁盛，新兴城镇出现。除了国内经济贸易的展开，这一时期山东的海外贸易也出现了前所未有的盛况。位于今天胶州的密州板桥镇在当时已经发展成为全国著名的五大对外港口之一，山东和朝鲜的官方贸易也主要在板桥镇进行，为此，朝廷还专门设置市舶司，具体管理对外贸易事务。元代，由于运河的开运和海运航线的开辟，山东的经济更加繁华，有济南、临清、济宁等众多的商业聚集地。《临清县志》中这样记载当时临清的盛况："每届漕运时期，帆樯如林，百货山积，经数百年之取精用宏，商业遂勃兴而不可遏。当其盛时，北至塔湾，南至头闸，绵亘数十里，市肆栉比，有肩摩毂击之势。"② 这一时期，随着齐鲁文化的演进和山东地域的商品经济发展，鲁商文化也开始凸现新的内容，如对于营销手段的重视。北宋时期一些山东商铺开始设计自己的商标。济南刘家功夫针铺就设计了白兔商标广告，这块白兔商标以白兔捣药的绘画为主体，两侧写着"认门前的白兔儿为记"的字样，下侧则是对产品的介绍并特意注明"收买上等钢条造功夫细针"。白兔商标是我国目前发现的最早的商业广告，这也从另一角度说明，在宋元时期商业经营理念已经有了现代管理理念的痕迹。

---

① （汉）司马迁. 史记·齐悼惠王世家 [M]. 北京：中华书局，2006：350.
② 张自清，等. 民国临清县志·经济志·商业 [M]. 南京：凤凰出版社，2004：139.

（三）鲁商文化的兴盛期

明清时期是中国封建社会的晚期，特殊的政治和社会环境注定这一时期文化的复杂性与多样性。明清时期对外贸易的广泛进行，尤其是烟台开埠之后，外来文化对山东传统文化给予很大冲击，西方传教士的到来，更是加速了山东的本土文化与外来文化尤其是宗教文化的冲撞、融汇。

明清时期的鲁西南城镇临清，依靠大运河运输，在这一时期更成为全国有名的北方最大的粮食交易中心，每年的粮食交易量高达 500 万至 1000 万石。除经营粮食的店铺，还有丝绸、茶叶、瓷器、药材、首饰等店铺。同时期，除了临清城外，济宁、聊城、德州也都是商业发展繁荣的城市。这些城市的繁华主要依赖于运河运输的便利。济南府的周村、莱州府的潍县则由于处于交通要道的枢纽位置而使得经济亦相当繁华。在 19 世纪末 20 世纪初，随着烟台开埠，对外贸易空前发展，随后的青岛、龙口、威海的港口对外开放，也使得商品经济流通的规模空前扩大。传统经济格局被打破，而近代的市场经济体系在孕育之中。

由于齐鲁文化在明清时期结构更加多元化、丰富化，而山东的商业发展也初显资本主义萌芽而出现前所未有的繁荣，因此当这两者同时达到鼎盛期时，也意味着鲁商文化的发展相应进入兴盛期。尤其是明清时期的山东商帮的出现，商帮文化更加充实完善了鲁商文化内容，并为鲁商文化走向成熟起到推波助澜之势。在清末民国至 1949 年之前这一期间，山东出现了不少的大商贾和著名的店铺、企业，如孟洛川的瑞蚨祥、孙玉庭的玉堂酱园、桓台的苗氏兄弟及其名下企业、青州宋棐卿的东亚公司等等。这些优秀的商人以及他们的企业在经营过程中彰显的文化特质是鲁商文化最佳的诠释。

第二节 鲁商的经营理念

鲁商的经营理念与策略深度融合了传统商业智慧与现代管理精髓。他们"崇仁尚礼，顾客至上"，始终将顾客的需求和满意度置于首位，以真诚、贴心的服务赢得顾客的信赖和忠诚。在商品质量方面，鲁商坚守"贵诚重信，货真价实"的原则，确保所售商品质量上乘、价格公道，从而树立了良好的市场口碑。同时，他们"循规重矩，科学管理"，严格遵守市场规则和法律法规，以科学、高效的管理确保企业稳健运营。为进一步提升品牌影响力和市场竞争力，鲁商还注重"以文饰质，广行招徕"，通过精心打造独具特色的品牌形象和广泛的市场宣传，成功吸引了众多消费者的目光。这一系列经营理念与策略的实施，不仅为鲁商的长期稳定发展奠定了坚实基础，也为整个商业行业的繁荣与进步贡献了积极力量。

一、崇仁尚礼，顾客至上

"樊迟问仁。子曰：'居处恭，执事敬，与人忠；虽之夷狄，不可弃也。'"（《论语·子路》）可见，在孔子看来，恭、敬、忠则为仁，而仁的达成离不开礼的执行，仁和礼是结合在一起的。"居处恭，执事敬，与人忠"都是"好礼"的表现，对"礼"崇尚的结果则往往体现了仁爱的本质。

在鲁商的经营中，鲁商首先将崇仁尚礼、顾客至上作为自己的经营理念。商家的仁、礼主要体现在商家与顾客的关系之上，而评判这种关系如何的标准则需要以商家提供服务的品质来加以判断。要赢得顾客的支持，除了保证产品的质量之外，还要为顾客提供优质的服务。对于崇仁尚礼的鲁商而言，对顾客的周到服务是经商策略中一个必不可少的环节，而这一准则更是商家制胜的不二法宝。

在山东老字号中，瑞蚨祥的服务之好是有口皆碑的。瑞蚨祥对待顾客无论是有钱的还是一般的，无论是买多还是买少，也不论顾客挑多长时间，他们都必须

笑脸相陪；对待顾客态度要谦和、忍耐，不得与顾客争吵打架；店员必须注意仪表，无论冬夏，一律穿长服，不得吃葱蒜，不得在顾客面前打扇；不得把回找零钱直接交到买主手里（须放在柜台上）；不得用粗词俗语，不得耻笑顾客。顾客来店，有四位上年纪的店员拉开店门，笑脸相迎；进店之后，有烟茶点供应，招待用烟分上、中、下三等，茶分二等（北京分三种）。在买卖成交后，要向顾客敬烟，更要向达官贵客敬上等烟。有专人拿来布品，供顾客挑选，且不厌其烦，直到顾客满意为止。对店员采取责任追究制，对于应当成交而未成交的情况，必须找出原因，为此，各分号的掌柜甚至要对顾客登门拜访，寻求未成交的理由，以利于改进。瑞蚨祥还提供周到的订货业务，上门服务①。

济宁振泰绸布店是商人骆明三和刘德轩在 1932 年合资创办的。在服务要求上，骆明三要求伙计对顾客要做到"一看、二问、三帮、四诚"。"一看就是顾客进门要先看表情动态，是想买货还是闲逛；二问就是要主动热情问顾客想买点什么料，了解顾客需要；三帮就是当好顾客的参谋，帮顾客挑选满意的衣料；

---

① 李平生. 山东老字号［M］. 济南：山东文艺出版社，2004：65-66.

四诚就是对顾客要以诚相待，不能欺哄。"这四条服务理念提供了周到的服务，使商号扩大了客源，从而保证了商号的长盛不衰①。

清代山东黄县商人在沈阳的生意场上非常吃得开，也深受当地百姓欢迎，据当地人研究总结这其中原因，就在于黄县商人对顾客非常热情、服务态度好。

秉持顾客至上的服务理念，是商家遵循崇仁尚礼经营原则的核心体现之一，尤其是对于一些茶肆、酒楼、买卖店铺等服务性行业，周到的服务、热情的待客礼节能够给顾客带来宾至如归的感觉。明清山东商人以顾客至上的经营理念为核心，这一原则不仅是他们事业成功的关键要素，更是其崇仁尚礼精神的生动写照。

二、贵诚重信，货真价实

很多的山东企业都将诚信视为企业生命的保证和千金不换的财富。诚信、信誉的获得与保持则是以优质的产品质量和对顾客负责的服务承诺来实现的。成功的山东商人无论其经营的是何种行业，他们保持经营长盛不衰的一个重要经验便是讲究诚信、注重产品的"货真价实"。注重产品的品质、讲究诚信是鲁商们获取成功的法宝。

以瑞蚨祥为例，曾有句民谣："头顶'盛锡福'，脚踩'内联升'，身穿'瑞蚨祥'，腰缠'四大恒'。"② 可见在当时人们以能穿戴这四大品牌的服饰作为其具备某种尊贵身份的象征。瑞蚨祥能获此盛名绝非偶然，这离不开瑞蚨祥长期秉承着的诚信的经营理念。瑞蚨祥百年以来一直贯彻"货真价实，童叟无欺"的经营理念，在产品质量上绝对保证，对待所有的顾客也一视同仁。据说，以前瑞蚨祥订货从来都不立文字合同而只讲究言而有信，只要货物质量合格，就照事先谈好的合同收购。另外，瑞蚨祥的商品品质卓越，价格实在并且也言无二价。瑞蚨祥为了保证产品的质量、维护品牌的信誉，在验货的时候，都要特别严格地把关，不仅特别注意产品的质量，而且对于花色、长度、宽幅、分量等，都要一一检验。初创时期销售一种双青布，这种布是选用上好白胚布染制而成，漂染工艺相当严格。刚出染坊的布匹严禁上市，必须包捆好在布窖里存放半年以上，待燃料慢慢浸透每根纱线方可出售。这种工艺叫"闷色"。工艺考究且用时漫长必会影响资金周转，但由于经过这种闷色的布缩水率低，布面

---

① 骆绍康. 济宁振泰绸布店纪实［A］//山东省政协文史资料委员会. 山东工商经济史料集萃（第三辑）［M］. 济南：山东人民出版社，1989：185.

② 李平生. 山东老字号［M］. 济南：山东文艺出版社，2004：91.

平整，不易褪色，深受消费者喜欢，因此这种挑剔而精细的工艺也为瑞蚨祥赢得大批客户①。

在济宁，玉堂酱园也是重视产品质量的典型，为了保证酱园产品的质量，他们首先非常重视产品原料的收购。玉堂酱园的原料收购来源有两个：一是在本地建有固定的粮菜基地，专门供应，如粮食、豆饼、清鲜蔬菜、大蒜等；二是外购，一是派人住在外地坐收，二是向一些固定的客户进行函购某些产品。具备专人负责的收购环节保证了原料的质量。其次，在制作环节中玉堂酱园也严把品质关。以酱菜制品需要的甜面酱为例，为了保证产品的质量，玉堂酱园严格要求一年一度的更新换代，这样酿出的新酱呈淡蓝色，味鲜、糖分适度，使生产出的酱菜色泽光润，鲜嫩可口。玉堂酱园的酱油的制作也有特殊要求，要求年代越久越好，为此他们制作酱油一般在日光下日照至少三伏甚至七、八、十几伏不等，这样保证了生产的酱油味道鲜美醇厚②。

张裕葡萄酒更是注重产品品质和品牌信誉的典范，厂家为了维护产品的品质甚至不惜牺牲眼前的利益。如为了保证酿酒的口感和品质，公司在给葡萄修建枝蔓的时候只保留可结五斤果实的枝条；在经过长时间的试验之后开发的新酒在投入生产之前总要试酒，而如果经过行内人鉴定，新酒的品质欠佳的时候，公司会毅然放弃而另外试制。公司的第一批白兰地、葡萄酒在造好之后到正式注册投放市场整整历时 18 年，在这 18 年间，公司一直将酒放在地窖的橡木桶中贮存，直到经过上海大医院的英国人柯医生化验确认为滋养妙品、并认定张裕葡萄酒已经达到了"成熟香醇、色泽深浓"的境界才开始投放市场③。

可见，在商业经营中，企业要在竞争中崭露头角、出奇制胜的因素，除却资金、技术、人才、严明的规章等因素之外，强调质量更是一个不容忽视的因素。

三、循规重矩，科学管理

《管子·山国轨》中载，管子曰："田有轨，人有轨，用有轨，人事有轨，币有轨，乡有轨，县有轨，国有轨。不通于轨数而欲为国，不可。"（《管子·山国轨》）所谓"轨"是指基于准则而建立的制度、法令等等，管子的这句话

---

① 李平生．山东老字号 [M]．济南：山东文艺出版社，2004：98-101.

② 孙序东．济宁酱园百年不衰的浅谈 [A]//中国人民政治协商会议济宁市委员会文史资料委员会．济宁文史（第4辑）[C]．1987：16-20.

③ 李平生．山东老字号 [M]．济南：山东文艺出版社，2004：67-68.

说，无论是田地、人、用度、人事、钱币、管理乡或者县甚至是管理国家，都要有一定的制度和准则。在山东的商业经营中，鲁商们也注意到了建章立制的重要性。

以瑞蚨祥的铺规为例。瑞蚨祥的铺规使用宣纸打上朱红格子，用毛笔正楷书写并用镜框镶裱挂于饭厅的正面墙上。铺规27条，涉及：柜上同仁不得携带眷属；因私事出门，必须向掌柜请假，说明事故及去处，请假账，假期不得过长；亲友来访，只能在指定处所谈话，接谈时间不得超过一小时，并不能接待亲友在柜上食宿；早六时（冬季七时）下门，晚十时上门；上锁后非有要故，一律不得出门；同仁探家打行李，须经指定人员检查后，始得包裹；摇铃开饭，不得抢前争先，菜饭由柜房规定，不得随意挑剔。同仁不得借机游逛或下饭馆，无论在柜吃饭或出外应酬，均不得饮酒过量，醉后发狂；同仁用货，必须有店中人员剪裁，不得私自找人。只能自用，不准代买；柜上同仁不准吸烟，以防发生火灾；同仁之间，不得吵嘴打架，如有违犯，双方同时出号；营业时间，不得擅离职守，不得交头接耳，妨碍营业，影响观瞻；严禁嫖赌和吸鸦片，违者立即出号；不准无故纳妾。如因无子纳妾者，须事前声明，经考察属实后方准实行；对待顾客必须谦和、忍耐，不得与顾客争吵打架；同仁必须注重仪表，无论冬夏，一律穿长服，不得吃葱蒜，不得在顾客面前扇扇子，不得把回找零钱直接交到买主手里（须放在柜台上），不得用粗词俗语，不得耻笑顾客；不得挪用柜上银钱、货物，有贪污盗窃行为，立即出号；柜上同仁，不得在瑞蚨祥所在地区开设同类企业，亦不得兼营其他业务；在同仁中挑拨是非致伙友不和者，立即出号等等①。这27条铺规，不仅从上班时间、仪表穿着、行为举止、请假程序、同仁的关系等都做了规定，甚至对员工的私生活也做了明确的规定，如回家行李的携带、洗澡后的时间安排、饮酒的问题等等。虽然以现代的眼光看这27条难免存在侵犯人权的嫌疑，但是，正是由于严明的规章管束，才使瑞蚨祥的管理井然有序。规章制度的制定，表明企业管理的明确化和科学性，是企业管理理念进步的一个很明显的标志。

四、以文饰质，广行招徕

在杨荫樾的《最新广告术之应用》曾有这样一段话评价广告："今日商业之竞争，犹古代之战斗，必有勇毅坚定之力，有冒险之精神。深谋远虑而后可以言优胜，昔人以工商为逐末，鄙夷不屑为。非特吾国之人有此思想，即商业最

---

① 《孟洛川中兴"祥字号"》，山东省情网，2007-8-1.

盛之英国数十年前莫不如是。其贻害国民、阻滞文化，莫此为甚。今此种思想化除殆尽，而世人于广告一事犹存鄙夷之心。殊不知广告乃商战之利器，苟欲于商争世界占一席之地，盖非广告不可也。英太子尝谓广告乃商业必须之品，虽著名商店阅年甚久，驰名各国者，苟一旦停止广告，其出品之销数必为之略减。以英太子之高贵，犹以广告为必须之品，则拘迁之士亦可以渐知世界之趋向矣。"①

我们在上文所述的济南刘家功夫针铺设计的白兔商标广告树立了山东商界注重广告宣传的典范。商家注重广告宣传的策略首先表现在店铺的经营者在店铺的名字的选取上就下足功夫，尽显鲁商的儒者气质。

瑞蚨祥的名字来源于"青蚨还钱"这一典故，因此当年瑞蚨祥的创始人取店名瑞蚨祥就是既借"青蚨生财"的美好愿景又借"祥瑞"的吉祥寓意。再如，"九鹤"牌阿胶则是一方面将其创始人赵鹤的名字镶嵌其中，另一方面嵌入数字"九"则蕴涵长长久久之意；济南的"宏济堂"药店的命名则彰显广济天下众生的医者宏志；1917年济南精益眼镜公司成立，取名"精益"有两层含义，其一源于成语"精益求精"，暗喻眼镜店能够发扬精益求精的精神，品质追求卓越、更上层楼制造高质量的眼镜，同时也说明了其产品能让视力更加准确清晰；其二，"中国国人的眼镜公司"翻译成英文是"Chinese optical company"，其中的"Chinese"和"精益"谐音，创业者也是希望借这个谐音表示这是一家中国人自己的眼镜公司。

山东商人注重广告宣传的策略其次表现在市场营销策略的运用上。九鹤阿胶店的创始人赵鹤独创性地绘制出自己的商标，即九只展翅翱翔的仙鹤围绕着"九鹤"二字，成椭圆形。九鹤阿胶店将商标配以文字说明，在报纸上登报宣传达6个月之久。同时，赵鹤还特地从周村定制了九个鹤字灯，悬挂于商店门前马路中央，每到晚间华灯初上之时，九只仙鹤腾空而飞，在空中旋转，非常壮观。这样的情景也吸引了众多的观众，使得九鹤阿胶庄因此而妇孺皆知。另外，赵鹤还特请了济南皇宫照相馆的两个摄影师去东阿镇、阳谷县的阿井等地照相，将驴引入拍摄的风景图片当中。他根据文献记载和民间传说请人将图片加以整理，编成小册子，装在阿胶盒内，赠给顾客。在印制了大宗宣传品的同时，还打出了"五岳最名是泰山，山东特产是阿胶"，"九鹤阿胶是名牌，鹤鸣九皋，远搏世界"等宣传语。不仅在本地注重宣传，赵鹤还在上海、杭州、长沙、重庆等地，雇乐队沿街宣传，据说，只此一项即耗去银元数千元。九鹤阿胶如此

---

① 杨荫樾. 最新广告术之应用 [J]. 中华实业界，1914（9）.

重视宣传，也使得生意越做越好，获益颇丰①。

烟台张裕葡萄酒公司的营销策略也是相当成功的。张裕公司印发了精美的宣传图册、传单甚至是名人题词等，在国内外分发，同时展示张裕名牌酒的广告也在码头、车站等频繁展出；镌刻了"张裕"字样的餐具和酒器也被分赠给餐馆和酒楼。同时，每当到了节日，酒厂还会用卡车拉着特大的酒桶招摇过市，并将样品酒分赠给路人。通过这样广而告之的营销策略，张裕酒的品牌逐渐被消费者熟知②。除此之外，张裕葡萄酒还创办了自己的刊物《酿造杂志》，介绍酿酒知识，宣传张裕葡萄酒。当时的上海《申报》在全国有巨大影响，张裕公司便每天在上面刊登一则广告，重点介绍张裕葡萄酒对比西方同类产品的优势，既对西方产品进行口诛笔伐，又使张裕葡萄酒美名远扬③。

第三节　鲁商文化的地域文化特征

鲁商文化的地域性特征，凝聚了其深厚的民族精神与商业智慧。"勤俭务实的耐苦文化"是这一文化脉络中的基石，它体现了商人阶层在经营活动中秉承的勤劳节俭、坚韧不拔的精神品质，他们面对困难时展现出强大的忍耐力和脚踏实地的实干精神。"义利兼顾的义利文化"是鲁商们处理经济活动和社会责任关系的核心理念，他们在追求经济效益的同时，坚守道德底线，重视诚信和公平交易，力求实现个人利益与社会道义之间的和谐共生。"重官本位的近官文化"揭示了商人与政治权力结构的紧密联系，鲁商在历史演进中善于把握政策动向，巧妙处理官商关系，通过积极参政议政、贡献社会等方式，既维护自身权益，又提升了自身的社会地位和影响力。鲁商文化的这三大地域性特征，不仅是对特定地区商业实践的高度凝练，也是中华传统文化中"尚德崇礼、经世致用"理念的具体体现，它们共同构建了丰富多元且独具特色的商业伦理体系，对中国传统经济社会发展产生了深远影响。

一、勤俭务实的耐苦文化

日本学者稻叶君山教授说："山东人励精克己，勤俭耐劳，富于团结力，劳

---

① 李平生. 山东老字号［M］. 济南：山东文艺出版社，2004：69-70.
② 李平生. 山东老字号［M］. 济南：山东文艺出版社，2004：109.
③ 孙众强. 张裕往事［M］. 北京：人民日报出版社，1999：1.

动者互相扶助，商人互相缓急，恰如一大公司，其各商店则似支店，互相补给商品，以资流通，而金钱上尤能融通自在，故虽有起而与之争者，奈山东人制胜之机关备具，终不足以制之也。满洲人及俄国商人固无论矣。即德国人之精于商者，亦退避三舍，不能与山东人抗衡。是以在满洲、西伯利亚一带经济上的势力，上足以凌驾一切，握商战之霸权。"① 这是鲁商吃苦精神和团结意识很高的评价。

山东自古便有吃苦的传统，孔子带领孔门弟子周游列国，历尽百般艰难；孟子更明确提出："天将降大任于斯人也，必先苦其心志，劳其筋骨，饿其体肤，空乏其身。"（《孟子·告子下》）鲁商们深谙其义并秉承了务实肯干的艰苦作风，有"商圣"之称的范蠡"耕于海畔，苦身戮力"，在荒芜的齐地滨海致力拓荒；《史记·货殖列传》第六十九中载："鲁人俗俭啬，而曹邴氏尤甚，以铁冶起，富至巨万。然家自父兄子孙约，俯有拾，仰有取，贳贷行贾遍郡国。"② 富至巨万仍然"俯有拾""仰有取"，可见吃苦的传统并非仅为鲁商们的创业之始的无奈之举，即使在经商事业达到顶峰，鲁商们仍保持艰苦勤俭的作风。

再以山东人闯关东为例，因天灾、饥荒、瘟疫，山东人被迫背井离乡，流转千里去东北苦寒之地寻一线生机。《清圣祖实录》中记载，康熙皇帝亲眼所见："前年山东饥馑，朕发帑金遣旗员赈济，民乃安堵如故。今巡幸边外，见各处皆有山东人，或行商、或力田，至数十万人之多。"③ 然而昔日流离失所讨饭前往东北讨活路的山东人却在东北形成强大的山东商帮，以绝对的优势控制了东北的商业市场。1907年《盛京时报》评论指出："据闻营口商务总会不过从前公议会之变体。前者公议会……掌会之首十三家，虽有外帮在会，而所谓上会之会，先生必山东人，故东帮常弄把持之术。"④ 可见山东商人在东北的实力。

山东商人所取得的成就绝非偶然，勇于吃苦在这其中便是重要因素。善于吃苦的山东人在创业之始为积累经验的财富，并不介意从事一些在本地居民看来不屑为之的行业，而山东人正是凭借在低级工作中积累的财富和经验，一度把持京城的绸缎、粮食和饭庄业。

---

① 李华．山东商帮［M］．北京：中华书局，1995：59-60.
② （汉）司马迁．史记·货殖列传［M］．北京：中华书局，2006：756.
③ 《清圣祖实录》卷230，康熙四十六年六月戊寅。
④ 李华．山东商帮［M］．北京：中华书局，1995：55.

二、义利兼顾的义利文化

对于义利关系，孔子有不少关于这两者的见解，如子曰"君子喻于义，小人喻于利"（《论语·里仁》），"君子之于天下也，无适也，无莫也，义与之比"（《论语·里仁》），"放于利而行，多怨"（《论语·里仁》）。在利和义的选择上，孔子是选择义的，但是仅凭这几句话断言孔子反对利的获取，便难免犯了断章取义的错误。如孔子的得意弟子子贡便是一个善于货殖的商人，孔子对他的经营能力赞许有加，称"赐不受命，而货殖焉，亿则屡中"（《论语·里仁》）。甚至孔子还教授子贡作为商人该有的品行，如子贡曰："如有博施于民而能济众，何如？可谓仁乎？"子曰："何事于仁，必也圣乎！尧舜其犹病诸！夫仁者，己欲立而立人，己欲达而达人。能近取譬，可谓仁之方也已。"（《论语·里仁》）可见，孔子并非反对经商，反对取利，而是强调对利的获取必须正当，是要在合乎"义"的前提下进行，在"义"和"利"冲突之时要舍利取义。

明清时期的商人中也不乏如范蠡一样的有义之士。在明代，山东黄县有位巨商王旭，县志中记载他"富而好施"。当时山东半岛的登、莱、青三州由于连年发生水旱灾害，致使三州饥民遍野。王旭舍粥散米。由于王旭的救济，得以存活的百姓难以计数。

义利兼顾、以义制利一直为山东商人义利观的重要内容，而当义、利出现冲突之时，山东人往往能够舍利取义。在山东地方志上有许多这样的例子。如明代高密县商人王山在护城河边以卖酒为生。嘉靖四年，有位登州金客路过其家，丢下黄金数十两。"山得之即追，至百尺河还之。"这位金客欲分金而谢，王山坚持不受①。

在近代，对"义"的追求不仅限于个人的道义，更是添加新内容，即表现在对于国家、民族大义的坚持和维护。如针对外国的入侵青岛、日军制造"济南惨案"等恶劣辱华行径，山东商人组织了抵制外货、推广国货、维护矿权、路权等经济斗争。此时的商人不再仅仅是利益的追逐者，而更担负起与国外商业侵略进行商业竞争的使命，成为民族大义、中华民族经济阵地的坚守者。

三、重官本位的近官文化

自鲁商之祖范蠡、子贡之始，山东的商人便与官府势力有了联系。子贡在

---

① 余有林，等．民国高密县志·人物·善行［M］．南京：凤凰出版社，2004：490.

孔子门下学成之后曾在卫国为相，子贡在为官期间也在从事着"跨国贸易"。亦商亦官，子贡可算开了鲁商近官的先河。范蠡因为贤明能干被齐人赏识，被齐王请进国都临淄，拜为主持政务的相国。可见，从春秋战国时开始商人与官府便存在着一种不可断绝的关系。

从某种意义上看来，商人的近官文化具有客观的合理性。在漫长的封建社会时期，由下至最小的官吏上至高高在上的皇帝所组成的庞大的统治阶层控制了整个社会生产资料的支配权，这种支配权范围之广甚至包括操控一个人的生死。在这样的一个严密的统治体系当中，地位低下的商人要占有和支配生产资料，便不能不处理好与官府的关系；另外，要保证生产经营的正常进行而免受各种外界社会因素的骚扰和干预，商人们也需要寻求官府这个大保护伞的庇护。只有达成官、商关系的融洽，才能创造最佳的经商环境来保证商业经营利益的获取。可以说，对官府和官僚的依附，确是商人的无奈之举，这是体制衍生的弊病，是封建统治体制的衍生物。另外从官府的角度看，官府为了维护统治，便不能不发展经济、保证了商业经济的发展，这也便要求官府在经济政策的制定上相应地对商业发展有所倾斜。综合以上原因，官商关系的紧密结合便有了客观的合理性。

再者，在商人的生存意识里，商人们为了买卖的顺利进行，也会主动和官府搞好关系，他们往往通过各种途径诸如联姻、送礼、交友甚至亲自做官等手段、方式与官府攀上联系。

瑞蚨祥的孟洛川便注重与官方来往。1900年孟洛川出任山东省商会会长，与时任山东巡抚袁世凯拉上了交情。1911年在袁世凯任大总统之时，孟洛川挂名参政。孟洛川为了巩固自己的政治地位和产业，屡屡通过联姻的方式与达官贵人加强联系。他的次女嫁给了徐世昌的侄子，三儿子孟建初娶了山东大官僚何春江的女儿，长孙孟式雍娶了曹锟的孙女，次孙孟铭余娶了山东大地主蔡杜全的女儿。这种联姻极强地巩固和提升了孟家在社会上的地位。相比于孟洛川，负责瑞蚨祥北京业务的经理孟觐侯与官方的联系的手段则更为活络。孟觐侯与北京九门提督王怀庆、东三省的权贵鲍贵卿、山东督军张宗昌以及军阀段祺瑞、吴佩孚、曹锟、张作霖等等都有往来，与官方官僚攀好关系对瑞蚨祥的发展壮大是起了巨大作用的，瑞蚨祥也从与官方的交往中获取相当大的好处。

除了通过送礼、联姻、交友等途径与官府拉上关系之外，还有一种最直接的途径便是自己做官。明清时期兴捐官，这为那些无暇也无法通过科举考试的商人们提供了最便捷的从政途径。瑞蚨祥的东家孟洛川在当时的商界也已是有头有脸的人物了，可是他并不满足，还花了不少的银两捐官，有补用运副花翎的江苏试用知府、补用道三品衔加四级二品顶戴、头品顶戴等。他的捐官最高官衔是江苏补用道台，相当于省级大官，以后又被敕封为奉直大夫、光禄大夫等①。

从商业的长远发展的角度来看，通过与官府加强联系来企盼官府对商家发展的庇护的经商方式必然是负面的。商业的发展需要自由的市场空间，而官府对商业发展的横加干预势必造成商品市场发育的畸形。但在封建管制浓郁的封建社会以及这种风气延续的时代，山东的商人甚至是整个中国的商人群体都无法解决这个矛盾，这也预示了商人寻求官府的庇佑带有一种必然性与悲剧化色彩。

第四节　鲁商文化的核心价值观

"颜渊问仁。子曰：'克己复礼为仁。一日克己复礼，天下归仁焉。为仁由己，而由人乎哉?'颜渊曰：'请问其目。'子曰：'非礼勿视，非礼勿听，非礼勿言，非礼勿动。'"（《论语·颜渊》）可见，孔子认为，"仁"为言行合乎"礼"。在孟子看来："君子所性，仁义礼智根于心，其生色也睟然。见于面，盎于背，施于四体，四体不言而喻。"（《孟子·尽心上》）仁、义、礼、智是君子必备的基本素质。关于诚信，孟子这样解释："居下位而不获于上，民不可得而治也。获于上有道，不信于友弗获于上矣；信于友有道，事亲弗悦弗信于友矣；悦亲有道，反身不诚不悦于亲矣；诚身有道，不明乎善不诚其身矣。是故，诚者天之道也，思诚者人之道也。至诚而不动者未之有也，不诚未有能动者也。"（《孟子·离娄上》）可见，自孔孟开始，仁、义、礼、智、信便已成为儒家文化甚至是中华文化的核心价值观，而经过中华文化几千年的历史证明，仁、义、礼、智、信的传统文化内核也符合中华民族对于真、善、美的理想追求。那么，对于鲁商文化核心价值的理解也不妨从这几个方面入手分析。

一、鲁商文化之"仁"

关于"仁"，《说文》中的解释是"仁，亲也，从人从二"②。可知，仁学即为"人学"主要体现为人与人之间的关系。"仁"是先秦儒家思想的重要范畴，

---

① 丁言模．齐鲁商雄［M］．广州：广东经济出版社，2002：1.

② （汉）许慎．说文解字［M］．北京：中华书局，1963：161.

是孔子儒家思想的核心内容。

鲁商文化核心价值也是"仁"。对于鲁商文化核心价值之"仁",我们主要从企业经营者与员工、企业经营者个人两个方面来加以分析。

(一) 仁者爱人

《论语·颜渊》中说:"樊迟问仁。子曰:'爱人。'"(《论语·颜渊》)仁者爱人的观念反映在一个企业的管理方面就表现为企业经营者对待员工的态度和方式。在鲁商中,成功的企业经营者善于重用人才,"任人唯贤、疑人不用、用人不疑"的用人原则充满"仁性"。

东亚公司的创办人宋棐卿便极度重视人才,他坚持"忠诚可靠,听说听道;精明干练,灼有远见;艰苦朴素,任劳任怨"① 的用人原则,委任他信得过的人担任公司的重要职务,针对这些人文化水平不高的特点,宋棐卿还特意为他们办夜校进行知识培训。另外,他还不惜重金搜罗人才,为其所用。宋棐卿下重金聘请了不少国内一流的学者、专家,对其企业的各个环节和方面进行指导。坚持任人唯贤、疑人不用、用人不疑的用人原则,有利于凝聚人心、增加企业管理层的向心凝聚力,从而有助于经营者对整个企业运营的操控。

再如瑞蚨祥的孟洛川因任用沙文峰和孟觐候、玉堂酱园的经营者冷长连和孙玉庭大胆起用梁圣铭和陈守和等人才而使得事业蒸蒸日上等案例,更说明了人才的重要性。对人才的爱护和重用是企业成功的一个重要因素。而这一"爱人"的策略所营造的和谐的效果,也尽显儒家"仁"之本质。

仁者爱人除了表现在企业家对人才的爱护和启用方面,还表现为对普通员工的教育和关怀上。

东亚公司的宋棐卿从企业的长远利益出发在公司设立公司职员青年会,该机构下设德、智、体、群四部。其中智育部专门负责提高职工的文化知识水平。青年会体育部,则把全厂职工编成不同的运动队,坚持每天定时训练。晚上公司则举办各种歌咏、戏剧表演、开音乐会等活动,丰富和充实了员工的业余生活;同时开放职工阅览室、图书室,提升员工的文化素养。除此之外,公司经常请一些著名演员来工厂为员工们进行指导演出,东亚公司也组建自己的业余京剧团,自己上演大型京剧。当职工遇到婚丧寿庆等大事,公司除发给一定补助外,还派专人负责协助料理。除了在福利方面给予员工实惠,东亚公司还重视管理者和员工之间的感情联络。公司每周都要举行"聚餐会",由宋棐卿亲自

---

① 马传友. 我所了解的宋棐卿和东亚毛纺公司 [A] //山东省政协文史资料委员会. 山东工商经济史料集萃 (第一辑) [M]. 济南:山东人民出版社,1989:33.

主持，公司全体职员参加，并且邀请部分工人参加。公司还组织了"三友团"，即让厂长、职员、工人三者交朋友。聚餐会和三友团这两种方式，增进了公司内部人员的交流，调节公司内部的活跃气氛，促进了劳资关系的和谐①。

（二）仁者亲亲

《论语·学而》中说："有子曰：'其为人也孝弟，而好犯上者，鲜矣；不好犯上，而好作乱者，未之有也。君子务本，本立而道生。孝弟也者，其为人之本与！'"（《论语·学而》）在仁的内容中，"孝悌"是仁之根本，注重血缘关系亲近亲人也是仁的表现。

山东因有孔孟两位圣人而使山东人深受儒家文化教化，自古山东便被称为"齐鲁礼仪之邦"，可见山东人对儒家伦理道德的遵循与重视。

在山东的商人中，有很多都是极尽孝道的典范。子贡对孔子的侍奉、维护和守墓六年，我们已经加以论述，已不必多言。在近代，各地县志中对父母尽心侍奉、对兄弟尽力扶持的例子也是比比皆是。除了对父母尽守孝道，对其他亲人的关怀、爱护，对朋友的帮助也是"仁"的表现。

济宁商人许树德，在他致富后不忘帮助造福他的族人。当时，济宁许氏一族"族居在城十四里者，明末赋役不均，不胜其扰，乃经营惨淡"。为了帮助同族解决这个问题，许树德将赋税"均之于南九中五里"，使族人的负担减少，"族甚赖之而不言其功"。不仅如此，许树德还出资建立了家祠，"立家会以联宗友，岁时祭扫之余以供徭役"，家祠的建立目的便为联和同宗情谊，立树许家门风。许树德还"置义学城西延师训，乡党子弟择其佳者厚恤以成就之"②。

鲁商的"仁义"重点体现为"爱人"，无论是在亲人之间、宗族之间还是对待劳资关系之间，都可见其闪耀着的人性的光辉，它体现了人的终极关怀，而从美学的角度来看，这种关怀是一种人性的善、更是一种美。

二、鲁商文化之"义"

在《论语》中，孔子对"义"的论述也有不少，如"君子之于天下也，无适也，无莫也，义之与比"（《论语·里仁》）。"君子义以为质，礼以行之，孙以出之，信以成之。君子哉！"（《论语·卫灵公》）可见，在孔子看来，"义"应为君子之"义"。"义"是君子在富贵穷达中都始终秉持的道义原则与行事

---

① 马传友. 我所了解的宋棐卿和东亚毛纺公司［A］//山东省政协文史资料委员会. 山东工商经济史料集萃（第一辑）［M］. 济南：山东人民出版社，1989：30-32.

② 徐宗干，等. 道光济宁直隶州志·卷八人物二［M］. 南京：凤凰出版社，2004：570.

准则。

在孔子的儒家思想中，君子是对一个人道德品行的最高评价。在"君子"与"义""利"的关系上，孔子认为"君子喻于义，小人喻于利"（《论语·里仁》）。但是，对孔子的义利观也绝不能仅仅凭这一句话而妄下断语。孔子还曾说过，"不义而富且贵，于我如浮云"（《论语·里仁》），"富而可求也，虽执鞭之士，吾亦为之。如不可求，从吾所好"（《论语·里仁》）。可见孔子并不是一味摒弃"利"的索取，而是认为：义为利之本，对"利"的索取一定要符合"义"的前提。孔子否定的是对非法而得的利益的追逐，而对于基于仁义基础上获取的财富，认为是应受到认可和赞扬的。山东的商人们对于孔子的"义利观"谨记在心，并自觉将其作为自己行商行善的道德箴言。对"利"的获取总以合乎道德的"义"为前提，做到以义制利，义为利先，义利兼顾。

鲁商文化的"义"我们主要从商人的个人道义、商人的民族大义和热心公益三个方面进行论述。

（一）君子之义

山东的商人与其他地区的商人并无不同，他们从事商业都以获取经济利益为目的，但是与其他地区的商人相比，山东商人在获利之外更注重道义的履行。

这种"义"表现在朋友的相处上，山东商人的性格爽朗、大气，对待朋友真诚、友善，能为朋友两肋插刀，有时甚至不惜牺牲自己的个人利益。重"义"的特点在山东商人的身上表现得尤为明显。

康熙《莱阳县志》中记载，明弘治年间，莱阳县商人尉世杰"天性淳朴无欺"，曾经在江西经商时被强盗虏掠至山上。巧遇之前已被山贼扣留在山上的同乡王继宗、林观，三人同病相怜，"矢为兄弟"。尉世杰向山寇乞求表示愿意回去取钱赎命。贼人便将他释放。山贼本以为他一去不返。不料世杰"如期贷金至"。山寇被世杰的义气所感动，"义而并放还其金"，不仅将三人释放下山，还把钱也还给了世杰①。

相比于尉世杰的义气，长山县商人史朝佐的风格也显高尚。史朝佐"性坦率，喜施"，能够"急人急"。朝佐一次到江南贸易，恰逢住同一旅店的一位客商患病卧床不起，"诸贾畏之"，怕被传染而远远避开，但"朝佐独留，为日调食耳，俟平，始解揽焉"。"诸贾服其仁。"② 史朝佐和这位客商也不过是萍水相逢，但史朝佐却能在别人危难之时挺身而出，冒着被传染的危险、舍下自己的

① 万邦维，等.康熙莱阳县志·人物·善行［M］.南京：凤凰出版社，2004：100.
② 倪企望，等.嘉庆长山县志·义厚［M］.南京：凤凰出版社，2004：438.

生意，侍奉那位素昧平生的陌生客商，直至其病愈离开。对萍水相逢的外人尚且如此仁义，其品行的高洁可想而知。

山东商人的"义"不仅仅表现在对待朋友的热心、仗义，当山东商人面临"义"和"利"的选择时，他们也能主动而自觉地"舍利取义"。

乾隆五十一年（1786年），胶州恰逢大的饥荒。从事运输贸易的商人孙铨恰恰从关东运回一船的粮食，照常理，他本可利用这一机会提高粮价，发一笔灾难财。但他并没有见利忘义，反而"减价平粜"，"施粥厂至四月间，估船咸集乃止"。"铨复出资使人持干糇膳粥，途遇分给之"；"亲友屋毁，咸助钱为修筑，又出享堂地令居卑下者迁筑焉"①。

惠民县商人颜秉孝，家中开有当铺，却多有善举，"有持败絮乞典钱两千者，云家有老母，无以度岁"，"秉孝立命并絮衣与之"。"每遇饥年，即兴工筑室藉赡村众。又出地四十亩，令村人种菜，分给之，为御冬计。至年节复计口分麦，村人赖以无饥。"②

（二）民族大义

在近代，商人对"义"的践行则不仅仅限于自身品行的完善、个人道义的履行，更将义上升为民族的大义，并将经商事业与民族大义联系在一起。

1919年巴黎和会上中国要求收回青岛失败，山东各业商人义愤填膺，联合商讨对策，宣传抵制日货。除采取以上的方式倡行民族大义，企业家还采取了别的手段，如东亚公司的第一批毛线上市前，正值中国人民的反日爱国斗争高涨时期，商人、学生和其他爱国人士都号召奋起抵制日货。于是，公司副经理赵子贞提议这批毛线以"抵洋"二字为商标，彰显抵制洋货的宗旨。经宋棐卿最终考虑，决定将"抵洋"改为"抵羊"，一语双关。随后，厂家经过多次设计，最终选取一对相抵角的绵羊作为图案。

单纯的抵制洋货并不能解决山东乃至整个中国的经济现状，为了经济的崛起，山东的各企业将振兴民族亦纳入本企业的生产宗旨中，如，桓台苗氏在经营工商业的过程中，自觉将发展民族实业、服务社会作为公司的宗旨，如《济南成通纺织股份有限公司简章》第二条规定："本公司为提倡国货，挽回利权，兼谋民生事业之企图，以棉料纺织供给社会需要为宗旨。"③

① 张同声，等. 道光重修胶州志·列传九·人物 [M]. 南京：凤凰出版社，2004：292.
② 沈世铨，等. 光绪惠民县志·义行 [M]. 南京：凤凰出版社，2004：412.
③ 张德忱，傅德馨. 成通纱厂的萧条与新生 [A] //山东省政协文史资料委员会，等. 苗氏民族资本的兴起 [M]. 济南：山东人民出版社，1988：80.

(三) 热心公益

"义"不仅表现在个人道义的履行、民族大义的倡导，还体现在企业家对社会的奉献、对公益事业的热衷。扶贫济困、乐善好施自古便是山东商人的传统美德。

道光《胶州志》中记载，胶州商人逢世宽非常热心公益事业。胶州城西大道的太平桥因桥面狭窄且年久失修，"世宽首倡"，将桥修缮完成。姜家庄石桥也因年久失修，逢世宽又倡导修缮。

近代，商人们更是尤其注重热衷于公益事业。1922 年我国接收青岛后，随着人口增加，街头巷尾常有丢弃的婴孩。在胶澳商埠局的倡议下，青岛总商会动员地方绅商捐款，于 1927 年 5 月成立了胶澳商埠育婴堂。育婴堂管理严格，责任明确到人，设有管理员、乳妇和医生；对婴儿的睡眠、食品、衣物等都有详细的卫生标准；育婴堂还按照规定为男女婴儿各按二十二字取名，男婴取名为"育养本旨、忠诚贤良、心存道义、志在纲常、格致精深、东西名扬、中流柱石、邦家栋梁"，女婴取名为"温恭淑巧、德容备长、幽娴贞静、举止端庄、织女作法、孟姜乃祥、为国储人、厥为后芳"。这些名字暗含对孩子长大后前途的美好期望①。

如果说仁爱精神更多体现了一种和谐的美的话，那么鲁商文化的"义"则更多的是体现了鲁商们对"真""善"的追求，尤其以后者为甚。

三、鲁商文化之"礼"

山东自古便被称为"齐鲁礼仪之邦"，可见山东人对于礼仪的重视。山东商人具有富而好礼的特点，山东商人的"礼"主要表现为他们在商业活动和日常生活中对礼仪的遵循。

(一) 处世之礼仪

商人们在商场打拼的最终目的是为了获取经济上的利益，不同地区的商人由于地域文化、商业精神甚至是个人气质的差异，往往采取的途径和方式也会有所差异。从整体上来看，山东商人在这个过程中则体现出崇尚礼节的特点，即重视买卖人间的和气，重视商人之间以及商人与顾客之间交往的礼节。

谈及山东商人对礼节的重视，便不能不谈及山东的酒文化。山东的酒文化历史悠久，而山东人也好饮。因此，与山东商人做生意是离不开酒的，在酒桌

---

① 王第荣. 商会创办育婴堂 [A] //中国民主建国会青岛市委员会，等. 青岛工商史料（第三辑）[C]. 1988：177-179.

上推杯换盏是生意达成前一个不可少的环节。山东的酒席上喝酒是要讲究很多的礼节和风俗的。比如在酒席上就表现为对主客所坐位置安排的要求；在山东的酒桌上，对待酒器和酒的品种的要求；等等等等。山东人素来喜欢大碗喝酒，这似乎有着梁山好汉的遗风。虽然现在山东人喝酒不再用大碗，但是也是讲究用大杯。酒要是白酒，白酒够辛辣，能喝白酒的商业伙伴在山东人的眼中才显得够豪爽。当然山东各地喝酒的风俗各有不同，这也是需要入乡随俗。外地商人要想与山东商人达成合作关系，对山东喝酒礼仪的了解就必不可少。另外，山东商人受儒家文化的影响，格外注重一个人的文化修养，在他们看来，谈吐文雅、举止文明、注重礼节的商人才是可信赖的、有信誉的伙伴，也只有这样的人和适合跟他们进行生意的往来。

商家尤其是服务业的商家，他们为了生意的兴隆、招揽更多的顾客往往格外重视在招待客人过程中的礼仪。如我们在上文曾提及的瑞蚨祥要求员工在招呼顾客时的礼仪和仪表的要求。商家为了拉拢顾客，在待客礼仪上是大做文章，而礼多人不怪，繁琐而恭敬的礼数反而还让顾客十分受用，充分体会到一种被尊重的感觉，从而心甘情愿前来店中消费。

（二）立身之礼仪

山东商人的富而好礼还表现为他们作为社会成员对于家庭、宗族甚至是整个社会的传统礼节的遵循。孔子曾教导弟子说："不学礼，无以立。"（《论语·季氏》）"非礼勿视，非礼勿听，非礼勿言，非礼勿动。"（《论语·颜渊》）可见，孔子将"礼"作为立身之根本和首要前提。

山东商人对礼仪的重视在全国的商人群体中都首屈一指，礼节、礼仪的注重使得山东商人在为人处世方面彬彬有礼、不卑不亢、温文尔雅。尽管一些商人的文化水平并不是很高，但是温雅有礼的风度也使他们对于"儒商"的称谓当之无愧。对礼仪的遵循也使人的行为合乎"仁"的要求，也体现了人性的"善"与"美"。

四、鲁商文化之"智"

《论语》中，孔子对"知"的论述，往往与仁结合在一起，如："知者乐水，仁者乐山；知者动，仁者静；知者乐，仁者寿。"《论语正义》中注："知者乐运其才知以治世，如水流而不知已。"（《论语·雍也》）孟子也认为："恻隐之心，仁也；羞恶之心，义也；恭敬之心，礼也；是非之心，智也。"（《孟子·告子上》）可见知者即为智者，智是指聪明才智，是一种与道德品行有关的明辨是非的能力。

（一）智之商场运筹

自古以来山东便不乏智者。春秋战国时期山东便有孙膑、孙武这样富有才略的军事家，《孙子兵法》至今仍有其适用价值，被军事、商界等等广为鉴用；汉末山东又有诸葛孔明这样的高明的谋略家，辅佐刘备三分天下。山东人对于自己的才智有着历史的自豪感。同样，在山东的商业也不乏这样的智者和充满智慧的商场战术。

瑞蚨祥便是商业战略运筹的高手。如北京瑞蚨祥在发展过程中，就曾与深得慈禧宠信的小德张投资的商号祥义是强有力的竞争对手。由于商号祥义是清皇室的官僚资本，出资人位高权重，且店铺门面装修豪华、地理位置也佳，因此在竞争中处处将瑞蚨祥压制得处于劣势地位。在这种情况下，瑞蚨祥的经营者敏锐地观察到，祥义的销售对象范围狭窄，主要倾向于皇室这个群体，于是瑞蚨祥便果断地将自己的销售对象调整定位于王府侯爷身上。这样的战略调度有效地避开了竞争，并且从长远来看，进入民国后，皇室败落，这也导致祥义因为顾客群的消失而走向衰败。

苗家粮栈为了拉拢各地的客商也是费尽心机。如苗氏经营者采取了因人制宜、投其所好的策略，使客人在粮栈里有种宾至如归的亲切感，从而促进生意的达成。1915 年，广东出口商罗叔羲等人来济南采购生米、生油，苗杏村为了抓住这些"财神"，采取了殷勤接待、全程"软禁"的方法，陪他们吃喝玩乐、游山玩水，不给他们与其他同业商人接触的机会。除此，苗家还专门雇了一位厨师，尽做山珍海味的美食来满足广东客商的享受需求。就连招待用的烟酒，也是当时最昂贵的。费尽心思的热情款待让广东商人心满意足，顺利地成交买卖①。

（二）智之重教兴学

山东商人的才智不仅体现在商场、人际处世的智谋运用上，而且还体现于智力的补给——重教兴学上。山东自孔子开始便有尊师重教的传统，对教育的重视也是山东人包括山东商人的一大精明之处。泽竭而渔、焚林而猎固然能取得更多的利益，但是由于忽视了资源的后续性从而丧失了长久发展的潜力。同样的道理，智力资源也需要尽心的呵护与培养。

不可否认，山东人对教育重视的目的有其消极性的一面，受孔孟思想、封建主流文化的熏陶和影响，山东地区重官本位、近官文化浓郁，因此封建社会

---

① 宋志东．近代山东商人的经营活动及其经营文化［D］．济南：山东大学，2008：198.

的士子们学习的目的往往是将科举作为提高社会身份的阶梯，还摆脱不了求取功名、封妻荫子、光大门楣的现实功利目的。尽管有诸多的消极性，但我们对山东人的教育观也不能一棒子打死，全盘否认。重视教育能够开发人的智力，开阔人的视野，提升人的素质和修养，能够传承人类的优秀文明。

山东商人十分重视家庭成员的教育问题。如文登县商人崔永延，少时好读书，后因家贫而弃学从商。待家中经济条件稍有宽裕后，他便聘请教师教三弟永奎和儿子崔桐读书。他对读书人一直非常尊重，"每见读书人，必折节下之"。他晚年时，见儿孙们读书难有成就，非常伤感："使当日读书，竟不就贾，讵遂作饿殍死耶？且先君读书以贫不获试，余与兄愈益贫不能读，季弟奎年二十废读，子桐自幼羸疾，常恐不能成立，十七岁亦废读。两孙一九岁、一六岁。胞侄恒年二十，读书不用心。余侄孙幼且笨方读四子诗书。经余罢贾，尚有盈余，欲尽以供吾子孙读书。虽然，余老矣，且多病，恐不保旦暮，吾即死，又不敢知曰子孙必读书，然则及吾身其不得见吾子孙读书也乎。"①

当然，山东商人的教育情怀不仅仅限于本家族的教育，他们也放眼整个社会、关心整个社会的教育问题。

明代的潍县商人徐从谨割自家的"上腴地"置换了玉清宫前十几亩薄地，亲自栽植了五百余株柏树，并"躬亲锸畚以事浇溉"。当他的侄子问其用意时，他说："余所云因其地而善用之，不宁惟是之解喝涤暑焉也。余欲于宫后建楼四楹，道释二庄贮西楹，经史子集贮东楹，中建置书院一区，招致淹雅通明之士与夫贫而好学不能自业者讲肆其中。更于郭外置田二百亩，俾学徒薪米有所取给焉，庶几濂洛之风可兴，邹鲁之绪不坠，是余之志也。"② 徐从谨以自己的财产筹划兴办学校，延续"邹鲁之绪不坠"，其品行值得后辈人推崇。

近代的山东商人中也不乏捐学重教的典范。东元盛染坊的张启垣，个人生活十分俭朴，但在兴办慈善公益事业上十分慷慨，曾出资兴办正谊中学和黎明中学，制锦市小学等。泰安商人马伯声对教育事业发展也格外热心。1927年，他在泰城西关回民聚居区创办了"仁德学校""平民识字班"和"扫盲夜校"等教育场所。在这些学校中不仅免除了困难学生的学杂费，还发给学生书籍和学习用品，甚至还曾为学生免费提供早餐。

---

① 李祖年，等．光绪文登县志·人物［M］．南京：凤凰出版社，2004：247.

② 常之英，等．民国潍县志稿·人物·义行［M］．南京：凤凰出版社，2004：621.

五、鲁商文化之"信"

孔子曰："人而无信，不知其可也。"（《论语·为政》）此处的信不仅仅限于以言语来取信别人，而提升为一个人的道德品行的层面，即信用。在《说文》，"诚"被解释为："信也。"①"诚""信"两词互训。都可指信用信誉的意思，因此，今天我们一般两词合用，即为"诚信"。

对生意人而言，诚信是商业兴旺、事业长久的命脉。山东商人更是以实诚、诚信著称。商人的诚信主要表现于商人的以诚待人和诚信经营两个方面。

（一）以诚待人

《论语·述而》中载："子以四教：文、行、忠、信。"（《论语·述而》）可见"信"是孔子教学的四项内容之一，同文、行等处于同样重要的地位。诚信在山东人的眼中是非常重要的东西，诚信被当作为立身之本，为人要以诚待人、诚实可靠。对于商人而言，讲究诚信就更为重要。在孔孟儒家思想积淀浓厚的山东地区，商人们深受儒家文化的熏陶，尤其注重诚实守信，讲究信誉。

道光《胶州志》中提到本地商人时说："商大者曰装运，江南、关东及各海口皆有行商。曰典当、曰银钱。交易皆一言为券，无悔改者。"② 在当时，胶州商人之间的贸易往来并没有像现在的商业交易一样还需签订书面的协议，而是仅凭一句话的口头约定。这对于现在整日在尔虞我诈的商场上钩心斗角的商人们看来怕是不可思议的事情。这种传统也足以说明，胶州商人是非常讲究诚信的。诚信是他们的立商之本，并且大家共同遵循诚信的原则也在商场上构建了一个和谐的诚信的经商氛围。

讲究诚信并非胶州商人的专利，在山东的其他的地区，也有不少讲究的诚信的商人。

清代的潍县商人侯学中、侯学正经商时，"以友爱醇谨闻于乡"。对于货物的价钱，"正必请曰：'直如是，可售否？'中曰'可'，然后售。终日往复不倦，旁肆窃笑之。"兄弟两人坚持诚信经营，"虽行贾未尝以诈待人"。他们的货物定价的原则是，"货物必先料其息，曰足价，遂不二，后即腾贵弗易也"③。即每次运来货物后，兄弟二人就先计算一下本金，然后再加上利息，最终确定货物所售的价格。当这样算出的价格确定之后便不会再变，即使后来所售货物

---

① （汉）许慎．说文解字［M］．北京：中华书局，1963：52.

② 张同声，等．道光重修胶州志·风俗［M］//南京：凤凰出版社，2004：163.

③ 常之英，等．民国潍县志稿·人物·孝友［M］．南京：凤凰出版社，2004：6.

涨价，他们也不再抬高物价。

潍县商人陈尚志，"素不工心计，然贸易辄盈，其息若有阴相之者，十余年称素封矣"①。说陈尚志虽然不善于心机，但是做买卖却总是能赚到钱，仿佛有神人相助一样。相信这种相助的力量就是陈尚志的诚信，在买卖中不缺斤少两，诚恳待人、诚信经营，得到了消费者的肯定，这样的商家买卖兴隆。

（二）货真价实

"货真价实、童叟无欺"是瑞蚨祥一直贯彻的经营方针，这八字方针被分别写在两块牌子上被竖在店门口。货真价实主要是说"瑞蚨祥的商品质量真纯，价格实在，言不二价。"讲究品质，注重诚信，为瑞蚨祥赢得了顾客的青睐。

再以东亚公司为例，宋棐卿为了进一步打开"抵羊牌"毛线的市场，重金聘请专家对生产的原料、水质、染色等各个环节的资源进行多次化验，对拣毛、洗毛、纺毛、染色等生产环节进行改进。此外，针对原料的选用，公司还制定了强制标准，不达标者一律禁用。在生产过程中，当羊毛染色后，还要经过日晒、肥皂冲洗、耐磨、耐汗、拉力、捻度、弹力等各项实验，检验产品是否合格，严禁任何不合格产品入库。正因为东亚公司对产品质量的严格要求，"抵羊牌"毛线部分型号质量可以和英国的"蜜蜂牌"相抗衡，甚至还要超过"蜜蜂牌"②。

华丰机器厂创办人滕虎忱同样也恪守着"货真价实、言不二价、童史无欺、力矫虚伪"的服务理念。他将产品质量视为企业是否能长久存在的命脉，在华丰机器厂，滕虎忱要求生产出来的每一台柴油机都要进行质检，合格后方准出厂，不合格产品坚决毁掉。一次，他发现柴油机大甩轮不达标，便强令职工用汽锤将其砸碎③。

如滕虎忱怒砸柴油机的案例而言，讲究诚信可能为商家带来眼前的难以避免的损失，但是，从长远来看，这种义举也为厂家树立了品质一流的诚信的丰碑，在消费者心目中产生了可信赖的商家形象，有利于商家在以后的发展。而相反，如果商家为了贪图一时的蝇头小利而就此失去了诚信，那势必为其企业的覆灭埋下祸根。

---

① 常之英，等. 民国潍县志稿·人物·义行［M］. 南京：凤凰出版社，2004：622.
② 方兆麟."抵羊"领袖宋棐卿［A］//天津市政协文史资料委员会. 近代天津十大实业家［M］. 天津：天津人民出版社，1999：186-188.
③ 张兰田，张冠群. 蜚声海内外的华丰机器厂［A］//潍坊市政协文史资料委员会. 潍坊工商老字号［M］. 北京：中国文史出版社，2001：3-5.

小结

鲁商文化，犹如华夏文明璀璨星河中的一颗熠熠生辉的明珠，其深厚的底蕴与独特的内涵，在商业伦理与经营理念层面绽放出独特魅力，以其诚信为核心的价值观铸就了坚实的商业基石。在浩瀚的现代商业画卷中，诚信原则就如同一座巍峨灯塔，引导企业在波涛汹涌的市场海洋中树立起卓越的信誉标志，构筑起健康有序的市场经济体系。它宛如磁石般吸引着消费者的信赖，如同磨砺之石雕琢出的企业品牌形象，使得企业在风雨洗礼中更加坚固，助力其实现持续而稳健的成长与发展。

鲁商群体所秉持的勤勉务实精神，则是在现代社会激烈竞争格局中的一面旗帜。他们深深理解到，无论时代如何变迁，商业世界如何纷繁复杂，唯有扎实的脚步、默默的耕耘，方能在瞬息万变的市场版图上烙下深深的足迹，让企业在艰难险阻中扎根发芽，从微小到宏大，由弱至强，稳步向前。

尤为值得一提的是，鲁商文化中深蕴的长远商业视野，是他们在变幻莫测的商业环境中洞察先机、抢占制高点的关键所在。企业家们犹如航海者，须具备鹰击长空般的前瞻性和精准预见性，以便精确捕捉市场动态，运筹帷幄之中，决胜千里之外，擘画出顺应未来发展趋势的战略蓝图。

然而，鲁商文化并非无懈可击，其局限性在于保守的经营观念与创新精神的相对匮乏。在全球化与信息化的大潮中，昔日的成功模式不再是永恒的挪亚方舟，企业必须勇于挣脱传统的枷锁，敞开胸怀接纳新思潮、新技术、新模式的洗礼，用创新的火花照亮前行的道路，让产品、技术和服务的革新成为企业勇攀高峰的利剑，在残酷的竞争洪流中傲然挺立，永葆活力。

鲁商文化亟待对接和吸收现代管理理念的养分，尤其是在企业组织架构的设计优化、人力资源的深度开发以及市场营销战略的灵活运用等方面，应当与时俱进，因势而动，针对外界环境的复杂多变进行灵活调整与革新，以全面提升企业的综合竞争力。

总而言之，对于当代企业而言，不仅要深入挖掘并弘扬鲁商文化中的诚信基因、勤勉品格、务实作风和深远目光，还要敢于推陈出新，大胆拥抱变革，巧妙地将现代管理理念与鲁商文化的精神内核相互交融，以此为引擎，驱动企业的创新发展，无畏任何挑战，坚定地迈向充满无限可能的未来。这是一种力量的体现，是对历史智慧的敬重，更是对未来前景的勇敢探索和执着追求。

参考文献

一、著作:

[1] 陈春华, 曹洲涛, 李洁芳. 企业文化 [M]. 北京: 机械工业出版社, 2014.

[2] 陈金川. 地缘中国: 区域文化精神与国民地域性格 [M]. 北京: 中国档案出版社, 1998.

[3] 陈亭楠. 现代企业文化 [M]. 北京: 企业管理出版社, 2003.

[4] 陈永汉. 管子——杰出的经济管理学家 [M]. 北京: 经济管理出版社, 1999.

[5] 程美宝. 地域文化与国家认同: 晚清以来 "广东文化" 观的形成 [M]. 北京: 生活·读书·新知三联书店, 2006.

[6] 杜维明. 杜维明文集 [M]. 武汉: 武汉出版社, 2002.

[7] 戴望. 管子校正 [M] // 诸子集成. 北京: 中华书局, 2006.

[8] 段培君. 战略思维理论和方法 [M]. 北京: 中央党校出版社, 2011.

[9] 段维龙. 企业文化与人本管理 [M]. 北京: 北京大学出版社, 2009.

[10] 冯华. 鲁商文化与中国传统经济思想 [M]. 济南: 山东人民出版社, 2010.

[11] 冯友兰. 中国哲学简史 [M]. 北京: 北京大学出版社, 2013.

[12] 高长山. 荀子译注 [M]. 哈尔滨: 黑龙江出版社, 2003.

[13] 高连欣. 管子传 [M]. 石家庄: 花山文艺出版社, 1996.

[14] 高波. 文化资本、企业家精神与经济增长: 浙商与粤商成长经验的研究 [M]. 北京: 人民出版社, 2011.

[15] 郭鑫, 毛升. 海尔精髓: 企业文化与海尔业绩 [M]. 北京: 民主与建设出版社, 2003.

[16] 郭化若. 孙子译注 [M]. 上海: 上海古籍出版社, 1984.

[17] 胡子宗，李兴全．墨子思想研究［M］．北京：人民出版社，2007.

[18] 胡祖光，朱明伟．东方管理学导论［M］．上海：上海三联书店，1998.

[19] 孔繁．荀子评传［M］．南京：南京大学出版社，2006.

[20] 孔健．孔子的管理之道［M］．北京：中国国际广播出版社，1995.

[21] 李庚其．赢在中国：传统文化与现代经营管理［M］．上海：文汇出版社，2007.

[22] 李少群．地域文化与经济发展［M］．济南：山东人民出版社，1998.

[23] 李零．唯一的规则——《孙子》的斗争哲学［M］．北京：生活·读书·新知三联书店，2014.

[24] 李世俊，杨先举，覃家瑞．孙子兵法与企业管理［M］．桂林：广西人民出版社，1984.

[25] 黎红雷．儒家管理哲学［M］．广州：广东高等教育出版社，2010.

[26] 卢守助．晏子春秋译注［M］．上海：上海古籍出版社，2006.

[27] 罗长海，林坚．企业文化要义［M］．北京：清华大学出版社，2003.

[28] 罗长海．企业文化学［M］．北京：中国人民大学出版社，1991.

[29] 罗能生．义利的均衡——现代经济伦理研究［M］．长沙：中南大学出版社，1998.

[30] 林德发．中国近代民族企业文化［M］．北京：经济管理出版社，2010.

[31] 梁启雄．荀子简释［M］．北京：古籍出版社，1956.

[32] 刘光明．企业文化［M］．北京：经济管理出版社，2006.

[33] 刘云柏．中国古代管理思想史［M］．西安：陕西人民出版社，1997.

[34] 刘云相．中国儒家的管理思想［M］．上海：上海人民出版社，1990.

[35] 刘军．鲁商文化与现代企业管理［M］．济南：山东人民出版社，2010.

[36] 毛世屏，郭锷权．齐鲁商雄——山东都［M］．广州：广东经济出版社，2002.

[37] 牛泽群．论语札记［M］．北京：北京燕山出版社，2003.

[38] 钮先钟．孙子三论［M］．桂林：广西师范大学出版社，2003.

[39] 潘承烈，虞祖尧，等．中国古代管理思想之今用［M］．北京：中国人民大学出版社，2001.

[40] 潘乃樾．孔子与现代管理［M］．北京：中国经济出版社，1994.

[41] 潘亚暾，等．儒商学［M］．上海：复旦大学出版社，1996.

［42］潘文伟. 中国商帮［M］. 北京：改革出版社，1996.

［43］秦彦士. 墨学的当代价值［M］. 北京：中国书店，1997.

［44］任运河，等. 企业生态文化研究［M］. 大连：东北财经大学出版社，2005.

［45］任继愈. 中国哲学发展史（秦汉）［M］. 北京：人民出版社，1985.

［46］苏勇. 中国企业文化的系统研究［M］. 上海：复旦大学出版社，1996.

［47］苏勇. 管理伦理学［M］. 北京：东方出版中心，1998.

［48］石一参. 管子今诠［M］. 北京：中国书店（影印本），1988.

［49］孙伟. 重塑儒家之道——荀子思想再考察［M］. 北京：人民出版社，2010.

［50］（清）孙诒让. 墨子闲话［M］. 北京：中华书局，1986.

［51］谭家健. 墨子今注今译［M］. 北京：商务印书馆，2009.

［52］谭戒甫. 墨经分类评注［M］. 北京：中华书局，1981.

［53］田昌五. 孙子兵法全译［M］. 济南：齐鲁书社，1998.

［54］吴如嵩. 孙子兵法新论［M］. 北京：解放军出版社，1989.

［55］吴毓江. 墨子校注［M］. 北京：中华书局，1993.

［56］魏杰. 企业文化塑造：企业生命常青藤［M］. 北京：中国发展出版社，2002.

［57］王超逸. 国学与企业文化建设［M］. 北京：中国经济出版社，2009.

［58］王泽民. 孙子兵法的管理学阐释［M］. 北京：民族出版社，2006.

［59］王长斌. 企业文化区域性及其形成机制研究［M］. 北京：经济管理出版社，2010.

［60］王成荣. 老字号品牌价值［M］. 北京：中国经济出版社，2012.

［61］王鹏飞. 文化地理学［M］. 北京：首都师范大学出版社，2012.

［62］王先谦. 荀子集解［M］. 北京：中华书局，1998.

［63］王成荣. 老字号品牌价值［M］. 北京：中国经济出版社，2012.

［64］徐希燕. 墨子的管理思想研究［J］. 南开管理评论，2000（4）.

［65］许纪霖. 城市的记忆：上海文化的多元历史传统［M］. 上海：上海书店出版社，2011.

［66］辛志凤. 墨子译注［M］. 哈尔滨：黑龙江人民出版社，2003.

［67］谢浩范，朱迎平译注. 管子全译［M］. 贵阳：贵州人民出版社，1996.

［68］尹铁. 浙商与近代浙江社会变迁［M］. 北京：中国社会科学出版

社，2010.

　　[69] 杨爱国. 墨学与当代经济 [M]. 北京：中国书店，1997.

　　[70] 杨伯峻. 论语译注 [M]. 北京：中华书局，2009.

　　[71] 杨伯峻. 孟子译注 [M]. 北京：中华书局，1960.

　　[72] 杨丙安. 十一家注孙子校理 [M]. 北京：中华书局，1999.

　　[73] 杨泽波. 孟子评传 [M]. 南京：南京大学出版社，1998.

　　[74]（宋）朱熹. 四书章句集注 [M]. 北京：中华书局，2011.

　　[75] 朱国栋. 百年沪商 [M]. 上海：上海财经大学出版社，2010.

　　[76] 周新国. 儒学与儒商新论 [M]. 北京：社会科学文献出版社，2010.

　　[77] 周瀚光，朱幼文，戴洪才. 管子直解 [M]. 上海：复旦大学出版社，2000.

　　[78] 赵守政. 管子注译 [M]. 桂林：广西人民出版社，1982.

　　[79] 张佑林. 区域文化与区域经济发展 [M]. 北京：社会科学文献出版社，2007.

　　[80] 钟永森. 半部论语冶企业 [M]. 南京：凤凰出版社，2010.

二、译著：

　　[1][德] 马克斯·韦伯. 新教伦理与资本主义精神 [M]. 黄晓京，彭强，译. 成都：四川人民出版社，1986.

　　[2][法] 卢梭. 社会契约论 [M]. 何兆武，译. 北京：商务印书馆，2003.

　　[3][日] 涩泽荣一. 论语与算盘 [M]. 王中江，译. 北京：中国青年出版社，1996.

　　[4][日] 松下幸之助. 经营成功之道 [M]. 潘祖铭，译. 北京：军事译文出版社，1988.

　　[5][美] 理查德·帕斯卡尔，[美] 安东尼·阿索斯. 日本的管理艺术 [M]. 张宏，译. 北京：科学技术文献出版社，1987.

　　[6][美] 小阿尔弗雷德·D. 钱德勒，[美] 托马斯·K. 麦克劳，[美] 理查德·S. 特德洛. 管理学历史与现状 [M]. 郭斌，等译. 大连：东北财经大学出版社，2007.

　　[7][美] 威廉·大内. Z理论：美国企业界怎样迎接日本的挑战 [M]. 孙耀君，王祖融，译. 北京：中国社会科学出版社，1984.

　　[8][英] 亚当·斯密. 道德情操论 [M]. 蒋自强，钦北愚，等译. 北京：商务印书馆，1997.

后 记

当前世界局势复杂多变，反全球化浪潮风起云涌，数字智能技术日新月异，中国企业面临着更为激烈的竞争环境。如何修炼内功，打造具有强大竞争力的企业，是政府和企业家不得不思考的问题。从中国传统文化中寻找智慧，为中国当代企业提供不竭的思想源泉，是保持企业竞争优势的重要法宝。

山东师范大学文学院杨守森教授主持的山东省教育厅重点委托课题"齐鲁文化与中国当代企业理念"对此进行了深入思考。为了更好地推进研究计划，杨守森教授设计了总体框架并进行了研究分工，李辉教授进行了最后统稿。研究具体分工如下：

序言 臧晓琳 李辉

第一章 《论语》与企业文化建设 李琳

第二章 《孟子》与企业文化建设 刘树蕾

第三章 《荀子》与企业文化建设 王娇

第四章 《晏子春秋》与企业文化建设 刘孟頔

第五章 《墨子》与企业文化建设 吴琼

第六章 《孙子兵法》与企业文化建设 李宁

第七章 《管子》与企业文化建设 刘伟鹏

第八章 地域文化与企业文化建设 吕姗姗

第九章 齐鲁文化与鲁商文化 韩丽

本书《齐鲁先贤思想与企业文化建设》作为课题的结项成果，是团队成员共同努力的结晶，也是我们对传统智慧与现代企业管理融合探索的初步总结。此书的编纂过程，既是对古代先贤思想的深度挖掘，也是对当下中国企业面对挑战时如何借力传统的深刻反思。

然而，我们也深知，任何著作都不可能完美无瑕。受限于时间、能力与认知，本书必然存在疏漏与不足。我们真诚地欢迎各位读者、专家、学者提出宝贵意见，以便我们在后续的研究与修订中不断完善，使之更贴近时代的需求，更符合企业发展的实际。我们希望，这本书不仅能够成为企业管理者案头的参考，更是连接过去与未来，东方与西方，理论与实践的桥梁。

　　本书部分章节由硕士论文改写而来，在此对指导论文的李衍柱教授、赵奎英教授、张继升教授等表示衷心感谢。最后，还衷心感谢所有支持本书出版的单位和个人，感谢那些在背后默默付出的编辑与校对人员。让我们一起期待，中国企业在深厚文化底蕴的滋养下，绽放出更加璀璨的光彩，为全球企业治理贡献独特的中国智慧与方案。

编者于山东师范大学

2024 年 6 月 16 日